إبحار بلا شطآن
فصول من سيرة ذاتية

إبحار بلا شطآن

فصول من سيرة ذاتية

هارون هاشم رشيد

عمان - الأردن

الطبعة الأولى 1425 هـ - 2004 م

رقم الإيداع: **2004 / 8 / 1846**

رقم الإجازة : **2004 /7/ 1828**

ردمك: **ISBN 9957-02-163-x**

دار مجدلاوي للنشر والتوزيع

عمان - الرمز البريدي: 11118 - الأردن

ص.ب: 184257 - تلفاكس: 4622884-4611606

WWW.majdalawibooks.com

E-mail: customer@ majdalawibooks.com

فهـــرس

الموضوع	رقم الصفحة

لماذا هذه الفصول؟؟

أوانَ رأت "دار العـودة" للنشر ـ في بـيروت عـام 1980 إصـدار المجموعـة الكاملـة لدواويني الشعرية، التـي صـدرت حتـى عـام 1980، طلبت منـي أن أقدمها بشيـء عـن تجربتي الشعرية. وظلت تلاحقني دون أن يتاح لي الوقت لإمكانية تلبية طلبها، لما كنت مشغـولاً بـه آنذاك من عمل في تونس، كمنـدوب دائـم لفلسطين لـدى المنظمة العربيـة للتربية والثقافة والعلوم، وكمنـدوب دائـم مناوب لدولة فلسطين لـدى جامعـة الـدول العربية، وكمدير لتحرير مجلة "شؤون عربية" مجلة الجامعة العربية.

كـل هـذه المهـام في مجملهـا حالـت دون أن ألبـي طلـب "دار العـودة"، فصـدرت المجموعة عام 1981 من غير أن أقدم لها بشيء عن تجربتي الشعرية، رغم ما تتمتع بـه تونس من جو جميل هادىء، يساعد على الإبداع والكتابة.

في عام 1981 وجهت لي إدارة الثقافة بالمنظمة العربيـة للتربية والثقافـة والعلـوم دعوة للمشاركة في ندوة، تقيمهـا حول "قضايا الشعر المعاصر"، دعـت إليهـا عـدداً مـن كبار الأدباء للإسهام بأبحاثهم، حول قضايا الشعر المعاصر. كان منهم محمود أمين العالم، ويوسف اليوسف، وسلمى الخضرا الجيوسي، وطراد الكبيسي، وزكي الجابر، وخليل حاوي، وأدونيس، كما كلفت عدداً من الشعراء للتقدم بتجاربهم الشعرية، وهم عبدالمعطي حجازي من مصر، ونازك الملائكة من العراق، وسليمان العيسى من سوريا، وجعفر ماجد من تونس، وهارون هاشم رشيد من فلسطين، وقد حال عملـي دون أن أستطيع التقدم بتجربتي الشعرية، مكتوبة، فتقدمت بها ارتجالاً، معتذراً للقائمين على النـدوة قائـلاً: "أرجو منكم المعذرة، لأنني لم أضع بين أيديكم نصاً مطبوعاً لما سأتحدث عنه، ذلك أنني لم أُخطر بالندوة إلاّ منذ فترة وجيزة، لم تسمح لي بـالالتزام بالخطوط المحـددة، التـي يفترضها البحث المتأني المدروس، وقد كنت حريصاً كل الحرص على أن أكون بين أيديكم لأقـدم تجربـة إنسـان فلسـطيني، قبـل أن أقدم لكـم تجربة "هارون هاشـم رشيد" الشعرية".

وما أن انتهيت من التقدم بما استطعته حول تجربتي الشعرية، ومدى التصاقها وتزاملها مع سيرتي الذاتية، حتى انبرى الشاعر الكبير أدونيس معلقاً بقوله:

"لا أجد ما أناقشه في ما قدمه الشاعر هارون هاشم رشيد، فلا أملك إلاّ أن أقول أن ما قدمه هو وثيقة حياتية، أعترف أنها أخذتني بحرارتها ومباشرتها، هذه الوثيقة تدفعني إلى أن أفيد منها على صعيد الكتابة الشعرية في أمرين، فقد استوقفني فيها أولاً: هذا اللقاء الحميمي بين الحياة اليومية، والتعبير عنها. والأمر الثاني، هو أن الشعر الذي يقدمه هارون هاشم رشيد، والذي سمعنا منه نماذج هو أيضاً في مستوى التجربة الحسيّة لا كمفهوم وإنما كممارسة يوميّة، يمتزج فيها الأمل بالخيبة، وحقيقة الواقع الشقي ببهاء المستقبل المنتظر".

كما علق الشاعر الكبير عبدالمعطي حجازي قائلاً:

"تقديري الشديد للشاعر هارون هاشم رشيد، وأعترف وكما اعترف من قبل أدونيس بأن هارون، هزني من الأعماق وأحسست أن طول ألفتنا للقصيدة الحديثة ولقراءتها مكتوبة قد حجبنا عن أن نحس ما في هذا الشعر الذي يأتي إلينا من بعض زملائنا الشعراء من جمال وعمق، وقوة وسحر".

واختتم التعليقات الناقد والأديب الكبير محمود أمين العالم بقوله:

"كل ما أتمناه هو أن يواصل هارون مرحلته الصاعدة وحجه الدائم المناضل إلى أهدافه التي هي أهدافنا جميعاً".

لم أفاجأ بما اكتشفه الإخوة حول حميمية سيرتي الذاتية والتصاقها بتجربتي الشعرية، لذا ظل هاجسي أن أعكف يوماً على كتابة فصول من سيرتي الذاتية، شجعني على ذلك ودفعني إليه إلحاح عدد من الإخوة في طليعتهم، الدكتور محمد الفرا، الذي كان قد أثرى المكتبة العربية بكتابه الرائع "سنوات بلا قرار"، الذي تناول فيه جزءاً من سيرته الذاتية، ومن سيرة قضية الوطن، في الأمم المتحدة ومجلس الأمن، يوم كان فارس الدفاع عنها والتصدي في سبيلها، والأخ الكبير جبرا إبراهيم جبرا، الذي كان سباقاً أيضاً بتقديم جزئين من سيرته "البئر الأولى"، و "شارع الأميرات".

وكان من أكثر من ألح عليَّ إذ أنا في تونس الروائي الأديب الفلسطيني يحيى يخلف، الذي كان لا يكف كلما التقيته عن حثي على الإسراع في كتابة سيرتي الذاتية.

هذا علاوة على إيماني المطلق بأهمية كتابة السيرة الذاتية لأبناء فلسطين، كوثائق للتاريخ.

وكم كنت ألحّ بدوري على رموز من أعلامنا الفلسطينيين، فما أكثر ما كنت أقضي ليلاتي الطويلة في بيتي بتونس أستمع إلى تجارب وسيرة المناضل الفلسطيني نمر المصري، الذي كان يجلس لساعات يروي أحداث الثلاثينيات بالأيام، والساعات والأسماء والتواريخ، وقد حاولت مرة أن أسجل ما يتحدث به، وإذ رأيت منه عدم الرغبة توقفت وأنا في أشد الحماس، لأن أنقل ذلك لقيمة ما كان يرويه.

وأذكر في إحدى زياراتي، التي كنت أحرص عليها للزعيم الفلسطيني أحمد الشقيري في أواخر أيامه في شقته بعمارة "توتة" بالمنزه الأول في مدينة تونس، وبحضور أسرته وأسرتي، والصديق عبد الله صبيح وأسرته، التفت إليّ "رحمه الله" قائلاً:

"وصيتي إليك أن تكتب يوماً مرحلة نضال غزة، التي عشتها، فهي مرحلة هامة في تاريخ النضال الفلسطيني، ترويها كما شهدت وكما عايشت".

وفي حديث لي مع محمود رياض أمين عام جامعة الدول العربية حول كتابه أو مذكراته "البحث عن السلام والصراع في الشرق الأوسط" أشار إلى أن أحد الأساتذة العرب، طُلبَ منه في إحدى الجامعات الأمريكية تدريس مشكلة الشرق الأوسط، على أن يتناول وجهتي النظر العربية والإسرائيلية، فدخل المكتبة ليستعين بما يجد من كتب حول الموضوع، فوجد عشرات من الكتب لمسؤولين إسرائيليين، مثل ديان، وابن غوريون، ووايزمن، وجميعهم كتبوا حول الموضوع، وجميع كتبهم موجودة في المكتبة، وعندما حاول هذا الأستاذ الرجوع إلى مصدر عربي لأي مسؤول عربي كتب حول القضية الفلسطينية، فإنه للأسف لم يجد. حقاً هناك أبحاث عديدة كتبها مفكرون، ودارسون عرب حول القضية الفلسطينية، ولكن الإنسان الغربي يهمه أن يطلع مباشرة على ما كتبه المسؤول عن الحدث، ويميل إلى الأخذ بها، والتعرف إليها عن طريق هذا المسؤول أكثر من اهتمامه بقراءة الأبحاث والدراسات. لهذا كان الهدف في الواقع من المذكرات".

ومن الدوافع التي دفعتني إلى تسجيل هذه الفصول من سيرتي، ما قرأته من كتابات لوايزمن وابن غوريون، وجولدامئير، ومناحيم بيجن، وما وجدته في كتاباتهم من مغالطات، وقلب للواقع، وتزوير للحقائق.

نشأت عندي قناعة بضرورة التفرغ ولو لفترة قصيرة للكتابة، ولكنني كنت غارقاً في هموم العمل السياسي الذي لا يرحم، والوظيفة التي صدق المازني عندما سمّاها عبودية القرن العشرين، وظل ذلك هاجساً إلى أن جاءت الفرصة، فأتاحت لي بعضاً من الوقت، عندما قررت الجامعة العودة من مقرها المؤقت في تونس إلى مقرها الدائم في القاهرة، وسافرت أسرتي لتلتحق زوجتي بعملها في الجامعة، وبقيت في تونس لفترة غير قصيرة، أعد وأستعد للعودة النهائية إلى القاهرة.

فبدأت في كتابة الفصول الأولى من السيرة الذاتية، ثم شغلت بعد ذلك بعملية الرحيل، التي اعتدتها منذ خروجي من غزة عام 1967، عندما وصلت إلى القاهرة غرقت في مهامي الشخصية: في البحث عن منزل أسكنه، وأقوم بتأثيثه، وإعادة ترتيب حياتي من جديد، ثم لأقوم بمهام المندوبية الدائمة لدولة فلسطين، وتمثيلها في اللجان الدائمة للجامعة، التي مارستها منذ خروجي من غزة.

وما أن استقرت أحوالي حتى عاودتني الرغبة في مواصلة كتابة ما بدأته في تونس، ففاجأتني ضخامة ما لدي من حوادث وأحداث. ومنعطفات ومنعرجات وانقلابات في مسار الحياة، في كل عقد من الزمن، كادت تعجزني عن مواصلة الكتابة، ولكنني تغلبت على ذلك باتخاذي قراراً بأن أنهي الفصول التي بدأتها بنهاية العقود الأربعة التي عشتها حتى عام 1967، أي بلوغي سن الأربعين، مكتفياً بالمراحل التي عشتها وعايشتها في الوطن، مؤجلاً الكتابة عن سنوات المنفى والتشرد إلى جزء آخر من سيرتي الذاتية، أرجو أن تتاح لي الفرصة لكتابته يوماً ما بإذن الله ومشيئته، و الله الموفق.

هارون هاشم رشيد

حي المهندسين- القاهرة

آذار 1998

(1) الزلزال

قيل لي فيما قيل: أنني ولدت في اليوم العاشر من أيام تموز عام 1927، عام الزلزال، الذي هز وطني فلسطين، فارتجت الأرض وأنا ما زلت بعد بين يدي القابلة "أم شكري" قابلة حارة الزيتون، التي تخصصت في تناول أشقائي وشقيقاتي الواحد تلو الآخر، كانت لحظتها تذيب في فنجان بيدها، شيئا من السكر الفضي، لتبل به ريقي، أخذت تحدق في الفنجان، بعينين ذابلتين، اختطفت السنوات الكثير من ضيائهما، بينما ابتسمت أمي، وهي تتبع الشمعدانات المرصوصة على ظهر خزانة الثياب "البوري" قائلة: "الثور يغير قرنه".

لحظتها اختطفتني شقيقتي الكبرى "زلفى" وانطلقت بي خارج الغرفة، هربا من خطر الزلزال، الذي رج الغرفة وهزها، كأنما شاءت الأقدار أن تفتح عيناي، أول ما تفتح على ضوء الشمس الساطع، المبهر، لتعلق بالنور. ومن يومها وأنا عالق الطرف بالشمس، كاره للظلمة.

حمل والدي الخبر فرحا، وتوجه إلى جامع "الشمعة" ليصلي شاكرا، حامد الله، سلامة زوجه وهبته الجديدة، مولوده المبروك. التقاه والده، الحاج علي "جد مولوده"، فقرأ في عينيه الفرحة المندلقة أمامه، والابتسامة العريضة، التي ترتسم على وجهه، سأله:

ها.. بشر؟

أجاب بزهو:

الحمد لله، رزقنا بمولود ذكر يا حاج.

سأل الحاج علي:

والوالدة؟

قال: بخير، والحمد لله.

سأل الحاج علي:

وماذا ستسميه؟

قال بزهو:

"هارون الرشيد".

ضحك الحاج علي قائلا: "مرة واحدة.. "هارون الرشيد"، أمغرم أنت بالعباسيين إلى هذا الحد!

قال الوالد مبتسما:

"لا أدري، أنا متفائل بهذا الوليد، متطلع إلى مستقبل باهر له".

قال الحاج علي والابتسامة لا تفارق شفتيه:

"على بركة الله، عاش في عزك يا ولدي"

ثم أردف: "سبوع المولود علي".

قال الوالد:

"شكرا لك، أنت والد الجميع".

توجه الوالد إلى الجامع، وهو يتلقى تهاني رجالات الحارة، وهو يردد:

"لا أدري أنا متفائل بهذا الوليد".

لم يكن والدي آنذاك، ذلك الثري الميسور، كان متوسط الحال، يعيش في كنف والده الحاج علي، مختار حارة الزيتون، في البيت الكبير. وكان الحاج علي أحد ملاك حارة الزيتون، يعيش على حب الأرض وخيرها، هي ثروته ومصدر رزقه، يشارك عليها "الحاج عرفات"، الذي يشرف مع أولاده على زراعتها، ومن موسم إلى موسم، تجرى القسمة فيمتلىء بئر بيتنا بالقمح، وما يفيض عنا يباع في سوق الغلة، ليدر ما يسد حاجتنا، ويفيض عنها.

كان الحاج علي يعتمد على ولده في كل أمور المخترة، لأنه القارىء الأول في الحارة التحتا، يلجأ إليه الناس في أمورهم ومشاكلهم التي لها صلة بالدولة، ولا ينافسه في فك الحرف إلا "عبد الله الداية"، صاحب دكان تقع في "الحدرة"، عند نهاية انحدار الحارة نحو الجنوب.

كما كان الوالد يتولى نيابة عن المختار أكثر أمور المخترة، بينما كان الحاج علي مغرما بالخيل، حفيا بها، يصرف أكثر جهده في العناية بها، ورعايتها، ويقضي ـ بقية وقته في حـل مشاكل الناس وخدمتهم.

لم تكن الوالدة من العائلة، ولا من المدينة، بـل كانـت مختلفـة عـن نسـوة الحـارة، فهي رقيقة ضعيفة، سريعة الشجن، تعرف الوالد إليها عن طريق شقيقها "عمر العـامري"، الذي كان يهوى العزف على العود.

كانت زوجته الأولى، قد اختطفتها الكوليرا التي اجتاحت "غزة" أثناء الحرب العالمية الأولى أو قبلها بقليل.

لم أعرف خالي عمر، هذا، لأن المنية اختطفته في ريعان شبابه، كما تقول أمي.

كانت الوالدة شديدة الحساسية، موسوسة، تخشى ـ الأمـراض، وتقاومهـا بمزيـد مـن النظافة والوقاية. وكثيرا ما كنت أسمعها تفاخر بجائزة نالتها مـن دائـرة الصـحة، منحتهـا إياها بعد زيارة مفاجئة إلى بيتها، وكنت آنذاك رضيعا، كشفت المبعوثة الصحية، الغلالـة عن وجهي وعاينت الجو الصحي الذي كنت فيه وحولي، فأعجبت، ومنحتها الجائزة.

كنت الوليد الجديد، الذي وفد إلى الأسرة في يوم الزلزال، فأنا الرابـع بـين الأبنـاء، والثاني بين الذكور، وقد سعد بي والدي كثيرا، وأقام "سبوعا" حاشـدا ذبحـت فيـه الـذبائح، ودقت الدفوف، وهتفت بي القابلة بأن أطيع أمي وأبي وأخواتي. كانت والدتي لا تكف عـن الحديث عن الأيام والسنوات الأولى من عمري متندرة بما كان يصدر عنـي مـن حركـات وأفعال، تعتبرها والدتي خارقة وغير عادية وذلك من فرط حبها لي، واعتزازها بي، وإن بدت لي تلك الأفعال والحركات عفوية وعادية ربما تصدر عن كثير من الأطفال.

فهي تروي أنه بعد الطهور الذي أجراه لي حـلاق الحـارة "زكي أبـو مـرق" في عـامي الأول، كان يتردد الحلاق على المنزل، لإجراء الغيار الـلازم لي، فمـا أن ألمحـه حتـى أزحـف وأختفي محاولة مني للفرار من وجهه.

كما روت أنني بعد أن تزوجت شقيقتي الكبرى "زلفى"، التي كنت أحبها وآنس بها وألف عشرتها، كرهت زوجها، فإذا ما رأيته مقبلا بكيت، وهربت من أمامه، وأنني في أول زياراته لنا وقد تحلقنا حول المائدة لتناول الطعام، أخذت أبكي وأصرخ قائلا: "قيموا الطبق، بديش رجب". لإحساسي بأن الرجل قد اختطف شقيقتي، فما عادت تنام إلى جواري وتدفئني بأحضانها وتحملني وتدللني، حتى أن والدي يومها اضطر أن يضربني ويبعدني عن المائدة.

طويلا حدثتني والدتي عن سنوات عمري الأولى، وشدة شغفي وتعلقي بحكاياتها المبحرة في الخيال، واعتيادي على أن لا أنام إلا بعد أن تملأ أذني بفيض حكاياتها، عن "الغولة" و "الغول"، وكيف أن الغول الذي تجسده لي بضخامة جسمه، وعينيه الحمراوين، ولحيته التي تصل إلى حزامه، وأظافره الطويلة، وأسنانه الكبيرة، يستطيع الإنسان أن يأمن شره، بأن يلقي عليه "السلام" فما أن يسمعه حتى يقول: "لولا سلامك غلب كلامك، لخليت الصعر، والوعر يسمع قرط عظامك"، فبعد أن يكون الغول مخيفا ومرعبا، يصبح أليفا وألوفا، فيبادر الإنسان بتشذيب لحيته وأظفاره، مما يحوله إلى صديق، يساعده على اجتياز أزمته.

وأما الغولة، ذات الشعر المنكوش، والعيون الملتهبة، فلا بد للإنسان إذا أقبل عليها أن يتبين حالتها، فإذا كانت عيناها حمراوين، وتطحن الفلفل وتهدر بصوت راعد، فعليه أن لايقترب منها.

وإذا وجدها تغني، وتطحن مخلوط السكر، يبادر برضاعة ثدييها فتحنوعليه وتحتضنه وتحميه حتى من أولادها وإخوتها.

كان صوت أمي أول ما وعيت، صوتا متميزا، يفيض حنانا وشجنا، يتردد في أذني، وقد ظلت قصصها راسية في أعماقي.

كانت والدتي محبوبة من الجيران، ألوفة، تميل بطبعها إلى التعاطف معهم، تلتقي بهم ليلا، إذ والدي في ديوانه مع الرجال، فيتحلق حولها النسوة، وتبدأ في

رواية حكاياتها المبحرة في الخيال، كنت أتكوم إلى جوارها، حتى يغلبني النعاس فأنام. الشيء الذي كان يستثيرني وأنا استمع إليها رقتها وحساسيتها وجيشان عواطفها، وسرعة بكائها، كان في صوتها دائما شجن حزين يثير كوامن نفسي، وكثيرا ما صحوت ليلا على صوتها المنغوم وهي تنخل الطحين، فأسمعها تردد كلاما حزينا موزونا ومنغما. كثيرة هي قصص أمي، تلك القصص التي عرفها شعبنا فكانت سلواي في ليالي الشتاء الطويلة "الشاطر حسن" "السبع بنات"، "المطلقات" وغيرها الكثير.

لم تكن أمي تحتكر وحدها رواية القصص والحكايات فكثيرا ما كانت تبعث بي إلى "الكمالية" لأدعو "أم سلطانة" لزيارتها، وهي امرأة في الستين من عمرها، ما أن أقبل عليها حتى تدس جسدها في جلبابها الأسود وتلف رأسها بغطرتها البيضاء الناصعة البياض، وتتلثم فلا تبين سوى عينيها الواسعتين، تشعان بوهج غريب.

معتادة والدتي على "اللمة"، تخيفها الوحدة، فتردها إلى حزنها ووحشتها.

كم حدثتني عن الزمن العثماني يوم كانت من حين لآخر تتلقى امرأة أو اثنتين، صدر ضدهما حكم ما يفرض عليهما قضاءه في بيت المختار، فتأنس بهما، وتألفهما وتساعدانها في قضاء حاجات البيت وتملآنه بالحياة والحركة. كان ذلك عالم أمي.

أما أبي فكان له عالم آخر، هو عالم الرجال. يوميا عندما ينتهي النجاجرة من عملهم، يتوجهون لصلاة العصر في "جامع الشمعة" يستعمون إلى حديث العصر من "الشيخ عبد الله العلمي" إمام الجامع وبعدها يتوجهون إلى الديوان، وقد حمل "الحاج عقاب شلدان" بعضا من الحطب، وأخذ مكانه أمام الكانون وأشعل النار ومد المحماص وملأه بحبات القهوة، وكنت كثيرا ما أجلس إلى جواره أراقب حبات القهوة وهي تتراقص في المحماص كلما التهبت النار، والحاج عقاب يطاردها بقضيب صغير من الحديد، وما أن تحمر وتبدو شقراء جذابة حتى يلقي بها في المهباش، ويبدأ في دقها بطريقة رتيبة موسقة، منغمة حتى تتحول إلى مسحوق، تفوح منه رائحة شهية. وما أن ينتهي من ذلك حتى يملأ كفه منها ويلقي بها في بكرج صغير، ينتصب إلى

جوار بكرج أكبر امتلأ بالماء، فيتناوله ويصب الماء في البكرج الأصغر، وعيناه مركزتان عليه، وتبدأ القهوة بالفوران، مرة مرتين وثلاث، ثم يسحب البكرج الصغير، ويتناول فنجانا صغيرا يصب فيه قليلا من القهوة، ويرتشفها كي يطمئن إلى طيب مذاقها ثم يبدأ في مناولة الرجال واحدا تلو الآخر.

وما أن يعلو صوت الزناتي بآذان المغرب حتى يهب الوالد فيؤم الرجال للصلاة، وبعدها يعودون إلى أحاديثهم اليومية التي تتناول مختلف شؤون الأرض والفلاحة.

وبعد صلاة العشاء يتصدر الوالد المجلس ويمد أمامه طاولة صغيرة واطئة ويمد يده إلى طاقة خلفه، يتناول منها كتابا قديما أصفرت أوراقه وتجعدت من كثرة الاستعمال، وينزل الحاج عقاب الفانوس من مكانه ويضعه على الطاولة، ويبدأ الوالد في قراءة تغريبة بني هلال، يرنم ما فيها من الشعر وينبر بما فيها من النثر.

أما في ليلات الشتاء، فقد كانت تختلف الجلسات عنها في ليلات الصيف، إذ يستقدم الوالد شاعر الربابة الذي ينزل ضيفا على الديوان. يتحلق حوله رجال الحارة ويستمعون إلى حكاياته مصحوبة بأنين ربابته المموسق.

كنت أشغف بالاستماع إلى أنين الربابة، ويشدني صوت الشاعر الشجن وهو يروي الحكايا التي لم أكن أعيها، وفي ذات مرة نهرني الوالد وطلب مني أن أغادر الديوان لأنام، ولكنني آثرت أن أتكوم أمام باب الديوان، حتى غلبني النعاس، فنمت، وكانت ليلة شديدة البرودة، مما تسبب بإصابتي بنزلة شعبية كادت تودي بحياتي مما جعل أمي تلعن الشعر والشعراء، كأنما كانت تدري بما سيسببه لي الشعر من مشاكل في مقبل الأيام.

(2) حارة الزيتون

تفتحت عيناي أول ما تفتحت على حارتي "حارة الزيتون" في مدينة غزة، وقد قرأت فيما قرأت أن حارتي تلك كانت مركز مدينة غزة، عند الأعمدة السبعة، وقد حملت الحارة اسمها انتسابا إلى غابات الزيتون التي كانت تغمر أرضها، وتزنر دورها عبر العصور الطويلة.

ظلت الحارة تحمل اسمها، حتى بعد أن انحسر الزيتون عن مساحات كثيرة كان يغطيها، إثر الحرب العالمية الأولى، حيث شهدت المدينة أكبر معركتين، فقدت فيها بريطانيا ما يزيد على عشرين ألف جندي، وقد عمد الجيش العثماني إلى ترحيل أهل المدينة بعد المعركة الأولى، لإحالتها إلى ساحة للقتال. أثناءها سطا الجيش على كل شيء فيها لصالح المعركة، فاقتلع الأبواب والشبابيك، وأشجار الزيتون ليستعملها وقودا لقطاراته.

الحارة تأخذ مكانها حول "العمدان" عند مدخل المدينة الجنوبي، وكان منزلنا يقع عند ساحة "باب الدارون" كما يسمونه، وهو في الأصل أحد أبواب غزة السبعة، وهي "باب الدارون - باب عسقلان- باب البلاخية- باب الميناء- باب البحر- باب المنطار- باب الخليل" وقد كانت هذه الأبواب هي أبواب السور الكبير الذي كان يحيط بالمدينة.

وفي باب الدارون قام بيتي ومسقط رأسي، قريبا من جامع الشمعة، وعند رأس الحدرة التي تفصل الحارة إلى شبه عالمين منفصلين. فالحارة إذ تمتد نحو الشمال عند باب الدارون، تشتمل على عالم مغاير للعالم الممتد نحو الجنوب.

سكان الشمال من الأفندية، عائلات الملاك، والتجار، والصناع.

وسكان الجنوب من الفلاحين، وأصحاب الكرومات، والمزارع، والحصادين، والبيارية، والنجارين، ولكنها كانت حارة متكاملة، متآلفة، كما أنها كانت تضم

التآلف الحميم بين المسلمين والمسيحيين، فقد كان مسيحيو غزة كلهم يسكنون حارة الزيتون، وفي الحارة كنيسة الأرثوذكس ودير اللاتين.

أمام جامع الشمعة وحول ساحة باب الدارون أقيمت العديد من الحوانيت، التي كانت تخدم الحارة، من عطارة وخضار، كما كانت تنتصب في صدر الحارة دكان حلاق الحارة "زكي أبو مرق" التي كانت مزينة بالعديد من الصور النسائية الجميلة التي ما زلت أذكرها، وكان "زكي أبو مرق" حلاق الحارة المتخصص في طهور أطفالها.

بعد جامع الشمعة، وبعد فرن الحارة ببيتين يقع بيتي الذي تعامل مع السنين، فحمل ذلك النسق من البناء الذي كان متبعا في العهد العثماني، فالجدران السميكة والعقود والبلاط الرخامي..

كان جدي الحاج علي مغرما بتربية الخيول العربية وقد خصص لها عند مدخل البيت "بايكه" كبيرة. زاره ذات يوم أحد الأعيان، فأعجب بالرخام الذي كان يغطي باحة الدار، فأخذ يعدد له مساوىء الرخام بالنسبة للخيل والدواب التي تنقل الغلال إلى الدار بعد الحصاد، ورغب لو اقتلع الرخام ليستعمله في بناء بيته الجديد، وبرحابة صدر الحاج علي وأريحيته التي أضاعت الكثير من ثروته، لبى طلبه وعرى أرضية الدار.

كانت الدار واسعة مترامية، يمتد ممرها الطويل بعد "الباكية" التي هدها والدي وابتنى مكانها ديوانه. وبعد الممر تأتي الساحة التي ما زالت تحتفظ ببقايا البيت القديم، مضافا إليه على الناحية الشرقية بعض الغرف التي استجدت والتي أسكنها بعضا من أقاربه، بعد أن هجرها أشقاؤه الذين سكنوا يافا، وبئر السبع بعد الحرب العالمية الأولى.

أما الناحية الشرقية فقد احتفظت بما تبقى من البيت الغرفة التي نسكنها، والليوان الكبير القائم على بئر الغلال، وغرفة أخرى استعملت للخزين، ثم إلى الغرب، باب يفضي- إلى "خوخة" ينزل إليها بعدد من الدرجات، كانت بمثابة متنفس للبيت، حديقة تنتصب وسطها شجرة كيناء كبيرة تضفي ظلالا على "الخوخة" التي

حولتها والدتي إلى حديقة جميلة، زرعت فيها القرنفل والورد والحسن يوسف.. كانت كأنها حديقة معلقة، إذ أن أرضيتها تأتي على مستوى أسقف البيوت التي تليها، ولها باب يؤدي إلى زقاق ضيق، يفضي إلى الحارة المجاورة، حيث البيوت المتلاصقة التي طالما لعبت أمامها، وتعرفت إلى أطفالها.

كانت حارتي وفق ما سمعته من والدي وما عرفته فيما بعد، قطعة من التاريخ، أنفاسه لا تزال تجوب في سمائها فتثريها، وترفع من قدرها، فشارع باب الداورن الممتد نحو الحدرة، يمر بساقية "حسين" التي طالما جلست على حفاف بركتها وأدليت رجلي في مائها، وقضيت العديد من العصاري الجميلة. ثم عن يمين الشارع زقاق البساتين، ويمضي الشارع في امتداده نحو الجنوب إلى أن يصل إلى العمدان.

هذه العمدان التي رسخت في أعماقي ورافقتني عمري، كنت أقف أمامها صغيرا وأتطلع إليها، وعندما فككت الحرف أخذت أقرأ أسماء الشهداء من أمراء الجيش الذين ردوا المغول في معركة كبرى سميت "حطين الثانية"، لأنها دحرت المغول وردتهم إلى أن هزموا في عين جالوت بالقرب من بيسان في أيلول من عام 1260 ميلادية.

أهتم المؤرخون بهذه المعركة وأرخوا لها، لأنها ردت إلى المسلمين الثقة بالنفس ودفعتهم إلى مطاردة المغول وهزمتهم.

ومن ساحة باب الدارون امتدادا إلى الشمال، بقايا البيوت التي هدمتها الحرب العالمية الأولى، وعند الاقتراب من شارع عمر المختار يقع البيت الذي ولد فيه الإمام الشافعي ابن غزة البار عام 150 من الهجرة الموافق 717 ميلادية، العام الذي توفي فيه الإمام أبو حنيفة النعمان، ومكان ولادة الإمام الشافعي يعرف اليوم باسم "الشيخ عطية"، وبالقرب منه مطحنة النديم، وفي الناحية المقابلة حمام "السمره" ثم خان الزيت. وإلى القرب منها شارع السروجية الذين كانوا يصنعون السروج للخيل.

ومن باب الدارون نحو الشرق شارع يؤدي إلى "الكمالية" ثم إلى الساحة التي كان يقام فيها عيد الفطر وعيد الأضحى، وبالقرب منها "المسلخ" الذي كانت تذبح فيه الذبائح للمدينة.

ويتفرع من باب الدارون عدد من الأزقة، زقاق "الغلاييني" الذي كانت تسكنه العديد من الأسر المسيحية متجاورة مع الأسر المسلمة، بعده زقاق آخر يؤدي إلى "رأس الطالع" حيث كنيسة الأرثوذكس، وجامع كاتب الولاية متجاوران متعانقان. وقد كان من العائلات المسيحية التي تسكن الزقاق والحارة، عائلات الترزي، والصايغ، وشحيبر، والخوري، وسابا، وظريفة، كلها عائلات زيتونية عشت بينها وأحببتها وشاركتها ليلاتها.

كان ذلك عالمي، وكانت تلك هي البيئة التي نشأت فيها ودرجت لأدخل عالمي الواسع الكبير، وقد أحببتها وأنشدت لها، وكتبت عنها فيما بعد، وظلت أبدا لدي أجمل مكان في الدنيا.

(3) كتاب الشيخ زمو

يوم من عمري لا أنساه، حفر في الذاكرة كأنما نقشته يد نقاش ماهر في صخرة على جبل "الكرمل"، أو في أعالي "المكبر" أو عند "الجرمق" أو في ذري "عيبال". ذلك اليوم الذي اصطحبني فيه والدي إلى كتاب الشيخ (زمو) الذي يقع غير بعيد عن منزلنا عند "باب الدارون"، في زقاق ضيق، يتفرع من شارع ينتهي عند شارع غزة الكبير، شارع عمر المختار.

بعد عتبة الباب بقليل، يقام "دربزين".. قصير يرتفع حوالي نصف متر، تأتي بعده ساحة الجامع، وقد انتصبت في وسطها شجرة سدر قديمة تتهدل أعرافها كأنها خيمة، تغطي جزءا كبيرا من الساحة، وفي الناحية الشمالية من الساحة، أقيم "المتوضأ" وقد برزت من الحائط عشر حنفيات وأمامها حوض مستطيل يجلس الرجال على حافته، وقد شمروا أطراف قنابيزهم، ومدوا أيديهم وطأطأوا رؤوسهم، وانحنوا يبسملون، يؤدون فريضة الوضوء.

وفي الناحية الجنوبية، مقابل المتوضأ غرفة كبيرة، لها باب واسع يفتح بدفتين، ولها نافذتان مستطيلتان بهما عدد من قضبان الحديد المتشابكة بشكل هندسي جميل.

دخلت مع والدي الغرفة، وأخذت عيناي تدوران فيها، متأملة متفحصة، "الشيخ زمو"، في الناحية الغربية عند مدخل الغرفة، يغرق في كرسي عال، كأنه دكة أو شبهها، وخلفه وعن يمينه عدد من الوسائد، وهو شيخ في الستين من عمره، غزا الشيب فوديه وارتسمت التجاعيد، أخاديد في وجنتيه وجبينه،

إنه صغير.. صغير، هذا الشيخ كأنه شلو إنسان، بقايا رجل، مشلول اليدين والرجلين، أقوى ما فيه عينان زرقاوان تدوران وتلجان في حدقتيهما، وقد إندس الجسد في جلباب فضفاض، وبدا متربعا، كأنه صورة للكاتب المصري في العهد الفرعوني، وكان إذ هو جالس في كرسيه يتحرك كما بندول الساعة، يمينا وشمالا، يعوض حركة اليدين بحركة جسده.

وإلى جوار كرسي الشيخ "زمو" كان كرسي آخر أصغر كثيرا من كـرسي الشـيخ "زمـو"، ملأه شيخ كفيف بجسده الضخم وكرشه المتدلي أمامه، وقد علت رأسه عمامة، التفت على طربوش شديد الحمرة، وإلى جواره عصا غليظة، كانـت تمتـد أمامـه، عنـدما يأخـذ طريقـه للعودة إلى بيته، وإلى جوارها "خيزرانة" مليئة بالعقد، كان يسـتعملها في تأديـب تلاميـذه، وعقابهم.

سبحان اللـه، أي تناقض بين الشيخين، الأول، كـل مـا تبقـى منـه عينـان مشـعتان، والثاني، كل ما أخذ منه عيناه المنطفئتان، كأنما كان كل واحد منهما يكمل الآخـر أو ينـوب عنه في مهمة العضو الذي افتقده.

خلف الشيخ زمو، حزمة من الخيزرانات مختلفة الأشكال والأحجام، عرفت أن لكـل واحدة منهـا إسـمها، "الغليظـة"، "ذات الشـعب"، "زكيـة" وأمـا "الحاجـة مسـعودة" فهـي "الفلكة" التي كان الشيخ يستبيح بها أقدام المـذنبين أو المقصرـين، لتصـبح جـاهزة لتلقـي ضربات شيخنا وهي تهوي بخيزرانته على الأقدام، وسط بكاء وصراخ الأطفال وولولتهم.

تلقاني الشيخ "زمو" هاشا، فهو صديق والدي وصاحبه الذي يجلب له من حين لآخر طفلا جديدا من أطفال الحارة التي هو مختارها، مـد الشـيخ يـده المشـلولة ذات الأصـابع الناصعة البياض، حتى تكاد تضيء من شدة وهجها، وأشار إلي والدي أن أتقدم فأقبـل اليـد الممدودة، ولكني أحجمت وترددت، ودب في شيء من الخوف الغريب، وأحسست برعشة برد طارئ تجتاح جسمي كله. نهرني والدي بلطف، وأمرني أن أتقدم، فتلفتت حـولي أنظـر إلى الأطفال، وقد تعلقت عيونهم بي. إنهم متفاوتو الأعمار، بينهم من هم في سـني والكثـير منهم يكبرونني، تقدمت خطوة وشددت على اليد الممدودة الباردة كالثلج وطبعت عليهـا قبلة عجلى، وانسحبت إلى الخلف لألتصق بحضن والدي.

أمرني والدي أن أقبل يـد الشـيخ "محمـود سـكيك" التـي مـدها إلي فتناولتهـا هـي الأخرى، وقد كانت مختلفة تماما عن يد الشيخ "زمو"، فهي عريضة ثقيلة، طويلة الأصـابع، ساخنة، صلبة كأنها المطرقة.

مرة أخرى عادت عيناي تدوران في المكان وتتطلعان إلى جدرانه المتآكلة، وقبته المهترئة المشققة، التي تساقط جيرها، فترك فيها أشكالا غريبة متداخلة.

أي عالم هذا الذي أنا مقبل عليه، تساءلت ولكني لم أجد الجواب الشافي، إنه عالم أدفع إليه دفعا، وهو شر لا بد منه.

استأذن والدي، بعد أن تسلمني فتى يكبرني، وسحبني لأجد مكاني على أحد البنوك، وأجلسني إلى جوار أطفال في عمري تحركوا ليفسحوا لي مكانا، عيناي ظلتا ترقبان والدي، انفجرت باكيا مرة واحدة.. وأنا أشهد والدي يغادر الغرفة دون أن يلتفت إلي.

شعرت إذ والدي يغادر الغرفة، فالجامع كأنه قد ألقاني بعيدا وراء البحر، في عالم مجهول غريب، وأنني أفتقد شاطىء الأمان والحنان في بيتي هناك، حيث أمي التي لم أفارقها قط، بعيدة أصبحت هي، وبعيدا أصبح بيتي، أغلال ثقيلة تمسك بقدمي لتأسرني في هذا المكان الغريب.

بدأت اليوم الأول، أخذ الشيخ يردد، "بسم الله الرحمن الرحيم" ويردد الأطفال خلفه، مكررين ما نبر به: ﴿ **الحمد لله رب العالمين، الرحمن الرحيم، مالك يوم الدين، إياك نعبد وإياك نستعين، إهدنا الصراط المستقيم، صراط الذين أنعمت عليهم، غير المغضوب عليهم، ولا الضالين** ﴾ آمين.

توقفت دموعي وجفت كأنما اجتذبها هذا الجرس الجميل لهذا الكلام المحبب إلي الذي كان يجتذبني إذ أصحو أحيانا على صوت والدي يرتله وهو يؤدي صلاة الفجر.

أخذ صوتي يتردد، ويعلو، ويصفو شيئا فشيئا، إلى أن انتظم ووضح وغرق وسط الموجة المتدفقة من حناجر الصبية حولي.

تسللت يد الطفل الذي إلى جواري وقرصني، فتوجعت صامتا، مما شجع الطفل على أن يعاود فعلته، بأشد من المرة الأولى، فصرخت صرخة عالية، خيم بعدها الصمت، حاصرتني العيون، نادى الشيخ الطفل الذي إلى جواري، إذ فهم ما جرى، فهو معتاد على إيذاء أجواره، وأمسك به أكبر الطلاب، ودفع بقدميه إلى "الحاجة مسعودة".. ولف حبلها عليهما، بينما أمسك اثنان آخران بطرفيها، وأخذت خيزرانة الشيخ تهوي لاسعة على قدمي الطفل، وهو يصرخ ويبكي، ويستجير

بالشيخ دون جدوى، فإذا بي أشارك الطفل بكاءه، متوسلا إلى الشيخ أن يكف عن الضرب، بل حاولت أن أغادر الغرفة هربا، من هذا الموقف الأليم، ولكن الشيخ نهرني، وتوقف عن الضرب. وطلب إلى الطفل أن يعود إلى مكانه، وأبعده عني، ونقله إلى موقع قريب منه ليظل دائما تحت رقابته.

بدأ الشيخ سكيك، درس الحساب... واحد اثنان ثلاثة إلى العشرة، ثم أخذ ينادي الأطفال الكبار واحدا واحدا، يسمع لهم جدول الضرب، وهو قابض على أذني الواحد منهم، فإذا ما أخطأ، فرك الأذنين، فعلا صراخ الطفل.

فجأة ارتفع صوت المؤذن لصلاة الظهر، وبدأ رجال، يتوافدون على المسجد، وما أن انتهت الصلاة، حتى أقبل الوالد، وعيناه تبحثان عني، وما أن رآني، حتى ارتسمت ابتسامة على شفتيه وناداني، فأقبلت إليه كالحمل الوديع أتمسح بقمبازه.

سمح لنا بعد صلاة الظهر، وبعد أن طوى خادم المسجد الحصر التي غطت ساحة المسجد، أن ننطلق إلى الفسحة.. وقد حرص والدي يومها أن يأخذ مكانه على كرسي إلى جوار الشيخ، حتى نهاية اليوم الدراسي ليصطحبني معه.

كنت قد تناولت في الفسحة ما دسته أمي في جرابي من طعام، عبارة عن رغيف، حشته بالزعتر والزيت.

كانت عيون الأطفال ترقب من النافذة تحرك الظل في ساحة الجامع حتى وصوله إلى البلاطة التاسعة، موعد الانصراف.

أشار الشيخ بالخروج فتدافع الصغار كالعصافير الحبيسة نحو الباب، في هرج ومرج، يطلبون الحرية التي يعشقونها، وبقيت أنا إلى جوار والدي أرقب لحظة مغادرته هذا السجن المخيف.

حضر رجل فارع الطول، مشدود العضل، فحمل الشيخ المقعد على ظهره، ليعود به إلى منزله القائم عند مدخل الجامع، وأخذ يصعد به إلى الدور الثاني حيث مقر سكناه، كان المشهد بالنسبة لي مثيرا، حرك في عواطف متضاربة من الشفقة والخوف.

خرجت مع والدي لآخذ طريقي إلى بحيرة الحنان التي لا تنضب، إلى صدر أمي الذي كنت أترقبه وأنتظر العودة إليه.

(4) يوم الرعب (مع العفاريت)

سنوات الكتاب كانت جافة جافية، فيها الشيء الكثير الذي لا ينسى، ولعل أبرز أحداثها ذلك اليوم الذي لا أزال أذكره، يوم وسوس إلي زميلي محمد بأن أهرب من الكتاب، عند الفسحة، وكان الشيخ قد كلف تلميذين ضخمين بحراسة بوابة الكتاب، لمنع أي من التلاميذ من التسلل إلى الخارج، أو الهرب من الكتاب.

كان زميلي محمد من أسرة ثرية، تبدو عليه النعمة ملبسا ومأكلا، ولكنه كان كسولا، لا يحب الدراسة ولا يحفظ القرآن، ويخطىء في جدول الضرب، مما يعرضه من حين لآخر للعقاب، فما أكثر ما ناشه الشيخ سكيك، فلسعه على خده، أو فرك أذنيه، وهو يسمع له جدول الضرب، لهذا محمد كاره للكتاب، راغب في الانسلاخ عنه، والفرار من سجنه بأي طريقة.

جاءني محمد ذلك اليوم، وأخذ يغريني إلى الانفلات من عقال هذا السجن، وزين لي ذلك، حتى أقنعني، فوجدت نفسي منساقا وراء إغراءاته وفعلا تمكنا من مغافلة الحارسين وإطلاق سيقاننا للريح، حتى وصلنا إلى منطقة "الأحواش" في طرف "الكمالية" بحارة الزيتون. والأحواش بقايا بنايات خربة، كانت تجتذب الأولاد للعب فيها، والتنطط على جدرانها، واختفينا هناك، حتى أقترب موعد انتهاء الدراسة في الكتاب، فعاد كل منا إلى بيته.

عرفت والدتي بما فعلت، ذلك أنني لم أكن أخفي عنها شيئا، وبلغ الخبر والدي، فأنبني ونهرني وطلب مني أن لا أعود إلى مثل ذلك قط، ولكن أخي الأكبر لم يكتف بذلك، فرافقني في اليوم التالي إلى الكتاب، وسلمني للشيخ الذي أسلمني إلى "الحاجة مسعودة" حيث تلقت قدماي ولأول مرة في عمري لسع خيزرانة الشيخ، ودوى صراخي وعلا عويلي، كما نال محمد زميلي ما نالني، ولم يكتف الشيخ بذلك، بل أمر الطالبين العملاقين بإلقائنا في غرفة "الفئران" بكيت يومها، وتوسلت

وحاولت جهدي أن أستدر عطف الشيخ، ولكنه لم يستمع إلى توسلاتي، ودفع بي وبزميلي إلى الغرفة، وأغلق علينا الباب. غرقنا في الظلمة الحالكة، حاولت أن استبين ما حولي، ولكن الظلام كان دامسا حالكا، لم أتمكن من تبين أي شيء، وشيئا فشيئا بدأت عيناي تعتادان الظلام، فأخذت أتعرف إلى ما حولي، جدران متآكلة، واسعة الشقوق، ووسط الغرفة ينتصب قبر كبير مجلل برداء أخضر، عرفت فيما بعد أنه قبر "الوالي" كنت قد سمعت من التلاميذ أن الغرفة إضافة لما فيها من فئران فهي مسكونة بالعفاريت، والشياطين، وأن من يدخلها يصاب بلوثة الجنون أو الموت، وأنها مخصصة للكسالى من التلاميذ والمتمردين على نظام الكتاب،.. تذكرت ذلك فعاودني البكاء وكذلك زميلي، وبقينا نتناوب البكاء بصوت مبحوح فزع، حتى غلبنا النعاس فنمنا.

صحوت على من يدفعني ويدعوني إلى النهوض، وقد اندلق النور من فتحة الباب فنهضت وزميلي وخرجنا إلى النور، ووقفنا أمام الشيخ نستمع إلى مزيد من النصائح والتهديد.

عدت إلى البكاء طويلا على صدر أمي، وطلبت منها أن تفرخ روعي وتذهب عني الخوف، وتعيدني إلى هدوئي، ووعدتني بأن يطلب والدي من الشيخ أن لا يحبسني أبدا مهما كان الأمر.

كان أول ما تطلعت إليه في يومي الثاني في الكتاب لقيا زميلي محمد، ولكني فوجئت بغيابه، قيل لي أنه مريض، ومرت أيام ولم يعد محمد، إلى أن علمت فيما بعد أنه قد مات متأثرا بما أصابه من جراء السجن، ومن يومها وأنا أكره السجن والموت والكتاب والشيخ.

(5) إلى المدرسة

كان والدي شديد الشغف بالعلم والتعلم، وكان يتولى بنفسه تسجيل أطفال الحارة في المدرسة الأميرية عند بلوغهم السابعة من العمر، بعد أن أصبح للأطفال شهادات ميلاد، استنتها حكومة الانتداب، وفرضت على الآباء تسجيل أبنائهم عند الولادة، فكانت القابلة تأتي لإبلاغ والدي، ويقوم هو بدوره بإبلاغ دائرة الصحة باسم المولود الجديد، وتاريخ ميلاده، وكان والدي لا يكتفي بتسجيل الأسماء لدى دائرة الصحة، بل يقوم هو بدوره بتسجيلهم لديه في سجل كبير وفق الأبجدية، وما أن يكتشف أن أحدهم بلغ السابعة، حتى يذهب إلى بيته ويقرع بابه، وينادي أمه لانشغال الآباء في أعمال الفلاحة، ولجهلهم للقراءة والكتابة ويأخذ الطفل من يده ويصطحبه معه إلى المدرسة الأميرية، ويقوم بإجراء تسجيله، وكثيرا ما سمعت الآباء، وهم يعاتبون والدي، متسائلين عن فائدة المدرسة، "يا أبو علي أولادنا للفلاحة، إنك تفسدهم وتضيعهم منا".

ولكن الأمهات كن دائما إلى جانب تعليم أولادهن، غيرة من أبناء جيرانهن، ورغبة في رؤيتهم يعودون إليهن من المدرسة بالجديد الذي لا يعرفنه.

وكثيرا ما شاهدت امرأة ملفوفة في غطاء رأسها الأبيض، تدخل على والدي في ديوانه، وفي يدها طفلها، تسأله عن موعد دخوله المدرسة، فيسحب سجله الكبير ويؤملها باقتراب موعد قبوله.

اليوم إصطحبني والدي معه، وقد اشترى لي حلة جديدة وصندلا مشبكا، دسست فيه قدمي وشددت بزيمه فرحا، واستبدلت كيس القماش الذي كنت أعلقه في كتفي أيام الكتاب بشنطة جلدية صغيرة علقتها في كتفي بعد أن دسست فيها دفترا وقلما.

المدرسة الأميرية الوحيدة القائمة في غزة، تقع على مرتفع عال، خارج حارتي، إنها عند مدخل غزة الشرقي، أقامها الأتراك في أواخر عهدهم.

وهي مدرسة كبيرة من طابقين، يصعد إليها بدرج يزيد على العشرين درجة، يؤدي إلى المبنى الكبير، وفي مدخل البهو الذي اصطفت الغرف على جانبيه غرفة مدير المدرسة، وما أن أقبل والدي حتى هب الرجل مرحبا به.

صافح الرجل والدي، وربت على كتفي، كان ناظر المدرسة آنذاك بشير الريس ابن الحاج طالب، صديق والدي الذي لا يفارقه.

تطلعت إلى وجه باش سمح، جميل التقاطيع، حلو القسمات، يلبس حلة مغايرة لتلك التي يلبسها الشيخ زمو، البنطلون والجاكيت، والقميص وربطة العنق، والغرفة فسيحة مشرقة نظيفة، لها عدد من النوافذ المطلة على الناحية الشمالية للمدرسة، خلفها حديقة عامرة بالزهور، هدأ روعي وسكنت نفسي وأملت في عالم جديد مغاير لعالم الكتاب المرعب.

حقا إن الشيخ زمو يتودد إلي ويتقرب مني، ويحاول أن يجتذبني إليه، ولكني لم أستطع طوال الشهور التي قضيتها عنده، أن أمسح من مخيلتي صورة الخوف التي تركت بصماتها في أعماقي منذ سجنت في غرفة العفاريت.

أجرى المدير المقابلة السريعة، وسجل الاسم من واقع شهادة الميلاد، ونادى "الحاج محمد الشنشير" بواب المدرسة، الذي اصطحبني معه إلى فصلي الأول "ألف".

مختلفة غرفة الفصل تماما عن الكتاب، فهي واسعة، مضيئة، نظيفة، يتصدرها لوح كبير أسود منتصب على حاملة خشبية، والمقاعد منتظمة في صفوف ثلاثة، وكل مقعد يتسع لثلاثة أطفال، كلهم في سني.

والمقاعد أيضا مختلفة عن تلك التي عرفتها في الكتاب، فهي تحتوي على شبه طاولة ملتصقة بالمقعد، يضع الأطفال أيديهم عليها، ويستعملونها عند القراءة أو الكتابة.

تسلمني مربي الفصل، ورحب بي، وتناول دفترا أمامه، وسجل اسمي فيه، وأخذني من يدي، وطلب من تلميذ في المقعد الأمامي أن يفسح لي مكانا إلى جواره، وأجلسني. ولم تمض دقائق حتى دق الجرس فخرجت مع رفاقي إلى ساحة المدرسة،

إنها ليست صغيرة كساحة الكتاب، إنها فسيحة واسعة انتشرت في أنحائها أشجار الكينيا، والسرو الباسقة الوارفة الظلال، وفي مكان غير بعيد عن الفصول، أقيمت مصطبة نفرت منها أعداد من الحنفيات على الجانبين للشرب. وفي الطرف البعيد أقيمت مراحيض المدرسة، نظيفة، مختلفة عن مرحاض الكتاب الذي كان أشبه بالبئر المظلم.

لم أعد كما الكتاب أقضي الوقت كله دون أن أنعم بفسحة أرتاح فيها أو ألعب مع رفاقي، فالمدرسة من حين لآخر يدق جرسها، فينطلق الأطفال يلهون ويلعبون أو يشترون بما لديهم من مليمات بعضا مما يباع على بوابة المدرسة، من المأكولات التي كان أهمها وأشهرها ما يبيعه "أبو الروم" من الطحل والكلاوي المغموسة في الفلفل الأحمر الحراق".

في اليوم الأول تعرفت إلى هذا العالم الجديد، وسلمني مربي الفصل كتابا للقراءة أنيقا نظيفا جديدا، كما سلمني دفترا وقلما ومسطرة، وطلب مني الحفاظ عليها نظيفة وجديدة.

كان الدرس الأول في اللغة يبدأ "براس.. روس، دار.. دور"، ومرة أخرى وجدت نفسي متعلقا بهذه اللغة محبا لها منجذبا إلى جرسها. عند الظهر عدت إلى البيت برفقة عدد من أبناء حارتي، وأنا أشد ما أكون فرحا بعالمي الجديد، اخترت طريق العودة عبر "الكمالية" لأمر من جوار بيت جدي لأمي، جوار دير اللاتين، وقد شهدت مصادفة "أم سلطانة" ففرحت بي وقبلتني، وطلبت مني أن أهنيء أمي وكم كنت أشغف بحكاياتها، وأرهبها لأن أمي كان تدعوها كلما ألمت بي وعكة، لتمسح صدري بالزيت الساخن أو تضغط على رقبتي وتشدها، إذا ما شعرت بالاختناق أحيانا، وكثيرا ما صحبت والدتي إليها، وشهدتها وهي تمرج صدري أو ظهري بالزيت، وتتمتم بكلام لا أدريه.

كانت "أم سلطانه" طبيبة الحارة، يروون أن في يديها الشفاء، أو "الدوسة" كما يقولون..

ذلك أنه حدث يوما أن قرع بابها مجهول، وطلب منها أن تمد يدها، ثم داس عليها فأعطاها بركة الشفاء. وما من أحد في الحارة إلا وكان يؤمن بهذه المقولة، ويرددها باحترام وثقة.

عدت إلى أمي التي كنت أرتبط بها ارتباطا وثيقا، أود دائما أن أفعل ما يسعدها ويفرحها، فأخذتني إلى أحضانها، وأجلستني إلى جوارها ريثما تجهز لي طعامي الذي ما زال يغلي في حلتها على وابور الكاز، ظلت من حين لآخر تدفع بذلك الشيء الذي في أسفله ذهابا وإيابا لتزيد من ناره، وتعجل في إعداد الطعام.

وكان مما يزيد اعتزازي بأمي ومحبتي لها ارتباطي بخالي "سليمان العامري"، الذي كان يزورنا في الأعياد، قادما من بعيد، حيث كان يعمل في مصلحة البريد، وكان والدي دائما يتحدث عنه بزهو، فيقول حضر سليمان أفندي أو ذهب سليمان أفندي. كان خالي يبدو أنيقا بحلته الإفرنجية وطربوشه الأحمر، وعندما يزورنا، تحمل له أمي كرسيا يجلس عليه، وسط باحة الدار، تباهي به أزواج أعمامي وجيرانها، وكان يسخو خالي بالعيدية، فيناولني مبلغا محترما، اشتري به ما أشاء من الحلوى والبالونات، وأصابع زينب، والشيء الوحيد الذي كنت لا أحبه في خالي وأنا صغير إطلاقه اليمام الذي كنت أصطاده من حاكورة الدار، فما أن ينزل إلى الحاكورة حتى يفتح أبواب القفص، ويترك اليمام ينطلق مرفرفا مبتعدا، بعد الجهد الذي أقوم به لاصطياده. كان يجلس إلي طويلا يحدثني عن الحرية للإنسان والطير والحيوان.

أختي زلفى، كانت أكثر الفرحين بي يوم عودتي من المدرسة، أخذتني في أحضانها وراحت تمطرني بقبلاتها، وتدعو لي أن أكون أفنديا كخالي سليمان "أبو إبراهيم".

ارتفع صوت الزناتي بآذان العصر من مئذنة جامع الشمعة، ورأيت النجاجرة يغلقون دكاكينهم مبكرين، والدي لم يتعود أن يتأخر عن الصلاة إلا نادرا عندما يكون في زيارة للحاج عرفات شريكنا في الأرض.

عاد والدي متأخرا فوجدني ما زلت مستيقظا، أترقب هذه العودة لأتحدث إليه عن يومي الأول في مدرسة غزة الأميرية، ولأستمع إليه عند النوم، وهو يردد أبياتا من تغريبة بني هلال:

يا وز لعراقين طوطي لأقولك

إللي يروحك لبلادك سالم

بعدها أغفو شيئا فشيئا إلى أن استغرق في النوم.

(6) إلى حيفا

في نهاية السنة الأولى الابتدائية، حملت إلى والدي شهادتي مترفعا إلى الصف الثاني الابتدائي، فرحا بالعلامات العالية التي حصلت عليها، وتأشيرة مربي الفصل "موسى فضة" "مجتهد أتمنى له النجاح دائما".

موسى فضة، كان طويلا، فارعا، باسما أبدا، يقيم ألفة وودا مع تلامذته، ولأنه مدرس اللغة العربية، فقد كان يعجب بنطقي لمخارج الكلمات، وسرعة استظهار ما يلقننا من المقطوعات المختارة، كما كان الشيخ محمود سرداح مدرس الدين، كثيرا ما يثني علي وتعجبه قراءتي للقرآن، وسلامة نطقي. فما أكثر ما كان يتعبه بعض التلاميذ عندما يقرأون ويبتلعون بعض الأحرف، أو يحورون الكلمات.

لم يكن درس الحساب يروقني كثيرا، ولكنني كنت أحفظ جدول الضرب بآلية الترديد، دون رغبة أو محبة.

كنت سعيدا بهذا النجاح، منتظرا المكافأة التي وعدني بها والدي، بقضاء إجازتنا في حيفا، حيث شقيقتي الكبرى.

ناولت والدي الشهادة مرفوع الرأس، شامخا، فرحا، تناولها وقرأها فربت على كتفي باسما، وقال لي: "أنا عند وعدي".

طرت إلى المنزل أزف الخبر لأمي، وأخواتي، صغيرا كنت، ولكن رغبة ملحة كانت تتملكني لزيارة مدن وطني فلسطين، لم أكن قد غادرت مدينة غزة قط، وكثيرا ما سمعت أختي الكبرى في زيارتها لنا تتحدث عن المدينة الكبيرة حيفا الراقدة على جبل الكرمل، والأضواء المتلألئة في مينائها، والسفن الغادية والرائحة، وكثيرا ما تعلقت بأذيال شقيقتي لاصطحابي معها إلى ذلك المجهول الذي يرقد في خيالي.

لماذا خالي يأتي من "عكا"، وأختي من "حيفا" ، وعماي شاكر وعمر يأتيان من "يافا"، وأعمامي محمد ورشدي وكامل يأتون من "بئر السبع"، ووالدي فقط هو الباقي في غزة، في هذا البيت الكبير؟

قال لي والدي: "عندما أجبرتنا السلطات العثمانية على مغادرة غزة أثناء "السفر برلك" لتكون غزة ساحة الحرب الأولى بين العثمانيين والإنجليز، هاجرت أنا وأعمامك داخل فلسطين، وتفرقنا في مدنها وقراها عند معارف وأصدقاء لنا، وبعد أن وضعت الحرب أوزارها، عدت إلى غزة، لأكون على رأس العائلة أتدبر أمرها وأقوم بشئونها، فقد كنت كبيرها، وبقي أعمامك في بئر السبع ويافا، وبدأوا حياتهم هناك، واستقروا وأصبحوا من سكان تلك المدن.

أما خالك سليمان أفندي فهو موظف في الحكومة، تنقله من مكان إلى آخر، وفق مصلحة العمل، وهو اليوم مدير مكتب البريد في مدينة "عكا".

لم أنم ليلتي تلك نوما قريرا، فقد جافاني النوم، طويلا، وأنا أمني النفس برحلة إلى حيفا، التي طالما تقت إلى زيارتها وحلمت برؤيتها.

لم يخلف والدي وعده، فما مرت أيام حتى جاءنا بالخبر المفرح، إنه دبر الأمور كلها، وأننا سنسافر إلى حيفا.

جاء صباح ذلك اليوم من شهر آب جميلا بسماء صافية، والشمس تمد أشعتها الذهبية لتكسو المدينة بالنضرة والجمال.

ثلاثة حمير كانت تقف بباب منزلنا، ركبت أنا وشقيقتي حمارا، وركبت أمي حمارا آخر وكانت تحتضن صغيرها "أكرم" الذي لم يكن بعد قد تجاوز العام، وامتطى والدي الحمار الثالث.

بدا والدي بقمبازه اللماع المخطط، وكوفيته الجديدة، وحطته وعباءته، كبيرا جدا في عيني، كان والدي مثلي الأعلى في كل شيء: مشيته، حركة عصاه المموسقة، خطوته الواثقة، رأسه المرفوعة أبدا، وصلابته في الحق، خصامه ومشاحناته مع منافسيه على المخترة، أحاديثه الدائمة عن اليهود والإنجليز، جلساته الليلية أمام مصباحه يتصدر ديوانه، ويقرأ في كتاب تغريبة بني هلال أو ألف ليلة وليلة أو عنترة، كل ذلك كان يتسرب في كياني ويكونني ويبني وجودي ويهيء ذاتي.

تحرك الموكب إلى محطة السكة الحديد التي كانت تقع بعيدا في طرف المدينة الشمالي.

وأنا على ظهر الحمار كانت تتراقص في عيني الأخيلة، وتتلاحق الصور إنني ذاهب إلى حيفا مدينة الأحلام.

وصلنا إلى المحطة، حيث تتمدد خطوط السكة الحديد متشابكة، متلاصقة، تغطي أرضها، وحيث يقف القطار الجهم الكبير، إشترى والدي لكل منا كعكة كبيرة، مجللة بالسمسم ومعها ورقة صغيرة تحتوي على الفلفل الأسود والملح. أصعدنا الوالد إلى القطار واحدا واحدا، وأخذنا أماكننا في داخله.. أخذت مكاني إلى جانب النافذة، كانت عيناي تجوبان فيما حولي، التقطت كل شيء، مكاتب المحطة، الحركة المتلاحقة، المسافرين، كان كل شيء حولي ينبض بالحياة في مدينتي التي أحب.

لأول مرة ينطلق بي القطار، يزعق زعقته الهادرة، يتحرك، يحقق مسيرتي الأولى إلى داخل فلسطين التي كان والدي لا يكف عن الحديث عنها، فطالما حدثني عن مدنها مدينة مدينة، حدثني عن القدس، المسجد الأقصى، الصخرة المشرفة، كنيسة القيامة، كان يأخذني مع أحلامه مرارا إلى هناك، رسمها كأجمل مدن الدنيا، وحيفا التي كان القطار يحمل في عيد الفطر من كل عام سلال الكعك، والمعمول التي تبعث بها شقيقتي إلينا من هناك، وحديث أختي في زياراتها عن الجبل الكبير، والميناء الضخم، أشياء راسية في مخيلتي مرسومة ملء عيني، يشدني التوق اللاهف إليها.

عبر الطريق الطويل تتراءى لعيني راكضة أشجار التين، واللوز، والجميز، وتمتد كروم العنب، وتبدو بيارات البرتقال، ما أجمل هذا الوطن، وما أحلاه، كنت أمد رأسي من النافذة لأملأ صدري بالهواء النقي الذي يسري في جسدي كله فينعشني.

شقيقي أكرم الصغير، أزعجه القطار، هاله بصريخه وحركته، فهو لا يكف عن البكاء، ومحاولات أمي لإسكاته باءت بالفشل، أخذت تهزه وتهدهده، وهي تردد:

"البوببو، البوبو، كل الناس بتحبو"

لا أدري كم كان عدد المحطات التي توقف القطار عندها عبر هذا الطريق الطويل، وكلما توقف نزل أناس، وصعد آخرون، وتعالت أصوات بائعي الكعك، والفاكهة، وفي كل محطة كان والدي يتحفنا مما يباع.

كبيرة.. واسعة، ضخمة محطة حيفا، إنها ليست كما محطة مدينتي، إنها شديدة الازدحام بالقطارات المختلفة الأحجام، وبالناس في أشكال متداخلة وأزياء، أعرف بعضها، وجديد علي بعضها الآخر.

صعدت بنا السيارة التي استأجرها زوج شقيقتي "رجب الدهشان" إلى أعلى، ولأول مرة في عمري تأخذ عيناي الصغيرتان هذه العوالم الجديدة.

بيت شقيقتي في حي صغير جديد، في أعالي الكرمل، يسكنه عدد من أهالي مدينة غزة، توافدوا متلاحقين للسلام على والدي والاحتفاء به، وأكثرهم من حارة الزيتون حارتي.

ما أجمل الليل في هذه المدينة، شعلة من الأضواء المتلألئة اندلعت على سفوح الجبل الكبير، لتمتد حتى البحر الذي أخذ شيئا فشيئا يتحول إلى جزيرة من الأضواء المشتعلة.

بالحب والحنان أخذتني أختي تلك الليلة، فنمت نوما قريرا أترقب الصباح المنشود. طفت في الأيام الموالية في أنحاء حيفا أخذت أنهل من جمالها أتنقل في شوارعها، ذات الدرجات الصاعدة والهابطة، اصطحبني والدي يوم الجمعة، فأديت صلاة الجمعة في جامعة الاستقلال، واستمعت إلى خطيب الجامع وهو يحذر من مخاطر لم أكن أفهمها ولا أعيها..

وجوه غريبة كنت أشاهدها، من حين لآخر، في أزياء غريبة علي أشبه بتلك الصور التي كانت تطالعني في بعض مما يقع تحت يدي من مجلات، أو كتب، إنهم أغراب يرطنون بلغة غير لغتي.

سألت والدي، فقال لي: "إنهم اليهود". أحسست كأنما شيطان ينتصب أمامي، إذا فهم هؤلاء الذين أقلقوا أمن بلادي، هؤلاء الذين يعتدون على أهلي في يافا، مرت سيارة مصفحة يملأوها الجنود المدججون بالسلاح، وعن هؤلاء قال لي والدي: هؤلاء الإنجليز.

شياطين آخرون، يطاردون أهلي. يطلقون النار عليهم.

ماذا يريد الإنجليز؟ وماذا يريد اليهود؟ رست الأسئلة المتلاحقة منذ الصغر في أعماقي، وكثيرا ما كنت أجلس إلى جوار والدي، أمام دكان الحاج عقاب شلدان، والرجال يتحلقون حوله، وهو يقرأ لهم الأخبار من صحيفة "فلسطين" أو صحيفة "الدفاع".

ليلات كثيرة لم ينم فيها الوالدان، قلقا وخوفا على أعمامي في يافا، وأختي في حيفا. كان اليهود دائما هم الخطر.

حيفا ظلت مدى العمر عروسا مجلوة في عيني، رافقتني طويلا في توالي الأيام، جبلها الشامخ المتعالي، صنوبرها العطر، خليجها المتلألىء أبدا، وكأنه قطعة من الماس، قمرها السابي المتهدل بشلالات الضوء، عصافير دوحها. رائع تينها، وجميل ورودها، جنة حقا حيفا ما أجملها!

(7) إلى يافا

السنوات من 1936 - 1939، سنوات مـن عاشـها صغيرا أو كبيرا حفظت ذاكرتـه أوجاعها، وآلامها، وما تردد فيها من آلاف الحكايا والحواديت عن الصدام المستمر والـدائم، بين الإنجليز والثوار، رسخت في الذاكرة أسماء القسام والقاوقجي، وعبدالرحيم وأهزوجة: (دبرها يا مستر بل بلكين على إيدك بتحل)، وهيهات أن يحلها، من عقدها. فاللورد رئيس اللجنة الملكية الذي أرسلته بريطانيا عـام 1936 لاستقصاء أسـباب الاضـطرابات، وضعت لجنته تقريرها وتقدمت به إلى حكومة الانتداب، وقد تضمن تقسيم فلسطين إلى دولتين "عربية ويهودية". واعترف بالظلم الواقع عـلى العرب نتيجـة وعد بلفور المشـؤوم، كـما اعترف بأن الانتداب الذي زعم تطوير وتحسين أحوال البلاد الاقتصادية لم يفعل شيئا مـن ذلك.

وجاء الكتاب الأبيض عام 1939 فلم يكن بأقل غبنا لأصحاب البلاد الشرعيين مـن تقرير لجنة بل.

فالهجرة اليهودية الزاحفة إلى فلسطين تزداد يوما عن يوم، والاعتـداءات عـلى أهـل البلاد وأصحابها لا تكف من اليهود والإنجليز معا.

ورغم صغر سني ذلك الزمن، فقد وعيت مبكرا ما يجري، فكم مـن ليال، قضاها والدي قلقا على أعمامي في يافا وأختي في حيفا.

عام 1939، بعد الهدوء نوعا مـا، جـاءت العطلة الصيفية، وكنـت قـد وصلـت إلى الصف الخامس الابتدائي، مع بوادر إرهاصات الحرب العالمية الثانية، التي جعلت بريطانيا بخبثها تحاول تهدئة الأوضاع في فلسطين، لتلتفت إلى الخطر الجديد المسمى "هتلر".

ألححت على والدي أن نقضي إجازة هذا العام في يافا، نزور فيها عمي عمر وشاكر ونتعرف إلى المدينة التي طالما سمعت أبي يقول عنها: "إنها عروس فلسطين".

ورغم ما كان يساورني من التوجس والخوف من اليهود الذين يعيشون في تل أبيب، قريبا من يافا، فقد كان يتملكني إحساس غريب، ورغبة ملحة لزيارة يافا.

فما أكثر ما سمعت عن مينائها وصياديها وبرتقالها ومعاهدها كلما زارنا أحد من أعمامي.

كنت أدري أن والدي الذي جاب فلسطين من أقصاها إلى أقصاها يود لو تتاح الفرصة لأبنائه بزيارتها، والتمتع بجمالها. لذا لم أجد صعوبة في إقناعه وأنا أبدي رغبتي، بلهف بريء، قرأت في عينيه ذلك الحنو الذي لم يفارقه مدى حياته، والذي كان دائما الملبي لما نطلب.

: "سنسافر إلى يافا. حاضر". قالها والابتسامة العريضة تملأ وجهه، وتشع من عينيه، لتتسرب فرحة في شراييني. كلمة على بساطتها رعرعت النشوة في قلبي. إنها لذة التغيير التي تكسر رتابة الحياة في غزة. طرت إلى أمي بالخبر آملا أن أجد عندها الفرحة التي وجدتها يوم بشرتها بنية زيارتنا لحيفا، وكم فوجئت بوجه أمي، وقد اكفهر، وقطبت جبينها، ولم تعلق على الخبر بقليل أو كثير.

سمعتها، إذ آوى أبي إلى فراشه، ولم أكن قد نمت بعد، وهي تبدي تحفظها على الزيارة خوفا على أولادها مما يرتكبه اليهود من جرائم، ووالدي يهدىء من روعها، ويطمئنها، بأننا لن نختلط بهم، ولن نذهب إلى "تل أبيب"، وإننا سنزور أخويه، ومثلما يعيشون نعيش، بعيدا عن المتاعب.

أمر الوالد نافذ، وحواره مع أمي من قبيل تهدئة الخواطر، فما أذكر أن اتخذ قرارا قط ورجع عنه حتى لو كان غير مقتنع به، أو توجس وراءه خيفة أو خطرا.

هذه المرة لم نركب القطار، وإنما بكرنا إلى موقف الباصات، وأخذنا أماكننا في أحدها. تحرك الباص في حدود الثامنة صباحا، متجها نحو الشمال عابرا بمحطة السكة الحديد، ثم مارا بجميزة صالحة.

أذكر أن أبي عندما مررنا بالجميزة أخذ يتمتم: "يا جميزة صالحة يا ملاقيا الغياب، ومفرقة الأحباب".

وعلمت أن المسافرين كانوا يجتمعون تحتها مع أقربائهم، كما يتجمع تحت ظلالها المستقبلون للقادمين من الحج كل عام.

في الطريق إلى يافا، كانت عيناي لا تفارقان النافذة مأخوذا بروعة جمال الطبيعة، وعلى طول الطريق، كانت تمتد كروم العنب وأشجار الزيتون والتين والبرقوق، والجميز، وكلما اقتربنا من يافا بدت تتلاحق بيارات البرتقال التي تمتد ملء البصر- ومن وسط البيارات التي تزنر المدينة من كل جانب، دخل الباص إلى مدينة يافا.

ما أجملها: وما أروع بيوتها، وشوارعها المنسقة النظيفة:

الوجوه كانت تبدو عليها البشاشة والجد، حركة دائبة، وعالم آخر.

توقف الباص، ونزلنا منه، ثم أخذنا عربة حنطور يجرها حصان أصيل، زينه صاحبه وغطى رأسه بغطاء مزركش بالخرز الأزرق.

اندفع الحصان بنا من شارع إلى شارع حتى وصلنا إلى حي العجمي، وعيناي لا تكفان عن التقاط الصور الحلوة عن المدينة الجميلة، التي لم أتعرف عليها بعد، وإنما آخذها كما آخذ غلاف كتاب جميل لم تقلب صفحاته.

نزلنا في بيت عمي في العجمي، كان بيته من البيوت القديمة، يتكون من طابقين، له سلم داخلي، شعرت فيه بالرطوبة رغم حرارة شهر آب، وقضينا الليلة الأولى والسعادة تملأ قلوبنا وتشرح صدورنا. عرفت في يافا ساحة الساعة، وتوقفت أمامها طويلا، وصليت الجمعة مع والدي في جامع حسن بك. والذي لا أنساه مدى العمر ذلك الشاطىء المختلف عن شاطىء غزة، "شاطىء الشباب"، إنه مزدحم بالناس، رجالا ونساء، فيهم الشيوخ والشباب، والعجائز والصبايا، يمتلىء الماء بالأجسام المختلفة. رأيت النسوة لأول مرة يسبحن بالمايوهات، لا كما تفعل النسوة بغزة في ذلك الزمان، فالنسوة في غزة ينزلن البحر بكامل ثيابهن.

لقد سبحنا في الماء ولعبنا على شاطىء يافا وسط هذا الحشد المفعم بالحيوية.

وعند موعد الغذاء قادنا الوالد إلى قهوة قريبـة، فتجمعنـا، وسألنا صـاحب القهـوة عن طلباتنا، وما هي إلا لحظات حتى جاء لنـا بأسـياخ اللحـم المشـوي، وصحون الحمـص والأرغفة الخارجة لتوها من الفرن.

كانت الميناء التي طالما سمعت عنها أروع بكثير عما نقل إلي، عشرات مـن المراكـب الشراعية تتماوج على صفحة الماء، وكثير من اللنشات التجارية التي يسـمع صوتها وهـي تهدر شاقة الماء منطلقة إلى بعيد.

ترددنا أكثر من مرة إلى الشاطىء، وتناولنا السمك المقلي بأنواعه المختلفة. وقبل أن نغادر يافا بأيام، وصلنا خبر عن اعتداء على أسرة عربية في حي المنشية المجاور لتــل أبيب ، مما جعـل أمي تلح على أبي ليقتلعنـا من مهب الأحلام، إلى منزل الأمان.

ومرة أخرى تعود إلي صورة الشياطين الذين يسرقون بلدي.

(8) المدرس القدوة

كان الجنود البريطانيون عام 1939 قد احتلوا مدرستي، المدرسة الأميرية "الهاشمية" فيما بعد، وسبب احتلالها أنها في موقع استراتيجي في الجانب الشرقي للتبة التي تقوم عليها غزة، فتتحكم في مدخل المدينة. وكنا قد انتقلنا إلى أكشاك أقيمت بجوار "فراس" تحت تبة تل السكن، وفي أول منحدر بعد تبة غزة غربا. كنا في الصف السادس، وكان من أساتذتنا، محمد برزق مربي الفصل، وإبراهيم حبيب والشيخ محمود سرداح، وصليبا الصايغ، وحنا فرح ونمر سابا.

وذات يوم طلب منا مدرس اللغة العربية مربي الفصل محمد برزق، أن نكتب موضوع إنشاء عن الربيع، وطلب أن نسجل في رأس الصفحة التاريخ وعنوان الموضوع، والاسم.

وفي اليوم الثاني، عندما أخذ يعيد إلينا أوراقنا وينادينا بأسمائنا، توقف، فأثنى على ما كتبت، ولكنه اعترض على اسمي، وقال لي: عليك أن تستبدل اسمك، فمن أنت حتى تسمى "هارون الرشيد".

وعندما حاورته، وقلت له: إن هذا اسمي في شهادة الميلاد، وواصلت كلامي قائلا: إن عشرات من الطلبة يسمون بمحمد.

نهرني، وقال: إما أن تغير اسمك أو تنقل إلى فصل غير الفصل الذي أربيه. ولم يعجب بمجادلتي وطلب مني أن أغادر الفصل.

خرجت من الفصل وأنا أومن أنني أدافع عن قضية عادلة، توجهت إلى المبنى المقابل للأكشاك حيث إدارة المدرسة ودخلت الصالة التي كان يجلس فيها المدرسون، وكانت خالية تماما، فالمدرسون ملتحقون بفصولهم، كان الهدوء مخيما، وقفت أمام غرفة الناظر بشير الريس، ألقيت نظرة مختلسة، فوجدته مكبا على شيء يراجعه أو يقرأه، دخلت دون أن أقرع الباب، ودون أن يحس بي، وانتصبت أمامه أترقب أن ينتبه إلي.

كانت مفاجأة له أن يجدني أمامه، وكانت لي دالة عليه، فكثيرا ما كان يصطحبني أبي معه إلى بيت والده الحاج طالب الريس الذي كانت تربطه به محبة، خاصة بعد أن احتل الجنود بيته القائم في الكمالية، وسكن في بيت يقع في بيارة "أبو الأرانب" وسط الحارة وقريبا جدا من بيتنا.

كنت آنس كثيرا لابنه زهير الذي كان يصغرني، وكنت أشاركه ألعابه التي لم تكن متوفرة لدي. رويت له ما حدث ضحك، وأخذني من يدي، وذهب بي إلى الفصل السادس (ب) وقدمني، وهو يروي القصة لمربي الفصل "عبدالخالق يغمور" المناضل الذي زاملته في مقبل الأيام في عضوية المجلس الوطني الفلسطيني، ونشأت بيني وبينه علاقة حميمة حتى آخر أيامه رحمه الله.

شيء جديد آخر وجدته عند عبدالخالق يغمور، في الجزء الأكبر من الدروس كان يركز على الانتداب، ووعد بلفور، والهجرة اليهودية والأخطار التي تتهدد الأجيال القادمة، والتي ربما تضيع فلسطين بسببها.

حتى الثورة وأسباب خنقها والخطأ الذي أرتكب في الإذعان لنداء الملوك والرؤساء العرب والهيئة العربية بالعليا، كل هذا حدثنا عنه، وأخذ يفند أسباب اعتراضه. كان يحدثنا، كأننا رجال، ويبث فينا روح الحمية والشجاعة مستشهدا ببطولات العرب عبر التاريخ. كان لا يكتفي بما نتلقاه في الدرس، فكان من حين لآخر، يأخذنا في رحلة مشيا على الأقدام إلى "المشبة" خارج غزة، ونحن ننشد الأناشيد الوطنية التي ما زال جزء منها عالقا في ذاكرتي:

يا أيها العرب الكرام
إلى متى أنتم نيام
هبوا إلى الموت الزؤام
وامشوا إليه مشي الأسود
يا ربنا.. يا ربنا
أنقذ لنا أوطاننا
من شر طائفة اليهود

وكذا نشيد:

نحـــن الشـــباب لنـــا الغـــد

ومجـــــــده المخلـــــــد

شـــعارنا علـــى الـــزمن

عـــاش الـــوطن عـــاش الـــوطن

بعنـــا لـــــه يـــوم المحـــن

أرواحنـــا بـــــلا ثمـــن

والشيء الذي لا أنساه، وظل محفورا في الذاكرة كأنه الأمس، يوم فوجئنا بسيارة بريطانيـة مصفحة نـزل منهـا عـدد مـن الجنـود توجهـوا إلى فصلنا، واقتـادوا مدرسـنا "عبدالخالق يغمور"، ودفعوا به إلى السيارة، ولم نره بعدها. ربما كان ذلك مـن الأسـباب التي أرست في أعماقي الكره للإنجليز، والكره للغتهم، ولكل ما يمت إليهم بصلة.

وقد ظل "عبدالخالق يغمور"، بأخلاقياته التي كان يتحلى بها مثلا أعـلى، حاولـت العمر، أن اقتدي به وآخذ مساره، وأكون إلى صفه في مقبل الأيام.

(9) حدث في باب الدارون

كان ذلك في اليوم السابع والعشرين من رمضان عام 1936، إذ أمي ووالدي والجيران، يستعدون للاحتفال بليلة القدر، عصر ذلك اليوم عدت من مشواري إلى ساقية "الغصينية"، بعيدا عند أطراف حارة الزيتون، حيث ملأ لي "الحاج حسين" سلتي بالباذنجان وحزمة ملوخية وبعضا من البندورة، وعددا من قرون الفلفل، ناولت والدتي السلة، لتبدأ في إعداد الطعام، وانطلقت إلى ساحة باب الدارون لمشاركة أندادي اللعب، ولأترقب معهم آذان المغرب، الساحة تكاد تكون خالية، ورجل أقبل على الدكان الوحيد المفتوح، وطلب من صاحبها إغلاقها، بينما رسم أصحابي على الأرض مثلثا وضعوا في رأس كل زاوية عددا من البنانير "بلي" وبدأوا يمارسون لعبتهم، انضممت إليهم، وبدأت أكسب منهم بعض البنانير.

أقبل علينا ثلاثة من الجنود البريطانيين وتوقفوا يتابعون لعبنا.

فجأة برز من »شارع الغلاييني" الموازي للساحة ثلاثة من الرجال الملثمين، ولعلع رصاصهم، هوى أمامنا أحد الجنود البريطانيين، وهرب الآخران، فأتبعهم الرجال برصاصهم، فسقط الثاني، وفر الثالث وقد أصيب في ساقه.

انطلق الرجال الملثمون نحو منزلنا، دفعوا بابه المؤدي للشارع الرئيسي، ودخلوا حاكورة البيت، ومنها إلى أسطح المنازل الخلفية، ثم إلى الطريق المودي إلى "عسقولة"، حيث تلاشوا في البعيد.

أخذتني أمي في صدرها فزعة، ودفعت الباب وأغلقته، ثم تربسته بعمود خشبي كبير تحسبا لما يمكن أن يقوم به جنود الإنجليز بعد مقتل رجالهم، لحظات وامتلأت ساحة باب الدارون بسيارات الجيش البريطاني المصفحة، عشرات من الجنود انتشروا في أزقة وشوارع الحارة، وأخذوا يقتادون الرجال أمامهم، ويجمعونهم في ساحة "جامع الشمعة: طرقات هائلة تتابعت على باب منزلنا، فتحت أمي الباب

فاندفع عدد من الجنود يسألون عن الرجال، لم يجدوا أحدا، فوالدي احتجزه حظر التجول ومعه شقيقي الأكبر في بيارة "الحاج سليمان الدهشان" شقيق زوج أختي، خرج الجنود بعد أن أشاعوا الرعب والخوف في المنزل، وقد أخذتني أمي وشقيقتي اللتين تصغراني في أحضانها، وهي ترتعد رعبا من المجهول الذي لا تدريه. لم يرتفع آذان المغرب، ولا أذكر أن أمي ليلتها تناولت فطورها، نوست المصباح وتكومت في الفراش تحضنني وتحتضن شقيقتي، حاولت أن أنام ولكن الصورة المفزعة للجندي المتخبط في دمه، ما زالت تملأ عيني.

اثنان من الثوار، رست صورتهما في عيني، إنني أعرفهما، "بطرس الصايغ"، أحد أبناء الصايغ الذين يعيشون في بيت جميل وسط بيارتهم، عند مزلقان السكة الحديد على طريق خان يونس، وكثيرا ما زرت هذا البيت وفتنت باللوحة التي تتصدر المنزل لمريم العذراء تحتضن السيد المسيح. فهذا الرجل أعرفه تماما، فطالما التقيته عندما كنت أزور قريبنا نمر أرحيم، الذي يملك كرما مجاورا للبيارة، وكثيرا ما داعبني أو تحدث إلي أو أجتذبني للعب مع أشقائه.

والرجل الثاني أذكره جيدا وبيارته قريبة من كرم شريكنا الحاج عرفات، وكثيرا ما رأيته يمتطي حصانه، ويجوب البيارة وقد تمنطق بمسدسه، وكم سمعت الكثير عنه وعن بطولاته، فما من أحد إلا سمع عن هجمات "مدحت الوحيدي" على معسكرات الجنود البريطانيين.

خيم الليل، كان ليلا موحشا، البيت الكبير الذي كان يعج بالحياة بدا كأنه غابة مظلمة مليئة بالأشباح، احتضنتني أمي وشدتني إليها، كأنما تخشى أن تتخطفني يد مجهولة، وكنت كلما داعب النعاس عيني وأوشكت أن أغرق في النوم، أفزعني صوت أمي اللهف وهي تهتف مرتعدة: مين.. مين.. إذ يخيل إليها أن أحدا ما يدق الباب، كلما تقلبت وصدمت قدماي صندوق الثياب.

استيقظت على قرع شديد يوشك أن يهوي بباب بيتنا، هبت أمي فزعة راكضة تفتح الباب دون أن تستفسر عن هوية الطارق، مرة أخرى إنهم الجنود الإنلجيز، يعاودون البحث عن الرجال فيفزعونني ويفزعون شقيقتي التي تمسك بثوب أمها.

حتى تكاد تقطعه، قلبوا كل شيء، بعثروا الملابس، وكسروا جرة الزيت، وأفرغوا قدور العدس، والفول، إنهم يبحثون عن أشياء لا أدريها ولا تدريها أمي.

"عليكم أن تغادروا البيت خلال ساعة" هذا ما نطق به الشرطي العربي المرافق لهم.

أسرعت أمي بارتداء ملابسها، ودسست قدمي في حذائي، وارتدت أختاي فستانيهما وجزمتيهما وانطلقنا مسرعين، كأنما تطاردنا الشياطين متوجهين عبر شارع البساتين إلى "عسقولة" ثم إلى بيارة "الدهشان".

التقيت في البيارة بوالدي وشقيقتي الكبرى التي تسكن البيارة مع زوجها وأولادها، جلست أمي تروي لهم حديث ليلة الرعب، وتحمد الله على غيابهم، وإلا كان قدطالهم ما طال رجال الحارة الذين ذهبت بهم سيارات الإنجليز إلى حيث لا يدري أحد مصيرهم.

كانت الشمس قد أخذت مكانها في كبد السماء وألقت بأشعتها شلالات تغمر البيارة وما حولها، الساعة تقترب من آذان الظهر، عندما دوى انفجار هائل تلاحق عددا من المرات.

هب الجميع فزعين، تتابعوا إلى سطح المبنى الكبير القائم في طرف البيارة، بحيث تصبح المدينة وحارتنا على مرمى البصر.

هتفت وأنا أشاهد الدخان المتصاعد "إنه بيتنا"، فزعت وانكمشت، كل شيء يؤكد أن الدخان يتصاعد من بيتنا.

التفت لي والدي قائلا: يخيل لي أنك صدقت، فتلك مئذنة جامع الشمعة ينحسر عنها الدخان، قريبا من بيتنا، نرجو الله الستر.

حاول الحاج سليمان أن يهون الأمر، لا أحد يستطيع أن يخمن المسافة بعيدة، والعين تخطىء التقدير. رد الوالد بصوت محزون: "لعل الله يخيب ظننا".

نزل الجميع عن السطح، انطلق أقراني يلعبون ويلهون، ويتسلقون الأشجار، ويطاردون الفراشات ويصطادون الجنادب، ويلونون أصابعهم بأصباغ التوت، أما أنا فقد أخذت جانبا قصيا في ظل زيتونة قديمة، وتركت لخيالي وأفكاري العنان.

لماذا كل هذا.. لماذا قتل الجنديان الإنجليزيان، وفيم تغلق مدرستي أبوابها، وأحرم من لقاء أصحابي، من الذي سلب باب الدارون أمنه وأمانه، ومن هم هؤلاء الأغراب الذين يحاولون سرقة الأرض كما قال لي والدي، ولماذا اختفى شباب الحارة، فما عادوا يظهرون في شوارعها وأزقتها، وأين يقفون لحراسة الأرض، ومتى يرفع حظر التجول فنعود إلى بيتنا. وهل حقا أخطأت عيناي التقدير، فبقى بيتي كما أحب، وإذا لم يكن ذلك كذلك، فماذا سيكون مصير دفاتري وكتبي، وماذا سأقول لمعلمي، إذا احترقت كتبي، وقد أكد على ضرورة الحفاظ عليها لتسليمها في نهاية العام.

الشمس في مرقدي تبدو جميلة رائعة وهي تنحدر إلى الغرب في طريقها إلى البحر، حيث يبتلعها، لتعاود الظهور من الشرق مرة أخرى، لون الشفق يثيرني ويحرك في شيئا كالحزن أو ما شابهه. ومع تحرك الشمس نحو الغروب، علا صوت موتور البيارة، ليطلق تكاته الرتيبة، فيتدفق الماء هادرا من فم الماسورة الممتدة إلى البركة الكبيرة المقامة في طرف البيارة، البركة تمتلىء بأسرع مما أتصور، الرجال يتسارعون وفؤوسهم على أكتافهم، يلاحقون الماء الذي يتفجر من أسفل البركة، ليأخذ مساره عبر المجاري المصنوعة من الأسمنت، لتمد الأشجار بالحياة، والرجال يتابعون الماء يحولونه من شجرة إلى شجرة في سرعة ودقة، بحيث لا تفيض قطرة واحدة عن حاجة كل شجرة.

احتشد الجميع، عند الغروب حول مائدة كبيرة أشبه بالوليمة، أعدها الحاج سليمان للرجال الذين تناولوا فطورهم صامتين. اعتمدوا على رؤية العين المجردة في تحديد موعد الإفطار، حيث صمتت المآذن وخرس المدفع.

صباح اليوم الثاني، الثامن والعشرين من رمضان، رفع حظر التجول عن حارة الزيتون، فهببنا جميعا للعودة إلى البيت للاطمئنان على ما جرى، لم يسبق لي أن شهدت والدي يمشي بهذه الخطى الواسعة، يتقدمنا مسرعا وأمي في ملايتها تحاول اللحاق به، وأنا وأختي نتبعه ركضا.

باب الدارون، ها هو.. لقد تحول إلى أكوام من الحجارة والأنقاض التي اصطبغت باللون الأسود، دكاكين الحارة كلها في ساحة باب الدارون انتهبت،

أصبحت أثرا، دكان أبو مرق حلاق الحارة أيضا طالها الـدمار، فتهـدمت، وتنـاثرت بقايا أشيائها في الساحة، الصور الجميلة التي كانت تملأ الجدران لوجوه الصبايا الجميلات، وصدورهن الناهدة المزينة بالعقود المزركشة، متناثرة محترقة، كأنها بقايا أشـلاء في أعقـاب غزوة همجية.

صدق ظن الحاج سليمان، لم يطل النسف بيتنا وإن أخـذ جـزءا منـه، ولكنـه أبقـاه قائما، كأنما أشفق أن تحترق أوراقي ودفاتري.

فرحي كان عظيما، وحزني كان شديدا، شعور مختلط، رسى في أعماقي فأوجعني.

(10) اليوم العظيم

مئذنة الجامع العمري الكبير، ومآذن غزة كلها، تلعلع بالتكابير، عالية في غير موعـد الصلاة.. أجراس كنيسـة الأرثـوذكس في رأس الطالع يتماوج صـدى رنينها مـع التكبيـرات المتصاعدة، مع مئذنة جامع كاتب الولاية الملاصق للكنيسة، صـدى أجـراس "ديـر اللاتين" يتردد قادما من الكمالية ليتناغم مع تكابير "الزناتي" الطالعة من مئذنـة جامع الشمعة في "باب الدارون"،

أفواج وأمواج من الرجال والشباب والأطفال تتدفق عبر الشوارع والأزقة، لتتلاقى كما الشلالات، وتصب أمام الجامع الكبير.

اندفعت وسط الأمواج، التي غبت فيها كما تغيب قطرة المـاء في النهر الكبير، عينـاي مشدوهتان قلقتان، تتحركان في حدقتيهما، سرت في هذا الزحف الهائل من البشر، الذي لم أشهد له مثيلا من قبل، كانت قدماي تشقان طريقهما بصعوبة، وأندفع تلقائيا، دون أن أدري وجهتي. ولكن شيئا ما يحركني ويشدني ويجذبني إلى شيء لا أدريه.

نساء كثيرات يمـددن رؤوسـهن، وقـد تلـثمن، يتـابعن هـذا السـيل العـرم، بلهفـة واستغراب، وهن يتساءلن عما يخبىء هـذا اليـوم العظيم، الجموـع الغفيـرة تنـدفع عـبر أبواب الجامع التي فتحت من جميع جهاته، مسلمون ومسيحيون يعبرون عتبـات الجامع إلى الداخل.

حشرت نفسي بين المتدفقين من الباب الكبير، أخذت عينـاي المسـجد الـذي أدخلـه لأول مرة، خلعت حذائي ودفعت به تحت أبطي كما يفعل الآخرون، كبير هـذا الجامع، يمتد أمامه البهو الفسيح الواسع وقد تناثرت فيه العديد من الأعمدة الرخامية، وتدلت من سقفه عشرات الثريات. في المدخل، على سدة عالية، يصعد إليهـا بـدرجات عـدة، أمامهـا دربزين من الخشب، يقف شيوخ غزة إلى جوار خـوري الأرثـوذكس وراهـب ديـر اللاتـين وعدد من رجالات غزة، مسيحيون ومسلمون.

أصوات الجماهير التي لم يتسع لها المسجد تتردد في الخارج، منادية بسقوط الاستعمار، والصهيونية، وتهتف بعروبة فلسطين، وتطالب بالاستقلال والحرية، هدير عال كالرعد، ينفذ إلى أعماق الجامع، فيتردد صداه مزلزلا قويا عاليا. خطيب الجامع يعلو المنبر، وتتدافع منه الكلمات الثائرة، وما أن ينتهي وتنتهي الصلاة حتى يتناوب الخطباء على المنصة القائمة في مدخل الجامع لعن الاستعمار وشجب الصهيونية.

فتاة فلسطينية في مقتبل العمر، أعرف أن اسمها "رباب الحسيني" تنادي بالثورة، والجهاد ومواجهة المستعمر، تخرج إلى الجماهير لتلقي على الجموع بعلم فلسطين، بالراية الحمراء، والبيضاء والسوداء والخضراء، فتلهب حماسهم وتحرك وجدانهم.

تقدم رجال الدين من مسلمين ومسيحيين التظاهرة الكبيرة، وتشابكت أيديهم وأخذوا طريقهم عبر شارع عمر المختار في اتجاه "الدبوبا"، حيث مقر الحكم البريطاني، الطريق مسدود بالأسلاك الشائكة، عشرات من الجنود البريطانيين يصطفون وراءها، وقد صوبوا بنادقهم تجاه المتظاهرين.

أرض شارع عمر المختار اختفت تماما، غطتها الجماهير الحاشدة، ونداء يزعق من مكبر صوت، يهدد من يتقدم بإطلاق الرصاص حتى الموت. توقفت الجماهير لحظة، خيم صمت هائل كأنه الموت وفجأة، اندفع من وسط الجماهير، شاب انتصب كالسيف، اندفع ذلك الفارع كالنخلة، كأنما انبثقت به الأرض، شعلة من اللهب، اندفع أماما، هتف "الله أكبر"، ردت الجماهير "الله أكبر" وتحركت زاحفة، انكسر الصمت الهائل، شيء ما دفع الجماهير لتتلقى الرصاص، وهديرها يردد "الله أكبر"، سقط شهيدا ذلك الفتى، المتقدم الأول "عزالدين أبو شعبان"، خضب دمه الأرض، والرجال يتدافعون ويتساقطون، وقعت على الأرض، دفعتني الأرجل، زحفت سريعا نحو "خان الزيت"، الرصاص يعوي خلفي، وفوقي ومن حولي،.. احتميت بجدران "خان الزيت" السميكة، العالية.

تدافعت قوات أخرى من الجنود البريطانيين، اقتحمت الخيالة صفوف المتظاهرين ضربا بالعصي الغليظة، تكاثر الجرحى والمصابون، أخذ الشارع يخلو شيئا

فشيئا، ذاب الرجال في الشوارع المتفرعة عن شارع عمر المختار، لاذ بعضهم بالجامع والبعض الآخر بخان الزيت، والرصاص وراءهم يواصل عواءه.

جأر مكبر الصوت يعلن حظر التجول، عشرات من سيارات الجيش البريطاني تجوب الشارع، الذي أخذ يخلو تماما، حتى بدا أمامي وأنا في مخبئي بخان الزيت وقد تلونت أرضه بالدم، وتناثرت في أنحائه الأحذية وقطع القماش، وأغطية الرأس وأشياء كثيرة لم أستطع أن أتبينها.

لم أحاول الخروج من مخبئي، مكثت في الزاوية التي لذت إليها، منكمشا كالقط المذعور، أخذت أفكر في وسيلة الخروج،.. كيف..؟ وأنا وحيد في هذا المكان الموحش، ما الذي حدث؟ ولماذا هذا كله؟ ماذا يريد هؤلاء الجند من قومي؟ ولماذا يقتلونهم؟

هل أبقى حتى الليل؟.. وكيف.. فزعت وسكنني الرعب،

لو تسللت إلى حمام السمرة لاستطعت أن آخذ طريقي إلى بيتي، ولكن كيف وسيارات الجند تحاصر المنطقة وتجوب شوارعها.

وسيطرت علي فكرة الانسحاب قبل سقوط الليل، مواجهة الجنود ولا مواجهة عفاريت حمام السمرة التي طالما حدثتني أمي عنها، إنها راسية في أعماقي، تحرك في نوازع الخوف والرعب.

إنني لا أنسى قصة الحاج "حمدان سلمي"، الذي خدعه يوما ضوء القمر، فتوجه إلى جامع الشمعة لأداء صلاة الصبح، وفوجىء بالجامع مغلقا، تساءل ماذا جرى للزناتي، لماذا تأخر عن فتح الجامع، واصل طريقه إلى الجامع الكبير، شيء غريب صادفه عند مروره جوار حمام السمرة. عشرات من الأشخاص وضجيج ينبعث من الحمام، اجتذبه الأمر، مال إلى الحمام لاستطلاع ما يجري، دعاه أحدهم للدخول، فوانيس الحمام كلها مضاءة، كثيرون من الأشخاص يتمددون في المغاطس، ويستحمون، طلب منه أحدهم أن يخلع ملابسه، فعل.. ونزل إلى جواره في المغطس، بدأ يدعك جسده بالصابون، أخذ نور الصباح الذي أمامه يخبو، طلب

من جاره الأقرب إليه، أن يمد يده فيرفع من ضوئه، مد الرجل ساقه، فإذا بها تستطيل، وحرك المصباح فأعاد له قوة ضوئه، فزع الرجل، التفت إلى جاره، حدق في وجهه، رأى له عينين غريبتين وقد استطالتا إلى أعلى وتقوس حاجباه كما حواجب الشياطين، قفز الرجل من مكانه وحمل ملابسه تحت إبطه واندفع نحو باب الحمام.

الوجوه كلها التي صادفته مثيلة لوجه جاره، لقد وقع في شرك العفاريت، هرب خارجا متوجها إلى الجامع، قصة غريبة ظلت تتناقل في حارتي لزمن طويل.

إذا لا بد لي من أن أجد مخرجا قبل حلول الليل، وبدأت حركة السيارات في الشارع تتلاشى حتى انقطعت، وانسحب الجنود من الأزقة والشوارع التي حول خان الزيت، نزلت من مخبئي وتطلعت يمنة ويسرة، وأسلمت ساقي للريح.

ظللت أركض حتى وصلت إلى منزلنا، ودفعت الباب، وسقطت مغشيا علي. خفت أمي مسرعة وأخذتني في أحضانها، ورشت وجهي بالماء حتى دبت في الحياة. وانتظم نبضي، واستعدت رباطة جأشي. وإذ بي أنخرط في بكاء مرير وقد أطلقت لدموعي العنان، وأمي تربت على ظهري، وهي تبسمل وتردد "الحمد لله على سلامتك". لقد قطعنا الأمل في عودتك منذ انتهاء المظاهرة،

أقبل والدي وأخواتي وأخي الأكبر فرحين بعودتي، الأطفال الذين داستهم الأقدام ذلك اليوم فآذتهم كثيرون.. هتف الوالد "الحمد لله".. ضحك وقال: "عمر الشقي بقي".

(11) البراعم الأولى

في الكتاب بدأت علاقتي الأولى باللغة العربية، فتننت بها، وبالجرس الرائع، والنغم الموسق، وذلك العبق الروحاني النافذ، كأشد ما يكون إلى أعماق القلب.

ورغم بساطة ما كان يترنم به والدي من شعر الهلاليين، في تغريبتهم، وحكاياته عن عنترة وعبلة، والزير سالم. فقد كنت مفتونا بالرنة التي تأتي مع أوتار ربابة الشاعر، وفي ليالي التي أنعم بها بحضن والدي، كان يشجيني وهو يترنم قبل النوم بأبيات من التغريبة:

تقول فتاة الحي مي التي اشتكت	ونيران قلبي زايدات وقود
أيا أمير أهلي ما لهم قط نجده	ولا عندهم يا أمير شي موجود
وعمي مسلم بالمسا كان داير	على الحي من ضيقه بقى مكمود
وجيرانا يبكون من فرط جوعهم	وأولادهم يا أمير بعد رقود

في المدرسة الابتدائية، بدأت أولى علاقتي بالشعر، فكنت أسعد بحصة الاستظهار، على توالي الصفوف الابتدائية لقنت الشعر وفق منهج مدرسي منظم ومرتب وفق أعمارنا يتدرج مع تدرجها.

وما زلت أحفظ منه:

في الصف الأول الابتدائي مما حفظنا:

الورد

للورد عندي محل	لأنه لا يمل
كل الرياحين جند	وهو الأمير الأجل

القهوة

أنـــا المحبوبـــة الســـمره وأجـــلى في الفنـــاجين
وعـــود الهنـــد لي عطـــر وذكـــري شـــاع في الصـــين

الجــراد

مــر الجــراد عــلى زرعــي فقلــت لــه لا تــأكلن ولا تشــغل بافســاد
فقــال مــنهم خطيــب فــوق ســنبلة إنــا عــلى ســفر لا بــد مــن زاد

وفي الصف الثاني الابتدائي مما أذكر:

القنبــرة

يــا لــك مــن قنــبرة بمعمــر خــلا لــك الجــو فبيضي وأصــفري
ونقــري مــا شــئت أن تنقــري قــد رحــل الصــياد عنــك فابشري

الصقر والعصفور

زعمــوا بــأن الصــقر صــادف مــرة عصــفور بــر ســاقه المقــدور
فــتكلم العصــفور تحــت جناحــه والصــقر مــنقض عليــه يطــير
مــا كنــت يــا هــذا لمثلــك لقمــة وإذا شــويت فــإنني لحقــير
فتهــاون الصــقر المــدل بصــيده كرمــا فأفلــت ذلــك العصــفور

الببغــاء

ومما حفظته في الصف الثالث الابتدائي لأبي اسحق الصابي:

ألفتهــا صــبيحة مليحــه ناطقــة باللغــة الفصــيحه
عــدت مــن الأطيــار واللســان يــوهمني بأنهــا إنســان
تنهــي إلى صــاحبها الأخبــارا وتكشــف الأسرار والأســتار
بكــماء إلا أنهــا ســميعه تعيــد مــا تســمعه طبيعــه
غريــدة، خــدورها الأقفــاص لــيس لهــا مــن حبســها خــلاص
تحبســها ومــا لهــا مــن ذنــب وإنمــا ذاك لفــرط الحــب

ومن النثر الـذي تعلمتـه في الصـف الثالث الابتدائي مقطوعة بعنوان "العصفور والزمخشري" جاء فيها:

"سأل بعض العلماء الإمام الزمخشري عن سبب قطع رجله، فقال: أمسكت عصفورا في صباي، وربطته بخيط في رجله، وأفلت مـن يـدي، ودخـل خرقـا، وجذبته، فانقطعت رجله، فتألمت والدتي، ودعت علي، فلما رحلت إلى بخاري لطلب العلم، سقطت عن الدابة فانكسرت رجلي".

وفي الصف الرابع حفظت أبياتا عن "الغـمام" لابـن الساعاتي، و "المطـر" لأبي هـلال العسكري، و "الشتاء" لأبي تمام، و "الثلج" لأبي فتح كشاجم، و "الربيع" للصنوبري، وكلها أبيات منتقاة من التراث العربي الثري.

وفي الفصلين الخامس والسادس كانت الأبيات تـزداد عـددا، ومـن القصائد التـي لا تنسى والتي لا أشك أن عددا ممن تلقوا العلم ذلك الزمان، مـا زالـوا يرددونها، وهي مقطوعة "الحمامة والشاعر" للمنازي البندرنجي، كتبها بعد أن التقى بسوق "باب الطاق" ببغداد، ببائع طيور، فسمع حمامة تلحن في قفص، فاشتراها، وكتب قصيدته:

ناحت مطوقة بباب الطاق	فجرت سوابق دمعي المهراق
حنت إلى أرض الحجاز بحرقة	تشجي فؤاد الهائم المشتاق
كانت تفرخ في الآراك وربما	كانت تفرخ في فروع الساق
تعس الفراق وجد حبل وتينه	وسقاه مـن سـم الأساود ساق
يا ويحه مـا بالـه قمرية	لم تـدر مـا بغداد في الآفاق
فأتى الفراق بها العراق فأصبحت	بعد الآراك تنوح في الأسواق
فشريتها لما سمعت حنينها	وعلى الحمامة عدت بالإطلاق
بي مثل ما بك يا حمامة، فاسألي	مـن فـك أسرك أن يحل وثاقي

وحفظنا أيضا قصيدة للبحتري، يصف قصر المتوكل العباسي، المسمى "بالجعفري"، التي منها:

عـــال عـــلى لحـــظ العيـــون كأنمـــا		ينظـــرن منـــه إلى بيـــاض المشـــتري
مـــلأت جوانبـــه الفضـــاء وعانقـــت		شرفاتـــه قطـــع الســـحاب الممطـــر
وتســـيل دجلـــة تحتـــه، ففنـــاؤه		مـــن لجـــة غمـــر وروض أخضـــر

كانت الأبيات والمقطوعات المقررة والمنتقاة من التراث تتناول في معظمها الوصف مثل "النيل" لابن خروف الأندلسي، و "دمشق" لسبع بن خلف الأسدي، "البركة البديعة" لعبد الجبار بن حمديس، و "النار" لابن صارة الأندلسي، و "الصقر والبلبل" لصفي الدين الحلي.

ومن جميل الأبيات التي ما زالت تحفظها الذاكرة، قول المتنبي في حصانه:

وعينـــي إلى أذني أغـــر كأنـــه		مـــن الليـــل بـــاق بـــين عينيـــه كوكـــب
شـــققت بـــه الظلـــماء أدني عنانـــه		فيطغـــى، وأرخيـــه مـــرارا فيلعـــب
ومـــا الخيـــل إلا كالصـــديق قليلـــة		وإن كـــثرت في عـــين مـــن لا يجـــرب

ومن روائع ما حفظته في صغري، أبياتا عن طلب الرزق:

إقـذف السرـج عـلى المهر وقرطـه اللجاما
ثم صـب الـدرع في رأسي ونـاولني الحساما
فمتـى أطلـب إن لم أطلـب الـرزق غلامـا
سـأجوب الأرض أبغيـه حـلالا لا حرامـا

كانت الأبيات المنتقاة، تحض على العلم، ومكارم الأخلاق، والبر بالوالدين، وتجنب صديق السوء.

فـــلا تصـــحب أخ الســـوء		وإيـــــاك وإيـــــاه
فكـــم مـــن جاهـــل أردى		حكـــيما حـــين آخـــاه
يقـــاس المـــرء بـــالمرء		إذا مـــا المـــرء مـــا شـــاه
وفي النـــاس مـــن النـــاس		مقـــاييس وأشـــباه

وفي حب الوطن حفظنا أبياتا لابن الرومي:

ولي وطـــن آليـــت ألا أبيعـــه	وألا أرى غيـري لـه الـدهر مالكـا
وحبــب أوطــان الرجــال إلـيهم	مـآرب قضـاها الشباب هنالكـا
إذا ذكـــروا أوطــانهم ذكـرتهم	عهـود الصبا فيها فحنـو لـذلكا

ومن جميل ما حفظنا من النثر مقطوعة (الغلام الحجازي) التي جاء فيها:

(لما استخلف عمر بن عبدالعزيز، قدم إليه وفود أهل كل بلد،

فتقدم إليه أهل الحجاز فاشرأب منهم غلام للكلام،

فقال عمر: يا غلام، ليتكلم من هو أسن منك.

فقال الغلام: يا أمير المؤمنين إنما المرء بأصغريه، قلبه ولسانه،

فإذا منح اللـه المرء لسانا لافظا، وقلبا حافظا فقد أجاد له الاختيار،

ولو أن الأمور بالسن لكان ها هنا من هو أحق بمجلسك منك،

فقال عمر: صدقت، تكلم فهذا هو السحر الحلال).

كان يعجبني ما ألقـن مـن الشعر، والنـثر، وكنـت مـا أن أعـود إلى البيـت، وألقـي بحافظة كتبي، حتـى أنطلـق وأنا أردد مـا حفظت مترنمـا، مأخوذا بالجرس والموسيقى، تسبيني العبارة السهلة المرنمة، مثل نشيد العرب للرضي محمد بن الطاهر:

أمـــا كنــت مـــع الحـــي	صـــباحا حـــين ولينـــا
وقـــد صـاح بنـا المجـد	إلى أيـــن إلى أينـــا
لنـا كـل غـلام همــه	أن يـــرد الحينـــا
لنـــا السـيف بإقــدام	إلى المجـــد تســـاعينا
ملكنـا مقطـع الـرزق	فأفقرنـــا وأغنينـــا
وحزنـا طاعـة الـدهر	فاغضـــبنا وأرضـــينا
إذا مـا ثـوب الـداعي	إلى المـــوت تـداعينا

ولم أكن أدري عندما كنت أموسق الكلمات، أنني كنت أتدرب على موسيقى الشعر، وأرتبه وفق عروضه الذي لم أكن أعرفه.

ومن أجمل ما حفظت لعمرو بن معد يكرب، مقطوعته الجميلة:

ليس الجمـــال بمئـزر   فاعلم وإن رديت بردا
إن الجمـــال معـــادن   ومناقـــب أورثن مجدا

وقوله:

لمــــا رأيـــت نســـاءنا   يفحصـــن بـــالمعزاء شـــدا
وبــــدت لمـــيس كأنهـــا   بــــدر الســـماء إذا تبـــدى
وبــــدت محاســـنها التـــي   تخفـــى وكـــان الأمـــر جـــدا
نازلـــــت كبشـــــهم ولم   أر مــــن نــــزال الكـــبش بـــدا
كـــم مـــن أخ لي صـــالح   بوأتـــــه بيـــــدي لحـــــدا
ألبســــــته أثوابـــــــه   وخلقـــت يـــوم خلقـــت جلـــدا
ذهـــب الـــذين أحـــبهم   وبقيـــت مثـــل الســـيف فـــردا

كانت اللغة العربية أكثر ما يجتذبني من الدروس التي تلقيتها في الصفوف الابتدائية، من الخامس حتى السادس، ولم يكن اهتمامي فقط بما أحفظ من الشعر، بل كنت أعني بدروس الخط والإنشاء، وفي الصفين الخامس والسادس بدأ المدرسون يعودوننا على المطالعة، فيوزعون علينا في مطلع العام الدراسي مع الدفاتر والمساطر ودفاتر الرسم وكتب القراءة كتبا أخرى تجتذبنا أكثر من غيرها، وكانت في معظمها من تأليف كامل الكيلاني، أذكر منها "علي بابا والأربعين حرامي"، و "علي كوجا"، و "العرندس" وقصصا أخرى مترجمة ومبسطة من الأدب الغربي، وجميعها أيضا من إعداد كامل الكيلاني.

أما دروس الدين التي كان يدرسها لنا الشيخ محمود سرداح، وهو رجل معمم، وبقفطان ووجه مستدير وعينان تشعان أبدا، بذلك الوهج المطمئن

الألوف، كان يلقننا آيات من القرآن الكريم، وقصصا من السيرة النبوية، وحكايا عن الخلفاء الراشدين.

وفي دروس التاريخ، كان يجتذبنا "حسن إبراهيم"، بما كان يختاره من التاريخ الإسلامي منذ أيام الرسول صلى الله عليه وسلم، متدرجا إلى عصر الخلفاء الراشدين، أبو بكر، وعمر وعثمان، وعلي، وما جرى من أحداث، وفتوحات تثير فينا الاعتزاز بما حققه أجدادنا من انتصارات على الروم والفرس،

وأما دروس الجغرافيا التي كنا نلقنها، فكانت تتناول المصطلحات الجغرافية وحركة الأرض وفصول السنة وعدد القارات، وما فيها من تضاريس، وكان المدرس يوزع علينا أطالس عربية، ويطلب منا من حين إلى آخر رسم إحدى القارات، إما بتضاريسها، أو بأسماء الشعوب التي تسكنها.

وفي الصف الرابع، بدأت الأمور تتعقد عندما بدأنا ندرس اللغة الإنجليزية، من أول وهلة كرهتها، ولم أستطع استيعابها، وقد كنا نتلقاها بأسلوب عقيم، يتركز على الحشو، والحفظ، وبالكاد كنت أحصل في نهاية السنة الدراسية على علامة النجاح، ظل ذلك حتى وصلت إلى الصف الخامس وانتقلت إلى الصف السادس، وكانت الأحداث تتسارع والاضطرابات تتلاحق، وكان الإنجليز سببها، مما زاد من كرهي للغة الإنجليزية.

(12) بحر غزة الجميل

فصل الصيف في غزة، له نكهته الخاصة، فالغزيون مغرمون بالبحر، جعلوا لزيارته طقوسا، وعادات حافظوا عليها لزمن طويل.

فكم كنت أفرح وأسعد، عندما أسمع والدي ينوي أن يذهب بنا إلى البحر. فتعد والدتي طوال الليل الطعام الذي ستصطحبه معنا. والحاجيات التي تلزمنا، ومن أبرز أكلات البحر "السماقية": التي تعد في البيت، و "القدرة" التي يعدها الفران. "السماقية"، تتكون من السماق واللحمة والسلق والطحينية والبصل، وميزتها أنها تتجمد فلا تندلق، عندما تحمل على ظهر الحمير، أو تنقل من مكان لآخر، كما أنها لا تتلف، فكلما مكثت مدة أطول، لذ مذاقها.

أما "القدرة" فيقوم الوالد بشراء الأرز واللحمة والحمص والثوم والبهارات المطلوبة، يسلمها للفران مع قدر من الفخار، ويبقى أحدنا في المدينة حتى الظهر، ليتسلم "القدرة"، ويأتي بها إلى الشاطىء، فتصل إلينا بعد نهار جميل نقضيه في السباحة، واللعب على الشاطىء، نبني بيوتا من الرمل ونحفر الآبار حتى نصل للماء العذب. وعندما تصل القدرة، تأتي أمي بصينية وتضع القدرة في وسطها، ثم تضرب وسطها فتنكسر فتشد الجزء الأعلى وتسحبه وتقلب الجزء الأسفل، فيملأ الأرز واللحم الصينية التي تجتذبنا رائحتها الفواحة، فنتحلق حولها وقد تأججت شهيتنا، ونبدأ في التهامها.

كانت الأحراش المقامة قريبا من الشاطىء ملتقى الأسر، يستظلون بأشجار الأثل الوارفة المزدحمة، يرقد الآباء والأمهات تحتها، ويتركوننا نلعب أو نسبح، وعيونهم لا تفارقنا، ومن حين لآخر، نسمع أصواتهم وهي تحذرنا من الابتعاد عن الشاطىء خشية الغرق.

أيام الجمع كانت الأيام الأكثر ازدحاما على الشاطىء، وكثيرا ما ابتلع البحر صبيا أو شابا، غره البحر وسحبه إلى البعيد.

أما في أشهر إجازات المدارس الصيفية فقد كنا ننصب خيمة على الشاطىء، شأننا شأن الكثيرين من أهل المدينة نقيم فيها، ويتولى الوالد أمر إمدادنا بما نحتاج، فيقوم من حين لآخر بالذهاب إلى المدينة وشراء ما نريد. وكثيرا ما كان يبكر الوالد فينزل إلى الشاطىء، ويعود إلينا بأنواع من السمك يشتريها من الصيادين الكثيرين الذين يمدون شباكهم ويصطادون عند الصباح، أو يعود إلينا بسل من التين البحري أو العنب.

ومن أمتع اللحظات على الشاطىء مشهد الغروب، عندما تبدأ الشمس تنحدر نحو الغرب شيئا فشيئا، وأنا أرقبها، وقد جللت السماء بذلك اللون الأرجواني الفاتن ثم تستدير، وما أن تكمل استدارتها، وتبدو كقرص من الجمر، حتى تبدأ في عناق صفحة البحر، وشيئا فشيئا تنزل إليه، إلى أن يبتعلها، وتظل ذيولها من الأضواء تزين صفحة السماء، إلى أن يقبل الليل، فتطرز السماء بالنجوم، وفي الليلات المقمرة التي يكتمل فيها البدر تماما، كان يحلو لي اللعب مع أصحابي حتى ساعة متأخرة من الليل.

كان يحلو لي عند النوم أن أترك طراحتي الممتدة في ساحة الخيمة، وأنام على رمال الشاطىء الدافئة.

عايشت البحر، ورافقت الصيادين، وجلست طويلا إلى جوارهم وهم يعدون شباكهم، أو وهم يدفعون بمراكبهم إلى الماء أو يعودون محملين بما اصطادوا.

كانت تربط والدي أواصر مودة وصداقة بالعائلات المقيمة عند البحر، كعائلات أبو حصيرة، وشملخ وغيرهم.

رمال غزة كانت نقية ناعمة ممتدة مدى البصر، كأجمل شواطىء الدنيا، عشت ما عشت، وما رأيت أجمل منها ولا أنقى.

لم يكن يعكر صفو ذلك الزمان، إلا ما تصلنا من أخبار عما يقوم به الإنجليز واليهود ضد أهلنا في يافا وحيفا والقدس.

وكان أكثر ما يؤذينا، قيام الجنود الإنجليز، من حين إلى آخر، باقتطاع أجزاء من الشاطىء، ومنعنا من الوصول إليها. وإقامة الأسلاك الشائكة عندها، لإحساسنا بأنهم يغتصبون أرضنا، ويتصرفون فيما لا يملكون.

(13) لهو الصبى

كنت في صغري أرى من أخي (علي) مثلا أعلى، وحيا مما كان يعامله والدي، فقد كان يعتبره وريثه الذي سيأخذ مكانه في رأس العائلة.

كان أخي علي يكبرني بتسع سنوات، وكنت إذ انظر إليه، فارعا طويلا، عريض المنكبين، عاقد الجبين أبدا، أشعر دائما بالهيبة المشوبة بالخوف، إذ كان الوالد يبيح له أن ينهرنا، أو يقومنا كما يشاء، رغم اعتراض والدتي في كثير من الأحيان على تصرف الوالد، ورغبتها في أن يكون الأمر والنهي للوالد. والإبقاء على الألفة والمحبة بين الأبناء.

كان لأخي علي نشاط اجتماعي خارج إطار العائلة، وصداقات كثيرة تتجاوز الحارة، فهو عضو بارز في النادي الرياضي بغزة، ملتقى النخبة من الشباب المثقف، من أبناء العائلات المعروفة.

كنت أحيانا أتردد على النادي، فإذا لمحني نهرني وطلب مني أن أعود إلى البيت لأهتم بدروسي. كان يجدني صغيرا على مثل هذه النشاطات الثقافية أو الرياضية، مما يجعلني أقضي أكثر أوقات فراغي في اللعب في الحارة، وكان للعب عندنا أيام طفولتنا طقوسه، فما أن نعود من المدرسة حتى ننطلق إلى الشارع، فنلعب حتى قدوم الليل "الحجلة" أو "الاستغماية" أو "الجمال"، واللطيف في لعبة الجمال ما كنا نردده ونحن ندور حول أحدنا، وقد وضع عصاه تحت رأسه ونام:

جــمــال إبــن جــمـال: ســرقولــك جمــالــك

فيرد علينا:

ســيفي تحــت رأسي مـا بـاسـمـع كلامــك

وأثناء ذلك نسرق جماله جميعها، ليصحو وقد وجد نفسه وحيدا.

وكانت اللعبة الأثيرة عندنا لعبة "العريس والعروس" استوحيناها من ليالي الأفراح التي كنا نرافق أهلنا إليها.

ففي تلك الأيام، عندما كانت تخطب العروس تقام لها ليال تستمر أسبوعا كاملا، تجتمع النسوة كل ليلة في بيت العروس، وتقام حلقة تتناوب النسوة فيها الواحدة تلو الأخرى بالرقص وسط الزغاريد، والتصفيق.

كنا نحن الأطفال نسعد بتلك المناسبات ونشارك فيها، وفي متقدم الأيام، عندما أخذت أقرأ عن اللامعقول، تذكرت تلك الصبية الجميلة، جارتنا وقد حزمت وسطها فبانت أردافها وأبرزت مفاتنها، وشعرها الأسود كما الليل يتهدل على كتفيها، والدم يكاد ينفر من خديها، وهي تردد ذلك المنولوج الطويل بينها وبين الحاضرات من النسوة، بما يفوق ما ابتدعه، أعلام اللامعقول، وكم تمنيت لو أنني أحفظه والذي بقي لي منه:

شــفت البرغــوت ع طريــق بــيروت
حامــل نبــوت واقـف يــرد العصــابة
و الـله ما باكذب
وتــــــردد النســـــوة: كذابــــــة...

وتواصل المبالغات التي تفوق ما وصل إليه اللامعقول، ويظهـر أننا ابتدعناه، قبل مبتدعيه، عندما كنا أطفالا نردد:

يا طالع الشجره: هـات لي معاك بقره
تحلــب وتسـقيني بالمعلقـة الصـيني
ومما قيل في هذا اللون محاكيا موال دلعونة الشعبي:

بعينــــي شـــفت الجمـــل بيصـــلي
والجاجـــة بتطـــبخ والـــديك بـــيقلي
والحيـــه حاملـــة في أيـــدها ســـله
والنمـر بـيحكي في التليفونـا.. عـلى دلعونـه..

كثيرا ما كنا نلعب لعبة العروس، عندما يتجمع بعض من أطفال الحـارة مـن البنـين والبنات في حاكورة بيتنا، فـما أن نـدخلها، حتـى نبـادر بإقامـة غرفـة العـروس مـن القـش وأغصان الشجر والجريد وألواح الخشب وما نجده ملقى في أرض الحاكورة.

وبعد إقامة البيت يجلس العروسـان، عـلى كرسـيين إن وجـد، أو عـلى حجـرين أو صندوقين من الخشب، بعد أن نزين الحائط خلفهما، ونأتي بطبلة أو علبة صفيح، ونبدأ في النقر عليها، أثناء ذلك تقوم إحدى الصغيرات بالرقص ونحن نصفق لها، ويستمر ذلك فـترة غير قصيرة، ثم يتحرك العروسان وقد تـأبط العـريس إبـط عروسـه ووسـط الغنـاء والهـرج الطفولي، يمشي العريس على الهدا إلى غرفته ويدخلها مع عروسه، ويغلق عليهما الباب.

لم نكن آنذاك ندري ما كان يدور بين العريس والعروس عندما يغلق عليهما البـاب، فما أن نشعر بالحرارة وضيق النفس حتى نخرج فارين من سجن الزوجية هذا.

كانت الحياة هينة لينة، خالية من العقد والمشاكل والمطالب.

لا أنسى رحلاتي مع أبي أيام الجمع إلى البحر، تلك الرحلات التي كان يقـوم بهـا مـع أربعة من أصحابه، يبكرون إلى البحر، بينما يتخلف واحد منهم ليـأتي بالقـدرة مـن الفـرن، وكان أحدهم يجيد صناعة الكنافة، فيأتي معه بحاجياته وعند اقتراب موعد حضور القـدرة من المدينة، يقوم هو بإعداد الكنافة بعيدا عن زملائه.

أذكر أن صانع الكنافة كان ضيق الخلق، شديد الغضب بقدر ما كان رائعا في إتقـان كنافته، وكان زملاء والدي يعرفون فيه هذه الخصلة، فيحاولون استفزازه،

ويكفي لواحد منهم، أن يذهب إليه وقد قارب على الانتهاء مـن إعداد الكنافـة، فيقترح عليه أن يزيد العسل، أو يقربها أكـثر للنـار، عنـدها يستشيط غضبا، فيملأ يديـه بالتراب، ويسفي به الكنافة التي أمضى ساعات في إعدادها.

وأعجب ما في الأمر أن والدي وأصحابه يتضاحكون، أما هو فـأراه يأخـذ عباءتـه وينطلق إلى المدينة ماشيا تحت حـرارة الشـمس اللاسـعة. كنـت أتصـور أن تلك ستكون القطيعة الأبدية بينه وبين رفاقه، ولكني أفاجأ به في عصر اليوم الثاني، يجلـس أمـام كـانون النار في ديوان الوالد يعد القهوة.

(14) بواكير الطفولة

شيء ما ربطني صغيرا بالأرض، وعاء الطبيعة الجميل، بيتنا عند رأس الحدرة المحتضن بباب الدارون الواضع أقدامه على أسطح المنازل خلفه، معلقا حكورتنا كالنجمة، مبكرا جدا أحببت حكورتنا، ونشأت ألفة بيني وبين شجرة الكينياء العتيقة، المعرشة كجدائل أمي، تحتضننا، وتترك للشمس أن تتخلل أعرافها، تزين أرض الحاكورة وتزوقها.

تعرفت إلى الطبيعة صغيرا، أنست بفصولها، فكان لكل فصل منها نكهته الخاصة، كنت أقرأ في عيون أمي فرحتها الكبيرة بنزول المطر، فما أن يزخ، وتبدأ حباته تتناثر وتتراقص في ساحة دارنا، ويأتي صوت المزاريب مموسقا حتى تبادر أمي إلى نارها، فتشعلها وتعد لنا الزلابية الحلوة، إعلانا عن عام سعيد.. ننعم فيه ببحبوحة العيش.

كنت أخرج إلى الشارع، أنضم إلى صبية الحارة وبناتها، نشمر عن سيقاننا، ونتراكض في السيل الذي يشق أرض الشارع من باب الدارون حتى الحدرة، ونحن نردد:

اوطـــــري وزيـــــدي	بيتنـــــا حديـــــدي
عمنـــــا عطـــــا اللـــــه	رزقنـــــا عـــــلى اللـــــه

وعندما تتزحزح الغيوم، وتتيح للشمس أن تلقي بأشعتها ودفئها، نواصل لعبنا ونحن نردد:

طلعـــــت الشميســـــة	عـــــلى دار أختـــــي عيشـــــه
والنخلـــــة الطويلـــــة	أرخـــــت الجديلـــــة
عـــــلى دار جارتنـــــا	وزينـــــت جارتنـــــا

وكنا من حين لآخر نلتقط من السيل، ما يكشف عنه من آثار قديمة، تعود لعهود غابرة، لم نكن أيامها نعرف قيمتها، ومعظم ما يقع تحت أيدينا إما من أوان فخارية أو معدنية غريبة الشكل والصنع.

كثيرا ما كنا نبتعد عن الحارة مجتازين الشارع المؤدي إلى خان يونس متجهين نحو سكة الحديد، لنصل إلى "بركة قمر" التي كان يحلو لي وأنا صغير أن أسميها "بركة القمر" فنجلس على حفافها، ونبدأ في قذف الحصى في الماء، حيث تحدث دوائر متلاحقة في أشكال جميلة، ونرقب أحيانا أسراب البط البري، وهي تحط ألوفة وتبحر في الماء، ثم تتجمع على حافة البركة في صفوف منتظمة، وتبدأ في نفض أجنحتها والماء يتناثر منها.

في الشتاء كان رواد ديوان الوالد يزدادون، ويتكاثرون عن أيام الصيف، فما أن ينزل المطر حتى يتوافد الرجال إلى الديوان، يشربون القهوة، ويستمعون إلى شاعر الربابة، الذي كثيرا ما كان يقضي الشتاء مقيما في الديوان.

في سنوات طفولتي الأولى، بدأت أتمتع بالربيع وأعشقه، فما أن يقبل حتى أنطلق مع أصحابي إلى شارع البساتين، فندخل الحواكير، والسواقي، نركض وراء الفراش أو نطارد الجنادب، أو ننصب الفخاخ لاصطياد الدوري والزرازير،والسرج، كان البعض يقتطعون أغصان الرمان، ويجردونها من أوراقها، ويصنعون منها مطارق، يطلونها بما يعتصرونه من حبات الدبق أو مما يجدونه في جذوع الشجر، وينصبونها للعصافير، التي ما أن تقع عليها، حتى تلتصق بها، وتعجز عن الطيران، فيخفون لالتقاطها.

كنت أفتن بفصل الربيع، فأنطلق في الحواكير، كما العصافير أتمتع بالخضرة المترامية، وقد انبسطت فجللت الأرض بسندسها، وزينتها بأزاهير الأقحوان، وشقائق النعمان، والنرجس، وخبز الغراب، والعبهر، وغيرها من زهور هذه البيئة، كنت أتلذذ وأنا ألتهم قرون الحبلق والجلبانه.

كان للربيع نكهته الخاصة في غزة، التي تبدو كأنها حديقة كبيرة، وكانت إجازة الربيع من أجمل إجازاتنا المدرسية.

أما الصيف، فكانت إجازته طويلة تتيح لنا التمتع بالطبيعة، والإغراق في عوالمها الجميلة، كنت أتعلق بشريكنا عند زيارتنا، فيردفني خلفه على ظهر حماره، وننطلق من حارتنا، نحو كرمه القريب من وادي غزة، وما أن أصل إليه، حتى أنطلق متنقلا في أنحائه، مفتونا بأشجار التين والتوت والعنب والخروب.

كنت بعد صلاة العصر، أصحب الرجال وهم يتوجهون إلى الأشجار لجمع الناضج من ثمارها، في سلالهم، ونقلها إلى مكان قريب من الخص الذي أقامه شريكنا لإقامتهم الصيفية، وما أن ينتهي الرجال بعد غروب الشمس بقليل من جمع الثمار، حتى يتجمعون، ويبدأون في وضعها في سلال أو صناديق، ينقلونها قبل الفجر إلى خان الخضار حيث يبيعونها.

بعد تناول العشاء، لم نكن نلجأ إلى النوم داخل الأخصاص المقامة من البوص وأعراف الأشجار، إذ كثيرا ما كانت تقتصر على النسوة والأطفال، وكان من عادتي أن أنضم إلى الرجال الذين يختارون ربوة أو منبسطا من الرمال الناعمة الصفراء كالذهب، ويعدونها لنومهم.

وفي ذات الليلة رأيت شريكنا عندما بدأنا الاستعداد للنوم، في ضوء القمر، قام، وجاء بعرف شجرة، ومسح الأرض حولنا، ورسم دائرة واسعة، وهو يتمتم بما لا أدريه، سألته ليلتها مستفسرا، فقال لي: إنني أرشمها حتى لا تقترب منها الأفاعي.

فزعت.. فطمأنني بأن الأفاعي لا يمكن أن تقترب منا، ما دمنا قد أقمنا هذا السور حولنا، وأتلفت فلا أرى ذلك السور الذي يحكي عنه، فيقول لي: إنه سور من الكلمات الحافظة.

وكنت أعجب عندما نصحو صباحا، فنرى آثار الأفاعي وقد مرت حول الرشم، دون أن تقترب منا.

وذات ليلة، استيقظت على ضجيج غريب، أفزعني، وتلفت حولي فرأيت الرجال يتراكضون نحو كرم قريب منا، ثم عادوا وهم في أشد حالات الحزن.

عرفت أن صاحب كرم مجاور لنا نزل عليه ضيف، فأراد أن يكرمه، ويعد له سلا من العنب، فترك كرمه الذي يملكه والمليء بالعنب، وتسلل إلى كرم مجاور، وما أن دس يده محاولا اقتطاف العنب، حتى لدغته أفعى، فأخذ يصرخ مستغيثا، عندما وصل إليه الرجال، وحاولوا إسعافه، كان السم قد سرى في جسده، وكانت لدغة الأفعى قاتلة.

شاع الخبر، وكانت جنازة الرجل في اليوم الثاني كئيبة لما فيها من عبرة، ودرس لا ينسى.

هزت القصة تلك أمي، وأفزعتها، فحظرت علي المبيت في الكروم، لأيما سبب، وحرمتني من متعة أحبها وآلفها. لكن الوالد، كان يعوضني عن تلك الليالي باصطحابي معه إلى أرضنا في (الجزلة) أو (أبو ملوح) أو (المرج) أو (وادي الزيت)، كان ما أن يأتي نيسان حتى تكون سنابل القمح والشعير، قد امتلأت وحنت رؤوسها، وأخذت تتماوج كما أمواج الذهب، وكان الرجال في المساء، يحددون موعد، (الطلقة) أي بانطلاقهم للحصاد، كانوا يصطحبون معهم مناجلهم، وشناشرهم، ويلتقون مع الفجر على رقبة الأرض، فيبدأ رجل بافتتاح اللجنة، وينطلق الرجال يتسابقون يتبارون، وخلفهم النساء يلتقطن عيدان القمح، وما يتركه الحصادون، الذين يواصلون عملهم ويعلو غناؤهم مع ضربات مناجلهم:

المارس اللي يحد الدرب وسطاني
مزروع كله قصب للصاحب الغالي
المارس اللي يحد الدرب كله بور
مزروع كله قصب للصاحب الغندور

وبعد الحصاد، يتجمع المحصول في أرض البيدر، تمهيدا لدرسه وتوزيعه، ومن أجمل اللحظات التي لا أنساها، أيام كنت أجلس على لوح الدارس، وأنا أحث الحمار الذي يجره، بالدوران فوق المحصول دون أن تهمني حرارة الشمس، ورغم ما

يثيره الدارس من قش حولي، وأذكر أن والدي اصطحبني ذات يوم معه إلى أرضنا في "وادي الزيت" كان شريكنا قد أقام أمام الصليبة "تلة القمح" خيمة صغيرة، ويومها ذبح شريكنا جديا عند الظهر، ووضعه بعد سلخه في سفود كبير، وأشعل تحته النار، وبدأ يدور به عليها، حتى نضج، فأخذ يقتطع منه قطعا، يلفها في رقاقة، ويناولنا، الواحدة تلو الأخرى.

مع الفجر، توجه والدي وشريكه وأبناؤه نحو الصليبة، وجلس أكبر أبناء شريكنا "على ركبة ونص" أي دفع بساقه حتى الركبة تحته، والأخرى ثناها ودفعها نحو صدره، وأخذ من صليبة القمح قبضة، وقرأ الفاتحة، ثم نثرها على الصليبة، وجاء بمكياله "الصاع" وقال: هذا صاع الخليل وملأه تيمنا بإبراهيم الخليل عليه السلام.

ثم بدأ العد: الله واحد، مالو تاني، ثلاثة، أربعة...

كان يقسم الصليبة إلى ثلاثة أقسام: واحد لمالك الأرض، والثاني لمن فلحها، والثالث لما تحتاجه الأرض من بذار ومصاريف. بعد ذلك يعبأ القمح في أشولة، تحملها الجمال إلى دارنا، حيث تخزن في البئر، وما يفيض عن حاجتنا، كان يباع في سوق الغلة، ومن ثمنه كنا نعيش في رغد وبحبوحة. كما كنا نسعد كثيرا، بما يأتينا من الأرض من بطيخ وشمام وفقوس، وعدس، وفول.

ورغم صغري وطفولتي عرفت أية قيمة للأرض، وأي منزلة تنزل من نفس والدي الذي لم يكن له مصدر رزق سواها.

ورث والدي أرضه عن جدي الحاج علي، وعندما توفي جدي في أوائل سنوات الانتداب، وبعد مولدي بقليل، قام والدي بشراء جميع حصص إخوته، بعقد بدائي، وبجنيهات ذهب عثمانية، وقد ظلت الأرض بكاملها ملكا له حتى الحرب العالمية الثانية، حيث جاء أعمامي يعرضون على أبي استرداد حصصهم، ودفع أثمانها، وفق الزمان الذي بيعت فيه، وكانت الحرب أيامها قد فتحت أبواب الرزق للتجار والعمال، فأصبح لدى أعمامي ما يفيض عن حاجتهم، مما أغراهم إلى التطلع إلى استرداد حصصهم من والدي.

كان والدي، يحرص جدا على بقاء الألفة واللحمة، ويخشى أي خلاف يقع بينه وبين إخوته، فما احتاج إلى وقت طويل لاتخاذ قراره، قائلا: إخواتي أبقى لي من الأرض. على شدة حاجتي لها. ومن يومها بدأت مرحلة السغب وضيق الرزق، فكرس والدي جل جهده لتعليمنا والحرص على أن نقف على الأقدام، مسلحين بالعلم.

(15) أعياد الطفولة

أيام الخمسان من الأيام المميزة في عمر الطفولة، وهي تشمل العديد من الأعياد، وأكثرها قربا إلى قلبي، خميس "باب الدارون"، كانت أمي تسهر الليل مع أختي الكبرى زلفى، وهي تلون لنا البيض المسلوق، وأذكر أننا كنا عندما يقترب عيد باب الدارون، نبحث عن حجرـ نقضي أياما في نحته حتى يصبح تماما كما البيضة، ونقوم بتلوينه، لنستعمله في الصباح في مسابقة طقش البيض، اللعبة المفضلة في باب الدارون.

كان العيد يجتذبني، لأنه يحمل اسم حارتي وميدانها الشهير، ففي الصباح يتجمع الأطفال، في ساحة باب الدارون، ونبدأ في مسابقة طقش البيض، فإذا طقشت بيضة الواحد منا، بيضة الآخر، كسبها، لذا كانت البيضة المزيفة تكون الأكثر كسبا، ولكنها عندما كانت تكتشف، تثير الغضب والمشادة التي قد تصل إلى الآباء، فيتدخلون لفض الخلاف وإعادة البيض المطقوش إلى أصحابه.

يتوافق عيد باب الدارون أو خميس باب الدارون مع عيد الشعانين عيد أخوتنا من المسيحيين لذا كانت ساحة باب الدارون تمتلىء بأطفالهم في أثوابهم الجديدة والمزركشة. كانت الصغيرات بشعورهن المزينة بالشبرات الملونة، الأكثر جمالا في ذلك اليوم.

ويأتي الاحتفال بخميس المنطار، أكبر وأكثر شمولا، فلم يكن يقتصر على حارتنا، كما باب الدارون، بل كان يشمل المدينة كلها. فتقام في الساحة الممتدة أمام تل المنطار، حيث المزار القائم على رأس التل، المراجيح والشقاليب، وبسطات البائعين، وكان من أشهرهم بائعي الحلاوة، وأهمهم بائع حلاوة "الشلالولو"، الذي كان ينشد لها، وكلما تقدم منه أحد الأطفال وناوله التعريفة أو المليمات التي معه، اقتطع له قطعة وهو يلوح بحلاوته في الفضاء ويمطها ويغني لها.

وفي أوسع ناحية من ساحة المنطار، كانت تتجمع الخيول بفرسانها، ويجري السباق، ويتفنن الراكبون، ويتشقلبون على ظهور خيولهم، وهم يلوحون بغطراتهم الملونة. وكانت الوفود تتدفق على المنطار، من القرى الجنوبية من فلسطين.

أسوأ ما حملت من ذكريات خميس المنطار، ذلك اليوم الذي قام فيه أحد طلاب الثأر باغتنام فرصة الازدحام، وأطلق النار على غريمه، مما أحدث هرجا، وجعل الأطفال كما الرجال يفرون من الساحة إلى الأزقة الجانبية في حارة الشجاعية.

يومها هربت وأنا أمسك بيد أختي الأصغر مني، ودخلنا الحارة، وتهنا فيها، وأخذت أختي تبكي، إلى أن عرفنا أحد أبناء حارتنا وأعادنا إلى أهلنا في حارة الزيتون، مع غروب الشمس، حيث وجدت أمي في حالة يرثى لها.

أما خميس السيد هاشم، فقد كان من الخمسان التي أحبها، فأذهب مع أخوتي، إلى حارة الدرج. وأمام جامع السيد هاشم، حيث قبر هاشم بن عبد مناف، جد السيد الرسول محمد صلى الله عليه وسلم.

تنصب المراجيح وبسطات البائعين، وتخرج الفرق الصوفية بأعلامها المزركشة، وكان مما يجتذبنا أولئك الذين كانوا يشعلون النار، ويدخلونها أفواههم، ويضربون خدودهم بالسنك، ويقومون بألعاب بهلوانية، فيها شيء كثير من الشعوذة التي تجتذبنا نحن الأطفال أكثر من غيرنا.

تسبق عادة خميس المنطار "أربعاء أيوب"، حيث يحتشد الآلاف من النسوة والأطفال والرجال على شاطىء غزة. يصطحبون معهم مرضاهم، المستعصية أمراضهم، ينزلون بهم إلى الماء، لاعتقادهم بأن البحر الذي شفى أيوب، يستطيع في ذلك اليوم أن يشفي مرضاهم، بإذن الله.

عيد الفطر، وعيد الأضحى، كانا يقامان في حارتنا، فما أن نجتاز "الكمالية" والأحواش، حتى نكون في ساحة العيد، وعادة ما يجري التحضير للعيد قبل أسبوع من موعده، فتقام المراجيح، والشقاليب والبسطات بمختلف أحجامها، والمعرشات من جريد النخيل.

والعيدان هما الموعد الذي يشتري فيه الأهل لأطفالهم الملابس الجديدة والأحذية وكثيرا ما كنت أذهب إلى الكندرجي، مساء يوم الوقفة، وأجلس إلى جواره إلى أن ينتهي من إعداد (حذائي)، فآخذها واحتضنها كأغلى ما يمكن أن أحتضن. وأعود بها فرحا، بل أجعلها إلى جوار مخدتي، وأكاد أوشوشها بلقيا العيد، توقا إلى الحلة الجديدة والجزمة اللماعة، والعيديات من الوالد والأقارب. كانت عيدية خالي دائما هي المتقدمة على جميع العيديات التي ينفحنا بها الأقارب.

وكان من عادة والدي صباح يوم العيد، أن يتوجه إلى الصلاة قبل أن نستيقظ من نومنا، وبعد صلاة العيد يتوجه إلى المقبرة الغربية في حارتنا، ويعود إلينا وقد بدأت الشمس تأخذ مكانها عاليا في السماء، فيقوم بنفحنا بعيديته. وكانت صلة الرحم هي أول ما يقوم به، فيصطحبني معه إلى بيت أختي الكبرى، وإلى بيوت قريباته، وكان يقوم بنفح أولادهم بالعيدية.

كان عيد الفطر يتميز بإعداد صواني الكعك والمعمول، التي يقضي النسوة في عملها يوم الوقفة، وتتزاحم الصواني عند الفران، ونحن نحمل الواحدة تلو الأخرى ونترقب دورنا، وما أن تدخل إحدى صوانينا الفرن حتى تغمرنا الفرحة، لننتهي من هذه العملية ونعاود اللعب في باب الدارون.

أما عيد الأضحى فقد كان عيد اللحمة كما كانوا يقولون، وكنا في أيام اليسر- وفي سنوات الخصب نذبح خروف الضحية، أما في أيام القحط، فقد كان والدي يكتفي بشراء بعض اللحم من السوق.

الأرض كانت سيدة الأمر فينا، إذا جادت عم الرخاء، وإذا قحطت عم التقشف، وشحت المصاريف، وبدأ الاعتماد على المخزون من المفتول، والشعيرية والفول والعدس. لذا أحببت الأرض عمري، كنت أشعر أنها جزء من حياتنا، والمتحكمة في مصائرنا. كانت حسرتي على فقدانها بعد أن استلبها اليهود حسرة، تركت جرحا غائرا في القلب على مدى العمر وما زال.

(16) الرجل الغامض

في الثلاثينات، وأثناء الثورة استأجر رجل غريب منزلا في حارتنا يملكه أحد أفراد عائلة شلدان. كان المنزل مكونا من طابقين، الطابق الأول غرفة وليوان وحمام ومطبخ، والطابق الثاني غرفة للنوم وحمام وساحة صغيرة، يؤدي إليها سلم من عشرين درجة.

كان الرجل الغامض، الذي سكن البيت له عادات ثابتة، يخرج صباحا في حدود العاشرة، لا يلبس زي أبناء الحارة "القمباز والعباءة والغترة" كان يلبس الزي الإفرنجي، البدلة والطربوش، وكان يلبس حذاء غريبا يلفت النظر، له أذن من خلفه.

في الساعة الثانية عشرة يعود، يحمل لفافة من الورق البني المقوى، لم نكن نعرف ما فيها، ولكننا كنا نقدر أنها طعامه، لم ينشىء أية علاقة مع سكان الحارة، ونادرا ما طرح السلام على النجارين، الذي كانت تقع مناجرهم أمام بيته، وقريبا من بيتنا. رغم أن عيونهم كانت تشرئب نحوه في غدوه ورواحه، وتتركز عليه، وقد يتوقف النجارون عن أعمالهم ينظرون إليه.. دون أن يلتفت هو إليهم.

كل ما يعرفون عنه، أنه مسيحي، يعيش وحيدا، لا زوجة ولا ولد،

وكانت تتناثر التعليقات حوله وتكاثرت الريبة والشكوك في شخصه،

كان يدخل بيته عند الظهر ولا يخرج منه إلا في اليوم التالي،

استبعد المعلقون عليه أن يكون موظفا، أو تاجرا أو مدرسا، وظلوا يضعونه في دائرة شكهم.

نحن صبية الحارة، كنا نأنس له، فكثيرا ما توقف للحظات إذ نحن نلعب عند عتبة داره مستغلين الدرجتين أمامها، لرسم (المورتو) مثلث الجلول، كان وجهه يبش، فلا يهشنا أو يبعدنا، بل يشير إلينا بمتابعة لعبنا.

وذات مرة، لاحظنا أن الرجل دخل داره ولم يخرج لأيام، فشغلنا ذلك، دون أن يشغل أحد من النجارين أو سكان الشارع.

لقد شغلني ذلك أكثر من غيري، فاقترحت على صاحبي أن نقرع بابه، لنتأكد من وجوده، إذ خطر لنا أنه ترك الدار في إحدى الليالي، ولم يعد إليها.

لم يستجب لدقاتنا بالكف الحديدية المعلقة بالباب، فواصلنا الطرق إلى أن انفرج بابه ليظهر لنا في بيجامة مخططة لم يكن أحد في الشارع يلبس مثلها، وطاقية من الصوف غارقة حتى أذنيه، لونها أزرق، ولها وردة مدلاة إلى جانبها، أخذتنا الدهشة، وأشرقت في وجوهنا فرحة به.

سألنا عن حاجتنا، فتصديت للرد عليه: "شغلنا عليك، خشينا أن تكون مريضا ولك حاجة فنقضيها لك..".

ابتسم، وأشرق وجهه، وشع من عينيه بريق غامض، فأشار لنا أن ندخل، فدخلنا أنا وفخري السراج، ومحمد شلدان.

أخذت عيناي، ساحة الدار والليوان، وباب الغرفة السفلي الموارب في الليوان وطاولة مستطيلة ضخمة، ركبت عليها أدوات تشبه أدوات الحدادين وعدد غير قليل من علب الصفيح، مختلفة الأشكال والأحجام، وفي داخل الغرفة أرفف، اصطفت عليها زجاجات فيها أشياء لا ندريها من السوائل الملونة.

ناولنا يومها قطعا من البسكوت، وأخذ كرسيا وجلس وبدأ في إيناسنا بحكايات طريفة دون أن يذكر لنا شيئا عن ذاته، اسمه، أهله، عمله. كان مصابا بوعكة برد. فهو من حين لآخر، يخرج من جيب بيجامته منديلا، يتمخط به ويعيده إلى جيبه.

وعندما سألناه عن حاجته، لعلب الصفيح، عرض علينا إن زودناه بمثلها أن يدفع لنا مليمين عن كل علبة، وكان ذلك بداية للتعامل معه.

نتسابق في جمع العلب كلما وقعت في أيدينا، فيناولنا ثمنها وهو مشرق الوجه.

حذرنا أهلنا من أية علاقة معه، بل نهرونا وطلبوا منا أن نقاطعه، لريبتهم وشكهم فيه.

وأذكر أن والد فخري، صاحبنا، كاد أن يضرب ولده عندما بلغه خبر دخولنا بيت هذا الرجل الغامض.

ولكننا لم نتوقف عن إمداده بعلب الصفيح أو بما يطلبه أحيانا منا، من أدوات الألمنيوم التي يحرص على اقتنائها.

إلى أن كان ذات يوم فوجئنا بوصول سيارة عسكرية، نزل منها عدد من الجنود الإنجليز، ورجال الشرطة العرب، اقتحموا بيت الرجل، وقلبوه ظهرا على عقب، ثم اقتادوه في سيارتهم وهم يدفعونه أمامهم بعنف، وقد نقلوا إلى سيارتهم الكثير من مقتنيات بيته، وخاصة الزجاجات التي كانت على الأرفف في غرفته والأدوات التي كانت لديه.

ذهب الرجل، ولم يعد فقد علمنا فيما بعد أنه اقتيد إلى القدس ليحاكم أمام محكمة عسكرية لتعاونه من الثوار، وإعداد القنابل الحارقة لهم، وأنه أحد المتخصصين في علوم الكيمياء، وافد من حيفا وواحد من أبرز العاملين في الثورة، وكل ما بقي لنا من اسمه: الخواجه زحريا.

(17) المنعرج الصعب

منذ نقلت من السنة الثالثة إلى السنة الرابعة الابتدائية، بدأت متاعبي. شيء ما أغلق الباب بيني وبين اللغة الإنجليزية.

أتفوق في اللغة العربية، والدين والمواد الاجتماعية، والحساب رغم عدم ميلي إليه، إلا هذه اللغة، فما نفعت كل المقبلات التي كانت تقدم لنا لنجرعها. فكتب الإنجليزية كانت نظيفة، مصورة، أنيقة، ودفاترها خضراء مسطرة للكتابة، ومدرسها "إبراهيم حبيب" ابن الناصرة، سمح الوجه، لطيف المعشر، كان يسكن حارتنا، في بيت استأجره قرب باب الدارون، وكثيرا ما حاول أن يجتذبني إلى اللغة الإنجليزية، دون جدوى، إنني أرفضها، بل أعاديها بقدر معاداتي للإنجليز ورفضي لهم.

رفعت من الرابع إلى الخامس ثم إلى السادس بجهد النفس، وبأدنى علامة في اللغة الإنجليزية. كان والدي دائما يقول لي: "من تعلم لغة قوم أمن شرهم"، ومع ذلك، ما كانت كلمات والدي المقدسة لدي التي آخذها على علاتها، وألتزم بها، بمستطيعة أن تجعلني أحب هذه اللغة، أو أنجذب إليها.

وكان والدي يحذرني من مغبة ذلك، وكم من مرة حاول أخي الكبير علي، أن ينبهني إلى مخاطر معاداتي لهذه اللغة. ووقع المحظور، وجاءت شهادتي في نهاية السنة السادسة ناجح في جميع المواد، وراسب في اللغة الإنجليزية.

وكانت الطامة كبرى، فالرسوب في اللغة الإنجليزية آنذاك، يعني الطرد من المدرسة. ذلك اليوم لا أنساه، فكما كان الإنجليز هم سبب متاعبي وأحزاني، كذلك لغتهم، ها هي تخذلني لأول مرة، منذ عرفت المدرسة والدراسة، أجدني كارها لهما، فأي مدرسة هذه التي تلفظني لأني لا أجيد لغة أعداء بلادي. لم أجد لذلك تفسيرا ولا تعليلا.

لم أستطع أن أواجه أمي، تلك التي كانت تفاخر بي، فأنا اليوم، أخذلها وأترك عيون النسوة يشمتن بها، ويعيرنها بسقوطي. حاول والدي، تلافي الأمر، قابل مدير المدرسة بشير الريس، فلم يجد عنده حلا، تلك أوامر عليا، لايستطيع الخروج عليها، وأسقط في يد والدي، واحتار، وهو الذي يحب التعليم، ويدور على بيوت الفلاحين ليأتي بأولادهم إلى المدرسة، ها هو اليوم يطرد ولده ويحرم من التعليم شق عليه الأمر.

"يا أبو علي كفاية عليه أن يفك الخط"، قال الحاج عقاب. وآمن على قوله الحاضرون في الديوان، وهم يرشفون القهوة، ولا يدرون ماذا يعتمل في صدر الوالد من ألم، وإلى أين تصل طموحاته.

طرح والدي همه على صديقه الحاج "حسين الريس"، فهون عليه الأمر، "الدنيا لا تنتهي بانتهاء المدرسة، الأبواب مفتوحة، والطرق ممهدة، لماذا لا تعلمه صنعة، أي صنعة تفتح له مغاليق الحياة، وتأخذ بيده، وصنعة في اليد أمان من الفقر".

فكر الوالد فيما طرحه عليه "الحاج حسين الريس"، "ماذا لو ألحقت ولدك بمحددة الريس، يتعلم صنعة مضمونة الأجر والكسب، ويساعدك في إعالة الأسرة الكبيرة في هذه السنوات العجاف، وسيكون في أيد أمينة، بين أناس يحبونك ويحبونه".

لم ترق الفكرة للوالدة، بكت ليلتها، وحزنت، وحاولت جاهدة أن تثني الوالد عن قراره، ولكنها فشلت.

ألحقت بالمحددة، دخلتها كأنما أدخل عالما جديدا، لا رغبة لي به، وبدأت أمارس ما يعلمونني، وأنا أبدي تفهما لما ألقن، وشيئا فشيئا أنست لعالمي الجديد، واحتملت متابعه .. إلى أن كان ذلك اليوم، حيث اصطحبوني معهم إلى بيارة في أطراف غزة، كانوا يريدون تركيب موتور لبئرها، بعد أن أخذ أصحاب البيارات والسواقي يستعيضون بالموتور عن القواديس البدائية، التي كانوا يستعملونها.

وقفت معهم أناولهم، وأساعدهم، إلى أن طلب مني أن أنزل سلم البئر لأناول أحد العاملين بعض المفاتيح التي يستعملونها، ذعرت أولا، فنهروني، فامتثلت، خيل إلي أنني سأسقط في البئر أكثر من مرة، ولكن الله سلم.

عدت ليلتها، وحكيت لأمي ما جرى ذلك اليوم، فذعرت، وأصرت على أن لا أعود إلى العمل ثانية، وامتثل الوالد.

ولكن ماذا بعد،... أية كارثة هذه، التي حلت بالبيت الآمن، والأسرة المطمئنة، نظرات أخي الأكبر كانت تلسعني، والحزن الذي يشع من عيون والدي ووالدتي، كان يهزني من الأعماق.

ماذا أفعل، كان يوجعني أن أرى الضيق الذي حل بأسرتي، فمحصول الأرض أصبح متدنيا، لا يفي بحاجتنا، وشيء ما يتهدد الأسرة بالضياع، ورغم ذلك كله، كنت أنا أكثر الهموم إيلاما لوالدي وولدتي.

وكم من مرة سمعت أبي ليلا يهمس لأمي: "لو جاء خاله سليمان أفندي، سيقيم الدنيا ويقعدها، إنه يحبه، ويأمل منه الشيء الكثير". وتصمت والدتي ولا ترد، وعندما تخرج عن صمتها، تردد: "العبد في التفكير والرب في التدبير"، فيردف والدي: "والنعم بالله".

على غير موعد، حضر عمي محمد من بئر السبع، ونحن في أوج أزمتنا، والبيت تخيم عليه الكآبة.. كآبة كساد المحصول هذا العام لأن الحكومة منعت تصديره، فتسبب في تدني أسعار الحبوب في وقت ارتفعت فيه أسعار الحاجيات نتيجة الحرب، التي أشعلها هتلر.. ومشكلتي التي جعلت أبي يسقط في يده، فلايدري ماذا يفعل.. "هذا الولد لا ينفع إلا في التعليم".

هون عمي الأمر على والدي. وعرض عليه أن يأخذني معه إلى بئر السبع، فأتعلم فن التجارة، البيع والشراء، وهو كفيل بأن يجعل في يدي مهنة تعوضني عن المدرسة ومتاعبها.

وعلى مضض، "وما من الله إلا وإليه".. "وآخر الدواء الكي".

وافقت أمي على أن تفارقني، وهي التي لم تكن لتستطيع ذلك لارتباط خاص بيني وبينها، إثرة كنت أزهو بها.

كانت رحلتي هذا العام إلى بئر السبع.. اصطحبني عمي معه ليلا إلى الفواخير، التي تقع بالقرب من تل السكن، كانت شاحنة ضخمة، تقف هناك، والعمال يصفون فيها الجرار، والأباريق، والزبادي واللقاقين المصنوعة من الفخار.

أتيحت لي الفرصة يومها أن أنزل إلى هذا العالم الغريب، وأرى كيف يتحول الطين بأيدي العمال المهرة وأرجلهم وأفرانهم إلى هذه الأشكال، التي نقبل عليها ونشتريها، دون أن نعرف كيف تصنع. استمر العمل حتى منتصف الليل، أو بعده بقليل، حيث تحركت بنا السيارة نحو الشرق، فاجتازت شارع عمر المختار، ومزلقان السكة الحديد، ودخلت الشجاعية ثم اجتازت المنطار، وانطلقت إلى بئر السبع.

ليلتها فاجأنا ضبع، أخذ يظهر من حين لآخر راكضا أمام السيارة، فيقوم السائق كلما لمحه بإشعال الأضواء القوية، فيعود الضبع ويبتعد عن السيارة، تذكرت وأنا أجلس ما بين عمي والسائق، ما كان يرويه لنا الوالد عن الضباع التي كانت تظهر في طريق بئر السبع، أيام كانوا يتنقلون على الدواب، في عهد العثمانيين وكيف أن الضبع، يظل يطارد فريسته إلى أن يضبعها، فتقوم باتباعه إلى وكره، حيث يجهز عليها ويفترسها، وكيف كانوا يحرصون على أن يكون معهم شيء يشعلون به النار، التي تجبر الضبع على الفرار.

بدا علي الخوف، فضحك عمي وقال: "لا تخف فالضبع لا يستطيع أن يصلنا داخل السيارة".

أقبلنا على بئر السبع مع تراجع الظلام، وبداية طلوع الفجر، وعبرنا الشارع الرئيسي، الذي تصطف على جانبيه الحوانيت التي ما زالت مغلقة على جانبيه. وما أن وصلنا إلى ما يقرب من آخر الشارع حتى انحرفت السيارة بنا يمينا في شارع فرعي صغير، تابع للسوق. وفي نهايته، توقفت السيارة أمام دكان عمي.

نزل عمي فأقبل عليه عدد من الرجال، كانوا قد بدأوا يتجهون إلى أعمالهم، وتعاونوا معه على إفراغ حمولة السيارة وعندما حاولت أن أعاون عمي، خشيـ أن لا أستطيع ذلك، فأكسر إحدى الجرار أو الأواني الأخرى، فطلب مني أن أستريح داخل الدكان، بعد أن أخرج من حزامه مفتاحا كبيرا، وأداره في الزرافيل "الأقفال"

وفتحها، دخلت الدكان، وجلست على كرسي أمام طاولة صغيرة لها درج واحد، وبعد أن انتهى عمي من إفراغ السيارة، وشكر من عاونوه، عاد فأغلق الدكان، ليذهب بي إلى البيت، وقد عجبت أن يترك عمي كل السلع التي جاء بها من غزة، بعد أن رتبت بأناة أمام الدكن، في الشارع، دون أن يحرسها أحد،

قضيت أياما جميلة في بئر السبع، كان بيت عمي يقع في طرف المدينة الصغيرة، ذات الشوارع الواسعة، وكان أجمل ما أنعم به، ليل بئر السبع الصحراوي، الجميل الذي يغريني عند طلوع القمر ويدفعني إلى الانطلاق في المدى الواسع. ألعب مع الصبية إلى وقت متأخر من الليل..

كنا ننام في ساحة البيت متجاورين، وعند الصبح كنت أصحو على صوت امرأة عمي وهي تحلب البقرات، والراعي يدفع بالأغنام لتخرج إلى مرعاها.

أنست آنذاك، وبدأت ألفة بيني وبين إحدى بنات عمي، التي كانت في مثل سني، فكنت أجلس إليها لأبحر بها في الخيال، أروي قصص والدتي، التي كانت تشدها وتفرحها، ومع الصباح، أرافق عمي إلى دكانه.

كنت أقف إلى جواره بدأت أتعلم فن البيع، وعند الظهر كنت أذهب إلى بيت عمي، لأحضر الغداء، الذي كنا نتناوله في زاوية، داخل الدكان، وكثيرا ما دخل علينا أحد البدو القادمين لشراء سلعة ما، فما أن يرانا حتى يقول: "الله..الله.. يا ها النصيب" ويشاركنا طعامنا.

بئر السبع، مدينة أليفة، أهلها متقاربون، معظمهم من عائلات غزة التي استقرت في بئر السبع بعد الحرب العالمية الأولى، مثل: عائلات شعث، بسيسو، العكلوك، الشرفا، وغيرهم.

كان سكان بئر السبع يمتهنون التجارة مع البدو، وكثيرا ما كان البيع يجري بالمبادلة، يقدم التاجر السلعة، والبدوي يبادلها بشيء من الحبوب.

عمي كامل، أصغر أعمامي، كان يعمل في دائرة الأشغال العامة، وكنت من حين لآخر، أقوم بزيارته، وكان أكثر ما يجتذبني عنده الغزلان التي كانت محتجزة في ساحة الدائرة، تلك التي كانوا يصطادونها من صحراء النقب الواسعة.

شيء لا ينسى، ترك ندبة فوق جبيني، عشقت ركوب الخيل، وفتنت بها، وبدأت أتقنها، إلى أن جمح بي مهر لم أعتد ركوبه، وظل جامحا بي خارج المدينة، إلى أن سقطت عنه، فشج رأسي حجر من الحجارة الكثيرة التي كانت تملأ الوادي، قرب بئر السبع.

ربما كان والدي يتطلع إلى أن أواصل العمل مع عمي، وأن أتعلم منه أصول التجارة وأن أعينه على متطلبات الحياة، ولكنني فوجئت به يأتي إلى بئر السبع حاملا إلي الخبر المفرح.. "لقد فرجها الله، ستعود إلى المدرسة" لا أظن أن فرحة ما غمرتني، وهزتني مدى العمر، كما فرحتي بهذا الخبر، الذي جعلني لم أحاول أن أقول لأبي متسائلا، "كيف"، "ومتى"، "وأين".

(18) إلى كلية غزة

كانت "كلية غزة" التي أنشأها الأخوان شفيق ووديع ترزي قد اتخذت مقرها في بيت من بيوت "آل الصوراني"، قريبا من شارع عمر المختار،البيت عبارة عن عدد من الغرف الصغيرة، بينها صالة، وخلف البيت حديقة صغيرة، وأمامه باحة مبلطة، قبلها غرفة، ربما كانت قد بنيت أصلا لاستقبال الضيوف، كعادة أهل غزة بتخصيص الغرفة المجاورة لمدخل الدار للزائرين، لتكون بعيدة عن الحريم. خصصت هذه الغرفة لرئيس الكلية "شفيق الترزي"، ولمديرها "وديع الترزي".

بكرت بالتوجه إلى الكلية، اخترت طريقي إليها مرورا بالكمالية، ودير اللاتين، فقد كان هذا الطريق يجتذبني، لوجود بيت جدي بقربه. شيء جديد، وعالم آخر، ذلك اليوم الأول في كلية غزة، الكلية مختلفة، عن الكتاب، والمدرسة الأميرية.

بعد قرع الجرس اصطففنا في ساحة الكلية، وألقى فينا الأستاذ شفيق الترزي كلمة، حض فيها على الاجتهاد، وقيمة الوقت، والحرص على الزمن والاهتمام بنظافة المظهر، ونظافة المدرسة، ثم أنشدت مجموعة من الطلاب نشيد الكلية الذي أعده الأستاذ الشاعر سعيد العيسى:

معهـــــــدي ربي أعـــــزه	وبـــــه تعتـــــز غـــزه
كلنـــــا ينشــــد كنـــزه	إنـــــه الكنــــز الثمـــين
معهـــــــد العــــــــلا	أنــــــــت للمـــــــلا
منهـــــــل حــــــــلى	طـــــــاب مــــــنهلا

وبعد ذلك توجهنا إلى غرف الدراسة.

كانت غرفتنا "السابع الابتدائي"، تقع في الجانب الغربي من المبنى، نوافذها تطل على الحديقة الخلفية، وقد أخذت مكاني في المقعد الأمامي، لصغر سني بالنسبة لأعمار التلاميذ.

كان أول من دخل علينا ذلك اليوم، في الحصة الأولى، أستاذ الرياضيات، "خضر فرح"، ووزع، علينا كتابا من تأليفه، "مئة مسألة حسابية"، كان طويلا، فارعا كالنخلة مبتسما دائما، حلو العبارة، سلسها، تمكن في مقبل الأيام أن يجتذبنا للرياضيات، ويحل عقدة كرهنا للجبر، والهندسة، كانت مقررات تلك الأيام صعبة فوق إمكاناتنا ومداركنا وقدراتنا. في الحصة الثانية أقبل علينا سعيد العيسى مدرس اللغة العربية، أنيق الملبس، حلو العبارة، مخارج الكلمات تأتي منه منغمة مموسقة، ناولنا كتاب "المشوق"، كتاب لا أنساه أبدا، يختلف عن كتب القراءة المقررة في المدرسة الأميرية، مطبوع في لبنان، له غلاف سميك جذاب، انتشرت فيه المقطوعات الشعرية، والنثرية، وإلى جوار كل قطعة مقررة، صورة صاحبها، ونبذة عن حياته.

المقطوعات الجديدة التي تضمنها "المشوق"، ليست كما المقطوعات التي لقناها في المدرسة الأميرية، تلك التي كنا نترنم بها، دون أن نفقه في كثير من الأحيان معناها، ومضمونها، ولكنها بحق اجتذبتنا للغة، وأرستها في وجداننا بجرسها وموسيقاها وجزالتها.

كتاب "المشوق" مشوق فعلا، فتح أمامنا عالما قريبا منا، صورا، جميلة حلوة، نفهمها، ونعي معناها، ونتذوقها. لكتاب، وشعراء معاصرين، منهم: أحمد شوقي، حافظ إبراهيم، البارودي، عباس العقاد، جبران خليل جبران، محمود حسن إسماعيل، محمود غنيم، فوزي المعلوف، إيليا أبو ماضي، ميخائيل نعيمه، وإبراهيم ناجي، وأبو شادي، وأبو القاسم الشابي، ومصطفى صادق الرافعي، أحمد حسن الزيات، ومصطفى لطفي المنفلوطي، والأب انستاس الكرمي، ومي زيادة وكثيرين غيرهم. ممن رق شعرهم وحلا نثرهم.

ورغم تقدم العمر، ما زلت أحفظ مقطوعة رائعة للأخطل الصغير بشارة الخوري:

أنا ساهر والكون نام
وكل ما في الكون نام

حتـــــى نجـــــوم الأفـــــق

نامـــت فـــوق طيـــات الغـــمام

نـــام الجميـــع ومقلتـــي

يقظــــى تجــــول مــع الظـــلام

أنــا ســـاهر وجبـــال لبنـــان

عليهـــا الصـــمت حـــام

أنــــا ســـاهر والســـهل في

حضـــن الطبيعـــة كـــالغلام

أنــا ســاهر والبحـــر أخـــرس

لا هـــــدير ولا احتـــــدام

كالمـــارد الجبـــار منطـــرح

عـــلى صـــدر الـــرام

لا حـــس حتـــى خلـــت أن

ســاد الحـــمام عـــلى الأنـــام

مـــا أعظـــم الضوضـــاء يحدثها

فـــؤاد المســـتهام

إذ راح يخفـــق وحـــده

خفقـــات أجنحـــة الحـــمام

في ذلـــك الصـــمت الرهيـــب

وذلـــك الليـــل الجهـــام

فتنت على صغري، بهذه القصيدة، وحفظتها عن ظهر قلب، فشدتني فيما بعد للأخطل الصغير، واجتذبتني إليه، فعرفت فيه شاعرا كبيرا، رائع الصورة،

سلس العبارة، حلو الجرس، وفتنت بقصائده: عـن "عـروة وعفـراء"، و "المسـلول"، وروائعه الكثيرة.

ومن قصائده التي حفظتها، رثاؤه لشوقي، وروائع الصور التي امتلأت بهـا القصيـدة، مثل قوله:

مـــا بلـــدة ســـعدت بـــالنهر يغمرهـــا	بكـــل أزهـــر حـــالي العـــود نـــاضره
بالبلبـــــل المتغنـــــي في ملاعبـــــه	والســـــنبل المتثنـــــي في غـــــدائره

وقوله:

نـــاموا عـــلى سرر الأفـــراح وانتبهـــوا	عـــلى صـــباح بـــكي الطـــرف غـــائره
عـــلى مـــآتم مـــن طـــير ومـــن شـــجر	خرســـاء كـــالقبر غرقـــى في ديـــاجره
يـــا للرزيـــة.. غـــال النهـــر غائلـــه	وغـــار في لهـــوات مـــن هـــواجره
فـــلا الصـــباح ضـــحوك في شـــواطئه	ولا المســـاء لعـــوب في جزائـــره
ما الخطب بالنهر مجرى الـروح في بلـد	فـــرد رقيـــق حـــواشي الـــذكر دائـــره
كالخطـــب يـــذوي لـــه كـــون بجلتـــه	إذا أصـــاب الـــردى شـــعبا بشـــاعره

ومن قصائده التي كنت أحبها وأترنم بها:

يــــا عاقــــد الحــــاجبين	عــــلى الجبــــين اللجــــين
إن كنــــت تقصــــد قــــتلي	قتلتنــــــي مــــــرتين
تمــــر قفــــز غــــزال	بــــين الرصــــيف وبينــــي
ومــــا نصــــبت شــــباكي	ولا أذنــــت لعينــــي
تبــــدو كــــأن لم تــــراني	ومــــلء عينــــك عينــــي
ومثــــل فعلــــك فعــــلي	ويــــلي مــــن الأحمقــــين

ومن أحلى قصائده وأعذبها، قصيدة :"هند وأمها":

أتت هند تشكو إلى أمها | فسبحان من جمع النيرين
فقالت لها إن هذا الضحى | أتاني وقبلني .. قبلتين
وفر فلما رآني الدجى | حباني من شعره خصلتين
وما خاف يا أم بل ضمني | وألقى على مبسمي نجمتين
وذوب من لونه سائلا | وكحلني منه في المقلتين

كما فتنني الشاعر عمر أبو ريشة، ورافق فيما بعد عمري، وتعرفت إليه، وصادقته، وكنت أسعد به شاعرا، حلو المعشر، طلي العبارة، صادق الوطنية، اجتذبني فيما بعد بقصيدته الرائعة عن حرب فلسطين:

أمتي هل لك بين الأمم | منبر للسيف أو للقلم
أتلقاك وطرفي خاشع | خجلا من أمسك المنصرم
كيف أقدمت وأحجمت ولم | يشتف الثأر ولم تنتقم
اسمعي نوح الحزانى واطربي | والمسي جرح اليتامى وابسمي
ودعي الجرحى تداوي جرحها | وامنعي عنها كريم البلسم
ألإسرائيل تعلو راية | في حمى المهد وظل الحرم
أمتي كم صنم مجدته | لم يكن يحمل طهر الصنم
لا يلام الذئب في عدوانه | إن يك الراعي عدو الغنم

ومن الشعراء الذين اجتذبوني في مطلع العمر، والذين عرفتهم عن طريق "المشوق" أبو القاسم الشابي، ذلك الشاعر التونسي، الذي اختطفه الموت شابا يافعا، ومع ذلك ترك هذا التراث الثري من الشعر الرائع.

كان يجتذبني إلى شعره، عشقه للطبيعة، ودعوته الدائمة للشعب بالثورة، وسخطه على الظلم، ومن جميل شعره:

أقبل الصبح جميلا يملأ الأفق بهاه

فتمطى الزهر والطير، وأمواج المياه
قد أفاق العالم الحي وغنى للحياه
فأفيقي يا خرافي واهرعي لي يا شياه

ويصرخ في وجه الظلم:

ألا أيها الظالم المستبد حبيب الفناء عدو الحياه
سخرت بأنات شعب ضعيف وكفك مخضوبة من دماه
وعشت تدنس سحر الوجود وتبذر شوك الأسى في رباه

ومن أبياته التي لا تنسى:

إذا الشعب يوما أراد الحياة فلا بد أن يستجيب القدر
ولا بد لليل أن ينجلي ولا بد للقيد أن ينكسر

ومن قصائده التي حفظتها من المشوق:

نحن نمشي وحولنا هاته الأكوان تمشي لكن لأية غايه
نحن نشدو مع العصافير للشمس وهذا الربيع ينفخ نايه
نحن نتلو رواية الكون للموت ولكن ماذا ختام الروايه
هكذا قلت للرياح فقالت سل ضمير الوجود كيف البدايه

لقد لقنت في السنوات الأولى لدراستي في المدرسة الأميرية، مقتطفات من شعر المتنبي والبحتري، وأبو تمام، وعنترة، ثم شاءت الأقدار أن ألقن هذا الفيض الدافق من الشعر الحديث، فكأنما كان ما لقنته في السنوات الأولى الأساس، لإقامة صرح اللغة وإعلاء بنيانها، والوصول إلى كوامنها، وجواهرها.

وكان الجديد، الذي دخل حياتنا، إذ نحن صبية في سن المراهقة، والذي ابتدعته "كلية غزة" متجاوزة المألوف والمعروف، في زمن كان الاختلاط فيه بين الجنسين محرما، اشتراك عدد من الآنسات والسيدات في هيئة تدريسنا، فكما هبة

النسيم، وكما جنيات الخيال الساحرات وفدت، "مسز إج"، سيدة إنجليزية، لتعلمنا اللغة الإنجليزية، صورتها لا تزال راسية في خزائن الذاكرة، وجه أبيض ناصع البياض، يكاد الدم ينفجر من الخدود التي كالورود، وعينان زرقاوان لماحتان، وأهداب مشرعة كأسنة الرماح، وشعر مواج كجدائل الذهب، ترتدي فستانا ورديا، يبين فيه جيدها، ومساحة من صدرها، وذلك الخط الغامض ما بين نهديها اللذين يكادان ينفران ويتمردان على طوقهما، وفستانها يضيق، ويضيق، فيبدي مفاتن جسدها البض المرمري، وما أن يصل أو يقترب من ركبتيها حتى يتوقف، ليبدي ساقين، ما رأيت أروع ولا أجمل منهما.

شدهت كما شده زملائي، وأسعدني أن أكون قريبا منها، مواجها لها نسيت لحظتها كل ما بيني وبين الإنجليز، وأخذت أصغي إلى لغة جميلة، ترددها شفتان قرمزيتان بصوت كما زقزقة العصافير. بل أحلى.

كيف مرت حصتها، والحصص الأخرى بعدها، الله أعلم، فكثيرا ما كانت، تجلس على المنضدة وتضع قدميها على مقدمة مقعدي، فألقي بقلمي أرضا، وأنزل لألتقطه، فيسألني الزملاء عن الجو، فأقول: أحمر، أسود، أبيض، ألوان قزح، كلها تتلاقى عندها، لتلهب أخيلة مراهقتنا، وتفجر فينا أحلام اليقظة، وتسرح بخيالنا بعيدا بعيدا.

نشأت ألفة بيني وبين مدرستي حتى نلت العلامة الكاملة في اللغة الإنجليزية في نتيجة الستة أسابيع الأولى.

وفي يوم تغيبت "مسز إج" عن الكلية، وعلمت أنها قد اعتذرت لوعكة ألمت بها، فقمت عند عودتي إلى البيت بقطف بعض من أزاهير القرنفل الذي كانت تزرعه والدتي في أصص من الفخار في حكورتنا، ولملمتها إلى بعضها، وتأنقت في ترتيبها، قرعت باب بيت سيدتي ومعلمتي، فإذا أنا أمام رجل فارع، غريب الشكل، كث الشعر، له شاربان يغطيان نصف وجهه، نظر إلي بعينين مستريبتين، ودون أن أفضي إليه عن غايتي، دعاني إلى الدخول، فلمحتني معلمتي وأنا أعبر إلى الصالة، وباب غرفة النوم مفتوح على آخره، فهتفت: "أوه.. هارولد"، إذ كانت بدلا من هارون

رشيد تناديني "هارولد ريتشرد"، وتضحك ويضحك الطلبة، ماذا كانت تقصد، وإلى أي شيء كانت تهدف آنذاك.. لا أدري.

ألقت عنها غطاء خفيفا، ليس كما لحافنا، فبان فخذاها عاريان تماما، وبدا جسمها تحت قميصها الشفاف بكل مفاتنه، ووقعت عيناي على صدرها، فرأيت ما كانت تخفيه من نهديها. ارتعش جسدي، وتصبب عرقي، وهي تتناول باقة الزهر ناولتها لزوجها، وشدتني لأجلس إلى جوارها على السرير، بحنو عجيب، وعيناها فرحتان بي. وأصابعها تعبث بشعري، من ذلك اليوم لم تغادر صورتها خيالي، رافقتني كثيرا، وعاشت في وجداني، لم تطل إقامتها وعملها، إذ نقل زوجها، أحد أركان الحكم البريطاني في غزة إلى موقع آخر.

أما المدرسة الثانية فكانت "مس وني" الأستاذة التي كانت تعلمنا الخط وتلقننا مقطوعات صغيرة من الشعر الإنجليزي، وهي أصغر سنا وحجما من "مسز إج"، كانت كالعصفورة، نحيلة، ممشوقة القد، قمحية اللون، عيناها سوداوان كالليل، وشعرها يتهدل على كتفيها ويتماوج، مغرمة بالقصير من الأثواب، يسعدها من حين لآخر، عندما يتقن أحدنا إلقاءه، ويردد ما حفظ أن تداعبه، وتربت على ظهره، وتمسح بيدها خده.

ولكن أكثر ما كان يجذبنا إليها، أنها، بعد العصر، تلتحق بملعب التنس، الذي كان تلك الأيام ملحقا بسراي الحكومة في حي الرمال. فكثيرا ما ذهبنا إلى هناك والتصقنا بالحاجز المشبك الأسلاك، وأصابعنا مغروسة فيه، وعيوننا تتابعها وهي تتنطط كالعصفورة، وترد الكرة أو تدفعها بمضربها.

وكانت أولى قصائدي التي استلهمتها وحيا منها أمام أسلاك ملعب التنس بغزة:

تطـــير مـــثلما عصـــفورة
أســـــــــــــتاذتي "وني"

تقفـــز مـــثلما غزالـــة
نـــــافرة، وتنثنـــــــي

تـــرد ضربـــة، وضربـــة
قويـــــــــة ولا تنـــــي

وكلـــما الفســـتان طـــار
هاربـــــا يشـــــدني

أستـــاذتي تمـــايلي أستـــاذتي تفننـــي
أنـــا الصـــبي إننـــي أدري فـــلا تستـــهجني
ولا تقـــولي إننـــي أستـــاذتي.. وإننـــي
مراهـــق نعـــم أنـــا وذاك لا يهمنـــي
يـــا ملعـــب التـــنس الـــذي لحلـــوتي يزفنـــي
أحبهـــا.. تـــرى كـــما أحبهـــا تحبنـــي

ولمس وني معي قصة عجيبة. كانت إدارة الكلية قد قررت أن تقيم ليلة تمثيلية، على مسرح للجيش البريطاني، كان يقام مكان عمارة أبو غزالة الحالية، وهو مسرح يقع وسط عنبر طويل من الخشب، يومها قدمنا مشهدا شعريا، علمنا إياه أستاذنا سعيد العيسى، ما زلت أذكر من أبياته، من حوار بين جارية وأبي نواس..

يقول أبو نواس:

مـــررت عـــلى ديـــار بنـــي ثقيـــف

تقول الجارية:

فـــزاد تـــألمي وازداد يـــاسي

يقول أبو نواس:

رأيـــت بهـــا منـــازل خاويـــات

تقول الجارية:

مهدمـــة كوجـــه أبي نـــواس

وما أن أنهينا المشهد، الذي كلفنا بتمثيله، حتى بدأ المشهد الآخر، باللغة الإنجليزية، والمقدم للجنود الإنجليز، وكان مشهدا غراميا، تمثل فيه مس "وني" مدرستنا، دور العشيقة ويمثل دور العاشق رجل لا نعرفه، ويتطلب المشهد أن يقبل الرجل معلمتي، وما أن التقصت شفتاها بشفتيه، حتى ضج الجنود الأستراليون السكارى، وهب أحدهم وصعد إلى خشبة المسرح، واحتضنها وقبلها.

لم أنم تلك الليلة، كنت أشعر أنني طعنت في قلبي وأنني لا بد أن أفعل شيئا أعبر به عن رفضي لما جرى.

صباح اليوم الثاني، رويت لبعض زملائي ما جرى فاستنكروه، وأخذوا يتوعدون، دخلنا إلى الفصل، وقبل أن يدخل مدرس الرياضيات "خضر فرح" كتبت على اللوح "لا علم بعد اليوم، الشرف فوق العلم والمال". بكل سذاجة الصبي، وعفوية المراهقة.

دخل أستاذنا، فوجدنا جميعا قد انحنينا على مكاتبنا، دون أن نلتفت إلى حضوره، أو نقف له، كعادتنا كل صباح، كرر كلمته، "قيام"، ولم يقم له أحد، إعلانا عن تمردنا.

خرج مسرعا، وعاد ومعه وديع ترزي مدير الكلية، الذي ما أن صرخ فينا حتى هببنا واقفين، مسح الكلام المكتوب على اللوح. وسألنا عن الفاعل، فلم يجب أحد. فذهب إلى مكتبه وبدأ يستدعينا واحدا واحدا، ويجري معنا تحقيقا، فيه الترهيب والترغيب، ولكن أحدا لم يعترف، أو يفضي من قريب أو بعيد بسر ما جرى، أو يذكر اسمي.

يومها تلقينا عقابا جماعيا، باحتجازنا طوال النهار في الفصل، وعدم السماح لنا بالخروج للفسحة، أو العودة إلى البيوت فترة الغداء.

أما مس "وني" التي غادرتنا بعد عام عائدة إلى مدينتها يافا، حيث يعمل والدها طبيبا كبيرا هناك، فما عرفت شيئا عما جرى، ولا أشعرناها، بما حملت صدورنا، وألقينا باللائمة على إدارة الكلية، وعلى الجنود الأستراليين الهمج، حتى لا تشوه صورتها الحلوة في عيوننا. وظلت مس "وني" ملهمة للكثير مما كتبت من شعر الصبى.

وبقيت لنا.. مس "عطا" مدرسة الرسم، كان الرسم درسا أساسيا وكنا نسعد بموعده، ويزيدنا انشدادنا إليه، وجه "مس عطا" السمح، كانت خجولة، تتضرج وجنتاها بسرعة لأقل حركة أو أبسط عبارة، كانت بارعة في الرسم، وكثيرا ما كانت

تجلس إلى جوار أحدنا، وما أكثر ما جلست إلى جواري تصحح ما رسمت، وتوجهني، وتعدل من الألوان التي اختارها، وتنبهني إلى كيفية التجانس بينها.

بقيت مس عطا في خيالنا، صورة للحنان والرقة وسلامة الذوق.

كانت الحياة في كلية غزة في سنتها الأولى، مختلفة تماما عن الحياة في مدرسة الحكومة، ففيها العديد من الأنشطة الرياضية والثقافية.

ففي يوم الخميس من كل أسبوع كانت الدراسة تنتهي عند الظهر ليبدأ النشاط الثقافي بإشراف كل من جميل الكالوتي وسعيد العيسى، ومشاركة لجنة ثقافية من طلاب الصفوف الثانوية، كان يرأسها آنذاك بحري سكيك، ويديرها سعيد فلفل.

وكانت اللجنة تختار بعضا مما يكتب الطلبة، وتتيح لهم إلقاء ما كتبوا أمام الأساتذة والطلاب.

وما أن شاركت في عدد من اللقاءات حتى وقع الاختيار علي لأكون سكرتير اللجنة والعريف الذي يقدم الطلاب أو يعلق عليهم.

كانت الكلية في عامها الأول، والأعوام التي تلته، حريصة على اختيار مدرسينا من نخبة خريجي الجامعات إما من الجامعة الأمريكية في بيروت أو من الجامعات المصرية أو الأزهر.

وما زالت الذاكرة تحمل بعضا من أسماء معلمينا فمنهم: سعيد العيسى، منح خوري، جميل الكالوتي، الشيخ عبد الله العلمي، خضر فرح، جرار القدوه، شوقي ترزي، فهمي أبو شعبان، أولئك الذين كان لهم الفضل في وضعي على المسار السليم، فمنهم ومن نبعهم نهلت، وبهم اقتديت، فكانوا خير المربين، القادرين على صنع المثال القدوة.

في كلية غزة.. بدأت علاقتي الأولى مع الصحافة، اقترحت أن أصدر مجلة شهرية، تتناول مختارات الطلبة، أشرف على تحريرها مع بقية الزملاء في اللجنة

الثقافية، وفي مقدمتهم، سعيد فلفل، يحيى بـرزق، يوسـف شـعث، بحـري سـكيك، ونهاد سباسي.

وكان العدد الأول مفاجأة للكلية، قمنا بتحريره، وقام يوسف شعث بكتابته، بخطه الجميل، الذي يكاد يتفوق على خط المطبعة، كما كان يوسف يشرف على الإخـراج الفنـي، فيبدع في كتابة عناوين الكلمات والقصائد، ويعاونه نهاد السباسي، أحد أبرز رسـامينا فـيما بعد. وقد كانت "الناشىء" بأبوابها الثقافيـة، والعلميـة، والفكاهيـة مـن علامـات نشاطات الكلية.. ومن يومها اجتذبتني الصحافة.

وفي مقبل الأيام ظللت أمارسها كهواية لا احترافا، مشاركا في الصحف التـي صدرت في غزة والتي منها:

"غزة"، "اللواء"، "العودة"، "الرقيب"، "الشرق"..

ورب ضارة نافعة، فالمنعرج الصعب، حل وثـاقي الـذي كـان يقيـدني في المدرسـة الأميرية، ليطلق يدي في كلية غزة، ويضع قدمي على طريق الحرية التي أعشقها.

في الصفوف الثانوية بالكلية، أعجبت بمدرس مادة التاريخ "منح خوري"، وهو شاعر رقيق عذب، قامت بيني وبينه كعادتي مع محبي اللغـة العربيـة علاقـة حميمـة، ومـا أزال أذكر قوله الرائع عن المعلم:

أنـا المعلـم يـا لـيلى ولـو جهلـت　　سـجية منـك معنـاه ومبنـاه
لـو أنصـف الـدهر يـا لـيلى لأنعلنـي　　جبـاه قـوم عـلى أسـتاذهم تـاهوا

منح خوري فيما بعد أحد كبار أساتذة التـاريخ في جامعـات أمريكـا، كـان يجتـذبنا بأسلوبه الحلو، وهو يروي أحداث التاريخ، عندما يبحر معنا في تدريس كتاب (برستد) عن التاريخ القديم، ومنذ ضربتنا النكبة، وحلت الهجرة، لم أسمع عنه شيئا، وإن كنـت شـديد الشغف لمعرفة أخبـاره. وفي أوائـل السـبعينات إذ أنـا في القـاهرة طلبـت منـي أسـتاذة في الجامعة الأمريكية بالقاهرة، أن أعد محاضرة عن الشعر

الفلسطيني الحديث لألقيها على الطلبة الأمريكيين القادمين من جامعات أمريكية، متخصصين في اللغة العربية.

وصباح اليوم المحدد لإلقاء المحاضرة، جاءني هاتفها لتقول لي "إنني أعد لك مفاجأة" ولم أكن أدري ما هي المفاجأة. إلى أن جلست إلى المنصة استعدادا لإلقاء المحاضرة، فأخذت عيناي الحضور، وتوقفت، على الوجه الذي أحببته طويلا.

لقد كان يتوسط الصف الأمامي أستاذي وشاعري منح خوري،.. هزتني المفاجأة، وبث في حماسا غريبا، وشعرت أنني أقف أمامه تلميذا ممتحنا، ودوى التصفيق، عند انتهاء المحاضرة، وصعد أستاذي إلى المنصة وعانقني وتحدث إلى الطلاب مباهيا بأنني أحد تلاميذه الذين يعتز بهم، دعوته يومها إلى الغذاء في مطعم "أبو شقرة"، وسألته:

أين الشعر يا أستاذي؟

قال لي يومها:

أخذني تدريس التاريخ، فما استطعت أن أحمل بطيختين بيد واحدة.

وعندما أهداني كتابا له، يضم مجموعة من القصائد المختارة للشعراء العرب الكبار، ترجمها شعرا إلى الإنجليزية، كانت قصيدتي "فلسطيني" بين تلك القصائد المختارة، إضافة إلى نبذة عن حياتي، ومساري الشعري قلت له يومها: "أرأيت المعجزة، ما زلت تحمل بطيختين بيد واحدة".

"وديع ترزي" مدرس الأدب الإنجليزي، في الصفوف الثانوية، فتح عيوني على كنوز أثرت خيالي، وهزت مشاعري، لبايرون، شلي ووردزورث وشكسبير، وكان يحلو لأستاذي أن ينغم في إلقائه، بل يمثل، فيعلو الصوت، وينخفض وفق الصورة والكلمة، مما يجتذبني، ويسحرني، إعجابا بالشعر، وافتتانا بأستاذي.

كان أستاذ اللغة العربية المعمم "الشيخ عبد الله"، بالإضافة إلى ما كان يلقننا من كتاب النحو الواضح "لعلي الجارم"، فقد كان يمتحننا في رحلة ابن بطوطة، ورحلة جلفر، ومقطوعات من كتاب الأغاني لأبي فرج الأصفهاني، كما كان يناقشنا في

قراءتنا الخارجية، ويحثنا على مواصلة المطالعة. وأهمية ما ننهل مـن كتـب التراث وكان من أساتذة اللغة العربية جميل الكالوتي، وهو خريج دار العلوم، حضر إلى غـزة مـن القدس، وأحضر معه مكتبة ضخمة، كنت أسعد من حين لآخر بزيارته في بيته القريب مـن مسجد السيد هاشم عنـد سـوباط المفتي. لأستعير الكتـب التـي أشـاء، واستمتع بحنوه الأبوي..

تلك كانت، الدعائم التي قام عليها صرح اللغة.. أيامنا وفي جيلنا.

(19) دير اللاتين

كان بيت جدي لأمي، يقع أمام دير اللاتين، ذلك المكان الذي اجتذبني، حيث كان يحلو لي اللعب على درجاته الناعمة الملساء النظيفة دائما، وكنت كثيرا ما يحلو لي الجلوس عند عتبة بابه، عندما يشتد الحر، وتمتد ظلال الدير فتلامسها تلك النسمات العليلة الرطبة.

كان بي رغبة جامحة ملحة للتعرف إلى هذا الرجل، الذي يعيش وحيدا في هذا المبنى الشامخ الكبير، وكنت كلما حاولت ذلك مستفسرا من أمي أو أبي، أشاحا عني ولم يعطياني الجواب الشافي. ظللت طويلا أرقب الرجل، الربعة بلحيته الكثة، وشاربيه الخصبين وقلنسوته وجلبابه الأسود المنسدل حتى قدميه، أراه في غدوه ورواحه، خارجا من الدير أو داخلا إليه.

وكلما تقدمت بي الأيام، ازدادت رغبتي وألحت علي أكثر.

عالم غامض هذا الذي يجثم وراء هذا الباب الكبير، مرة واحدة في الأسبوع تدب في الدير الحياة، ويفتح الباب الذي يظل مغلقا حتى يوم الأحد من كل أسبوع، حيث تجلجل أجراس الدير، وتتوافد الأسراب من الرجال والنسوة والأطفال، لتعبر إلى الدير، وتختفي ساعة، أو بعض ساعة، تمضي مع الأصوات العذبة التي تتصاعد إلى النافذة، مرنمة بما لم أكن أفهمه، ترافقها أنغام البيانو الشجية.

كانت الأسراب التي تتدفق إلى الدير تثير اهتمامي، بما ترتديه من أزياء متقاربة متجانسة، جديدة، تبدو النساء والأطفال فيها أكثر جمالا، بفساتينها الملونة المزركشة، التي تبدي من الأجسام أكثر مما إعتدته من نسوة حارتي عند باب الدارون.

تزايدت مع الأيام لهفتي وتعلقي بالمبنى، وتصاعدت رغبتي الملحة في التعرف إلى عوالمه، واقتحام أسراره وفض مغاليقها.

اخترت منذ التحقت "بكلية غزة" الطريق العابر من أمام الدير في ذهابي إلى الكلية والعودة منها إلى منزلي، وكنت كلما مررت بالدير، تلفت باحثا عن راهبه، متفحصا ضخامة المبنى، عالق العينين بالأشجار الضخمة المحيطة به، محاذيا للحائط الطويل الممتد خلف المبنى، هذا الذي يخفي وراءه ما لا أعرف.

وذات يوم أقنعت صديقا لي بأن نتسلق حائط السور، للتعرف إلى ما خلفه، وقد تعاونا معا على تسلق الحائط والقفز إلى الداخل.. إنها حديقة واسعة، تتزاحم فيها أشجار الورد، وقد امتلأت، بأكمامها المتفتح منها والموشك أن ينفتح، بألوانها، الأحمر، والأصفر، والأرجواني إلى جوار القرنفل، والحسن يوسف، وحنك السمكة، والنرجس. واجتذبتني تكعيبة لياسمينة هائلة، تصاعدت لتقيم ما يشبه الغرفة الصغيرة، أقيمت داخلها، في شبه الحدوة، دكة للجلوس.

الهدوء والسكينة المرخاة على الحديقة، اجتذب عشرات من العصافير التي تشقشق وتتقافز، وتشكل جوقة موسيقية حلوة.

بهرت وأخذت بما رأت عيناي، فانطلقت، وقد خلا لي الجو، مع صاحبي نجوب المكان ونتنقل فيه بحرية وفرح، تماما كما عصافير الدوح التي تحيط بنا. تركنا حديقة الورد.. وتجاوزنا سياجها إلى الساحة القائمة أمام الدير، حيث غابة أشجار الكينياء والسرو والكازورينا، التي ألقت ظلالها على الساحة، فأشاعت ذلك الجو الجميل، الذي يزيد من جماله، ما تحدثه الريح من حين لآخر، فتحرك الأغصان،وتطلق وشوشتها الهامسة وتشيع في الساحة جوا رطبا. اجتذبنا أرجوحة معلقة في جذع إحدى أشجار الكينياء الضخمة، وكدنا نطير من الفرح، فقفزت وتعلقت بالأرجوحة، وأخذ صاحبي يدفعها عاليا، فأشعر بتلك اللذة الناعمة، وأنا أملأ صدري بالهواء النقي، وظل صاحبي يكرر ذلك مرات، إلى أن أنهك، فنزلت ليأخذ صاحبي مكاني، وأبدأ بدفع الأرجوحة فرحا، ونحن نتصايح على سجيتنا، كأننا نملك الدنيا وما فيها.

فجأة هتف صاحبي: توقف.. إنه هو.

التفت فزعا لأرى الراهب مقبلا علينا بوجهه العريض الذي لا يرتسم عليه ما يفرح أو يحزن. أسقط في يدي ولم أدر إلى أين أتجه، إننا في الفخ. وهذا الرجل المقبل علينا يرعبنا بهيئته ووقاره، وغرابة ملبسه.

قفز صاحبي من الأرجوحة يبحث عن طريق للهرب، كدت أسمع دقات قلبي، وهي تتلاحق سريعة متواصلة على غير المألوف.

اقترب الراهب منا رمقنا بنظرت حنون، مسحت بلطف هزة الخوف التي اعترتنا، ولكنها أبقت فينا نوعا من التوجس الغريب.

الراهب يعرفني، فطالما رآني خارجا أو داخلا إلى بيت جدي المقابل للدير، أشار إلي أن أتبعه، دون أن يلتفت إلى صاحبي أو يعيره اهتمامه، ولكنني سحبت صاحبي ليواجه قدره معي.

جذب الراهب كرسيا من الخيزران ينتصب في ظلال الكينياء الضخمة، ويغرق فيها، تغطيه جدائلها الواصلة إلى الأرض.

أشار إلي أن أجلس أمامه حيث يوجد لوح من الخشب، أسند إلى حجرين ضخمين، تحركت وصديقي في آلية غريبة، دون أن ننبس ببنت شفة وعيوننا توشك أن تغادر محاجرها من شدة الروع.

خيم صمت عجيب، للحظة، قطعه الراهب نابرا بصوت أجش عريض كأنه قادم من أعماق بئر. التفت إلي قائلا: لماذا فعلتها يا ولدي؟

وجه سؤاله إلي كأنما عيناه لا تريان الإنسان الآخر إلى جواري، إذ يبدو أنه تجاهله تماما، واعتبره طائرا غريبا لا علاقة له بما جرى. واصل "ليتك طلبت مني ذلك" طأطأت رأسي حتى التصقت ذقني بصدري، وانكمش عنقي ليغيب، فلا يكاد يبين.

قال الراهب "سأسامحك هذه المرة، على أن لا تدخل الدير إلا من بابه" "أتسمع". قال محذرا: "من بابه". كرر الكلمة..

نهض ونحن متصلبان في مكاننا، وتوجه إلى بوابة حديقة الورد، فاقتطف منها وردتين، وقال: واحدة لكل منكما. وكرر قائلا لي "لا تعد إلى هذا ثانية، أمامك باب الدير".

لم نصدق ما جرى. ولم يخيل إلينا أننا نجونا بسهولة من هذا المأزق الحرج، واعتبرنا ذلك إشارة لنا بالانطلاق. فنفرنا كعصفورين مفزوعين إلى الباب الكبير، ثم إلى الشارع، دون أن يحاول أي منا الالتفات خلفه، ألقينا بالوردتين أرضا، وأسلمنا سيقاننا للريح، ابتعادا عن الدير وساحته وشارعه.

رغم بشاشة الراهب وسماحته، والأذن لي بأن أدخل الدير من بابه، فإنني لم أحاول أن أقترب منه، أو ألج إليه على شدة شوقي، لاقتحام المبنى، ومعرفة ما يدور فيه.

ولكن رغبة جامحة في أعماقي كانت تجتذبني، إلى الكمالية، فأحوم حول الدير كالفراشة المشدودة إلى النار، إلى أن رأيت يوما "سعد الله شلدان" أحد أبناء عائلة شلدان التي يسكن أكثرها قريبا من بيتنا، وهو يخرج من الدير، فاستوقفته، وتجاذبت معه أطراف الحديث، وكان "سعد الله" آنذاك، يعمل مع الجيش البريطاني الذي اجتذب عديدا من العمال، من مختلف المهن، للعمل معه في المعسكرات التي امتدت من رفح إلى أسدود.

كان سعد الله لا يفك الحرف، على حد قوله، سألته عن سبب وجوده في الدير، فعملت أنه مكلف من قبل راهب الدير بالعناية بالحديقة، وأنه يقوم بذلك عصر كل يوم بعد عودته من عمله.

يومها عرض علي "سعد الله" أن يتيح لي فرصة التردد على الدير بحجة تعليمه القراءة والكتابة. رحبت بفكرته ووعدته بأن أباشر العمل معه من الغد، وتواعدنا على اللقاء بعد صلاة العصر.

ودخلت الدير من بابه، وأخذت مكاني إلى جوار "سعد الله"، في ظلة تكعيبة الياسمين، وقد فتحت أمامي كتاب القراءة الجديدة للسكاكيني، وبدأت ألقن صاحبي: "رأس.. روس.. دار .. دور".

وعندما اقترب منا الراهب، توقفت، وقد ارتسمت على وجهه ابتسامة عريضة، وبارك ما نقوم به وأكد لي أن باب الدير مفتوح لي في أي وقت. تواصلت

زياراتي للدير، ألقن صاحبي دروس القراءة، مقابل إتاحة الفرصة لي بقضاء بقية الوقت، أذاكر دروسي في ظلة الياسمين، وسط شقشقة العصافير، وخرير الماء المتدفق من الخرطوم، الذي يدر به "سعد الله" على أشجار الورد الواحدة تلو الأخرى، أو على صوت مقصه، وهو يشذب الأغصان ويهذبها، ويناولني من حين لآخر باقة من الورد، أعود بها سعيدا إلى بيتي. ومع توالي الأيام، بدأ "سعد الله" يحضر معه من معسكر الإنجليز الخبز الأسترالي وعلب الجبنة الصفراء، كما أهداني جرزا من الصوف، من تلك التي يبعث بها أقارب الجنود إلى أبنائهم من حين لآخر.

"وسعد الله" يواصل دراسته والتقدم فيها، حتى بدأ يقرأ العناوين الكبيرة في الصحف، ويكتب اسمه واسم والده، وعائلته، ويستوعب بسرعة وشغف.

بدأ الراهب من حين لآخر، يتقرب إلي ويحاورني، ويقلب الكتب التي أطالعها، وقد جلس إلي يوما يتسمع إلى قراءتي في كتاب "المشوق"، قلب الراهب الكتاب، واستمع إلي فأعجب بقراءتي ونبرتي وتوسم في شيئا، فشجعني ووعدني بأن يزودني بالمزيد من ذلك.

عني الراهب بي، بدأ يفتح لي دروب المعرفة واسعة أمامي، وبدأت آلفه وأنس لجلساته، وأتردد عليه أكثر أيام الجمع والآحاد من كل أسبوع، يومي إجازتي المدرسية.

توطدت العلاقة الحميمة بيننا، اتخذت من الرجل أبا روحيا لي، وأخذت أردد كما يردد أبناء الطائفة، "أبونا" وأخذت العلاقة تتوطد مع الزمن، وكلما كبرت ازداد ترددي على الدير، فأول ما أتوجه إلى الأرجوحة لأخذ مكاني، تتلاعب بي الريح ذهابا وإيابا، حتى إذا تعبت آوي إلى تكعيبة الياسمين أذاكر دروسي. والأب سليمان، غارق في كتاب أمامه يقرأ صامتا، ويتوقف من حين لآخر، فيرسم الصليب على صدره، ويركع على ركبتيه، ويتمتم، ثم يعاود جلسته.

دخلت يوما، فلم أجد راهبي في مكانه، ووجدت باب المبنى مفتوحا، ترقبته طويلا، فلم ينزل كعادته إلى كرسيه وكتابه، علمت من "سعد الله" أنه في فراشه، أقعدته وعكة برد طارئة، اصطحبت "سعد الله" وصعدنا لزيارته، أخذتني رهبة الممر، الذي طالما

تقت إلى اقتحامه، والتعرف إلى عالمه، هالتني القاعة الداكنة المترامية، وشدتني مجموعات اللوحات التي تحمل صور السيد المسيح مصلوبا، أو عالقا بصدر مريم، أو راكبا حمارا أمام أمه، يقوده شيخ كبير، صعدت إلى الدور الأعلى، الذي لم يكن يسمح لأحد من الطائفة دخوله، لأنه عالم الراهب الخاص، ودنياه التي يحرص على التفرد بها، الدور الثاني، أكثر إيناسا من الدور الأول، إذ أن ضوء الشمس يتدافع من النوافذ الكثيرة، في غرفة إلى يسار الممر بسيطة الأثاث، تسجى الراهب متدثرا بغطاء رأسه من الصوف كالح اللون، عملت فيه السنون عملها، وتركت بصماتها عليه، يسند رأسه إلى مخدة نظيفة رغم قدمها، وإلى جانب السرير كرسي واحد من الخشب الأحمر، أشار الراهب إلي لأخذ مكاني إلى جانبه، وظل سعد الله واقفا.

سألني يومها عن حالي في حنو، وأسعده أن يجد من يسأل عنه، وبش وجهه، وعاودته نضارة كالحة، متمازجة بين الاصفرار والاحمرار، وكانت عيناه، تدمعان بشكل متواصل، وكان من حين إلى آخر، يسحب من تحت الوسادة منديلا عريضا، يدفعه إلى أنفه فيتمخط بصوت عال، ثم يعيده إلى مكانه.

سألني عن دروسي، وعما وصل إليه "سعد الله" من كتاب القراءة، ولم تطل جلستنا، إذ شعرت برغبة الأب للنوم، فودعته، وغادرت الغرفة مع صاحبي.

لمس الأب سليمان في الميل الفطري إلى الأدب، فأخذ يبدي تشجيعه لي. وذات يوم، ناولني مفتاحا، وأشار إلى غرفة في طرف المبنى، تطل على الحديقة، وطلب مني أن أفتحها، لأجد مفاجأتي فيها، تهيبت أول الأمر، ولكني تشجعت وأخذت طريقي إليها مجتازا ممر الدور الأول إلى ممر الدور الثاني، وما أن فتحت باب الغرفة، كأنما أفتح باب صندوق سحري، حتى خيل إلي أن أسراب طيور جارحة، أو زرافات من الجن والمردة ستنطلق منه، واجهتني الشمس التي اقتحمت الممر كله، ومدت إليه أضواءها، لتزيل عنه مسحة الكآبة والوحشة، وتفرش أرضه ببساطها الناصع الوهاج، فترد إليه دفق الحياة ودفئها. أخذت عيناي تجوبان الغرفة الواسعة، متنقلة على جدرانها التي غطتها أرفف، اصطفت فيها مجلدات ضخمة، وكتب كثيرة ومجلات مختلفة، حشدت في رفوفها السفلي، بينما انتصبت في الصدر منضدة

متوسطة الحجم، مصنوعة من خشب الصندل، بأرجلها العريضة السميكة أمام كرسي ضخم، مغطى بفروة خروف بيضاء ناصعة نظيفة، وفوقها عدد من الكتب والمجلات والأقلام والدفاتر، توحي بأنها غرفة كاتب أو أديب أو شاعر.

أخذت بهذا الحشد الهائل من الكتب، وقفت ذاهلا، أنقل عيني شمالا، ويمينا، وأنا في حيرة من أين أبدأ، وكيف، وهل عمد الراهب أن يدفعني إلى هذا الخضم الهائل.

أخذت أجوب سريعا بين الكتب والدواوين الشعرية، التي طالما تقت إلى اقتنائها، لامرىء القيس، وطرفة، والمتنبي، والبحتري، وأبو تمام، وأبو نواس، وعمر بن أبي ربيعة، إلى جوار دواوين أحمد شوقي، وحافظ إبراهيم وعلي الجارم، والأخطل الصغير، وخليل مطران، وتوقفت أمام كتب طه حسين، ومحمد حسين هيكل، وعباس العقاد، عبدالقادر المازني، ومصطفى صادق الرافعي، وأحمد لطفي السيد، والمنفلوطي، وواصلت تقليب ما أمامي من الكتب. فوجدت العديد من الروايات والقصص والدراسات، وامتدت يدي إلى أكداس المجلات في الأرفف السفلى، حيث الرسالة، والرسالة والرواية، والثقافة، والمقتطف، والهلال، بحر محيط، فمن أين أبدأ وإلى أي ناحية أوجه دفة سفينتي، اعتبرت زيارتي الأولى للغرفة، زيارة استطلاع وتعرف، وقد وطدت عزمي على أن أفاتح الراهب في إمكانية تكرار هذه الزيارة والتعرف إلى ما فيها، والغوص في كنوزها، التي تجمع بين كتب التراث متجاورة متعانقة مع هذه الدواوين والكتب.

عرفت الأغاني، ولسان العرب، والكامل وغيرها من كتب التراث التي كانت أقصى طموح تطلعاتي.

ومن يومها اعتادت قدماي الطريق إلى الطابق العلوي، فما أن أتناول غدائي في بيتي وألقي حقيبة كتبي، وأختار منها ما أذاكره حتى أنطلق إلى الدير، ألقي تحيتي على الراهب وأصعد إلى صومعتي، وآخد مكاني إلى المنضدة، أذاكر ثم أتوجه إلى المكتبة، أختار منها الدواوين الشعرية، وانكب عليها وألتهمها التهاما، وأستظهر منها ما يجتذبني من أبيات تروقني.

اجتذبتني أعداد الرسالة المتراكمة لعدد من السنين، أطالع ما فيها من القصائد لمحمود حسن إسماعيل، ولرامي، لصالح جودت، وغيرهم.

طويلا توطدت علاقتي مع الأب سليمان، سنوات عديدة، وحتى بعد تخرجي وعملي، وكم أوجعني وآلمني أن دعيت يوما، إذ أنا في المجدل إلى غزة، لأتوجه إلى المستشفى البلدي، حيث صديقي الكبير وقد ذهب في غيبوبة الموت، وما أن سمع اسمي وتلقى يدي، حتى شد عليها، وفتح عينيه لحظة.. ثم أطبقهما، وقد بش وجهه، وسكن مرة واحدة. وأسلم روحه إلى بارئها. وقد حزنت حزنا شديدا على صاحبي، ورثيته وانقطعت تماما عن الدير، فما كنت أتصوره بدون صاحبه. وعندما دعاني الراهب الجديد للزيارة وجلست إليه، واجتذبني لزيارته، وعدته بأن أفعل، ولكني لم أف بوعدي، ذلك أن الراهب الجديد كانت له ميول مخالفة لميول صاحبي،

إلى أن وفد على الدير الأب حنا النمري، الذي كان لي معه شأن آخر.

(20) سوق عكاظ

كانت كلية غزة الأرض الخصبة التي نمت فيها مواهبي، والتي وجدت فيها ضالتي. أول من بشرني بأنني سأكون شاعرا، أستاذي سعيد العيسى- يوم كنت أقرأ أمامه نصا لمخائيل نعيمة.

أعصـــــفي يـــا ريـــاح	وانتحــب يــا مطــر
ســقف بيــت حديــد	ركــن بيتـــي حجــر

وتوطدت بيني وبينه علاقة حميمة، فقد كنت أذهب إليه مـن حـين لآخـر في مقر مبيته بالقسم الداخلي، الذي كان آنذاك في بيت "لآل أبو رمضان" بحارة الدرج.

كان يجلس إلي، ويستمع إلى مـا بـدأت أقرمزه، فيصحـح البيـت المكسـور، ويقوم اللغة، ويستبدل كلمة بأخرى، ثم يوجهني إلى ما أقرأه، وكنت ألتـزم بمـا يقول لي التزامـا مطلقا، وكنت أحاول أن أقلده حتى في نبرة صوته ومشيته، وحركاته، مما كـان أحيانـا يثير هزؤ زملائي واستهجانهم لما أفعل.

كان كل زملائي في اللجنـة الثقافيـة يكبرونـني، وكنـت الوحيـد مـن طلاب السـابع الابتدائي، من أعضاء اللجنة، ومع ذلك، كنت أحظى باهتمام ورعاية، وإعجاب من أساتذتي، ومن مدير الكلية وديع ترزي ورئيسها شفيق ترزي، وكثيرا مـا كـان يتغاضى الأخـوان عـن تأخري أحيانا عن دفع القسط، تقديرا لنشاطي الثقافي، وعندما اقتربت نهاية العام الدراسي الأول للكلية، وبدأنا نقترب من اختتام امتحانات آخر السـنة، فوجئـت وأنـا أدخـل بوابـة الكلية ولفت نظري إعلان كبير يتصدر لوحة الإعلانات. فتوقفت أمامـه "سوق عكـاظ" بمناسبة انتهاء العام الدراسي، تعلن الكلية عن إقامة احتفال كبير في قاعة سينما السـامر، وتطلب من طلاب القسم الثانوي أن يسجلوا أسماءهم للمشاركة في الاحتفال، بإسهامات في نظم الشعر، والإلقاء، والمطارحة الشعرية.

أحبطني عدم إتاحة الفرصة لطلاب الصف السابع الابتدائي، الذي أنا واحد منهم، المشاركة في مثل هذه المناسبة التي لا تعوض. فهي فرصة العمر، لإبراز المواهب أمام الأهل وأبناء المدينة.

كان الإعلان يطلب من كل من يرغب في المشاركة أن يدون اسمه أمام النشاط الذي يود المشاركة فيه.

فأشرعت قلمي ودونت اسمي في خانات.. النظم، الخطابة، المطارحة الشعرية، متجاهلا إشارة الإعلان باقتصار المشاركة على طلاب الصفوف الثانوية.

دعاني في اليوم التالي أستاذي وديع ترزي مدير الكلية والمشرف على الاحتفال يؤكد استحالة مشاركتي في أي من النشاطات التي شملها الإعلان، ولم يقتنع بحماسي وتطلعي للمشاركة، فخرجت محبطا حزينا، أقلب الأمر على كل وجوهه، وأفكر في طريقة أشارك بها.

ذهبت إلى القسم الداخلي عصر ذلك اليوم، وقابلت أستاذي سعيد العيسى ـ الذي سره حماسي، وأعجب بإصراري على المشاركة، وخاصة في النظم، وكان آخر ما قرأ لي قصيدة كتبتها في رثاء والده، الذي توفي في نفس العام، والتي لمس فيها بداية استقامة نظمي، وإحساسه بأنني قادر على كتابة الشعر.

دار حوار ساخن في اليوم الثاني، في مكتب رئاسة الكلية بين أستاذي، ومدير الكلية وديع الترزي، الذي تنازل أخيرا وسمح لي بالمشاركة في أي من النشاطات باستثناء كتابة الشعر، فتمسكت بموقفي وأيدني أستاذي سعيد وقال له "امنحه الفرصة إنه لا يتطلع إلى جائزة ما وإنما يتطلع للمشاركة فقط".

وأخيرا تمت الموافقة، وخرجت من المكتب أكاد أطير من الفرح.

يومها توجهت إلى البيت، ولم أتناول غدائي، بل دخلت ديوان الوالد، وأغلقته وأدرت المفتاح من الداخل، كأنني مقدم على عمل سري ذلك أني كنت أخشى ـ أن يضبطني أخي علي، أفعل ما لا يحب، فقد كان يثيره أي اهتمام لغير دروسي المقررة.

لا أدري ما الذي دفعني لأن أكتب قصيدة في الرثاء، أرثي بها "الملك غازي"، ملك العراق، كان لوفاته صدى حزينا شمل فلسطين كلها، وكنت معجبا به فخورا بما أسمع عنه، أحتفظ له ببعض الصور، التي كنت اقتطعها من الصحف، أو أجدها عند صديقي زهير الريس، ولكن الشجن الأكبر الذي كان يثيرني، ما كنت أسمعه منغما من صوت أمي.. وهي تعدد، كأنما تنوح:

غــــــازي.. عزتـــك المنايـــا   بعــد مــا كنـــت غازيهــا

كان يوما حارا، وإغلاقي لباب الديوان زاد من حرارة الجو، مما جعل عرقي يتصبب غزيرا، وأنا مندمج في كتابة قصيدتي، وما أن انتهيت منها، وأسندت ظهري، وتطلعت إليها تطلع أم إلى وليدها، حتى تنفست الصعداء، واسترخيت مغرورا، وأنا ابتسم ابتسامة التحدي.

كتبت القصيدة وسلمتها إلى اللجنة المشرفة في اليوم التالي، واسترحت تماما، وبدأت أحفظ خطبة لعلي بن أبي طالب، للمشاركة في مسابقة الخطابة، لأن المطارحة الشعرية كانت أسهل ما أشارك فيه، لكثرة ما كنت أحفظ من الشعر.

أفضيت إلى والدي، وأنا أناوله الدعوة لحضور الاحتفال، بمشاركتي في نشاط الخطابة، وعندما استمع إلي وأنا ألقي أمامه خطبة علي بن أبي طالب. سألني هل ستلقيها وأنت تلبس البنطلون الشورت هذا، فأجبت نعم. فضحك هازئا، ونصحني بأن ألبس القمباز، والحطة والعقال والعباءة، ووعدني بأن يحضر ـ لي سيفا، ليكون مظهري متلائما مع الموقف والكلام الذي سألقيه من خطبة علي بن أبي طالب.

أذكر أنه أتاني يوم الحفل بسيف من سيوف أحد شيوخ البدو، الذين تربطه بهم معرفة وصداقة.

وجاء اليوم المشهود، غصت قاعة سينما السامر، ولأول مرة بالمدعوين، من أعيان المدينة، ورجالاتها وأولياء أمور طلبة الكلية.

كانت المفاجأة المذهلة التي أحدثت في حياتي الرجة الكبرى، عندما وقف عريف الحفل، يعلن عن النتيجة، فإذا بي أحصد الجائزة الأولى وكأسها في النظم. والجائزة الأولى وكأسها في الخطابة. والجائزة الأولى وكأسها في المطارحة.

عدت ذلك اليوم إلى حارتي محمولا على الأكتاف، رافعا الكؤوس التي ربحتها، والجوائز التي كان من بينها ديوان المتنبي، وديوان شوقي، وديوان حافظ إبراهيم، ونهج البلاغة لعلي بن أبي طالب.

ذلك الحدث، مثل منعرجا هاما في عمري ودفعني إلى عالم الشعر، الذي ملك علي حياتي كلها فيما بعد، فأصبح الشعر همي الأكبر، ودنياي التي لا أعيش إلا بها ولها.

(21) الإبحار في عالم الكتب

مع بداية الحرب العالمية الثانية، وفي أعقاب وأواخر الثلاثينات، التي كانت حافلة بالأحداث، ومليئة بالإحباطات على المستويين الشخصي- والوطني، وفي سنوات الأربعينات الأولى، بدأت أيام نضجي، وتفهمي للأحداث، بدأت أشعر بمسئوليتي في أن يكون لي دور ما لخدمة وطني، كنت قد التهمت الكثير من الكتب في مختلف الاتجاهات، وشتى الاهتمامات، حتى أطلق علي مدير الكلية وديع ترزي، لقب عثة الكتب، أو دودة المكتبة. أصبحت أشعر بغيرة واضحة من أصحابي ورفاق دراستي، لحضوري الدائم في النشاطات الأدبية، والثقافية، والوطنية، حتى قام أحد زملائي بالطلب من أحد رفاقي الذين يقرضون الشعر، كتابة قصيدة هجاء في، والاستهزاء، "بلقب الشاعر" الذي كان يناديني به أستاذي سعيد العيسى- وكم كانت مفاجأة صاحبي ذاك، بقدرتي على الهجاء المقذع، وقد أتاحت لي سحنته، أن أجد مادة في وصفه واختيار الخنزير شبيها له، والجميزة إحدى أقرانه، وقبل أن أقرأ القصيدة على أحد، قرأتها على صاحبنا، فكاد يجن، وأخذ يعتذر لي، وهو يوشك أن يبكي، أو يقبل يدي، ويحلف أنه لن يعود لمثل ما فعل. واعترف بموهبتي الشعرية.

وصمت بعدها، لالتزامي بتعهدي له بعدم قراءة قصيدتي على أحد، رغم أنه كان قد أذاع وأشاع الأبيات التي كتبها له صديقنا الشاعر، والتي كانت أقرب إلى الزجل منها إلى الشعر.

اتسعت اهتماماتي في الصفوف الثانوية، وأصابني شيء من التحدي الذي كاد أن يوصلني إلى الغرور، لاعتزازي بما أعرف، وبما تمكنت من اطلاعات فتحت نوافذ لا حد لها من المعرفة.

قرأت كليلة ودمنة، وفتنني أسلوب ابن المقفع، واجتذبني "الأغاني" لأبي فرج الأصفهاني، وأخذت أحفظ ما تحتويه رواياته للأحداث من شعر، وأبحرت في رحلة ابن بطوطة مفتونا بالأسلوب الذي كتبت به.

أعجبت بامرىء القيس، وحكايته مع العذارى، ووقوفه على الأطلال، ومحنته في فقدان ملك أبيه، وقولته المشهورة "اليوم خمر وغدا أمر".

ومن أبياته التي هزتني قوله:

بكى صاحبي لما رأى الدرب دونه	وأيقن أنا لاحقان بقيصرا
فقلت له لا تبك عيناك إنما	نحاول ملكا أو نموت فنعذرا

شدتني المعلقات بما احتوته من حكمة، ومن غزل، ومن وصف. لكنني بدأت أفتن أكثر بمن جاء بعد من الشعراء، وكان عمر بن أبي ربيعة على رأسهم، ذلك المدله أبدا بالنساء، الراكض خلفهن، المتنقل بين حلواتهن، واعتزازه بشاعريته، ومنزلته كشاعر قريش، ومعاصرته عصر بني أمية، بما فيه من فتوحات، وتفتح على الحياة، وتهذيب للغة الشعر، ودخوله في أغراض تجاوزت أغراض الشعر الجاهلي. كان الفتى عمر، ذلك الثري، الجميل، المتباهي بذاته، المعتز بشاعريته، من أوائل من اجتذبوني، وشدوني إليهم.

ومما أحفظ له:

وإنها حلفت بالله جاهدة	وما أهل به الحجاج واعتمروا
ما وافق النفس من شيء تسر به	وأعجب العين إلا فوقه عمر

وقوله:

فقالت: نعم لا شك غير لونه	سرى الليل يطوي نصه والتهجر
رأت رجلا أما إذا الشمس عارضت	فيضحى وإما بالعشي فيخصر
أخا سفر جواب أرض تقاذفت	به فلوات فهو أشعث أغبر

وقوله:

ونـاهـدة الثـديـيـن قلـت لهـا: اتـكـي على الأرض مـن جبانـة لم تـوسـد

فقالت: على اسـم اللـه أمرك طاعـة وإن كنـت قـد كلفت مـالم أعـود

فـما ازددت منهـا غـيـر مـص لثـاتهـا وتقبـيـل فـاهـا والحـديـث المـردد

ولمـا دنـا الإصبـاح قالـت: فضـحتنـي فسـر غـيـر مطـرود، وإن شئت فـازدد

كما جذبني الشعراء العذريون، وعلى رأسهم جميل بن معمر، وتعلقه الطاهر بحبيبته بثينة، وقصته معها:

حلفـت لكـيـما تعلميـنـي صـادقـا وللصـدق خـيـر في الأمـور وأنجـح

لرؤيـة يـوم واحـد مـن بثينـة ألـذ مـن الـدنيـا لـدي وأملـح

وقوله:

يـا ليتنـي ألقـى المنيـة بغتـة إن كـان يـوم لقـائكم لم يقـدر

لا تحسـبي أني هجرتـك طائعـا حـدث لعمرك رائعـا أن تهجـري

يهـواك مـا عشـت الفـؤاد فإن أمـت يتبـع صـداي صـداك بـين الأقـبـر

وقوله:

ألا ليـت شعـري هـل أبيـتن ليلـة بـوادي القـرى؟ إني إذن لسـعيد

وهـل ألقيـن فـردا بثينـة مـرة تجـود لنـا مـن ودهـا وأجـود

علقـت الهـوى فيهـا وبعدا فلم يـزد إلى اليـوم ينمـي حبهـا ويزيـد

وأفنيـت عمـري بانتظـاري وعـدها وأبليـت فيهـا الـدهر وهـو جديـد

فـلا أنـا مـردود بمـا جئـت طالبـا ولا حبهـا فـيـمـا يبيـد.. يبيـد

وقوله ما أحفظ:

يقولـون مهـلا يـا جميـل وأننـي لأقسـم مـالي عـن بثينـة مـن مهـل

كلانـا بكـى أو كـاد يـبكي صبابة إلى إلفـه، واستعجلت عـبرة قبـلي

كما حفظت من شعر كثير العذري في حبيبته عزة:

أمنقطــع يــا عــز مــا كــان بيننــا وشــاجرني يــا عــز فيــك الشــواجر
إذا قيــل هــذا بيــت عــزة قــادني إليــه الهــوى واســتعجلتني البــوادر

وحفظت في المرحلة تلك لبشار بن برد، ذلـك الكفيـف الـذي رق كالنسـيم، وهـدر كالبحر، وغنى كـالطير، رغـم مـا وصـفه النـاس بأنـه: أعمـى، ودمـيم، ومضـطهد، ومنجـوس، ودساس، ومشاكس، وسليط وفاجر ومتشكك وممقوت، وكاره للبشر.

لم يطب لي هذا الوصف بل أحزنني، فـما في شـعره الرقيـق الجميـل يـدحض هـذه الصفات وينفيها.

وكان يحزنني أكثر، ما قاسى الشـاعر في طفولتـه مـن تعـذيب زوج أمـه، الـذي هـو عبدها أصلا.

كنت ألمس في شعره فيض معاناته طفلا، ومعاناته من الناس رجـلا، لمسـت في شـعر بشار واقعية، تكاد تكون مباشرة في دقة وصفه للأحداث والحكايات.

ومما أحفظ له قوله:

عجبــت فــاطم مــن نعتــي لهــا هــل يجيــد النعــت مكفــوف البصرـ
بنــت عشرــ وثــلاث قســمت بــين غصــن، وكثيــب، وقمــر
أذرت الــدمع وقالــت: ويلتــي مــن ولــوع الكــف ركــاب الخطــر
أمتــي بــدد هــذا لعبــي ووشــاحي حلــه حتــى انتــثر
أيهــا النــوام هبــوا ويحكــم وســلوني اليــوم مــا طعــم الســهر

وقوله:

إن في بــردى جســما نــاحلا لــو توكــأت عليــه لانهــدم

ما زلت أبحر في الدواوين، التي تقـع في يـدي، فـأنتقي منهـا مـا أسـطره في دفـتري، وأحفظ بعضها، وأردد بعضها، وكان ممن حفظت لهم: العباس بن الأحنف، وابن

الرومي، والشريف الرضي، وأبو فراس الحمداني، وأبو العلاء المعري، ولكن أكثر من حفظت له، وفتنت به منذ الطفولة وعلى مد العمر، ذلك الشاعر، الكبير المتكبر، أبو الطيب أحمد بن الحسين المتنبي:

وإني لمن قوم كأن نفوسهم ... بها أنف أن تسكن اللحم والعظما
فلا عبرت بي ساعة لا تعزني ... ولا صحبتني مهجة تقبل الظلما

هذا الشاعر الذي ولد في الكوفة، ونشأ في بيئة فقيرة، من والدين فقيرين وشهد العراق يومئذ يمور بالفتن والدسائس، والظلم الاجتماعي، والانحلال الخلقي، فالدماء مباحة والحرمات منتهكة والرشى متفشية، والثورات تتوالى، الثورة البابلية، وثورة الزنج، وثورة القرامطة، كل شيء حوله لا يقر له قرار، في الوقت الذي بلغت فيه الثقافة أرقى المدى، وأخذت الثقافة الإسلامية والعلم العربي والفن الشرقي تؤتي أشهى ثمارها وروائع إنتاجها.

تمكن ذلك الفتى الفقير بعبقريته الفذة، أن يكون شاعر الزمان:

يقول:

أنام ملء عيوني عن شواردها ... ويسهر الخلق جراها ويختصم
الخيل والليل والبيداء تعرفني ... والسيف والرمح والقرطاس والقلم

كان شديد الاعتزاز بنفسه، مفتونا بها، معتزا بعبقريته:

أنا في أمة تداركها الله ... غريب كصالح في ثمود
ما مقامي بأرض نخلة إلا ... كمقام المسيح بين اليهود

جبت مع المتنبي عالمه، راقبت تنقلاته ورحلاته في سبيل العلم، وفي سبيل الجاه، والثروة، وما كان له من حكايا مع سيف الدولة، وكافور الإخشيدي، وأحزنتني نهاية حياته، تلك النهاية المأساوية التي قتل فيها.

لم أكتف بشعراء المشرق، بل اجتذبني شعراء الأندلس وفي مقدمتهم ابن زيدون، الذي نشأ في قرطبة في بيت علم وأدب، وبيئة تعشق الفن والجمال في أزهى

عصور الأندلس، وشدني، إذ أنا في سن المراهقة والشباب، حكاية حبه لولادة بنت المستكفى، تلك الغانية الجميلة، سليلة البيت العريق، وصاحبة الأدب والفكاهة، وما جرى بينه وبين الكثيرين ممن أحبوها وفتنوا بها.

ومن القصائد التي كانت مقررة علينا قصيدته:

أضحى التنائي بديلا عن تدانينا	وناب عن طيب لقيانا تجافينا
يا ساري البرق غاد القصر واسق به	من كان صرف الهوى والود يسقينا
واسأل هنالك هل عنى تذكرنا	إلفا تذكره أمسى يعنينا
ويا نسيم الصبا بلغ تحيتنا	من لو على القرب حيا كان يحيينا
بنتم وبنا فما ابتلت جوانحنا	شوقا إليكم ولا جفت مآقينا

ولشدة ولعي بابن زيدون، رحت أنقب في الكتب محاولا التعرف إلى ولادة، حبيبته التي فجرت فيه ينابيع الشعر، فحفظت لولادة أبياتا تتأجج بالحب والشوق.

ودع الصبر محب ودعك	ذائع من سره ما استودعك
يا أخ البدر سناء وسنا	حفظ الله زمانا أطلعك
إن يطل بعدك ليلي فلكم	بت أشكو قصر الليل معك

وقولها من جريء شعرها:

ترقب إذا جن الظلام زيارتي	فإني رأيت الليل أكتم للسر
وبي منك ما لو كان بالشمس لم تلح	وبالبدر لم يطلع وبالنجم لم يسر

ومن رسالة لها إلى ابن زيدون:

لو كنت تنصف في الهوى ما بيننا	لم تهو جاريتي ولم تتخير
وتركت غصنا مثمرا بجماله	وجنحت للغصن الذي لم يثمر
ولقد علمت بأنني بدر السما	لكن ولعت لشقوتي بالمشتري

ومن القصائد التي أعجبتني وحفظتها، وما زلت أحفظ الكثير منها، تلك القصيدة التي كانت مقررة علينا في الصفوف الثانوية لشاعر سافر لطلب الرزق. فكتبها بعد أن فشل، ويقال أنها وجدت تحت رأسه في غرفته بالخان الذي مات فيه. ومنها:

لا تعذليه فإن العذل يولعه	قد قلت حقا ولكن ليس يسمعه
جاوزت في نصحه حدا أضر به	من حيث قدرت أن النصح ينفعه
فاستعملي الرفق في تأنيبه بدلا	من عنفه فهو مضني القلب موجعه
أستودع الله في بغداد لي قمرا	بالكرخ من فلك الأزار مطلعه
ودعته وبودي لو يودعني	صفو الحياة وأني لا أودعه
وكم تشبث بي يوم الرحيل ضحى	وأدمعي مستهلات وأدمعه
أعطيت ملكا فلم أحسن سياسته	وكل من لا يسوس الملك يخلعه

أما الشاعر الذي ظل يرافقني عمري من شعراء الأندلس بمأساته، وحكايته الحزينة، وانتقاله من السلطة وقمتها إلى أعماق السجن في "أغمات" بالمغرب، ذلك الملك الشاعر الفارس، المعتمد بن عباد، ظللت أردد له:

قالوا الخضوع سياسة	فليبد منك لهم خضوع
وألذ من طعم الخضوع	على فمي السم النقيع
إن يسلم القوم العدى	ملكي وتسلمني الجموع
فالقلب بين ضلوعه	هيهات تسلمه الضلوع

أو قصيدته الحزينة، إذ هو في السجن ينظر إلى بناته الحزينات:

ترى بناتك في الأطمار بالية	أثوابهن حسيرات مكاسيرا

كان إقبالي على القراءة، وهجومي على الكتب يأخذ علي كل وقتي ويستحوذ علي كامل حواسي.

قرأت مكتبة الأب سلمان في دير اللاتين، ومكتبة الكلية، واذكر أن الشيخ "هاشم الخازندار"، عندما عاد إلى غزة بعد دراسته في الأزهر، افتتح مكتبة لإعارة الكتب، مما حمل معه من مصر، فقرأت بالأجر، مليمات عن كل كتاب، معظم كتبه منها كتب العقاد ومصطفى المنفلوطي، مصطفى صادق الرافعي، وإبراهيم المازني، وتوفيق الحكيم، وسلامة موسى، وأحمد حسن الزيات، وطه حسين، وجبران خليل جبران.

التهمت ما كان يقع تحت يدي من روايات الجيب، وسلسلة اقرأ، وكنت أقف على رصيف محطة السكة الحديد أترقب وصول الرسالة، فما أن يتناول "خميس أبو شعبان" صاحب المكتبة الهاشمية رزم المجلة القادمة من القاهرة، حتى أتناول نسختي قبل أن تصل إلى المكتبة لأعكف على قراءتها.

وفد إلى الكلية وانضم إلى هيئة تدريسها "فهمي أبو شعبان" بعد أن أنهى دراسته في الجامعة الأمريكية في بيروت، وقد اجتذبني إليه، ما لمست فيه من دماثة خلق وتفتح على الحياة، وطلاوة في الحديث، واقتربت منه أكثر، إذ عرفت أن قرابة ما بيننا من ناحية جدته، وأخذت أتبسط معه في الحديث، فلمس مني سعة اطلاع، وأعجب بما قرأت من كتب، في مختلف الموضوعات الأدبية والفكرية، وأعجب باستشهاداتي أثناء الحديث، بما كان يعلق بذهني من مقولات كبار الكتاب، وآرائهم، وبهرته رغبتي الشديدة للمطالعة، وحرصي على متابعة دوريات ذلك الزمان، فاصطحبني معه إلى بيته، وأطلعني على مقتنياته من الكتب التي اصطحبها معه من بيروت، وكانت أكثرها كتبا في الفلسفة، لأسماء مرت عابرة في بعض ما كنت أقرأ من مقالات في مجلات الرسالة والهلال والمقتطف، مثل نيتشه، وديكارت، وهيجل، وأرسطو. اجتذبتني كتب الفلسفة أول الأمر، وبدأت أحاول أن استوعب ما فيها، إعجابا بأستاذي، ومحاولة لإقناعه بأهميتي، ولكنني ما فتئت أن رفضتها بكل ما حملت، لما لمست فيها من نكران لوجود الله، ودعوة إلى الإلحاد.

وأفزعتني أفكار نيتشه لما فيها من جنوح إلى الكفر، قرأت كتابه "هكذا تكلم زرادشت"، رفضته بما فيه من أفكار، لم تجتذبني، كما رفضت ما جاء في كتاب

"الأمير" لميكافيلي، وما يكرسه من أفكار وأخلاقيات تتنافى مع تربيتي وتكويني، ونشوئي في بيئة دينية، تصحو على أذان الفجر من مئذنة جامع الشمعة، وتنام على صلوات قيام الليل للوالدة والوالد.

مبكرا وقع في يدي كتاب "رأس المال" لكارل ماركس، وجدته على مكتب صديقي "فؤاد زيد الكيلاني"، اصطحبت الكتاب معي، وقضيت الليل معظمه في تصفحه، أفزعني من أول كلمة فيه، ولكنني لم أتوقف عندها، فهالني ما فيه من أفكار، تجعل الإنسان برغيا في آلة متوحشة، إضافة إلى نكرانه لكل الروحانيات والإنسانيات.

تآمرت يومها على صديقي، نبرت ببعض ما في الكتاب أمام والدته، التي كانت لعمر طويل تعتبرني ولدها الأكبر، فما كان يمر يوم، دون أن أزورها، وآنس بزيارتها، غضبت يومها، أم فؤاد وثارت، وكادت أن تمزق الكتاب، وكان ذلك يوم فراق.. بيني وبين الشيوعية، كما فعل صاحبي، وصديقي فؤاد، الذي كان يقدس أمه، وينصاع لأوامرها، ويحترم رأيها.

كانت تلك القطيعة بيننا وبين الشيوعية والشيوعيين.

أطلعني أستاذي فهمي على أدبيات "الحزب السوري القومي"، ودعواه إلى إقامة سوريا الكبرى، التي تكون فلسطين جوهرتها.

كان ذكر فلسطين، يكفي لأن يجتذبني إلى الأدبيات تلك وإلى الإعجاب بالحزب، وزعيمه "أنطون سعادة" لمدة غير قليلة من الزمن.

كما نقل لنا أستاذنا آنذاك، أفكار "القومية العربية"، وأطلعنا على مجلة "العروة الوثقى" مجلة "الجامعة الأمريكية" التي تكاد في كل ما تهتم به عنايتها بنشر- رسالة القومية العربية والدعوة إليها.

أعجبت آنذاك بشخصية "قسطنطين زريق" والتهمت كتابه عن القومية العربية، وبدأت أتابع كتاباته على مدى الزمن، مما جعلني فيما بعد أكون واحدا من أنصار "القوميين العرب"، وواحدا من شعراء القومية العربية. وقد كان لمجلة "الثأر" التي

أصدرها القوميون العرب في بيروت بعد النكبة فضل كبير في انتشار أشعاري بين جيل ذلك الزمان، إذ كانت المجلة قلما يخلو عدد منها من قصيدة أو مقطوعة شعرية لي. وكانت، المجلة منتشرة، في مخيمات اللاجئين في لبنان وسورية، مما جعل أشعاري تنتشر ـ في صفوفهم، وأذكر أن السيدة الفاضلة "صبا الفاهوم" يوم جاءت من لبنان إلى غزة في زيارة للمشاركة في اجتماعات "الاتحاد القومي الفلسطيني"، روت لي، بأنها يوما طلبت من تلامذتها رسم ما يعبر عن أفكارهم عن الوطن، فكان من بين ما رسموا، صورة لي، وأنا أغرس الخنجر في صدر إسرائيل، وحيا مما تعلموا من قصائدي في الخمسينات، وما حفظوا من الأناشيد التي كنت أحض فيها على العودة، والتحرير والوحدة، وكانت أدبيات القوميين العرب في بيروت، ودمشق، والكويت تحرص على أن تنشر ـ قصائدي، وكثيرا ما كنت ألتقي في القاهرة بأخوة، وأخوات من الشباب القومي العربي، الوافد إلى جامعاتها، وممن لا أنساهم بوران الخضرا، ومعن زيادة.

(22) معلم في جباليا

كنت ألعب الكورة في ساحة باب الدارون مع بعض أبناء حارتي وأنا ما زلت بالبنطلون القصير عندما ناداني والدي، وكان يبدو باشا منفرج الأسارير على غير ما كان يكسو وجهه من أسى لضائقة تلك الأيام، ولما وصلت إليه الحال في وطني فلسطين.

تطلع إلي في حنو، كأنما يود أن يفضي إلي بشيء لا يريده لي، أو يكلفني بأمر فوق طاقتي، إذ صمت قليلا، وحرك عصاه حركة لا إرادية، ووضع يده على كتفي، ونبر صوته:

اذهب إلى متجر "الشيخ عبد الله القيشاوي" لتنتقي لك بدلة، وعددا من القمصان، وربطة عنق، ومر على دكان "حسني الأمير"، وغير جزمتك هذه فقد أبلتها الكوره.

انفرجت أساريري، وسألته ضاحكا:

:- أتزوجني؟!

فاتسعت ابتسامته.. قائلا: "بدري على الزواج، لقد أصبحت معلما".

ألجمتني المفاجأة. "معلما"؟

قال: "نعم"، أنا قادم من الاحتفال الذي أقيم للأستاذ مصطفى الدباغ، مفتش التعليم، وتصادف جلوسي إلى جواره، مما أتاح للأستاذ "بشير الريس" مساعده، بعد أن تشعب الحديث بيني وبين الأستاذ مصطفى الدباغ، أن يحكي له عنك، فما كان منه إلا أن أمر بأن تعين في جباليا، كان الأستاذ بشير يريدك في غزة، ولكن الأستاذ مصطفى ألمح له عن استحالة التعيين الأول في "غزة".

وقال له جباليا قريبة من غزة، ويستطيع أن ينام كل ليلة في بيته.

عندما عدت إلى أمي، وأنا أحمل أشيائي، بدلة مصنوعة من الصوف واردة من العراق، وعدد من القمصان وجزمة تتوهج لمعانا وربطة عنق، كأنما أحمل جهاز العرس، لعلعت زغرودتها، وطارت أخواتي مزين، ومكرم، وسهام من الفرحة، وأقبلت النسوة من جارات أمي يهنئنها، وهي تزهو معتزة بي، سعيدة بما وصلت إليه.

لم تكن سعادة أمي بعمل أخي مدرسا في "خان يونس"، بمثل ما سعدت بي، ذلك أن أخي ما أن تسلم وظيفته حتى تزوج، وانتقل بزوجته إلى خان يونس، وترك الجمل بما حمل.

كان إحساس أمي أنني سأنقذ هذه الأسرة مما تعاني من شظف العيش وقسوة الحياة، وضيق ذات اليد.

تلك الليلة انتابتني مشاعر غريبة، وشعرت بزهو عجيب.

معلم.. ما أحلى هذه الكلمة. تذكرت وأنا في فراشي قول شوقي:

قم للمعلم وفه التبجيلا كاد المعلم أن يكون رسولا

منذ بواكير الصبا، كان المعلم مثلي الأعلى، نشأت ذلك الزمن، أرى في المعلم قمة المعرفة، وقمة السلطة، عيناي أبدا عالقتان بشفتيه، تلتقطان ما ينثر لنا من درس، كلماته عندي آيات منزلات لا رجعة عنها، حركاته، تصرفاته، تعليماته، كان هو القدوة التي نقتدي بها. وكان المعلم بحق في ذاك الزمن مثلا على الاستقامة والضمير الحي، كان لا يكتفي بالدروس التي يتضمنها جدول الدراسة، فهو إما أن يستقدمنا في أوقات الفراغ لمزيد من المعرفة، أو يدعونا إلى المدرسة أيام العطلة لكي ننهي المقرر، بل نستعيده أكثر من مرة، وكان يزيد على ما هو مقرر، ويوسع في معرفتنا ومداركنا. كنا ما أن نشاهد معلمنا يظهر في أول الشارع، حتى ننثني بعيدا فنخشاه ونحترمه.

وكان يكفي للوالد أو الوالدة أن يلوحا لنا به، حتى ننفذ كل ما يريدان. لذا كان أمل كل منا أن يكون التعليم مهنته، باعتبارها المهنة الأشرف، والأسمى، وكان يزيد في تعلقي بمدرسي ذلك الحس الوطني الدافق، الذي كانوا يبثونه فينا، حبا للوطن وكرها للمستعمر.

صحوت مبكرا، كانت أمي قد أعدت لي بعضا من البيض المسلوق، وقطعة من الجبن، ورغيفين، لفت كل ذلك في منديل كبير، وربطته، وقال: "هذا غداؤك". ذلك أن الدراسة كانت تتبع نظام الفترتين، ما قبل الظهر وما بعد الظهر. حتى ذلك الحين، لم أكن قط قد زرت "جباليا"، على قربها من مدينتي، فأشار علي والدي، أن آخذ من كراج أبو رمضان للسيارات الأتوبيس المتوجه إلى يافا، والذي عادة ما ينطلق مبكرا، وأطلب من السائق أن ينزلني قرب "جباليا".

عندما نزلت من الأتوبيس أمام شجرة جميز ضخمة، سألت أحد المارين عن الطريق المؤدي إلى "جباليا"، فاتجهت نحو الغرب في شارع محاط بأشجار اللوز والتين والجميز، كانت المدرسة تقع على الطرف الشرقي، في مدخل القرية.

رأيت بعض الصبية يلعبون أمام باب المدرسة المغلق، وما أن اقتربت منهم، حتى تحلقوا حولي، فلما علموا بأنني مدرسهم الجديد، انطلق أحدهم، ليعود سريعا، وبرفقته "ربيع أبو الليل" بواب المدرسة، شاب سمح، رحب بي وفتح المدرسة. فعبرت ساحتها إلى المبنى، وأخذت مكاني على أحد الكراسي في غرفة المدرسين. وبعد وقت قليل بدأ المدرسون يتوافدون على المدرسة، كان أول من وصل إليها الشيخ "ربيع أبو النعيم"، شيخ معمم في مقتبل العمر، من أبناء القرية، ثم وصل بعده "مصطفى الطيب"، أحد أبناء قرية "بيت لاهيا" الملاصقة لجباليا وتوالي وصول المدرسين، "العلمي" وصل على حماره الأبيض قادما من غزة. ربطه في جذع شجرة في ساحة المدرسة، وعلق في رقبته مخلاته، وأنزل عنه بردعته وفك لجامه، ومسح بيده على رقبته، ثم أقبل "الحاج عبدالمجيد الشوا"، ناظر المدرسة، و "حمدي فروانة" أقبلا معا، كان كل منهما يركب دراج. "جواد البكري" وصل مشيا على الأقدام من بيارته الواقعة بين غزة وجباليا.

رحب بي الناظر، وسلمني جدول حصصي، وأهمها تكليفي بتدريس اللغة الإنجليزية للصف الخامس.

ساءني في حصة اللغة الإنجليزية أن تلميذا لم يعجب بي، وأخذني بعين هازئة لكبر سنه، فناديته وأوقعت عليه عقابا بالضرب على كفيه بمسطرة كانت معه.

ظهر ذلك اليوم، ونحن نتناول الغداء، لحظ ناظر المدرسة أن امرأة سمينة مقبلة في شبه هرولة نحو غرفة المدرسين، فخرج إليها، وتحاور معها، وكانت يداها تتحركان صعودا وهبوطا تعبران عن غضبها، ولكنها أخيرا قفلت راجعة. عاد الناظر دون أن يشير من قريب أو بعيد عن حاجتها أو فحوى ما جاءت من أجله.

وتصادف بعد أيام أن أقام مختار القرية حفل غداء تكريما لي، فلحظت أن المرأة تلك، تتجول في أنحاء البيت، فملت إلى الحاج عبدالمجيد، وسألته عن هوية هذه المرأة، فابتسم وقال لي: هذه زوجة المختار، وقد كانت قادمة لتشكوك لأن التلميذ الذي أوقعت عليه العقاب، كان ولدها الوحيد، وابتسم وابتسمت، ولكني لم أتوقف عن إيقاع العقاب على أي تلميذ يحاول الخروج على النظام الدراسي.

كان بعض التلاميذ في مثل سني، حتى أنني فوجئت يوما بأن أحدهم قد تزوج، وعاد يتحدث للتلاميذ عن حياته الجديدة. فطلبت من الناظر فصله من المدرسة.

واصلت في غزة نشاطي الاجتماعي والثقافي في "نادي الشباب" الذي كان يرأسه آنذاك "منير الريس".

وبدأت أشارك بحماس في الليلات الثقافية، وبدأت ألفت النظر، وآخذ مكاني في المقدمة.

فوجئت يوما بأن ناظر المدرسة ينبهني بأن قانون العمل الوظيفي، يحذر من المشاركة في النشاطات، أية نشاطات دون إذن من مدير المعارف البريطاني. وعلمت أنني لا أستطيع أن أوقع على شيء أنشره دون إذن مسبق من المدير البريطاني.

صدمني ذلك، ولكنه لم يحبطني، ولم يوقف نشاطي ولم أعره اهتماما كبيرا، كنت أطمح آنذاك أن أبدأ في نشر ما أكتب.

بعد أن تناولت أول راتب لي، وقدره ثمانية عشر جنيها، فرحت به كثيرا، وتوجهت مع أحد أبناء حارتنا إلى سوق الحمير في الناحية الشرقية من غزة، واشتريت حمارا أبيض، وهيأت له بردعة ورسنا، واشتريت له مخلاة وبعض الشعير والذرة،

وعندما ذهبت إلى البيت، احترنا في إيجاد مكان لمبيته حتى لا يوسخ الساحة التي تحرص أمي على نظافتها، وشعرت من الوهلة الأولى بضيق أمي. ولكنها لم تشأ أن تعكر فرحتي بحماري وراتبي.

ناولتها كل ما تبقى معي من الراتب لتصرف منه على حاجيات أسرتي، فأمطرتني بدعواتها، التي كانت سلاحي مدى العمر، كأنما كانت السماء مفتوحة تتلقاها، فتستجيب لها، وفي مقبل الأيام عرفت قيمة رضى الوالدين ومردودها على سعادة الأبناء.

لم أستطب ركب الحمار ذهابا وإيابا إلى المدرسة، وبدأت أتفهم ضيق أمي الذي لم تعبر عنه، فما أن انتهى الشهر حتى ذهبت به إلى سوق الحمير وبعته.

نشأت بيني وبين زميلي "جواد البكري" صداقة وألفة، فأقترح أن أمر به كل صباح في بيارته الواقعة في منتصف الطريق بين غزة وجباليا، فاستريح قليلا ثم نواصل الذهاب إلى جباليا.

وما كنت أدري أن هذه البيارة ستجدد نشاطي الشعري وتثريه، إذ التقيت فيها "بتحسين البكري" شقيق صاحبي، وكان آنذاك يعمل في حيفا، قدم في إجازة له، فإذا هو شاعر مبدع، رقيق، أشبه بالأحنف أو الشريف الرضي، فأغرمت به، وكنت في عودتي أطيل المكوث عنده ولا زلت أحفظ له وصفه الجميل لبرتقال بيارته التي كنا نسعد بقضاء الساعات الطويلة فيها:

حقل كأن من الجنان ربوعه ... وكأن من سلسالها ينبوعه
وكأنما سكب الزمرد لونه ... في لونه وأحال فيه سطوعه

ومن جميل ما أحفظ من حكاياه وشعره، أنه كان ذات يوم يجلس في مقهى "نوردو" في حيفا عندما دخلت ثلاث غادات قد شغلت جميع كراسيه، سوى ثلاثة كراسي كانت حول الطاولة التي يجلس إليها تحسين، فاقترين منه، واستئذن في الجلوس فأذن لهن، وكتب:

وثلاث غادات جلسن بجانبي ... وكأنهن من القديم صواحبي

ألفينني في وحشة فغشينني وذهبن في الإيناس شتى مذاهب
ما هن في (نوردو) ثلاث كواعب لكنهن بها ثلاث كواكب
أفلتن من فلك النجوم عشية وطلعن في فلك الصبا المتواثب

وكان تحسين يطلعني على ما لديه من دواوين شعرية جديدة، استمر ذلك، وتواصلت لقاءاتي معه في كل إجازاته، وفي إحدى المرات، داست قدمه على قشرة موز، فانزلقت وانكسرت ساقه، فكتبت قصيدة ألوم فيها قشرة الموز على فعلتها وعدم تقديرها للشاعر:

يا قشرة الموز يا بنت النباتات ممن تعلمت إتقان الإساءات

لم أقض في جباليا سوى سنة دراسية، فقد شاركت في ذكرى وعد بلفور، في نادي الشباب، وألقيت قصيدة لاهبة، نددت فيها ببلفور ووعده وبريطانيا وما جلبت على بلدي من الكوارث، التي تتمثل في جلب اليهود من شتى أنحاء الدنيا آخذين مكاننا مغتصبين لأرضنا، وقد كان جزائي على ذلك صدور قرار من مدير المعارف البريطاني بنقلي إلى قرية "حمامة" بعيدا عن بلدي، حتى لا أتمتع بالمبيت في بيتي وبين أهلي.

تصادف في ذات العام، أن شارك أخي الكبير علي، وكان مدرسا في مدرسة خان يونس الثانوية في احتفال أقامه رئيس بلدية خان يونس عبدالرحمن الفرا الذي كان صديقا لأخي، ووالدي، وأسرتي، فصدر قرار بنقله إلى قرية "الجورة" فقرر أخي أن يستأجر بيتا في المجدل سكناه معا. وكان كل منا ينطلق إلى قريته كل صباح مشيا على الأقدام.

(23) إلى حمامة

بيت صغير به غرفتان، أمامهما شرفة صغيرة، وباحة تتوسطها نخلتان، ثم المطبخ والحمام.

ذلك كان البيت الذي استأجره أخي علي، في مدخل مدينة المجدل، هو وزوجته وطفله في غرفة، وأنا في الغرفة الأخرى، التي اشتملت سريري وعددا من كراسي الخيزران لاستقبال الزائرين.

أصطحبني "مدحت شبلاق" ناظر المدرسة معه في اليوم الأول، وقد أنس بي وأشعرني بنوع من الحميمة من أول لقاء لي معه.

الطريق إلى حمامة بعد الخروج من المجدل محفوف بالأشجار المختلفة على الجانبين، مزنر بالبساتين التي تهدلت أعرافها بما تحمل من الفاكهة، في أواخر ذلك الصيف وبداية العام الدراسي الجديد.

القرية كما قرى فلسطين، بيوت متلاصقة، وأحياء متقاربة، المدرسة تقع في الطرف الغربي للقرية، تصطف غرف الدراسة متلاصقة، وأمامها ساحة كبيرة واسعة، وبعض من الأشجار الظليلة.

لم يختلف جدولي الدراسي عما كنت أقوم بتدريسه في قرية جباليا. اللغة الإنجليزية للصفين الرابع، والخامس وبعضا من الدروس الفرعية المتفرقة في الدين والمواد الاجتماعية والرياضة البدنية.

عدت إلى رياضة المشي، مع كل صباح آخذ طريقي إلى حمامة، التي تبعد عن المجدل ثلاث كيلومترات رافقني لفترة فؤاد شبلاق أحد أقرباء ناظر المدرسة، كان غاية في الرقة به نزعة طموحة للفن، ويعشق شقشقة العصافير، ويفتن بتقافزها على أعراف الأشجار، ويطلق صوته بالغناء من حين إلى آخر.

\وفي منتصف العام انضم إلى هيئة التدريس "علم الدين العلمي" شاب مرح، رياضي، شعلة من الحركة والتوقد، كان يأتي إلى المدرسة على دراجته النارية، وقد أردفني يوما وراءه عند عودتي إلى المجدل، وبعدها، "توبة" لم أكررها بل لم أحاول، أن أقترب من دراجته النارية قط، ذلك أنه انطلق بي من حمامة وأنا ملتصق به، ذراعاي يشدانه بعنف، ورجلاي متخشبتان من الخوف. ودفق الرياح يكاد يقتلعني من ظهر الدراجة.

ما كنت أدري أنه أحد شياطين الأرض، كان منطلقا يتأرجح من جهة لأخرى، يحلو له أن يرفع عجل الدراجة الأمامي أو ينحني حتى يكاد يلامس الأرض بيده، أو يلف لفة دائرية مجنونة. وأنا أتشبث به فزعا، مرعوبا، "علم الدين"، ذلك الفتى الذي أحببته وألفته ورافقته، قرة عين أمه وشقيقاته بعد وفاة والده. شاءت الأقدار أن يلجأ إلى خان يونس بعد نكبة 1948، وأن يواصل رسالته، معلما في مدارسها، إلى أن جاء اليوم الأسود، يوم اقتحم الإسرائيليون عام 1956 بيته، وانتزعوه من أمه وزوجته وقتلوه بدم بادر. إثر انتهاء الحرب، وأثناء حظر التجول.

جئت "حمامة"، واشتعال الوطن الفلسطيني في أوجه، بعد أن تكشفت مؤامرات بريطانيا، واستشرى الإرهاب الصهيوني، وتدفقت سيول الهجرة اليهودية.. إثر إعلان بريطانيا اقتراحها بتحويل القضية الفلسطينية إلى الأمم المتحدة في السادس والعشرين من شهر فبراير 1947، وفي الثاني من مارس، طلبت رسميا عقد جلسة استثنائية للأمم المتحدة، كما طلبت من الأمم المتحدة إرسال لجنة خاصة للتحقيق في القضية.

تتوالى الأحداث، كأنما أنضجت بريطانيا طبختها واكتملت خيوط مؤامرتها، لتنفيذ وعدها، وعد بلفور لتسليم فلسطين لليهود.

ألفت اللجنة من أستراليا وكندا وتشيكوسلوفاكيا وجواتيمالا والهند وإيران وهولندا وبيرو والسويد وأوروجواي ويوغسلافيا.

وذهبت أدراج الرياح الاعتراضات العربية عليها، وتناثرت في الهواء كلمات فارس الخوري، وفاضل الجمالي ومحمود فوزي. التي كانت تجلجل من على منبر الأمم المتحدة. تدافع عن الحق العربي، وتستنفر الضمير الإنساني.

ووسط تصاعد العمليات الإرهابية لليهود، التي وجهوها آنذاك ضد الإنجليز ذرا للرماد، ووسط تحركات مريبة على الشواطىء الفلسطينية تتلقى تدفق السلاح والبشر- من شتى أنحاء الدنيا، دعما للعصابات الصهيونية ومساندة لها، وانحيازا إلى جانب باطلها.

وفي أواخر حزيران يونيو 1947 عقدت لجنة التحقيق اجتماعها الأول في بناية جمعية الشبان المسيحية في القدس. واستمعت إلى السيد هنري غارينو السكرتير العام لحكومة الانتداب، ثم موسى شرتوك نيابة عن الوكالة اليهودية، كما استمعت إلى شهادة بن غوريون. وبمساعي الأمين العام للأمم المتحدة، التقت اللجنة في فندق صوفر في لبنان ببعض ممثلي الدول العربية.

وفي أغسطس 1947 قدمت تقريرها إلى الجمعية العامة للأمم المتحدة، وكان أبرز ما في التقرير الدعوة إلى تقسيم فلسطين إلى دولتين مستقلتين، اشتعلت أرض فلسطين والتهبت، وتفجر غضب الشعب الفلسطيني، والشعوب العربية كلها، رفضا لمشروع التقسيم.

توالت جهود الأمم المتحدة، التي تحركها الأيدي الصهيونية وتضغط عليها، وعلى البيت الأبيض، الذي أمسك فيه بزمام التحرك أحد عتاولة الصهيونية "هاري ترومان"، رأس الحكم في أمريكا المؤيدة لمطالب الصهيونية وأهدافها. كانت مؤامرة التصويت على قرار التقسيم، التي قادتها أمريكا مؤيدة بالاتحاد السوفياتي سببا في صدور قرار تقسيم وطننا فلسطين في ذلك اليوم الأسود 29 نوفمبر 1947م.

عشت ذلك الزمن بكل ما فيه من ألم ومعاناة، قوة مدربة مسلحة، مؤيدة بقوة غير عادية من أمريكا وأوروبا وروسيا، أمام وضع محزن لقيادة فلسطينية، تتحرك في المنفى، وقوى شعبية منهكة يعوزها المال والسلاح والتدريب، وأمة عربية معظم دولها ما زالت تعاني من احتلال أو انتداب، لا تملك أمرها ولا تستطيع قرارها. وأذكر ولا أنسى بعد مرور السنين عام 1972، في لقاء لي مع جلالة الملك فيصل في مدينة الطائف، وهو في أوج حنينه للقدس، وتطلعه للصلاة بها وأثناء حديث طال واستغرق أكثر من ساعة، أنه بادرني بمقولته الحكيمة، التي جاءت عن تجربة طويلة،

وإيمان مخلص إذ قال في معرض حديثه "علينا أن نعتمد على أنفسنا، فلن ينفعنا الأمريكان أو الروس".

وروى لي أنه بعد قرار التقسيم خرج غاضبا من قاعة الجمعية العامة، فرأى أناسا يرقصون فرحين، ويهللون متباهين، وعندما تساءل عن هويتهم عرف أنهم اليهود والروس.

شاءت الأقدار، بعد قيام اللجان القومية عام 1947 وبداية التحرك الشعبي أن أكون في حمامة قريبا من مواطن الاحتكاك، تصلني كل يوم أخبار الأحداث المتلاحقة عن هجمات اليهود على القرى العربية، وتعرضهم للآمنين من الفلاحين والمزارعين.

وكانت حمامة من حين لآخر، ترسل نجدة من شبابها كلما وصلتها استغاثة من القرى المجاورة تطالب النجدة، وأشهد أن الشباب الحمامي شباب وطني مندفع، ملتهب الحماس، حتى نساء القرية وشيوخها ما كانوا أقل حماسا واندفاعا من الشباب، ومما لا أنساه، أنني كنت ذات يوم، في غرفة الدرس وأثناء الحصة الأخيرة بعد الظهر، شهدت من النافذة امرأة متقدمة في السن، منحنية الظهر، تعبر ساحة المدرسة، وتتوجه نحو غرفتي، فتحت لها الباب، عجوز في الثمانين من عمرها، لا تكاد تستطيع المشي، تتوكأ على عكاز طويل،

قالت: أنا جدة حسن

قلت: أهلا وسهلا

قالت: أريد أن أخبره بأنني سألتحق بأهل القرية الذين هبوا لنجدة قرية "الخصاص"، التي يهاجمها اليهود.

ذهلت.. بل شدهت، نحن هنا في المدرسة، وأهل القرية كلهم قد تركوها لنجدة أهلهم. وهذه العجوز بماذا ستقاتل اليهود. يا ويلتنا.. إذا كان كل سلاحنا هذه العكاكيز الواهية.

أطلقت طلاب الفصل ليتبعوا أهلهم، وذهبت إلى ناظر المدرسة، الذي أمر بإطلاق الطلاب جميعا، وطلب منا أن نتوجه إلى المجدل، للوقوف على ما يجري.

برز اسم حمامة.. لمعت أسماء شبابها حتى قبل أن يفد إليها ضابط من أولئك الذين كان يبعث بهم المفتي، من الدول العربية والإسلامية، لينظم الصفوف ويحدد الهجمات والنجدات، وما هي إلا أيام حتى اختلف الشباب مع الضابط. رفضوا تعليماته التي تدعو إلى الاستكانة، والتي تنبىء عن جهله للأمور العسكرية وأصولها، وواصلوا تحركهم السريع ومواجهاتهم العاجلة، دون الرجوع إليه أو الانصياع لأوامره.

كان الخطر يتهدد حمامة، فاليهود يهاجمون القرى حولها، والجنود البريطانيون يساعدون اليهود، بتصديهم للنجدات، ومنعها من التحرك على الطرق العامة.

رصد شباب حمامة ضابطا بريطانيا، كان مكلفا بمرافقة سائق القطار العامل على خط غزة يافا وكان منحازا لليهود فما أن يقترب القطار من المستعمرات اليهودية حتى يطلب من السائق أن يهدىء السرعة، ليتيح لليهود الصعود إلى القطار والاعتداء على الركاب العرب بالقتل، أو الأسر أو السرقة. وقد تكررت فعلته هذه عدة مرات.

ترصد الشباب لذلك الضابط، راقبوه عرفوا مواعيد عمله ومواعيد عودته إلى بيته، فنصبوا له كمينا في طريق يافا غزة. اعترضوه مساء، وأنزلوه من سيارته. كانت ترافقه زوجته، جردوه من كامل ملابسه العسكرية ومسدسه، واستولوا على مسدس زوجته، وتركوه في الشارع، وانطلقوا.

قامت الدنيا ولم تقعد، مندوبو بريطانيا العظمى في غدو ورواح على رئيس بلدية المجدل "السيد أبو شرخ"، في محاولة لإقناع شباب حمامة برد اعتبار الدولة البريطانية، وإعادة حلة الضابط ورتبته ومسدسه.

أكثر من مرة داهموا القرية وهددوا أهلها، ورفعوا أصواتهم على مخاتيرها وكبارها، وباءت كل محاولاتهم بالفشل. فلجأوا إلى "حسن سلامة"، قائد المنطقة الجنوبية. ذلك اليوم لا أنساه، سيارات مصفحة تعلوها المدافع الرشاشة، والمقاتلون منتصبون خلفها، وقد سددوا فوهات بنادقهم في حالة استعداد. كأنهم قوات احتلال.. يقتحمون قرية "حمامة".

صرف الناظر طلاب المدرسة، وتدفق المسلحون فاحتلوها، ونصبوا مدافعهم على الأسطح في مختلف أركان المدرسة. اختار "حسن سلامة" يومها غرفة المدرسين الواسعة، وانتصب في رأس طاولتها الكبيرة. وقد امتلأت الغرفة بالمقاتلين الذين أخذوا مواقعهم في أركانها حول الطاولة.

جلس رجالات حمامة وكبارها الذين استدعوا على عجل، وجاءوا مهرولين فزعين، وعباءاتهم تتطاير من ورائهم. كنت أنا الفتى الذي يبدأ عامه العشرين، أحدق في وجوههم، وعيناي تقرآن ما ارتسم عليها من فزع، وإحباط وغل.

ماذا يريد حسن سلامه من حمامه؟

هل جاءها بالنجدة، يحميها من هجمات اليهود؟

هل اصطحب معه مزيدا من السلاح والذخيرة؟

هل وجد بديلا لذلك الضابط المتأنق، الذي لا يجيد إلا التحذير من الإنجليز واليهود؟

كان حسن سلامة يومها صلفا وجافا، أول الأمر، صورته التي حملتها منذ الصغر، عندما كنت أسمع اسمه بين أسماء المقاتلين، القاوقجي، أبو درة، وعبدالرحيم، وغيرهم اهتزت تماما.

هدد حسن سلامة، إذا لم يأت الشباب الخمسة ويمثلوا أمامه، فإنه سيحرق القرية. ويقلبها رأسا على عقب. وأعطى الرجال مهلة لإحضار أبنائهم بعد الغداء، الذي أقامته القرية له ولرجاله حضر الشباب الخمسة، كانت المواجهة الساخنة.

أأنتم جنود الثورة؟

-: نعم.

-: ألست أنا قائكم؟

-: بلى

-: لماذا لم تمتثلوا لأوامري بتسليم بدلة الضابط البريطاني، وسلاحه كما أرسلت لكم أكثر من مرة؟

-: صمت

-: ما الذي دفعكم اليوم لأن تختفوا ولم تحضروا لمقابلتي فور دعوتي.

-: صمت

ويواصل حسن سلامة:

أولا: "أريد منكم فورا تسليم بدلة الضابط البريطاني، وسلاحه وسلاح خمسة من الجنود البريطانيين، اختطفتم سلاحهم، كما أريدكم أن تسلموني مسدس زوجة الضابط. وإلا فإنني سأعتبركم خارجين على الثورة وأوقع عليكم حكمي".

أخذ الكلمة أحد الشباب الخمسة:

أولا: "نحن جنود الثورة، ونعترف بقيادتكم، ولكننا قبل أن نناقشك في كل ما أوردت، نود أن نعرض عليك ما لدينا؟

وجر الشاب صندوقا كبيرا، وفتحه، فإذا به عدد من البنادق.

قال: "سيدي القائد هذا الصندوق دفعنا فيه ثمن حلي نسائنا، وثمن دوابنا وأرسلناه إلى الهيئة العربية العليا، قيادتنا في مصر. فإذا وجدت فيه بندقية واحدة صالحة، فإنني سأقدم لك كل السلاح الذي اختطفناه من الإنجليز، وهو أكثر من البنادق التي ذكرتها.

ثم جر صندوقا آخر وفتحه، وهو يتابع:

"وهذه سيدي القائد حسن سلامه الذخيرة التي وصلتنا، رصاص صدىء مرت عليه سنوات، أكل عليه الدهر وشرب، ما أن يدفع به في ماسورة البندقية حتى ينفجر، ويقتل صاحبها".

أرغى حسن سلامة وأزبد، وأخذ يلعن اللصوص تجار السلاح، دعاة الوطنية، المتاجرون بها. وانخفض صوته وهدأ، وطلب لأول مرة من الرجال الجلوس "نتفاهم" قالها حسن سلامة، ورد عليه الشاب: "سيدي القائد نعم نتفاهم" وتابع "السلاح الذي نختطفه هو حقنا، للدفاع عن نسائنا، وأطفالنا وأرضنا، ولك ما شئت غير ذلك". وعاد حسن سلامة ذلك المساء ووراءه قواته ورجاله وأسلحته، مصطحبا معه بدلة الضابط البريطاني فقط.. كما أراد المقاتلون الخمسة.

عين طارق الأفريقي بأمر من المفتي الحاج أمين الحسيني قائدا لمنطقة المجدل، واستقر في مقر قيادته وسط المدينة وقد سمعته أكثر من مرة وهو يقول كلما احتد "أنا لا لي بيارة ولا لي همارة" طارق الأفريقي هذا، شيخ طاعن في السن، قليل الحلية، عقيم الأسلوب، لا يدري ماذا يفعل ولا كيف يتصرف. كل ما عنده كتاب المفتي وإعلان القيادة، لا تتوقف خلافاته مع المقاتلين من المجدل والقرى التي حولها، استمر الخمسة الحاميون في طلعاتهم، أقلقوا اليهود، وقطعوا طرق مواصلاتهم، بين النقب وتل أبيب أكثر من مرة.

وذات يوم، كمنوا لقافلة يهودية من القوافل التي تأخذ طريقها نحو النقب. أعطبوا السيارة المصفحة التي تتقدم القافلة، فارتدت القافلة هاربة، ودار تبادل للنار بين من في السيارة المصفحة والشباب الخمسة، إلى أن هدأ إطلاق النار وخيل للمقاتلين أن كل من في السيارة المصفحة من اليهود قد قتلوا حاول أحد الشباب الخمسة أن يتوجه إلى السيارة، فإذا بطلقة تستقر في صدره، ويهوي شهيدا، وجن جنون الأربعة الباقين، وظلوا الواحد بعد الآخر يهاجمون السيارة، حتى استشهدوا جميعا، وقتل الجندي اليهودي المتبقي في السيارة، تدافع الرجال من القرية، وحملوا شهداءهم، وركب عدد منهم السيارة، وتوجهوا بها نحو المجدل وأمام مركز القيادة، توقفت السيارة، وخرج طارق الأفريقي لها.

كان شباب حمامة يريدون الذهاب بالسيارة التي دفعوا دم أبنائهم من أجلها إلى قريتهم، تعبيرا عن انتصارهم، وأصر طارق الأفريقي والمجادلة على الاحتفاظ بالسيارة في مقر القيادة. تمترس شباب حمامة استعدادا للقتال، وواجههم رجال طارق الأفريقي، وكان موقفا حزينا لا ينسى، وكرر طارق الأفريقي عبارته إعلانا عن عدم انحيازه إلى أي من الطرفين، المجادلة أو الحمامية.

وأخذ يردد بعالي صوته: "لا لي بيارة ولا لي هماره" يعني حمارة".

وحلت حكمة أهل حمامة المشكلة، فقدموا السيارة للقيادة على أن تكون تحت تصرفهم عند الحاجة إليها.. وشيعت حمامة شهداءها الخمسة الذين سجلوا أروع آيات البطولة والفداء.

أذكر وسط هذا الجو العاصف، أن أخي سافر مع أسرته وتركني وحيدا، في المجدل، كانت أول مفاجأة لي، صباحا عندما توجهت نحو المطبخ لأحضر شيئا من الطعام لإفطاري، وأعد لي كوبا من الشاي. بأن كلبة أخي تعترضني، وقد هدر صوتها، وبانت أسنانها، وأحمرت عيناها، كأنها لم ترني قط، حاولت تهديدها مرة إثر أخرى ولكن محاولاتي ذهبت أدراج الرياح.

في المساء، توجهت إلى غرفة أخي، وكان قد ترك لي مفتاحها للاستماع إلى الراديو، فإذا بالكلبة تترك كلمح البصر مرقدها عند باب المطبخ وتتصدى لي، لتمنعني من الاقتراب من باب الغرفة، المكان الوحيد الذي كانت تسمح لي الاقتراب منه، هو غرفتي والحمام فقط، وقد ظلت على حالها ذاك، حتى عاد أخي وأسرته، فرجعت إلى سابق عهدها، تستقبلني وتتمسح بثيابي، وتحرك ذيلها.

في المجدل، اشتريت مسدسا من المسدسات التي انتشرت في تلك المرحلة. وكنت أحشوه بالرصاص وأدفع به تحت رأسي، استعدادا لمواجهة أي طارىء، بعد أن انتشرت الفوضى، وتعددت السرقات والهجمات الليلية على البيوت. وذات ليلة كنت فيها وحيدا وقد انتهيت من قراءة رواية "القيطة" لعبدالحليم عبد الله.

نوست المصباح، وتمددت في سريري، وبدأ النوم يداعب أجفاني، عندما فاجأتني دقات متتالية سريعة مستغيثة على حائط الغرفة الفاصل بيننا وبين الجيران.

هببت سريعا، وخرجت من غرفتي شاهرا مسدسي، وهبت كلبتنا، وعلا نباحها، بشكل متسارع محذر، وصرخت"مين هناك" فسمعت دربكة وأشياء تتساقط في الطريق، خرجت إلى الشارع، فلمحت في آخره شبحين يطلقان سيقانهم للريح.

فتح الباب المجاور، ولأول مرة أتعرف على أجواري، كانتا فتاتين، مدرستين، تعيشان وحيدتين تعملان في مدرسة (للبنات) المجدل، إحداهما من نابلس، والأخرى من الرملة، طمئنتهما بأنني لن أتردد عن نجدتهما في أية لحظة، وشعرت بالزهو، إذ تمكنت من درء الخطر عنهما، ونشأت بيني وبينهما علاقة صداقة حميمة، استمرت حتى مغادرتي المجدل.

الشيء الذي استجد، مخاطر الطريق بين غزة والمجدل، "مستعمرة دير سنيد" تلك القلعة الرابضة على الطريق كالشيطان، بدأت تطلق الرصاص على الأتوبيسات، وقد أصابت الكثيرين مما دفعنا إلى التحول عن الطريق الرئيسي- إلى طريق فرعية داخل الحقول بعيدا عن مرمى الرصاص.

على كل ما في الحمامية من نخوة وشجاعة وإقدام، يصاب شبابها أحيانا بالتهور، أذكر من ذلك حادثة، واجهت فيها الموت من جراء تهورهم، وصلت شكوى لإدارة الصحة في المجدل فحواها بأن دكان جزار القرية، لا تنطبق عليها المواصفات الصحية، فأرسلت إدارة الصحة مفتشها ليتبين الأمر، وهو من عائلة "شبلاق" والد زوجة ناظر المدرسة، الذي ما أن أجرى كشفه على الدكان حتى أمر بإغلاقها.

تحرى صاحب الدكان عن المفتش، وعلم أن قرابة ما تربطه بأحد من أفراد أسرة التدريس في مدرسة القرية، وأنه يعود ماشيا إلى المجدل عصر كل يوم، وكان من عادتي، وأنا عائد إلى المجدل أن أنطلق على سجيتي في الترنم بما أحفظ من الشعر، والتمتع بما حولي من جمال الطبيعة، واستغرق في حالتي تلك، حتى أنني لا أشعر أحيانا، بمن يمر أمامي أو خلفي أو أعير أحدا اهتمامي، فالشعر دائما رفيقي، أنى توجهت وكيفما سرت.

فجأة قفز أمامي في طريق عودتي خمسة من الرجال ملثمين مسددين مسدساتهم نحو صدري، كأنما أنشقت عنهم الأرض.

فما كان مني إلا أن صرخت فيهم.. "أنا هارون هاشم رشيد، من غزة وابن مختار حارة الزيتون".

فسمعت أحدهم يقول: "يخرب بيوتكم كنتم راح تودنا في داهية.. الرجل مش هو هادا غزاوي".

واختفوا، كما ظهروا، كأنما ابتلعتهم الأرض.

عرفت في اليوم الثاني، عندما رويت القصة لناظر المدرسة أنهم كانوا يترقبونه للاقتصاص من عمه جزاء إغلاق دكان جزارهم.

تلك.. بعض من أيام حمامة.. يا أنت يا حمامه.. رحم الله أيامك.

(24) ذات ليلة

الأحداث تتسارع، فلسطين التي هي وطني، الأرض التي منها نبت، وعلى ترابها ترعرعت، أرض آبائي وأجدادي، أولئك العظماء، الذين أثروا الإنسانية بعطائهم، وطني هذا حيث أهلي، وعشيرتي، الذين كانوا يعيشون بسلام في مساكنهم، يزرعون، ويحصدون، ويبنون، ويعمرون، يبدعون ويخلدون.

ما الذي أصاب هذا الوطن، من أين جاءت هذه الرياح السموم، لتتكسر مزهرية العدل، وتنثر شظاياها، وتبعثر أزهارها، هذا الوطن، مسقط الرأس، المستحق أن يموت أبناؤه فداء له.

منذ فجر الطفولة، تعلمت كيف أحبه، كان اسمه كما الأسطوة على شفتي، وفي قلبي، وفي مخيلتي أحببته، وطفولتي تشهد هجمة الظلم عليه، فزدت به تعلقا، وإليه انشدادا، أما هو مأوى شعبه العظيم الذي كما النهر ينسرب في شعابه، ويتوزع في حناياه، أرض كنعان الخالدة. هذه فلسطين..

الشعب الذي أحب السلام، وعاشه، وحفظه على مدى العصور. السلام تاريخه ورسالته، كل شيء يحثه على سياسة السلام، سواء كان مواطنا فردا أو جماعة. الشمس والقمر يسطعان إلى الأبد، فيسجلان ليلا ونهارا. قدرته على العطاء، وعظمته في التحدي والصمود.

هذا الوطن.. هذه الأرض المقدسة، كم مرت بها أمم وتعاقبت عليها جيوش، فما ثنيت ولا كسرت، أين تلك الأمم الفطرية المهابة، ماتت من زمن طويل، أمم وافدة، وأمم ذاهبة، مارة كما الخيال الساري على الأرض. كلها زالت وبقي هو هذا الشعب، شاهدا يرقب دفنها وزوالها.

ها هو اليوم، يواجه عتو بريطانيا، وصلف الصهيونية، ولكنه يتحدى الفناء، يتقدم للفداء، راسخا كخصر الجبال ملتهبا، كالشمس الحارقة.

جلست تلك الليلة، يتدفق مني هذا الكلام الذي لا أعرف من أين جاء، ولا كيف تفجر مني، إذ أنا ساهر مع جارتي في المجدل، وسط خضم الأحداث وتلاحقها. حديث طويل عن النوائب التي لا تحصى، والدماء، التي لم تنضب، والقلوب المكافحة، التي لم تخذل.

لماذا تلك الليلة أمام هذه الضيفة الزائرة لجارتي، يلتهب خيالي وتتدفق أفكاري وينساب مني كل هذا الدفق من العطاء.

حقا إننا شعب صغير جزء من شعب كبير، لكن شعبنا قام بأعمال جليلة. كان كل ما يملكه من حطام الدنيا هذه الرقعة من الأرض، بضعة جبال وآكام، منحصرة بين الصحراء والبحر.

مع هذا ظل هو الشامخ العظيم برجاله، وتاريخه، وحكمائه وشعرائه، منه وعلى مدى العصور انطلقت رسالة السلام بالأمل للمظلومين والمستعبدين.

لقد ظل صدى صوته يتردد دون انقطاع في جميع أنحاء المعمورة.

أما هو صاحب التاريخ العريق والحضارة الخالدة، فالشيء العظيم الخالد في تاريخه هو هذه الروحانية المتراكمة مدى أجيال. ظل دائما مع الحرية، ضد الاضطهاد، مع العلم، ضد الجهل.

من أين جاء هؤلاء الذين أعملوا في أهله الذبح والقتل والترويع، فكدروا نفوسنا، وأفزعونا، ومع ذلك لم نرتد، أو نتراجع أو ننتهي. قدمنا زهرة شبابنا شهداء ناطقين باسم فلسطين من شفاههم الدامية.

كانت هذه الضيفة الوافدة عالقة العينين بشفتي، تستمع صامتة مأخوذة، مما دفعني لأن أواصل في زهو، كأنما أقف على منبر، أو أتحدث إلى حشد، تراني كنت ليلتها استعرض ما قرأت وما حفظت، وما رسى في أعماقي.. لماذا أمامها هي؟ ما الذي فعلته بي تلك الصامتة؟ وما كانت هي الأولى التي أعرف. ولا كانت هي الأخيرة التي ألتقي.

لماذا، ومن هي؟ جارتي قدمتها إلي لحظة الدخول: "سناء" زميلة جديدة، جاءت في غير أوانها، وافدة إلينا، لتنضم إلى أسرة التدريس معنا.

أخذت بعينيها، سبحت فيهما، تركت أشرعتي تبحر إلى بعيد. عينان سوداوان، لا أجمل، ولا أحلى منهما. يشعان بذلك الوهج الغريب، الذي لا يفسر، يغزوني، وينفذ إلى أعماقي، فينفجر في هذا الدفق من الوجد.

هل كتب علينا حتى لحظة الحب، أن يهمي منا كل هذا الزخم من العطاء الوطني؟ إلى أين تراجعت كل الروائع التي نقشتها في الذاكرة، من قصائد الحب، وأبيات العشق، وهمسات الشوق، ونبرات الشجن.

ليلتها ولد بيني وبين الزائرة الصامتة شيء ما، لا درته هي ولا دريته أنا.. "لا ردتو إيدي ولا هو ارتد" كما تقول فيروز، التقيت سناء مرات بعد الليلة تلك، زرتها لدى جارتي، وزرتها في بيتها، تألق بيننا نور الحب، كما الشمس.. الحب الصافي، الواعد، النافذ إلى الأعماق. أصحيح أن الحب يشتعل في زمن الحرب؟ وتحت رياح الخطر، ومع دوي المدافع، وعلى أزيز الطائرات؟ أهو الخوف البشري الإنساني، يمد تلك الخيوط بين قلب وقلب، ويفتح بوابات الحنو، والوجد.

هي تلك التي جاءت في ليلة من ليالي الخطر، فأعطتني هذا الزخم من الوعي، ومدت لي هذه الجسور للعبور إلى عوالم، لم تكن لتخطر على بالي يوما. بعينيها رأيت الناس والأحداث، في ذلك الغبش المتحرك.. كما عند بزوغ الفجر.

أزيز الرصاص، دوي المدافع، هدير المظاهرات، تلاحق الأحداث، كيف تجمعت كلها؟ لأجدها في هاتين العينين السوداوين وحي إبداعي، وعالمي المكتشف الجديد، كيف أصبحت عيني المبصرة، وملاكي الملهم.

كان صوتها، إذ يرق، كطائر ملون، يزقزق حولي، فينقلني من عوالمي، بقدر ما يشدني، ويوقظني بقدر ما يخيفني، ويروعني. أتبقى لي؟ أم أنها كما غيرها، تطير، فأصحو على حلم ذهب؟ كل لحظة كنت أشعر أنني أمسك بالهواء، بشيء مهدد بالفراق. الفراق الذي يأتي بغتة، كما ضربة السيف.

كنت، إذ أنا، راعش القلب، مضطرب المشاعر خائفا على وطن، يوشك أن يفتقد، يتملكني إحساس غريب، بأنها هي، كما وطني مهددة بالاختطاف والفراق.

كان الخوف يتملكني، إذ هي، معي، والخوف يسكنني إذ هي بعيدة عني، الخوف كان سيد الزمان ذاك، والمايسترو الذي يلوح له بعصاه.

ما توقعت كان.

الحلوة التي كما دفقة النور في ليلة حالكة، كما هبة النسيم في يوم قائظ.

كما بسمة الطفل في وجه أم حنون.

جاء يوم، فاختفت ..

ذهبت، عادت إلى مدينتها في الشمال.

وعدت إلى مدينتي في الجنوب. ليفصل بيننا بحر من الوجع، ونهر مـن الألم، وغيبـة بلا أمل.

(25) خطوات على الطريق الطويل

كان طموحي بعد أن ألتحقت بالتدريس في جباليا، أن أسهم في النشاطات الثقافية في غزة. كان أول ما اتجه إليه اهتمامي، "النادي الرياضي" الذي تعرفت فيه أول ما تعرفت على نشاطات غزة الثقافية.

كان أخي علي عضوا بارزا في النادي، الذي كان يرأسه "رشاد الشوا".

كان مقر النادي في شقة بالدور الثاني، فوق محلات حلويات عرفات، بشارع عمر المختار. كنت أتسلل في الليلات الثقافية، وآخذ المقعد الأخير في ركن من أركان صالة النادي، وكانت تشدني قصائد أخي، في الاحتفالات الدينية، كالمولد النبوي، والوطنية كوعد بلفور. ولا أزال أذكر قصيدته الطويلة عن "خالد بن الوليد"، وكنت أتحاشى أن يراني أخي، لأنه كان يعتبر وجودي في النادي إلهاء عن المذاكرة. التي هي الأهم لديه والأجدى، لهذا، ما أن أصبحت مدرسا، حتى أحسست بحرية التحرك والتنقل، وما عاد لأخي حجة يمنعني بها عن الحضور إلى النادي والمشاركة في أنشطته. ومن الليالي التي لا تنسى تلك الليلة الثقافية التي استضاف فيها النادي الشاعر العراقي الكبير "أحمد الصافي النجفي" أخذت به، وشدني إليه أول ما شدني، إذ هو على منبر الخطابة، هيئته، بملابسه البدوية، وعباءته، وغطرته وعقاله، ثم ذلك الجرس العربي الأصيل، الذي تدفقت به قصائده.

ورغم شعوري بأنني بلغت سن الرجولة وبدأت أقف على عتبة الحياة العملية، لم أجرؤ يومها أن أجلس إلى الشاعر أحاوره، كنت أتمني ذلك، ولكن أين أنا من هؤلاء الذين هم، حول الرجل ممن هم أكبر مني سنا وأقدم مني في مجال الثقافة والحياة. يحاورونه، ويسألونه، ويتبسطون معه،

لكن زيارة الشاعر والحفاوة التي قوبل بها، وما قيل عنه على منبر التقديم أشعرني بقيمة الشاعر النابه، ومكانته، وتمنيت لو يأتي يوم تكون لي مثل هذه المكانة. وأحاط بمثل هذه الحفاوة،

ومن نشاطات غزة الثقافية التي علقت في ذاكرتي من ذلك الزمان، تلك المناظرة التي شهدتها غزة على مسرح سينما "السامر" حيث امتلأت القاعة عن آخرها، واستمعت إلى خطيبين مبرزين "حمدي الحسيني" من غزة، و "نمر المصري" من الرملة.

تحدث "حمدي الحسيني"، عن فلسطين من وجهة نظر اليسار، وتحدث "نمر المصري" عن فلسطين من وجهة نظر اليمين. لم أكن يومها مهتما كثيرا بما طرحا بقدر اهتمامي بطريقة الخطابة لكل منهما.

فإذا هما من كبار خطباء فلسطين، ومن رجال الحركة الوطنية، الذين تركوا بصماتهم بارزة في مسار العمل الفلسطيني الوطني.

انا المعلم

كانت تشدني مقالات "حمدي الحسيني" الأدبية في مجلة "الرسالة"، التي كان يصدرها "أحمد حسن الزيات" في القاهرة. كما كانت تجتذبني أخبار "نمر المصري"، ذلك العضو البارز في منظمة الشباب الفلسطيني، والخطيب المبرز فيها. كان الإثنان لدي كشاب طالع، عاشق للغة، مفتون بها وبخطبائها وبجرسها وإيقاعها موسيقاها، يمثلان "لي" القدوة، والمثل الأعلى. وفي مقبل الأيام توطدت علاقتي بهما وأصبحا من أعز الأصدقاء وأحب الأحباء. وقع في يدي ذلك الزمان، 1943 إذ أنا مفتون بدواوين علي محمود طه، ومحمود حسن إسماعيل، ديوان "الأصائل والأسحار" لحسن البحيري، شاعر من فلسطين، سعدت به وفرحت أن يكون لفلسطين شاعر تصدر دواوينه في القاهرة، بالإخراج نفسه عن الدار التي أصدرت دواوين على محمودطه، فأقتنيت "الأصائل والأسحار"، وبعده "أفراح الربيع" 1944 و "ابتسم الضحى" 1946 وأخذت، أحاول تقليده، فكتبت قصيدة أهديتها للصديق سعيد فلفل، وشاءت الأقدار بعد سقوط حيفا، مدينة البحيري، وغيابه السنين الطويلة عن ساحة الشعر أن ألتقي به، وأن تتوطد العلاقة بيني وبينه، وأن ألح عليه لإصدار ما لديه من الشعر فأكتب له مقدمات دواوينه "حيفا في سواد العيون، 1973، ولفلسطين أغني 1981، وظلال الجمال 1979، والأنهر الظمأى 1982، وتبارك الرحمن 1983، وجنة الورد 1988".

وكتبت عنه كتابا ضخما بعنوان "مدينة وشاعر حيفا والبحيري" صدر عام 1975م، وجاء في 495 صفحة من القطع الكبير، مازجت فيه بين حياة الشاعر، وحياة مدينة حيفا.

كنت مندفعا نحو الشعر، أصبح همي الوحيد وشغلي الشاغل، وربطتني علاقة مودة "بشريف برزق" أحد ألمع كتابنا وأرقهم، وكثيرا ما كنت أجلس إليه عندما يأخذ مكانه عصرا يدخن أرجيلته أمام مقهى بالقرب من خان الزيت في شارع عمر المختار.

كان "شريف برزق" يجتذبني بأحاديثه التي كان يقدمها من إذاعة فلسطين، والتي كانت تتناول تحليلا ونقدا لقصائد ودواوين الشعراء، وكنت أفتن بما تحمله

ذكرياته عن أيام عمله في الإذاعة مع إبراهيم طوقان، فأصغي إليه وهو يحدثني عن ذلك الشاعر الذي كان فخرا لفلسطين بروائع قصائده الوطنية. كان شريف يحتفظ لديه بدفتر، يدون فيه معظم قصائد إبراهيم المنشورة وغير المنشورة إضافة إلى مختارات أخرى، لعبد الكريم الكرمي "أبو سلمى"، وعبدالرحيم محمود، فدوى طوقان، محمد مهدي الجواهري، ومحمود حسن إسماعيل. وكنت أستنسخ تلك القصائد وأحفظها.

في ذلك الزمان كانت الإذاعة الفلسطينية لا تقتصر أحاديثها على كتاب فلسطين مثل: عبداللطيف الطيباوي، ومحمد عبدالسلام البرغوتي، وخليل السكاكيني، وغيرهم، بل كانت تستقدم أدباء من خارج فلسطين، فكم تحدث فيها طه حسين، وعباس العقاد وإبراهيم عبدالقادر المازني، وعبدالعزيز البشري ومحمد كرد علي، وخليل تقي الدين ونسيم يزبك، وأسمى طوبي وغيرهم.

ومما سجلته من دفتر شريف برزق تلك الأيام قصيدة بشارة الخوري، التي أذاعها من محطة فلسطين بالقدس، مساء الخميس، نيسان 1942:

فلسطين ليست سوى دمعة ... تهاوت على بسمة حائره
تعانقتا فاستحال العناق ... لهيبا على شفة ثائره

فلسطين يا أم الأنبياء ويا ... خمرة الأنفس الشاعره
حملنا لك المهج الظامئات ... وأصدية القبل الطاهره

فلسطين يا هيكل الذكريات ... على جبهة الأعصر الغابره
مضمخة بغبار الحروب ... مخضبة بالمنى الزاخره

فلسطين يا حمحات الخيال ... مجنحة بالرؤى الساحره
هناك على شرفات النجوم ... أرى مكة تلثم الناصره

كان شريف برزق أبرز من شجعني على كتابة الشعر، بعد أستاذي سعيد العيسى. وذات يوم كتبت قصيدة، أنست فيها بعضا من الرضى، فذهبت بها إلى بيت صديقي الشاعر، الزميل سعيد فلفل، وكانت داره آنذاك غير بعيد عن بيتي في حارة الزيتون. فما أن استمع إليها حتى أعجب بها. واقترح علي أن أرسلها إلى أي من المجلات أو الصحف للنشر.

كنت حتى ذلك الوقت متهيبا شديد القلق، فاستمعت إلى صديقي دون أن أفكر في نشر القصيدة فتركته والقصيدة في جيبي، وتوجهت إلى مقهى "خان الزيت"، حيث أديبنا شريف برزق. جلست إلى جواره حييا، فما أنا قادم إليه اليوم لأسمعه، بل لأقرأ عليه شيئا مما أكتب.. قرأت عليه قصيدتي بصوتي الخافت، وأخذت أتأمل التعبيرات التي كست وجهه، كان باشا، كأنما التقى شيئا عزيزا عليه.

تناول الورقة وقرأها بصوته مرتين. ثم صمت قليلا، فخشيت أن يكون فيها ما يعيب، ولكنه بادرني بقوله "أرسل قصيدتك هذه إلى مجلة الغد". وأنا واثق أنها ستنشر".

وكانت مجلة "الغد" التي يرأس تحريرها مخلص عمرو، أبرز مجلة ثقافية فلسطينية في ذلك الحين.وكان شريف برزق أحد كتابها الثابتين، وكانت كتاباته تذيل بتوقيع "إنسان" تحاشيا لأوامر مدير المعارف البريطاني، الذي يحظر على المعلمين أو الموظفين الكتابة دون إذن مسبق ورقابة لما يكتب.

عدت بالقصيدة إلى بيت "سعيد فلفل"، ونقلت إليه رأي أستاذنا فقام بنسخ القصيدة بخطه الجميل، وأرفقنا بها رسالة مقتضبة من سطرين عن رغبتنا في نشر القصيدة. واختار لي صديقي التوقيع المستعار "أبو الأمين". تحاشيا لعقاب مدير المعارف البريطاني.

وكان المفاجأة أن يصدر العدد التالي لمجلة "الغد"، وعلى غلاف الصفحة الأخير برواز جميل يملأ الصفحة، يؤطر قصيدة "أنت.. أنت رفيقي" والتي ما زالت الذاكرة تحفظ بعضا منها.

يــا قابعــا فــوق الجبــال العاليــه
يــا راكبــا مــوج البحــار العاتيــه
يــا طاويــا رمــل الفــلاة الصــاليه

هــل أنــت مصــغ في الــدجى لدعائيــه
فأنــا أخــوك.. وأنــت.. أنــت رفيقــي

مهــما نأيــت فــإن حبــك في دمــي
ونــداء حقــك مســتثار في فمــي
فأنــا وأنــت عــلى العــدو المجــرم
نســعى إلى هتــك الســتار المعتــم

فأنــا أخــوك.. وأنــت.. أنــت رفيقــي

إن ألجمــوا فــاك الصريــح عــن الكــلام
أو جــردوك مــن المســدس والحســام
لا تبتــئس فــالفجر مــن بعــد الظــلام
لا بــد أن يبــدو، فهيــا للأمــام

فأنــا أخــوك.. وأنــت.. أنــت رفيقــي

كان الصديق الشاعر سعيد فلفل، هو الوحيد، بعد شريف برزق الذي يعرف أنني صاحب القصيدة، لأنه أول من أذهب إليه، لأقرأ عليه الجديد مما أكتب، وكنت أثق برأيه، وأسعد بأحكامه، وكانت القصيدة بعد نشرها بتوقيع "أبو الأمين"- غزة. حديث النادي الرياضي. وبدأ البحث عن كاتبها، وعندما عرف الأخوة، اليساريون أنني صاحب القصيدة، حاولوا ضمي إلى حزبهم، ولكنني لم أفعل. لأنني ما رغبت يوما في الانتماء

إلى أي من الأحزاب، وعلى المدى الطويل ظلت فلسطين حزبي الأوحد.

بدأت أيامها تصلنا في غزة مجلة "الأديب" البيروتية، وبدأنا نقرأ الجانب الآخر من الوطن، إذ كانت قراءتنا تقتصر ـ على المجلات والصحف المصرية. ووقع في يدي ديوان "أفاعي الفردوس" لإلياس أبو شبكة، فأعجبت به، ثم قرأت ملحمته الطويلة "غلواء".

غلـــواء مـــا أحـــلى اسمهـا المعطـــارا

صـــبية يغبطهـــا العـــذارى

لا يســـتطيع شـــاعرا أن يبـــدعا

قصـــيدة أروع منهـــا مطلعـــا

وكثيرا ما كنت أردد منها:

عـين مـن هـذه الـتي لا تنـام   هي عـين ضيـاؤها الآثـام

إن عـين الأثـيم جـرح عميـق   نـتن الجـانبين لا يلتـام

وفي ذروة إعجابي بأبي شبكة وافتتاني بروائعه، جاء خبر وفاته فكتبت قصيدة في رثائه، كانت هي أول قصيدة تنشر في مجلة "الأديب" اهتممت في تلك المرحلة، إضافة إلى قراءة الشعر، بقراءة الروايات والقصص، مترجمة أو مؤلفة. فاجتذبني "دستويفسكي" و "تولستوي"، و "مكسيم جوركي"، و "أندريه جيد"، و "مو بسان"، و "محمود تيمور"، و "يوسف السباعي"، و "عباس محمود العقاد"، و "محمد حسين هيكل". وأذكر أن الطبعة الأولى من رواية "لقيطة" وقعت في يدي، فأعجبت بها إعجابا شديدا. وفتنني الأسلوب واللغة والحبكة الروائية، فكتبت رسالة من قرية حمامة إلى عبدالحليم عبد الله، الذي بادر بالرد علي برسالة من ثلاث صفحات، شجعني ذلك عندما زرت القاهرة عام 1949، على البحث عنه ولقائه، في مكتبه بمجمع اللغة العربية، وبدأت صداقة استمرت وتواصلت بعد لجوئي إلى القاهرة إثر نكسة 1967 حتى آخر أيام حياته رحمه الله.

(26) أيام الروع وليلات الأسى

عام 1947، عام التقسيم الظالم تحول وطننا فلسطين إلى جحيم كما يوم القيامة، فما كان يمر يوم دون أن نسمع أو نقرأ عن إطلاق الرصاص، وتفجير القنابل، ومهاجمة أماكن التجمع، ودور السينما، ومواقف الباصات، وأسواق الخضار في يافا وحيفا وصفد وطبريا وبيسان.

إن الوحش الذي ربته بريطانيا تسمن وطالت أنيابه. فهو لا يكتفي بترويع العرب، أهل البلاد الشرعيين، بل أخذت ضربات العصابات اليهودية تتلاحق ضد الضباط والجنود البريطانيين، مستهدفة إذلالا لبريطانيا وتمريغ وجهها في الوحل. جنود يقتلون، وضباط يعلقون في جذوع الأشجار، وآخرون يخطفون.

رغم ذلك كله، فكما يتغاضى مربي الطفل المدلل عن أخطائه كانت بريطانيا تواصل تواطؤها، فتسلم الأماكن التي تخليها لعصابات اليهود، وتزودهم بالأسلحة والذخيرة، وينضم إليهم جنود وضباط يقاتلون معهم، ويقضون لياليهم الحمراء في تل أبيب، وناتانيا والكوبتسات.

وكم كان عجيبا أن نفاجأ وسط هذا الجو المفعم بالإرهاب، وتصاعد عمليات الاعتداءات اليهودية، بالمندوب السامي السير "ألن جوردان كوتنغهام" آخر مندوب سامي على فلسطين، يذيع إنذارا للعرب والهيود ضد الهجمات المسلحة، يساوي فيه بين الظالم والمظلوم، وبدلا من أن يصدر أوامره لقواته بأن تتحرك للحفاظ على الأمن وحماية البلاد حتى موعد انسحابها. يقوم بإصدار تعليماته بسحب هذه القوات، إلى مناطق آمنة يحميها ويحيطها بالأسلاك الشائكة، ويحصنها بالمدافع الرشاشة، متجاهلا واجباته والتزاماته الدولية تجاه شعب ما زال تحت الانتداب.

لقد تركت بريطانيا البلاد تعمها الفوضى، ويفتقد الأمن، وتعطل المصالح، وتقطع خطوط الكهرباء وتخرب أنابيب المياه، وتتوقف الخدمات البريدية والبرقية، وتعطل الدراسة، ويخيم على البلاد كلها شلل تام.

وسط ذلك الجو المحموم، قرر أخي أن نغادر المجدل إلى غزة. فأحضر شاحنة حملت الأثاث، وحملتنا جميعا، ولم ينس أخي أن يصطحب معه كلبته.

فرح الوالد والوالدة وإخواتنا بنا، فأخلو لأسرة أخي غرفة في البيت، وكدس الأثاث في ساحة الدار، ثم بدأ التفكير في تدبير إقامة مريحة لأخي وأسرته، رفض والدي مبدأ استئجار بيت لهم، واقترح أن نسارع ببناء غرفتين بمستلزماتهما في حكورتنا، وقد لاقى ذلك الاقتراح قبولا منا جميعا لرغبة أهلي في انضمام أسرة أخي إلينا، وضرورة وجودنا معا في هذا الجو المكهرب.

كانت الحاكورة متنفس دارنا يسعد بها الكبار والصغار، وكان عزيزا علينا أن تقتلع أشجار الورد والقرنفل، وتعمل الفؤوس في الحفر، فتأخذ معها حكايات طفولتنا وملاعب صبانا.

ولكن حركة البناء السريعة، ومتابعتنا للجدران وهي تتصاعد بلا توقف، والاحتفال الذي جرى يوم "الصبة" سقف الغرف بالإسمنت، ورؤيتنا كل ذلك يمضي كما حكايات أمي عن الجن، لكثرة ما كان والدي يستحث البنائين، ويدفعهم إلى العمل بلا توقف، كل ذلك ساعدنا على تقبل الأمر الواقع، كما ساعد في إنجاز البيت بأقصى سرعة. توفر الأبواب والشبابيك وأسلاك الكهرباء وغيرها من الأدوات اللازمة لإتمام المنزل، وتجهيزه، مطروحة في سوق فراس بأثمان زهيدة.

لأنها كانت مقتلعة من معسكرات الجيش البريطاني التي أخلاها.

غزة.. مدينتي، وجدتها كما المجدل، وكما بقية مدن فلسطين، تعمها الفوضى والتخبط، دعوات إلى التنظيم بلا منظمين. ونداءات إلى التدريب بلا مدربين، حث على التسليح بلا سلاح. وأمام الفوضى التي عمت البلاد، نظرا لتخلي بريطانيا عن مهامها، كان لزاما على الشعب الفلسطيني أن يفكر في طريقة يسير بها الأمور. ويواجه الالتزامات، فقامت أول لجنة قومية عربية في يناير 1948 في مدينة القدس، تألفت من خمسة عشر عضوا، وبدأت تعمل من خلال الهيئة العليا في إدارة شعب في حالة حرب.

وتتابعت بعد ذلك اللجان القومية في يافا وحيفا والناصرة ونابلس والخليل وغزة.

في غزة تألفت اللجنة القومية من 14 عضوا هم:

موسى الصوراني، منير الريس، رشدي الشوا، رجب أبو رمضان، عبدالخالق أبو شعبان، حسني خيال، عاصم بسيسو، يوسف الصايغ، محمد دلول، رأفت البورنو، أحمد سكيك، سحيبر، الطرزي،سامي العلمي. وكغيرها من اللجان القومية، قامت وفق مباركة الهيئة العربية العليا، ووفق التوجه العائلي والقبلي، ليناط بها قيادة العمل الوطني، وسط هذا الجو العاصف.

كانت الأخبار تأتينا في غزة عبر الإذاعة أو صحف "فلسطين" ، "والدفاع"، و "الشعب"، تنقل هبة الشعب الفلسطيني في مدنه وقراه، مدافعا عن الأرض والوطن، رغم ندرة السلاح وقلة العتاد.

وترددت الأخبار عن التحرك العربي لنصرة شعب فلسطين والوقوف إلى جانبه، في مواجهة العصابات اليهودية.

عقد اجتماع لمجلس الجامعة العربية في 7 يونيو - حزيران 1947 بعاليه بلبنان، لدراسة ما يجب اتخاذه من إجراءات للوقوف في وجه المؤامرة على عروبة فلسطين، وكم كان عجيبا، أن يعقد ذلك الاجتماع في غياب ممثلي فلسطين ومن وراء ظهر حركتها الوطنية، ولكن الحاج أمين الحسيني فاجأ المجتمعين بحضوره سرا من القاهرة إلى بيروت، وإحداثه أزمة بدخوله عليهم وإصراره على تمثيل عرب فلسطين في الاجتماع، وبدلا من التوجه لبحث التدابير اللازمة لمواجهة المؤامرة، تحول الاجتماع إلى محاولة حصار الأزمة، وحلها، وقد استطاعت الدبلوماسية اللبنانية بمرونتها أن تلعب دور التهدئة، وتنهي تلك الأزمة بالقبول بمشاركة المفتي الذي لم يستطيع أن يقنع المجتمعين بمطالبه، وفي مقدمتها إعلان قيام حكومة عربية تتكلم باسم عرب فلسطين.

كان أبرز ما خرج عن الاجتماع من قرارات، تأليف لجنة عسكرية من ممثلي الـدول العربية، تدرس القضية الفلسطينية مـن الناحيـة العسكريـة، وتعاون شعب فلسطين في الدفاع عن ذاته وكيانه ووجوده.

تشكلت اللجنة برئاسة اللواء الركن "إسماعيل صفوت" وفي 9 يونيو- حزيران 1947 قدمت اللجنة العسكرية تقريرها، الذي أكد على قوة اليهـود واستعدادهم للتحـول إلى حكومة فورا، وأن لديهم من الرجال والسلاح ما يمكنهم من المواجهة.

وكان هناك رأي بأن يترك للفلسطينيين عبء الدفاع عن بلادهم، عـلى أن تـزودهم الحكومات العربية بالمال والسلاح والخبراء العسكريين، ولكن هـذا الاقتراح لم يلق آذانـا صاغية. وصدر قرار تشكيل جيش الإنقاذ، ضمن توصيات اللجنة العسكرية في تقريرها يوم 9 يونيو- حزيران 1947، الـذي أكـد عـلى ضرورة المباشرة بتسـليح عـرب فلسطين فـورا، واعتبارهم القوة الأساسية في مقاومة التقسيم، وتشكيل قوات متحركة مـن المتطوعين العرب، تدخل فلسطين لتساعد شعبها وتتعاون مع القوات العاملة هناك.

اتخذت اللجنة العسكرية قرية "قدسية" القريبة من دمشق مقرا لها. وعين اللواء "إسماعيل صفوت" قائدا عاما لجيش الإنقاذ، يساعده المقدم "محمود الهندي" والرائد "شوكت شقير"، والنقيب "وصفي التل" كما عـين اللواء "طه الهاشمي" مديرا للتدريب ومفتشا عاما. تكون جيش الإنقاذ من ضباط متقاعدين، ومن مدنيين جاؤوا من كل جهات الوطن العربي.

وكان من المؤسف أن يكون التوجـه بعـدم الإتاحة للفلسطينيين الانضمام لجيش الإنقاذ، إلا بأعداد قليلة، وفي الوقت الذي كانت سلطات الانتداب البريطاني تفتح الأبـواب لدخول الإرهابيين اليهود من شتى أنحاء العالم، حالت دون السـماح للقـوات العربيـة مـن الدخول إلى فلسطين قبل 15 أيار- مايو 1948م.

دخلت أول طلائع جيش الإنقاذ إلى فلسطين في 24 نيسان- إبريـل 1948، واتخذت مواقعها قرب مدينة الرملة.

حتى ذلك الوقت كانت الآمال مشرقة، وأخبار الانتصارات التي يحققها المجاهدون الفلسطينيون تملأ صفحات الصحف، آتية من القدس ويافا وحيفا. فجأة اهتز الشعب الفلسطيني على نبأ استشهاد القائد عبدالقادر الحسيني، في معركة القسطل يوم السابع من نيسان 1948، وقبل أن يصحو الشعب من آثار تلك الضربة الموجعة، فاجأته مداهمة عصابتي شتيرن والأرغون يوم الجمعة 9 نيسان 1948 قرية دير ياسين الآمنة المسالمة، وقتل 250 عربيا بينهم أكثر من مئة امرأة وطفل بدم بارد، وتحديا للمثل والشرائع السماوية والإنسانية. ولم يكتف المهاجمون بالقتل بل قاموا بتشويه الجثث ببشاعة لم يشهد لها التاريخ مثيلا.

تلقينا ذلك الزمان الخبر الفاجع، الذي جاءنا عبر الإذاعة الفلسطينية بلسان الأمين العام للهيئة العربية العليا، الدكتور "حسين فخري الخالدي"، فوقع الخبر علينا وقع الصاعقة، وأصاب الشعب بحالة من الذهول والخوف، وخاصة في المناطق المتاخمة لليهود، مما حدا بالكثيرين إلى ترك بيوتهم محاولين النجاة بنسائهم وأطفالهم من وحشية اليهود.

ولمزيد من الترويع وإشاعة الذعر، ارتكب اليهود في العاشر من ذات الشهر نيسان 1948 مذبحتين أخريين في قريتي "بيت الخوري"، و "نصر ـ الدين" الواقعتين قرب طبريا، كأنما كانوا يقصدون إبلاغ رسالة لأهل طبريا بما ينتظرهم من أهوال الذبح والترويع.

كانت طبريا، صامدة، رغم الأكثرية اليهودية فيها، وقد ظلت تقاتل منذ ديسمبر 1947 في معارك ضارية، حتى نيسان 1948 حيث سقطت المدينة في يد الأرغون لندرة السلاح وتخلف النجدات.

وتتواصل كوارث نيسان 1948، فالجيش البريطاني، الذي كان مقررا له أن يغادر حيفا، في آب ـ أغسطس 1948، أمر أن يغادر المدينة متخليا عن مسئولياته في الثالث والعشرين من نيسان ـ إبريل 1948، أي قبل ثلاثة أسابيع من انتهاء الانتداب، وأربعة أشهر قبل الوقت المقرر له.

وكانت مأساة حيفا، التي صنعتها خيانة بريطانيا، وساعدت على اكتمالها جهالة القيادة العربية المتمركزة في دمشق، وتخليها عن مسئولياتها، وعدم تلبية مطالب المقاتلين بالسلاح والعتاد.

وشهد البحر، بحر حيفا الجميل، الذي شاءه الله زينة لهذا الوطن، شهد أهل حيفا، أصحابه، وأهله، وصياديه، ورواده وسكانه في ذلك اليوم الأربعاء، الحادي والعشرين من شهر نيسان 1948، وهم يهيمون على وجوههم متساقطين من بيوتهم ومن ديارهم تلاحقهم براميل اللهب المندلقة خلفهم من أعالي الكرمل الذي زينوه بالصنوبر والسنديان، كانوا يتدفقون نساء وأطفالا، ورجالا في قمصان النوم إلى الميناء ويحشرون في المراكب والزوارق، نجاة من هول الموت وأنياب الوحشية. أمام أعين جنود دولة الانتداب بريطانيا، التي كانت تخون تعهداتها وتسلم المدينة لليهود. وتتخلى عن الشعب الذي أنيط بها الحفاظ على أمنه من قبل عصبة الأمم.

ويأتي دور يافا التي كانت أخبار صمودها وبسالة أهلها وتصديهم اليومي لمداهمات اليهود وهجماتهم تملأ نفوسنا بالاعتزاز والثقة والفخر.

أفزعنا أن نرى في غزة تدفق اللاجئين من يافا الوافدين في سيارات شحن يحملون لنا أخبارا جديدة تثير فينا القلق والخوف على المدينة الغالية.

فالمدينة كانت وفقا لقرار التقسيم ضمن الدولة العربية. فلماذا الإصرار على تفريغها من أهلها، واحتلالها.

قام اليهود بهجوم كبير على يافا، في الخامس عشر من مارس، ولكن الأخبار المفرحة جاءتنا عن صمود المقاتلين ودحرهم للغزاة في العشرين من مارس. ولكن اليهود عاودوا الهجوم في الثاني والعشرين من مارس على "أبو كبير" القرية المجاورة ليافا، التي كانت "منشتات" صحف فلسطين تحمل لنا بين اليوم والآخر، أخبار البطولات الخارقة، التي يزهو بها شباب أبو كبير، ويوالي الضغط على يافا، إصرار رهيب على إسقاطها قبل الخامس عشر من أيار، نهاية الانتداب، وكم كان مخزيا ومحزنا، ما قام به النقيب "نجم الدين" المتمركز في أهم المراكز الاستراتيجية في المدينة، بسحب قواته بلا سابق إنذار وفتح الأبواب لليهود لاحتلال المدينة. حيث بادروا

باحتلال المنشية وتل الريش وسلمة والخيرية والعباسية وبيت دجن، مما نشر ـ الرعب والذعر في المدينة وجعل أهلها يتدفقون إلى الميناء، باحثين عن النجاة من قذائف الهاون، التي أخذت تتساقط بلا انقطاع على بيوتهم وتجمعاتهم.

إلى الميناء.. يوم من أيام الحشر ـ آلاف من البشر ـ تتسابق إلى المراكب، والزوارق، وتتزاحم طلبا للنجاة من الهول الكبير.

بحر يافا الجميل، شاطىء الشباب، ساحة الأمن والأمل، ملتقى الأحباب، يتحول إلى فوهة بركان، غارق بالجراح والآلام، ويتلقف أهل يافا الباحثين عن أعضاء اللجنة القومية التي كانت موكلة بقيادتهم، أين هم، لقد فروا، كما فعل قائد حماية جيش الإنقاذ، تركهم الجميع لمواجهة قدرهم الأليم.

التحقت في غزة بفرق الشباب التي تطوعت لاستقبال اللاجئين عند شاطىء البحر، وإنجادهم والأخذ بيدهم وتأمين الراحة لهم.

كانت المراكب تصل، لتقف بعيدا عن الشاطىء لعدم وجود ميناء لغزة. فتخف الزواق الصغيرة لتلقى الأسر المنكوبة وتأتي بها إلى الشاطىء، وما أن تقترب الزوارق حتى يعلو الموج، ويرتفع، ويصخب البحر ويثور، فتتأرجح الزوارق، وكثيرا ما كانت تنقلب، فتندلق منها أسر بكاملها وسط الصراخ والعويل والبكاء.

كنت أرى الموج وهو يشد أمهات ممسكات بأطفالهن، يصرخن، فنسارع لنجدتهن، وأمهات كثيرات وآباء كثيرون يبحثون عن أبنائهم الذين تاهوا عنهم، أو أخرجهم الشباب إلى أماكن غير الأماكن التي يوجد بها أبناؤهم.

من تلك اللحظة اخترت أن أكون لهم، أن أكون خادمهم، وصوتهم، وحامل آلامهم، من اللحظة تلك نقشت على صفحات قلبي مأساتهم، وتسربت في شراييني قضيتهم، أصحاب الأرض، أهل الوطن، القادمون من بيوتهم حيث الأمان والاطمئنان إلى دروب التيه والتشرد والضياع والخطر.

عشت أيامهم الأولى بكل ما فيها، الوجوه التي تحمل العزة والاعتزاز، والعيون النابع منها النور، الذي ما مثله رأيت ولا مثله عرفت.

كان الأسى النازف كما شلال الوجع، يشيع في براكين الغضب، ويفجر في أعماقي زلازل السخط والنقمة، ويرسي في سويدائي نسغ الحقد والتحدي، والرفض. هذه الأسر الكريمة الوافدة من يافا.. التي عرفتها وأحببتها، ورأيت أية حياة رغدة حضارية كانت تحياها، أراها اليوم، وأتلقاها بغير ما تلقتني، فلا بسماتها التي كانت تزين يافا وتطرزها بالنجوم، ولا نظراتها التي كانت، ولا روعة الربيع.

أزورها في مواطن الإيواء، فإذا هي كأنما عفرتها صفرة الموت.. تكاد تصرخ في وتلعنني.

تلك الوجوه كأن الموت عفرها   بحفنة من تراب الموت صفراء

آثرت خدمتها على كل ما يمكن أن يكون لي من مهام، أو شؤون.. أما هي.. الأسر هذه.. أهلي.. وقومي وعشيرتي؟ .. أما هي هذه الأسر، التي رفضت الذل والانتداب، وكانت لها ثوراتها المتوالية، وهباتها المتلاحقة؟ تتلفت عيني باحثة عنهم .. أولئك الذين في دمشق يمسكون بالدفة.. ويتربعون على عرش القيادة.. عيونهم قريرة وضمائرهم نائمة.. أولئك.. الذين اجتمعوا فأعلنوا قرارات نجدتهم، وجيشوا جيوشهم، وحركوا ألويتهم وكتائبهم، أين هم.. ومتى يطلون.

(27) وجاء الخامس عشر من أيار 1948

تلك الليلة.. ليلة الخامس عشر من أيار 1948، وأخبار الفزع والانكسار، تتلاحق، كنا مع الآلاف التي حملتها رياح التشرد، ودفعت بها أعاصير الإرهاب، وهي في ذروة أساها، كنا نقضي الليل ساهرين نتسقط الأخبار من الإذاعات، وقد تحرك في أعماقنا الأمل في الغوث والنجد، بعد أن أعلن "محمود النقراشي باشا" رئيس وزراء مصر- من مقعده في البرلمان الحرب على الدولة اليهودية، فالليلة.. يزحف جيش مصر كبرى الدول العربية، في طريقه إلينا ليأخذ بيدنا، ويشد أزرنا ويقف إلى جوارنا في مواجهة العصابات الصهيونية الكريهة التي تهدد وجودنا. مع شروق شمس يوم الخامس عشر من أيار، كانت الجماهير تتدفق إلى مدخل مدينة غزة، عند العمدان، كأنما تستلهم منها ذلك التاريخ الخالد، والصفحة المجيدة لجيش مصر، يوم دحر عند العمدان في ذلك المكان، جيوش التتار، وردها على أعقابها، تجرجر أذيال الهزيمة.

لوددت يومها أن أناديهم من مرقدهم، أولئك الأمراء القادة الراقدين تحت التراب، ليكونوا اليوم في استقبال الفوارس القادمين، لدحر الأعداء وتحرير التراب وحماية المقدسات، كما فعلوا.

مر النهار طويلا في انتظار وصول طلائع الجيش المصري، بدأت الشمس تميل إلى الغروب، لحظة أيقظتني من سرحتي هتافات الجماهير وزغاريد النساء، وعلو التكبيرات، لأرى المقدمة الزاحفة من سيارات الجيب، وراكبي الدراجات النارية، ثم ناقلات الجنود الضخمة، وقد أخذ الجنود أماكنهم فيها وبنادقهم في أيديهم، والسيارات تجر وراءها المدافع الكبيرة، التي لم نرها قط، شعرت بالزهو وأنا أرى جيشا عربيا مسلحا قويا، يزحف للنجدة، وإنقاذ الوطن.

هجم الرجال والنساء بطريقة عفوية، وأخذوا يعانقون الجنود ويقبلونهم، والزغاريد تلعلع في السماء.

إحساس غامر بالطمأنينة والأمان وشعور بالزهو والخيلاء.

مشينا يومها نحاذي السيارات الزاحفة عبر شارع عمر المختار، الـذي ازدحـم هـو أيضا بالجماهير الحاشدة الفرحة المزهوة.

وما هي إلا أيام حتى ذهبت مـع الكثيرين لنحتشـد أمـام مبنـى الحكومـة، حيـث استقر الحاكم العسكري العربي لنشارك في الاحتفال، برفع العلم المصري عـلى المبنى، في المكان الذي كان يرفع فيه العلم البريطاني، وشتان بين هذا وذاك، فهذا علمنا.. علم أمتنا علم جيشنا.

وبدأنا نرى سيارات الجيش، وهي تنتشر وتنتقل لحفظ الأمن، وحراسـة الحـدود، وعاد الموظفون إلى أعمالهم، وبدأت الحياة تأخذ مجراها الطبيعي.

سبقت دخول الجيش المصري قوات المتطوعين، مـن الأخوان المسلمين والشـباب الجامعي وغيرهم من شباب مصر الفتي المتحمس. كانت قوات المتطوعين قد دخلـت مـن رفح، وأخذت سيارتها تتقدم على شريط السكة الحديدية فوق الفلنكات الخشـبية تحاشـيا لتصادمها مع القوات البريطانية التي كانت لا تزال تسيطر عـلى الطريق العام، في انتظار انتهاء الانتداب يوم 14 مايو.

استقبلت طلائع المتطوعين، في خان يونس بالهتاف والترحاب، وانضم إليها مقاتلو المدينة، والشباب الراغب في المشاركة في القتال.

كان على رأس هذه القوات ضباط كبار من الجيش المصري ممن تطوعوا للقتـال في فلسطين، منهم أحمد عبدالعزيز، وكمال الـدين حسـين، وحسـن فهمـي وأنـور الصبحي، وخالد فـوزي، وسـالم عبدالسـلام، وعبدالمنعم عبدالرؤوف، ومعـروف الحضـري، ومحمـد حسن.

أخبار القتال الذي دار عند رفح وهجوم الجيش المصري عـلى مستعمرة "الـدنقور" والانسحاب دون اقتحامها، على قلة ما فيها من البيوت، أثارت في النفوس الحزن، إذ كيـف للجيش أن يتقدم ويترك وراءه جيوبا للعدو تهدد مواصلاته، وتعطل مسيرته.

كانت مستعمرة "الدنقور" تبعد عن الطريق العام بحوالي نصف كيلومتر. وكان بإمكان القوات الزاحفة أن تنقض عليها لتؤمن طريق إمداداتها، ولكنها تركتها وأخذت تتقدم نحو الشمال.

اتجه أحمد عبدالعزيز بقواته من المتطوعين نحو بئر السبع، عاصمة النقب عبر طريق جانبي غير مطروق بعيدا عن الطريق الرئيسي، تحاشيا للاصطدام بالمستعمرات التي كانت لا تزال تهدد الطريق، وكان دليل القوات "علي الخلفاوي" أحد أبناء قطاع غزة.

استقبلت قوات أحمد عبدالعزيز من جماهير بئر السبع استقبالا رائعا، وانضم إليها المقاتلون من أهل المدينة ليكونوا تحت قيادة أحمد عبدالعزيز، للدفاع عن مدينتهم والمشاركة في أية مهمة قتالية يكلفون بها.

أسندت قيادة القوات المصرية النظامية التي دخلت فلسطين إلى أحمد علي المواوي. وأسندت قيادة المتطوعين إلى "أحمد عبدالعزيز". وكانت القوات النظامية أكثر عدة وعتادا وتنظيما، وقد كلفت بالتقدم على الطريق الساحلي، بينما ترك لقوات عبدالعزيز التقدم نحو بئر السبع والخليل وبيت لحم والقدس حيث التقت بالجيش الأردني.

في 16 مايو- أيار التحق عبدالناصر، وعبدالحكيم عامر، وزكريا محيي الدين بالجيش الزاحف إلى فلسطين، وافترق الضباط الثلاثة في العريش، أما عبدالناصر فواصل إلى رفح بسيارة جيب، حيث انضم إلى كتيبته السادسة، وقد عجب كيف لم يستطع الجيش أن يستولي على "الدنقور"، وأذهله تقدم الجيش المصري دون أن يقضي- على جيوب المستعمرات التي في طريقه، ودون أن يتعرض لها، وكان الجيش المصري قد ضرب مستعمرة "كفار داروم" على طريق غزة قرب دير البلح، ولكنه أيضا تركها دون أن يستولي عليها.

وأثناء زحف الجيش المصري نحو الشمال، كان أول ما اعترضه "ياد مردخاي" عند "دير سنيد" هذه المستعمرة الحصينة التي كانت أبراجها تقطع الطريق بين غزة ويافا، والتي طالما أصاب قناصتها ركاب الباصات القادمة إلى غزة قبل 15 مايو.

والتي عانيت منها الكثير في ذهابي إلى المجدل أو العـودة إلى غـزة. أصبحت هـذه المستعمرة هدف الجيش المصري المتقدم وبدأ الاستعداد لاقتحامها، وبيـنما كان الضابط "زكريا محيي الدين" يترقب لحظة الهجـوم، سأل أحد مساعديه "كم قصافة سلك مع مجموعتك"؟ فاستغرب المساعد المسئول للأمر قائلا:

"قصافات سلك: لم ينبهنا أحد إلى ذلك" وشحب وجه "محيي الدين" وقال: "أتعني أنه ليس في حوزتكم قصافات سلك، ومن المفـترض أن نبـدأ الهجوم خـلال نصـف ساعة"، واستشاط غضبا.

وواصل "كيـف تتوقع مـن رجالك أن يخترقـوا هـذه الأسلاك الشائكة؟" وصمت المساعد، وقال: "ليس أمامنا إلا أن نستعمل حرابنا".

دارت معارك حامية بين الجيش المصري والمدافعين عن المستعمرة على مدى أربعـة أيام، حتى تمكن المصريـون مـن احتلال المستعمرة الحصينة التي كانت أقوى تحصينا وتسليحا من المستعمرات التي مر عنها الجيش دون أن ينتهي من أمرها، ويحتلها.

كان لانتصار الجيش المصري على اليهود في "دير سنيد" أثر كبير في رفع المعنويـات، وإلهاب مشاعر الحماس في النفوس. وقد بدأنا نتابع تقدمه لأخذ مواقعه في المدن والقرى، التي ما زالت تحت أيدينا، ولم يصل إليها اليهود أو يكسروا شـوكة المـدافعين عنها. وكان القائد "أحمـد عبدالعزيز" قد حقـق يـوم 14 مايو انتصارا هاما بـاحتلال قلعـة "عراق سويدان"، وهي إحدى القلاع التي ابتناها الإنجليز أثناء الثورة لحماية جنوده وموظفيه، فسيطر بذلك على الطريق الشرقي الذي يصل المجدل بالخليل، كما جعل مواصلات اليهود تحت سيطرته، وعزل مستعمرات النقب عزلا تاما.

وبعدها دخل الجيش المصري المجدل، وتسلم المواوي هذه القلعة "سلمت للجيش النظامي". وجعل الفالوجة مركزا لقواته، وعين "السيد طه" قائدا لها، وكان يتبعها آنـذاك قرى: حتا، وعراق سويدان، وعراق المنشية، وبيت عفا، وكرتيا، وعبدس، وجسـير، وصميل وبعلين.

تابع الجيش المصري زحفه شمالا حتى دخل المجدل ومن المجدل أرسل بعضا من قواته إلى عراق سويدان والفالوجه وبيت جبرين، لتلتقي بقوات "أحمد عبدالعزيز" المتمركزة في الخليل. هذا في الوقت الذي وصلت فيه القوات المصرية إلى إسدود يوم 29 مايو وعلى بعد 40 كيلو متر من تل أبيب، بسط الجيش المصري نفوذه على أكبر رقعة في الأرض الفلسطينية، فإضافة إلى وجوده في غزة، والمجدل وأسدود فقد سيطر على بئر السبع عاصمة النقب، بقوات "أحمد عبدالعزيز"، ومساحة النقب تزيد على مليوني دونم.

كانت تلك الأخبار تثلج صدورنا رغم المعاناة التي كنا نعانيها في غزة. فقد بدأت بوادر غير مطمئنة تتمثل في معاملة قيادة المواوي، الذي تمركز في مدينة المجدل. والتي أخذت تحدث شرخا، من عدم الثقة والشك، وبدأت اتهامات التجسس العشوائية تطلق على كل من يظهر قرب معسكرات الجيش أو عند الحدود، في الوقت الذي أخذت تتكرر فيه غارات الطائرات الإسرائيلية، على أحياء المدينة، وأذكر أنني كنت في ساحة "باب الدارون"، مع بعض أصحابي عندما فاجئتنا طائرة تقترب من الساحة، وما هي إلا لحظات حتى سمعنا صفيرا، فانبطحنا أرضا لحظة دوي إنفجار هائل، كاد يصم آذاننا، وغمرنا الدخان والغبار، وما ابتعدت الطائرة حتى نهضت ومن معي وإثر إنحسار الدخان والغبار تراى لنا ذلك المشهد الرهيب للحائط المقابل، وقد تراشقت عليه الدماء والتصقت به قطع من اللحم البشري، لمن باغتتهم الطائرة ولم ينبطحوا أرضا، ونظرت حولي أبحث عن "بربز" إبن مؤذن جامع الشمعة الذي كان من لحظات إلى جواري فإذا هو ما زال ملقى على الأرض، فخيل إلي أنه قد مات، وعندما اقتربت منه ودفعته، كان مغمى عليه، وقد تخشب فأخذت أضرب قدميه بيدي حتى فتح عينيه، وعاودته الحياة، كنا لليلات نلجأ إلى سلم بيت شقيقي علي، طوال الليل، دون أن تعرف جفوننا الراحة، لتواصل هجمات الطائرات الليلية على غزة. وعندما اشتدت الغارات على مدينة غزة، وبدأت تشمل البيوت، والشوارع، والمباني بقصفها العشوائي، الذي يستهدف الأطفال والنساء والشيوخ، والشباب دون أن تجد ما يردها، لعجز المدفعية المصرية، التي كانت طلقاتها تنفجر وتحدث الدخان ولا تفعل شيئا.

قررنا أن ننتقل من بيتنا إلى كرم لأسرتنا عند طرف غزة الجنوبي، تذكرت لحظتها، أسرة صديقي "فؤاد زيد الكيلاني"، التي كانت تسكن في بيت بحارة الدرج، بالقرب من موقع لمدفعية الجيش المصري كان من الأهداف التي تركز عليها الطائرات الإسرائيلية، فذهبت إلى بيت صديقي واصطحبته وأسرته معنا، نزلنا الكرم، وجئنا بأحد خزانات الماء الضخمة، وحفرنا حفرة كبيرة في ظل جميزة ضخمة وضعنا الخزان فيها، وجعلنا منها ملجأ، كنت أنا وصديقي نلجأ إليه، بينما تلجأ النسوة إلى مكان آخر.

وذات يوم فوجئنا بطائرة تحوم في سماء كرمنا، فسارعنا باللجوء الي مخبئنا، وبدأنا نقرأ آيات من القرآن الكريم، إلى أن سمعنا صفيرا سريعا دوى بعده انفجار هائل كاد يصم آذاننا، واقتحم الغبار علينا ملجأنا حتى كان يخنقنا ويعمي عيوننا، فما أن ابتعد صوت الطائرة، حتى خرجنا نتبين أثر الغارة على كرمنا، وما توقعناه كان، فالطائرة أسقطت حمولتها فوقنا، أنزلت قنابلها وسط الكرم، وأحدثت حفرة كبيرة، كما اقتلعت زيتونة ضخمة قديمة، وألقت بها محترقة، ممدة على جنبها، كما القتيل المغتال، حزنا يومها حزنا شديدا، لما تحمله تلك الزيتونة من ذكريات، عن طفولتنا، كما رأينا عديدا من العصافير والطيور المحترقة وثلاث خراف، مزقتها الشظايا المتطايرة وقتلتها.

كنا نقضي نهارنا في الكرم، نقرأ ونتحدث ونستمع إلى الأخبار، وما أن يأتي الليل حتى تبدأ طلعات الطائرات، قادمة من شرق غزة، يظل صوتها الكريه يؤرق عيوننا، وما أن تحوم للحظات حتى تبدأ بعدها أصوات الإنفجارات، التي نتبين أخبارها في اليوم الثاني.

لم تترك الطائرات مكانا لتجمع السكان إلا وضربته في غزة وخان يونس ودير البلح ورفح وجباليا.

ظللنا في الكرم حتى أعلنت الهدنة الأولى، فعدنا إلى بيتنا في حارة الزيتون، وعاد صديقي فؤاد إلى بيته في حارة الدرج.

كانت القوات المصرية الزاحفة نحو تل أبيب تحقق كل يوم انتصارا، وقد أحدث وصولها إلى أسدود، في 29 أيار مايو الرعب في صفوف الإسرائيليين، وبدأوا

يشعرون بالخطر الذي يتهددهم، فعقدت قيادتهم اجتماعا عاجلا بحضور "بن غوريون"، ووسط جو من الإحباط واليأس تم الاتفاق على العمل للوصول إلى هدنة مؤقتة يستجمعون فيها قواتهم ويعيدون حساباتهم ويستقدمون مزيدا من الأسلحة والعتاد.

وبضغط من أمريكا والصهيونية أعلنت الهدنة الأولى محددة بأربعة أسابيع تبدأ في الحادي عشر من يونيو وتنتهي في التاسع من يوليو، مشترطة بأن لا يقدم أي من الطرفين على تحسين وضعه العسكري فلا تحريك للقوات ولا جلب للإمدادات. وقبلت الدول العربية الهدنة لتلتقط أنفاسها وتعاود حساباتها، بحيث تعزز قواتها، وتؤمن طرق إمداداتها وتقضي على الجيوب الكثيرة التي ما زالت قائمة تهدد تحركاتها، ولكن للأسف الشديد مضى الوقت الذي أخذ فيه الإسرائيليون يجلبون الأسلحة الثقيلة والمعدات ويزودون بالطائرات التشكوسلوفاكية، ويعززون قواتهم بآلاف من المرتزقة من شتى أنحاء العالم. دون أن يفعل العرب شيئا بل استشرى الخلاف بين الدول العربية المشاركة في القتال، وبدأ كل طرف يتآمر على الآخر، ويعمل على تحقيق مكاسب سياسية على حساب المعركة المصرية للأمة العربية.

وما أن انتهت الهدنة، واستؤنف القتال في الثامن من يوليو 1948، حتى بدأت الهزائم تتوالى في مختلف الجبهات العربية. وبانتهاء معارك الأيام العشرة عند توقف القتال في الثامن عشر من يوليو بقرار من مجلس الأمن، كان الإسرائيليون قد حققوا مجموعة من المكاسب منها:

1- تأمين الطرق بين الساحل والقدس.

2- تأمين الاتصال مع مستوطنات النقب.

3- الاستيلاء على الجليل الشمالي، وتعطيل فعاليات جيش الإنقاذ.

4- الاستيلاء على اللد والرملة، ومد الحدود إلى اللطرون.

5- أخذ زمام المبادرة في الجبهة الجنوبية مع مصر.

وجاءت مقترحات الكونت برنادوت، التي قدمها في سبتمبر لحل وسط، ينهي النزاع بين الفريقين، ويحول الهدنة إلى صلح دائم. ولم ترق مقترحات برنادوت اليهود، فقامت عصابة الأرغون باغتياله في القدس يوم 17 سبتمبر وهو في طريقه إلى مقر عمله في المنطقة المحايدة.

وفي وقت غير ملائم عقد في مدرسة الفلاح الإسلامية بغزة في أول أكتوبر 1948، بدعوة من الهيئة العربية، مؤتمر وطني فلسطيني حضره 85 عضوا، برئاسة الحاج أمين الحسيني، أعلن على إثره قيام "حكومة عموم فلسطين".

وعهد برئاسة الحكومة إلى أحمد حلمي باشا، نائب رئيس الهيئة العربية العليا الحاج أمين الحسيني. ولم يكتب لهذه الحكومة الحياة، حيث ولدت ميتة.

توالت الكوارث، إذ استفردت القوات الإسرائيلية بالمناطق التي يسيطر عليها الجيش المصري، وركزت كل اهتمامها للاستيلاء على منطقة النقب.

كان الإسرائيليون قد خرقوا الهدنة، وأخذوا يقاتلون المصريين، مما دفع مجلس الأمن إلى الاجتماع عقب نشوب القتال في أواسط أكتوبر، وبعد الإطلاع على تقرير الوسيط الدولي "رالف بانش"، وتأكيده على أن الإسرائيليين البادئون بالقتال. أصدر قراره بعودة الفريقين المتحاربين إلى مواقعهما التي كانت لهما يوم 14 أكتوبر. وفوض الدكتور بانش بتنفيذ القرار وحددت الساعة الثانية من بعد ظهر يوم الجمعة 22 أكتوبر موعدا لوقف إطلاق النار، ورغم أن الفريقين قالا في ردهما أنهما أصدرا الأوامر اللازمة لجيشيهما بالانسحاب، فإن الإسرائيليين استمروا في زحفهم نحو "بئر السبع".

بدأ اليهود بضرب المدينة من الجو، لإضعاف الروح المعنوية، وإحداث بلبلة بين صفوف المقاتلين الذين كانوا من المتطوعين، ومن الفلسطينيين، وقد دب الذعر في نفوس السكان، الذين كان عددهم ستة آلاف نسمة، فأخذوا بطريقة عشوائية يرحلون عن المدينة. وكانت الطرق مغلقة بالموانع والمستوطنات الإسرائيلية، مما جعلهم يهيمون على وجوههم نحو جبال الخليل، وقد قتل

منهم الكثيرون أو ماتوا في طريق بئر السبع عسلوج العوجا رفح، لأن اليهود كانوا قد احتلوا عسلوج عقب احتلالهم لبئر السبع ليتجهوا منها إلى العوجا. كانت الدفاعات المصرية ضعيفة جدا بل شبه معدومة، لأن "المواوي" لم يعر تلك المناطق اهتمامه، وركز قواته في المجدل، بل سحب من بئر السبع، حتى القلة القليلة من قواته التي كانت هناك، مع أسلحتها ومدافعها مما جعل بئر السبع لقمة سائغة سهلة الالتهام.

واصل الإسرائيلون غاراتهم يومي 19 و 20 أكتوبر، كما قاموا بقذف المدينة بقنابل المورتر، وراجمات الألغام، مما زاد في تدفق السكان هربا من جحيم الموت. وقبيل فجر 21 أكتوبر وصلت القوات الإسرائيلية إلى المدينة من الغرب، بينما شنت قوات أخرى هجومها من الشمال، وقد قاوم الجنود المصريون والمقاتلون الفلسطينيون حتى نفذت ذخيرتهم تماما، فوجهوا نداءاتهم إلى المواوي من الموقع الأخير في مركز البوليس الحصين، ولكن المواوي لم يستجب ولم يسمع.

تصادف عند وصول أخبار الهجوم على "بئر السبع" أن كان عمي محمد، في زيارة عائلية إلى غزة مصطحبا معه طفله مصطفى، فما أن سمع عن الهجوم حتى أصابه الفزع، فقرر أن يعود إلى بئر السبع بأي طريقة وبأي ثمن، فاستأجر سيارة بمبلغ كبير. وصل إلى المدينة ليلة 21 أكتوبر، فوجدها خاوية، خالية تماما من السكان، كأنها مدينة الموتى، تتردد فيها من حين لآخر طلقات النار أو دوي المدافع المتقطعة.

توجه إلى بيته، فوجد الأبواب كلها مفتوحة، والبيت خاو ليس فيه أحد. فدخل هو وولده وأغلق الباب في انتظار ما تحمله الأقدار، ومع الفجر، داهم الجنود البيت، واقتادوه هو وولده إلى ساحة السراي المحاطة بالأسلاك حيث وجدوا هناك أعدادا من الناس، حوالي 525 أسيرا منهم 250 مصريا والباقي من سكان المدينة الذين لم يخرجوا منها.

ظل عمي في الأسر حوالي العام، إلى أن فوجئنا به يدخل علينا ذات صباح أشعث أغبر، وقد شحب وجهه، وهزل جسمه، ورثت ثيابه، وبدا كشبح إنسان يصطحب معه طفله مصطفى الذي شاركه أيام الأسر.

عماي، رشدي، وكامل كانا قد فرا بأسرتيهما إلى الخليل، مصطحبين معهما أسرة عمي محمد. وما أن علموا بوصوله إلى غزة حتى حضر عمي كامل، مصطحبا معه أسرته، وأسرة عمي محمد لتلحق بولي أمرها.

أما عمي رشدي فقد توجه بأسرته إلى عمان، حيث استقر هناك منذ ذلك الحين، وبدأت رحلة العذاب.

(28) غزة في مهب الريح

كانت المآسي تتوالى، وبدأ الإحباط يتسرب إلى النفوس، وأخذت العيون تتعلق بأولئك المحاصرين في الفالوجة، وبدأ اسم "الضبع الأسود"، "سيد طه"، يتردد، وشاءت الأقدار أن يكون بين المحاصرين الزعيم الموعود جمال عبدالناصر، ليتعامل مباشرة مع الشعب الفلسطيني، ويشهد له فيما بعد، بالبطولة والفداء والإيثار، ويظل حريصاً على قضيته حتى آخر العمر.

رأى عبدالناصر بعينيه، وأحس بقلبه وضميره، أي غبن يقع على هذا الشعب. كانت مشكلة تموين القوات المحاصرة من المشاكل التي تشغله، فكم كان يسعده أن تصل القوافل من غزة، رغم كل المخاطر التي تواجهها، لتشد أزرهم وتقف إلى جانبهم، وفي طليعة أدلائها والمتقدمين بها، الشباب الفلسطيني المقاتل. كان عبدالناصر، وسط الحصار، تأخذ عيناه الصغار من أطفال القرية في ثيابهم الرثة، وهم يبحثون بين الحشائش عن شيء يأكلونه، وسط أزيز الرصاص ودوي القنابل. كان يتساءل.. "هل معركتنا الحقيقية في فلسطين".

في الحصار الكبير للفالوجه، كان ذلك التناغم والتمازج بين المقاتلين المصريين والصامدين من الفلسطينيين، فأوجد تلك اللحمة التي سيكون لها أثرها الكبير في مقبل الأيام.

وكان الإحباط، قد بلغ أشده، وخيم على مدينة غزة ستار من الأسى، لم يتزحزح، إلا عندما أعلنت القيادة المصرية، استدعاء القائد الفاشل "محمد علي المواوي" واستبداله باللواء "أحمد فؤاد صادق"، الذي وصل غزة في 11 نوفمبر.

شاع تفاؤل مشوب بالحذر في النفوس، لما كان قد تركه المواوي من جروح لم تندمل، أشاعها بما كان يعامل به الشعب الفلسطيني، والمتطوعين من إخوانه، من معاملة سيئة قائمة على الشك والريبة وعدم الثقة.

اللواء "فؤاد صادق" من مواليد القاهرة 1893، من أب مصري وأم سـودانية، تخرج من المدرسة العسكرية، قسم الفرسان، وعمل في السودان سبع سنوات، خاض فيها معارك كثيرة ضد الإنجليز، وضد الأجانب في معارك الحرب العالمية الأولى، وأصيب بجـروح، وعاد إلى القاهرة عام 1920 ليعمل في سلاح المشاة، في القيادة العامة حتـى فصل مـن الجيـش عام 1942 بطلب من الإنجليز. وعندما نشبت حرب فلسطين، طلب الاشتراك في ميادينهـا، ولكن السلطات رفضت طلبه. إلى أن تأزم الوضع، ودبت روح الهزيمـة في الجيـش المصري، عقب معارك النقب. فانتدب للقيادة في فلسطين، وكان شرطه الاستقلال في تحركاته، وأن لا يتلقى أية أوامر أو تعليمات من القاهرة.

كان أول ما قام به اللواء صـادق عنـد وصوله إلى غـزة، العمـل عـلى رفع الـروح المعنوية بين الجنود، وإيجاد لحمة من الثقة بينهم وبين السكان الفلسطينيين وإزالـة سـوء الفهم، الذي زرعه وصنعه المواوي بين الطرفين، والإشـادة بالشعب الفلسطيني، وتاريخـه النضالي، وبادر من فوره بإعادة "محمـد نجيـب"، الـذي كـان قـد أوصى بترقيـة سيد طه، وضباط آخرين.

بدأ أول ما بدأ بالاهتمام بتوفير قوافل التموين للمحاصرين في الفالوجة، فأرسل أول قافلة، بقيـادة "زكريا محيـي الـدين"، و "صلاح سـالم"، وقـد تنكـرا في زي الأعـراب، واستعانا بأدلاء من الشباب الفلسطيني وصل هذان الضابطان إلى الفالوجة، رغم مفاجـأة اليهود للقافلة، وكان لوصولهما أثر كبير في رفع الروح المعنوية للمحاصرين.

بدأ التاريخ يفتح صفحة جديـدة، لنكون شـاهدين عليهـا، كان الإسرائيلون بعد معارك النقب والهزائم التي مني بها الجيش المصري ومـا جـرى مـن تشريـد لـلآلاف مـن المواطنين، واستيلائهم على أكبر بقعة من أرض فلسطين، قد أصابهم الغرور والزهو، وبـدأوا يخططون لطرد المصريين من غزة والاستيلاء عليها، وكنا نحن آنذاك نعي ذلك، ونتوجسه. قام الإسرائيليون بتعزيز مواقعهم، فاستولوا على تل الشيخ "نوران"، في 5 ديسمبر، ثم "تـل جمة" في 15 منه، وتل "الفارعة" في 18، وبذلك زاد

تهديدهم للجناح الشرقي للجيش المصري، وفتحت شهيتهم لإلتهام غزة، كما أفلحوا عند استيلائهم على "بيت حانون" بتمزيق الجيش المصري في المناطق الساحلية، وإرغامه على الانسحاب من أسدود والمجدل إلى ما وراء بيت حانون.

أصبحت غزة هي الهدف، فبدأ الإسرائيليون يخططون للاستيلاء على التبة 86 شرقي، "دير البلح"، حتى يرغموا المصريين على الانسحاب من غزة، لإحساسهم بأن تغيير القيادة المصرية، ينطوي على نية المصريين إلى تجميع قواتهم ومسح غبار الهزيمة في معارك النقب الأولى.

ففي أواخر ديسمبر، وفي جو عاصف ممطر تحركت القوة الإسرائيلية من قرية الشعوت المهجورة الخربة متوجهة إلى التبة 86 .

وكانت الطائرات الإسرائيلية قد بدأت بالتمهيد للهجوم، بغارات مكثفة على القطاع الساحلي وعلى مدينة غزة.

كان قائد الحامية "محمد نجيب"، على مسافة ميل من هذه التبة وشاهد العلم الإسرائيلي لحظة وصول الإسرائيليين إلى قمة التبة 86، فانتفض غاضباً وقال: "أخذنا على حين غرة، ولا بد من استرداد التبة وإلا عزلوا حاميتنا في غزة وحاصروها". وتقدم محمد نجيب المهاجمين، واستمات في القتال، حتى أصيب ونقل إلى المستشفى، في اللحظات التي كانت القوات المصرية تسترد التبة وتطرد الإسرائيليين منها، توجه اللواء "فؤاد صادق" فور تحقيق النصر إلى المستشفى في غزة، تطلع إليه" محمد نجيب "متسائلاً" هل كسبنا المعركة؟

فقال صادق، وعيناه مغرورقتان بالدمع: نعم، لقد أجبرنا اليهود على الانسحاب من التبة 86، وأنقذنا الجيش المصري من كارثة محققة".

قال نجيب: "أستطيع الآن أن أموت سعيداً". لكن نجيب لم يمت، وأمد الله في عمره.

تواصلت معارك النقب، والجيش المصري يواجه الهجمات الإسرائيلية وحيداً، وقد خيم الصمت على باقي الجبهات، مما دفع الإسرائيليين إلى الإصرار على تنفيذ خطتهم بالاستيلاء على غزة.

فكـر الإسرائيليـون في الاسـتيلاء عـلى العـريش، وبـذلك يحـاصرون الجـيش المصـري ويضطرونه للتسليم والانسحاب، ولكنهم تراجعوا عن فكرة اقتحام الحدود المصرية وقرروا دق إسفين لهـم جنـوبي رفـح، وبـذلك يعزلـون القـوات المصـرية في غـزة عـن قواعـدها في العريش.

كان توزيع القوات المصرية في الميادين الباقية من فلسطين قد تقلص، ليصبح عـلى الوجه التالي:

- 4 كتائب مشاة، وكتيبة آلية في منطقة غزة.
- كتيبة مشاة وفصيلان آليات في دير البلح.
- 4 كتائب مشاة في رفع، ومواقع على طريق رفح/ العوجا.
- لواء منعزل ومحاصر في الفالوجة.
- وبقايا كتيبتين من المتطوعين في منطقة الخليل وبيت لحم.

وبهذه القوات، وهذا الوضع العسكري كان على الجيش المصري أن يواجـه القـوات الإسرائيلية المعززة بما استقدمته من عدة وعتاد ومرتزقة.

كان الإسرائيليون في أوج غطرستهم، وزهوهم، بما حققوا من انتصار، فقاموا بسحب كافة قواتهم من الجبهات الأخرى التي خرست فيها المدافع العربية، وتخلى مقاتلوهـا عـن المهمة التي جاؤوا من أجلها، وامتثلوا لأوامر وقف إطلاق النار، كما شاء لهم قادتهم.

لم ييئس الإسرائيليـون مـن تحقيـق هـدفهم بـاحتلال غـزة، وفـتح شـهيتهم الوضـع الداخلي المتردي في مصر، والنزاع الذي نشـب بـين الأخـوان المسـلمين والحكومـة، واغتيـال زعيم الأخوان المسلمين الشيخ حسن البنا، بعد أن اغتيل رئيس الوزراء محمود النقراشي في 29 ديسمبر 1948، وبدأت الحكومة بملاحقة الأخوان المسلمين بالسجن والنقد.

بدأت القوات الإسرائيلية تتجمع في مستعمرة شرقي رفح، ولما حانت سـاعة الصـفر ليلاً في 3 يناير 1949، تحركت السيارات المصفحة وشاحنات الجنود نحو الموقع

المصري في رفح، تقدمت إحدى المجموعات الإسرائيلية نحو التبة 102 فصدها المصريون، وهاجمت مجموعة أخرى موقعاً في مقبرة على تلة مجاورة، واستولت عليها، في الوقت نفسه وصلت القوات الإسرائيلية الرئيسية القادمة من العوجا، بعد أن نفذت أهدافها هناك، وتركت قسماً منها على طريق العريش بعد احتلالها "أبو عجيلة". كانت المدافع والأنوار الكاشفة تكتسح المواقع المصرية على الطريق الرئيسي، وقد تمكنوا قبل حلول صباح 4 يناير من الاستيلاء على الموقع الثاني، ثم وجدوا الموقع الثالث مهجوراً، وسقط الرابع والخامس في المساء، وبقي عليهم الاستيلاء على الموقع السادس ليتمكنوا من فصل القوات المصرية في غزة عن قواعدها في العريش ومصر.

وفي أوج إحساس الإسرائيليين بالنصر وشعورهم بالتفوق والوصول إلى تحقيق غايتهم، فوجئوا بالصمود والثبات، وقوة التصدي لهم، وإيقاع الخسائر الفادحة بهم، عندما انبرى لهم "اللواء فؤاد صادق"، يقود المعركة بنفسه، غير معتمد على أحد غيره من الضباط. فأحبط الهجمات الإسرائيلية وأعجزها عن احتلال التبة 102 وردها على أعقابها خاسرة.

في الوقت ذاته، كان الإسرائيليون يركزون على جبهات أخرى ضاغطة على الجيش المصري، حيث بدأوا هجوماً ليلة 27 ديسمبر على عراق المنشية، استعملوا فيه المدفعية والطائرات والقوات المدربة، طوال النهار وشطراً من الليل، ثم بدأوا بهجوم المشاة في الثانية من صباح الثامن والعشرين من ديسمبر، حيث تمكنوا من احتلال جانب من القرية، بعد أن فتحوا ثغرة في خط الدفاع كانت ترابط فيه قوات سودانية.

ولكن ما كاد الفجر يبزغ حتى فاجأتهم الكتيبة المصرية السادسة بقيادة الصاغ جمال عبدالناصر بهجومها المضاد، فطردتهم وكبدتهم خسائر فادحة. ويومها قاتل السودانيون بالسلاح الأبيض قتالاً مريراً. ولم يكتف الإسرائيليون بهجماتهم هذه لزعزعة صمود المصريين واللعب بأعصابهم وكسر معنوياتهم، بل قاموا بقصف المواقع المصرية في الفالوجة من الجو والبر، وقد استمرت غاراتهم حتى السابع من يناير 1949، حين أوقف القتال تنفيذاً لقرار مجلس الأمن.

ولكن أحداً من المواطنين، أو المقاتلين لم يكن يعرف سبب تصدي فؤادصادق بنفسه لقيادة المقاتلين في معركة رفح الحاسمة. كانت الروح المعنوية للقوات قد تدنت، ووصلت الأخبار إلى القاهرة عن إمكانية وقوع الجيش المصري في غزة في الحصار، إثر تقدم القوات الإسرائيلية وتفوقها في العتاد والمعدات والطائرات، فأصدرت القاهرة أمرها لفؤاد صادق بالانسحاب بأية طريقة. وإنقاذ الجيش من حصار مؤكد، بالطريقة التي سحب المواوي الجيش بها، عن طريق البحر. تمرد بعض الضباط في رفح مؤثرين الامتثال لأوامر القاهرة، وعدم الانصياع لأمر فؤاد صادق بالتصدي ومواصلة القتال، مما جعل فؤاد صادق يوقع عقابه على هؤلاء الضباط، ويبلغ القاهرة برفضه الانسحاب وإصراره على مواصلة القتال حتى النصر، وتحمل كافة المسؤوليات التي تترتب على رفضه لقرار قيادته، وصدق الله وعده ونصر عبده وأعز جنده، في تلك المعركة الفاصلة، التي حمت قطاع غزة من الوقوع في براثن الإسرائيليين، وتشريد الآلاف من المواطنين واللاجئين، الذين كان عددهم آنذاك يزيد على ثلاثمائة ألف نسمة.

وعاد اللواء فؤاد صادق إلى القاهرة لتنحيه قيادته عن الجيش وتقبلها راضي النفس مطمئن الضمير. وأتى إلى غزة بعد سنوات ضيفاً عليها في عهد الرئيس جمال عبدالناصر، وأقامت له بلدية غزة حفلاً كبيراً وروى ذلك البطل الإنسان القصة، بعد أن استمع إلى الخطب التي أشادت ببطولته ورجولته، وعاهده منير الريس رئيس بلدية غزة آنذاك بأن الشعب الفلسطيني الذي حمل في قلبه صورته وفي عنقه جميله، سيقيم له بعد التحرير والنصر تمثالاً في أهم ميادين فلسطين.

ومن أحداث تلك الأيام التي لا تنسى، في مدينة غزة.. ذلك اليوم الذي تواردت فيه الأخبار عن ترقب وصول الضبع الأسود "سيد طه" مع ضباطه وجنوده المحاصرين في الفالوجه، وما أن انتشر الخبر، في المدينة، حتى أخذ المواطنون يبادرون لإقامة الزينة وأقواس النصر واللافتات، التي تحمل الترحاب بالأبطال العائدين، وتشيد ببسالتهم وتمجد الضبع الأسود، وتؤكد عروبة فلسطين.

كان يوماً مشهوداً، ذلك اليوم تجمع فيه الآلاف من البشر في مدخل غزة، عند طرفها الشرقي، أمام المنصة الكبيرة التي جلس فيها اللواء فؤاد صادق، وكبار ضباطه، ورئيس بلدية غزة رشدي الشوا وحوله أعيان القطاع كله.

يومها همس صادق في أذن رشدي الشوا، متسائلاً وعيناه تغرورقان بالدمع "الى أين كانت ستذهب كل هذه الحشود، لو امتثلت لقرار الانسحاب من غزة"، وما أن بدت تطل طلائع القادمين بسيارتهم ومعداتهم، حتى علا الهتاف وتعالى التكبير، ودوت الزغاريد، اعتزازاً بالقادمين وسروراً بنجاتهم من براثن الإسرائيليين.

وفي اليوم الثاني، أقيم لهم احتفال خطابي كبير بمتنزه بلدية غزة، وتوالى الخطباء من أهل المدينة ومن الضباط، كان منهم ذلك الضابط السعودي، شكيب الأموي، وقف فارعاً مرفوع الرأس، قال يومها، فيما قال، إن أجمل ما رأيت من اللافتات التي ملأت شارع عمر المختار، تلك اللافتة المرفوعة أمام محل للحلويات تحمل أحد أبيات المتنبي فارس الشعراء:

لا افتخاراً إلا لمن لا يضام   مدرك أو محارب لا ينام

وقال "إن من عادة الشعوب أن تقيم أقواس النصر للجيوش العائدة من معاركها، بعد هزيمة الأعداء والانتصار عليهم، وما من شك، أن الشعب الذي يستقبلكم، رغم المآسي والنكبات، التي حلت به، يعلم أنكم بحصاركم الذي قاسيتموه إنما حققتم انتصاراً على إرادة العدو، الذي كان مصراً على القضاء عليكم. إنكم تعودون إلى القاهرة وما زالت ثيابكم وأجسامكم تحمل غبار المعارك، وعرقها.

تعودون إلى القاهرة، لتأخذ عيونكم أضواءها ومباهجها، وما أظن أنكم ستنسون أبداً ما حملتم في صدوركم من إيمان، بأن هذه الأرض العربية المهددة ما زالت تطالبكم وتطالبنا بأن تظل أمانة في أعناقنا، حتى يتحقق التحرير الكامل لها.

ومرة أخرى سنردد مع الشاعر:

لا افتخاراً إلا لمن لا يضام   مدرك أو محارب لا ينام

وأتمنى أن تظل عيونكم مفتوحة على عدوكم، فما زالت المعركة قائمة، والصراع طويل، فإما أن نكون أو لا نكون".

هزتني هذه الخطبة وهزني الصوت، وأعجبت بالخطيب الضابط، فبادرت فيما بعد بالسؤال عنه لدى الكتيبة السعودية التي كانت تعسكر شرقي غزة، فعلمت أنه قد

استدعي إلى القاهرة للعودة إلى المملكة العربية السعودية. كما عرفت بأنه فلسطيني الأصل من مدينة عكا، سافرت إلى مصر، وأخذت في البحث عن "شكيب الأموي" إلى أن قيل لي أنه ينزل في فندق "الكوتننتال"، فتوجهت إلى الفندق، وطلبت الرجل في غرفته، لم يكن يعرفني وهو يسمع باسمي لأول مرة، وعندما فتح باب المصعد، وأنا أجلس مترقباً، دارت عيناه تبحثان عن رجل لم يره، فوقفت وتقدمت إليه، وأخذته بالعناق.. معبراً عن اعتزازي بكلمته. وغاب ..بعدها.. وغابت عني أخباره، إلى أن دعاني وزير الإعلام الشيخ إبراهيم العنقري، عام 1972 لزيارة المملكة العربية السعودية.

قرأ شكيب الأموي خبر وصولي في الصحف السعودية، فجاءني صوته عبر الهاتف، في فندق "الكندره" بجدة، ليكون عندي بعد لحظات، وهو ما زال على سابق عهده، من التدفق والحماس، واصطحبني إلى بيته، حيث تعرفت إلى أسرته، وجلست لأجد أسرة فلسطينية، ما زالت على حماسها، وحميميتها، كأنها لم تغادر فلسطين إلا الأمس. بكل ما فيها من توق للوطن، وحب له، وأمل في العودة إليه. نادى الأموي يومها إحدى صباياه القادمة في إجازة لها من مدرسة ثانوية في لندن، وكانت ما زالت تتردد قصة مداهمة الفدائيين، لمستعمرة "معلوت"، فطلب منها أن تروي لي ما جرى لها مع مدرستها البريطانية. فروت لي، "ان المدرسة البريطانية صباح اليوم الثاني للعملية الفدائية التي مات فيها بعض الإسرائيليين بسلاح الفدائيين، طلبت من تلميذات الفصل أن يقفن ترحماً على ضحايا العملية من الإسرائيليين، فوقف الجميع.. ولم تقف إبنة الأموي، مما أثار حفيظة المدرسة التي وصفت الفدائيين بالإرهابيين، فكان رد الصبية التي لم تبلغ الخامسة عشرة من العمر، إن الإرهابيين هم الذين استلبوا الأرض، وطردوا أهلها الشرعيين". وكانت أزمة سياسية ودبلوماسية، كادت تقطع على الصبية دراستها، لولا تدخلات عليا استمرت لأيام، عادت بعدها إلى دراستها.

(29) النهوض على الجراح

عندما وقعت الهدنة العامة بين مصر وإسرائيل في رودس 24 شباط- فبراير 1949 كانت غزة وما حولها قد بلغت درجة عالية من الإنهاك والمعاناة. زحف الأسى واليأس، وأطبقت الكآبة، وبدا المستقبل مجهولاً غامضاً، فإضافة لأكثر من مئتي ألف لاجىء دفعت بهم رياح التشرد في مهبها، بعد أن استلبتهم كل ما يملكون، وألقت بهم فريسة الضياع والغموض، والفاقة، فإن مائة ألف أخرى هم سكان غزة وما حولها "جباليا، دير البلح، خان يونس، وقراها، رفح" ما كانوا أحسن حالاً من اللاجئين.

فقد التهمت الحرب الأراضي الزراعية الشاسعة وراء خط الهدنة، التي كانت مورد الرزق الوحيد لهم ورغم ذلك فقد بدا التكافل والتضامن على أعلى مستواه في اقتسام رغيف الخبز، وشربة الماء بين الجميع، وقد كانت أسرتي من تلك الأسر التي فقدت كامل الأرض التي تملكها. وأصبحت المسؤول عن إعالتها.

أصدرت الأمم المتحدة، صانعة المأساة نداءً إلى الصليب الأحمر، والهيئات الإنسانية للمبادرة بإغاثة اللاجئين، فكانت "جمعية الأصدقاء الأمريكية "أول من وصل إلى غزة، لتبدأ مهمتها الإنسانية، حيث بادرت بتوزيع البطانيات، والخيام، والأغذية على اللاجئين. كما أنشأت مراكز، ومخازن، وعيادات للتمريض والتوليد. ومراكز خاصة باليونسيف، لتوزيع الحليب، والأطعمة والألبسة على الأطفال.

حياة "الكويكرز"، كانت حياة بسيطة للغاية، بل قريبة من التقشف. إذ كانوا يفطرون بكوب من الحليب ويتغذون سندوتشات خفيفة، ويتعشون عشاءً بسيطاً. يأكلون العدس مرتين في الأسبوع. كان اللاجئون يقيمون في المدارس والجوامع، وفي مخيم "الجميزات" قريباً من شاطىء غزة. وأصبح لا بد من البحث لهم عن مأوى أكثر استقراراً. كانت الحكومة ألفت لجنة لغوث اللاجئين، يرأسها اليكباشي، وحيد الدين، أحد ضباط نائب الحاكم الكبار.

وكان ابن خالتي "نظمي الزهارنة"، أحد أعضاء هذه اللجنة، وإذ لمس في الحماس لمساعدة اللاجئين والوقوف إلى جانبهم، عرض علي أن أشارك في أعمال الإغاثة، فلبيت دعوته فوراً، وبدأت أرافقه في جولاته، وأقوم بما يطلبه مني.

استقر الرأي على نقل اللاجئين من المدارس، ومن مخيم الجميزات والمخيمات الأخرى إلى معسكري البريج والنصيرات، بعد أن أخلتها قوات الفدائيين من الإخوان المسلمين بقيادة "كامل الشريف" و "الشيخ محمد فرغلي"، ومن قوات المتطوعين بقيادة البكباشي أحمد عبدالعزيز.

كنت مع أول من وطأت قدمه معسكر البريج، ومع أول سيارة تصل إليه للاستكشاف، والتأكد من صلاحية المعسكر ومرافقه لاستقبال اللاجئين. معسكر "البريج" هو أحد معسكرات الجيش البريطاني، وعن صاريته، نزل العلم البريطاني يوم 14 مايو- أيار، ومنه انسحب آخر جندي بريطاني عن فلسطين.

عنابر كبيرة واسعة، عالية الأسقف، لا علاقة لها بسكنى الأسر وإقامة العائلات. وهو في حاجة إلى عمل طويل ليكون صالحاً للإسكان العائلي. ولكن الحاجة ماسة، وضغط الأيام ثقيل، لا بد من إخلاء المدارس، والمساجد. ولا بد من بحث عن مكان أفضل من الخيام التي لا تقي من البرد أو الحر.

وبدأت عمليات التنفيذ بسرعة، وبدأنا في نقل الأسر إلى البريج في شاحنات من مخيم الجميزات ومن المدارس والمساجد. كنا نوزع عليهم في الأيام الأولى الخبز والجبن فقط، وبكمية قليلة لا تسد أوداً ولا تشفي غليلاً.

وزعت الأسر داخل العنابر الطويلة الواسعة، وأكتفي بإسدال البطانيات بين الأسرة والأخرى في تلك العنابر الواسعة، التي نزلتها عشرات الأسر، وقد ظل ذلك الوضع مدة غير قليلة، حتى قامت الوكالة فيما بعد، بوضع حواجز من الخشب أو الطوب بدلاً من البطانيات.

معسكرا النصيرات والمغازي لا يختلفان كثيراً عن معسكر البريج، العنابر الكبيرة الواسعة المرتفعة الأسقف، اتبع فيها ما اتبع في معسكر البريج، وأضيف إليها

السجن المقام إلى جوار معسكر النصيرات، المسمى "بالكلابوش"، فوزعت عليه العديد من الأسر.

تم الإسكان في تلك المعسكرات، وبدأت الوكالة تتولى مهامها، يشاركها في إدارتها في مرحلتها الأولى، ضابط من الضباط المصريين لكل معسكر، وبدأت الحياة تأخذ مجراها الطبيعي، ونظراً للأعداد الكبيرة للاجئين، قامت الوكالة ببناء بيوت من اللبن قريباً من معسكر النصيرات، وكان من أهم ما توجه إليه اللاجئون وسكان القطاع، وأقبلوا عليه، بعد أن فقدوا الأرض والوطن وانتزعت من أيديهم جميع الأسلحة، الإصرار على تعليم أطفالهم، تحت أي ظروف، ومهما كانت المصاعب.

أقبل الطلاب على الدراسة في أسوأ حالتهم المعيشية. كما أقبل المدرسون على تلبية نداء الواجب بأجور تكاد تكون تطوعية، عبارة عن بعض التموين الذي يوزع عليهم. أما مدارس الحكومة فقد أسند إلى الصاغ أحمد إسماعيل والمربي بشير الريس إعادة فتحها وتنظيم الدراسة فيها.

معلم في مدرسة هاشم بن عبد مناف في غزة

دعيت أيامها إلى الالتحاق بعملي كمدرس في مدرسة "هاشم بن عبدمناف" الثانوية، المدرسة التي تلقيت فيها دراستي الأولى، وشاءت الأقدار أن يكون حنا دهده فرح ناظر المدرسة، أحد أساتذتي في المرحلة الابتدائية. تضمن جدولي إضافة إلى تدريس اللغة العربية للصفوف الثانوية عدداً من حصص الرياضة البدنية، إحدى هواياتي، وقد أبديت اهتماماً كبيراً بالكرة الطائرة وكرة السلة، وعمدت إلى الإكثار من أوقات التدريب لتلاميذي، بحيث تمكنوا من التغلب على العديد من فرق المدارس الأخرى في غزة وخارجها.

كما عدت إلى ممارسة النشاط الفني، فاقترحت على ناظر المدرسة أن أدرب طلابي على التمثيل فاخترت إحدى المسرحيات الخفيفة لتقديمها في نهاية العام. وقد فاجأني الناظر بمسرحية شعرية من تأليفه، تتضمن مشاهد عن بزوغ الإسلام وظهور محمد رسولاً للمسلمين، وقد قرأتها وأعجبت بها، واخترت لأدوارها عدداً من الطلاب، واخترت لنفسي دور الراهب بحيرا. وكان من طلابي آنذاك المقربين إلي مصباح صقر، ونبيل الشوا، وناجي الزهارنه.

فاجأنا شتاء عام 1950، إذ جاء شتاءً قاسياً، داهم المخيمات والمعسكرات، فطارت الخيام، وزحفت السيول، وجرفت أشياء اللاجئين وشردتهم من جديد.

وتدفقت المياه تقتحم بيوت اللبن التي أقامتها الوكالة في النصيرات، لتحدث مأساة محزنة، هزتني، فكتبت قصيدة بعنوان (أين المفر؟)، نشرت في مجلة الإذاعة المصرية بالقاهرة.

هتف الموت وهو ناب وظفر	لا مفر من قبضتي لا مفر
وعوت تصرخ الرياح وهبت	عاصفات جموحة لا تقر
والسماء اختفت فلم يبق إلا	سحب ترسل الوعيد ونذر
رب أم حنت على طفلها البكر	وضمته وهو خوف وذعر
ألصقته بصدرها خشية الموت	وهل يدفع المنية صدر

ويتيــم قضــى أبـوه شـــهيداً	فـإذا بيتهـا المهــدم قبــر
وفتـاة مكلومـة القلـب تـبكي	فقـد خـدر ومـا حـواه الخـدر

الخيام والكهوف... وحياة اللجوء القاسية، وعالم المخيمات والمعسكرات كل ذلك، أصبح همي وشغلي وموطن إلهامي فيما أكتب، إضافة إلى تعليم طلابي في مدرسة هاشم بن عبدمناف، وما أطمح أن يصلوا إليه من تحصيل علمي ووعي وطني.

كانت المادة العلمية المقررة ليست هي الأساس، وإن كنت أعطيها حقها أثناء حصص الدرس، أو بعدها، وكثيراً ما دعوت تلاميذي أيام الجمع لدروس خاصة لمراجعة مادة اللغة العربية، لأطمئن على تفهمهم وتحصيلهم الجيد، وكنت أحرص على أن أنتقي لهم من الشعر ما يشحن صدورهم ومشاعرهم وعقولهم.. بحب الوطن، حفظوا من شعر إبراهيم طوقان، وعبدالكريم الكرمي، ومحمد مهدي الجواهري، وأحمد شوقي، وحافظ إبراهيم، ومحمود الحوت..

تعاملت مع تلاميذي، تعامل الـود والمحبة والصداقة، كنت أزورهـم في بيوتهم، وأوطد العلاقة بيني وبين أسرهم. وكانوا يزورونني ويختارون ما شاؤوا من كتبي، لتوسيع مداركهم وشمول اطلاعهم.

شيء ما في أعماقي، أينما توجهت عيني، وحيثما دار خلدي. لا بد من إيقاد مشاعل الأمل، والتغلب على المأساة مهما كانت ضخامتها، فأطلقت أول ما أطلقت صرختي: ضد حياة الخيام وما تسببها من يأس وقنوط:

أخـي مهـمـا أدلهـم الليــل	ســوف نطـالـع الفجـرا
ومهـمـا هـــدنا الفقـر	غـداً ســنحطم الفقـرا
أخـي والخيمـة السـوداء	قـد أمسـت لنـا قـبرا
غـداً ســنحيلها روضـاً	ونبنـي فوقهـا قصـرا
غـداً يـوم انطـلاق الشـعب	يـوم الوثبـة الكـبرى
غـداً في زحمـة الأقـدار	ســوف نحقـق الأمـرا

فلسطين التي ذهبت ستُرجع مرةً أخرى

وتدور عيناي.. شعب عظيم، يتناثر أشلاءً بين الخيام والكهوف.. فأصرخ فيه منادياً (بالجولة الثانية)، في وقت وصلت فيه أحوال الناس إلى أدنى درك من الفقر والفاقة والتشرد.

سأجمع للثأر أشلائيه من الكهف والخيمة البالية
وأصرخ من عمق أعماقيه سأجمع أهلي وأصحابيه
وأدعو إلى الجولة الثانيه وأرسلها صرخةً داويه

وتتلاحق قصائدي، منشورة في جريدة غزة، داعية إلى تحدي اليأس، والتغلب على المأساة والنهوض على الجراح.

عندما نشرت قصيدتي الجولة الثانية، وبدأت تتناقلها الألسن، عجبت أن يتصدى لي صديق عزيز وزميل شاعر، فيرد علي في قصيدة بنفس الوزن والقافية، يقول في مطلعها:

هراء هي الجولة الثانية وفي الشرق جيش بريطانيه

منذ نشرت قصيدتي.. "أنت أنت رفيقي"، والأخوة اليساريون، يحاولون اجتذابي إلى حزبهم، ولرفضي ذلك أخذوا يتصدون لي فيما أكتب، ويحاولون التحرش بي، وقد كنت واضحاً معهم، صريحاً مؤمناً أن الاتحاد السوفييتي، لا يقل عن أمريكا في الضلوع بصنع مأساة شعبي، بل كنت أعتبره الأكثر عداوة لأمتي، كأمة مسلمة مؤمنة بالله، متبعة للإسلام. وكان بي إيمان مطلق، بأن لا حل للقضية من أي من أمريكا أو روسيا. ورسخ إيماني بذلك ما قامت به الدول الاشتراكية من تزويد إسرائيل بالعتاد والطائرات أثناء الهدنة الأولى، وتعزيز قدرتها على استلاب بقية الوطن.

ورغم الصعود والهبوط في علاقات الاتحاد السوفييتي بالفلسطينيين في مقبل الأيام، فقد ظللت ثابتاً على موقفي مصراً عليه، وقد عانيت من ذلك الكثير، الكثير.. من دعاة السلام، ومطيري الحمام، وحاملي غصون الزيتون.

أنا لست أومن بالسلام: ولا بأنصار السلام
أنا لست ألقي مدفعي يوماً ولا ألقي حسامي
حتى أعود ورايتي خفاقة فوق الأنام
ويعود كل اللاجئين مع الهناء والابتسام
في يومها يحلو السلام أكون في صف السلام

لم يقتصر نشاطي على طلابي، وما أنشره في الصحف الغزية أو المجلات المصرية، بل امتد إلى أندية غزة وجمعياتها، كان من عادتي تلك الأيام أن أصطحب صديقي عبدالكريم رشدي الشوا في أوائل عام 1950 إلى بيارتهم، التي تقع شمالي غزة، كانت البيارة متروكة غير معتنى بها، مما دفع صاحبي أن يكرس جهده، وعمله ليبعث الحياة فيها، ويجعلها نموذجاً يحتذى به. شاركته وهو يرقبها.. شجرةً، تنمو وتكبر. وكنا في أيام الجمع نصطحب بعض الأصدقاء لقضاء يوم فيها.

وذات يوم صحبنا إلى البيارة الصديق "أحمد ساق الله" ومعه عوده لقضاء يوم الجمعة.. للترويح عن النفس وبعد الغداء.. بدأ صاحبنا يترنم بصوته الشجي، مع أوتار عوده الناعم، غنى لأم كلثوم، وفريد الأطرش، وليلى مراد، ثم شدنا من الأعماق وهو يطلق قصيدة علي محمود طه:

أخي جاوز الظالمون المدى فحق الجهاد وحق الفدا
أنتركهم يغصبون العروبة مجد الأبوة والسؤددا
فجرد حسامك من غمده فليس له بعد أن يغمدا
أخي قم إلى قبلة المشرقين لنحم الكنيسة والمسجدا
فلسطين يفديك منا الشباب وجل الفدائي والمفتدى
فلسطين تحميك منا الصدور فإما الحياة وإما الردى

هزنا.. أحمد ساق الله من الأعماق، ونحن أمامه متسمرون، شاخصون، كأنما على رؤوسنا الطير لما أضفته القصيدة من الهم والحزن والحسرة، فشعر أحمد أنه

عكر الجو المرح، ونشر نوعاً من الكآبة، فمال إلى لحن آخر لعبدالوهاب وأخذ ينشد قصيدة شوقي:

مضـــــنـاك جفـــاه مرقـــــده   وبكـــــاه ورحـــم عــــــوده

فطربنا لها، وحلقنا مع كلماتها، ولحنها.. يومها، خطرت لي فكرة وسط هذا الأسى، الذي يخيم على المدينة، لماذا لايقيم "النادي الرياضي" الذي نحن جميعاً من أعضائه، حفلة ساهرة يتيح فيها لغزة أن تستمع إلى هذا الفنان الشاب، وإلى غيره من الهواة. ودار حوار بين الحاضرين. البعض استطاب الفكرة واستحسنها، والبعض رأى ضرورة أن يقدم فيها كلام وطني يعبر عن مأساتنا، وكنت قد أعجبت بلحن عبدالوهاب لقصيدة "مضناك"، وأداء أحمد ساق الله لها، فاقترحت أن تتضمن فقرات الحفل، إضافة إلى قصيدة علي محمود طه، قصيدة أخرى أكتبها لأحمد ساق الله على وزن قصيدة شوقي وبلحن محمد عبدالوهاب. فرحب الجميع بالفكرة وكتبت القصيدة المطلوبة التي منها:

وطنـــــي أعيــــاه تنهـــــده   فانســـــاب الــــدمع يهدهــده

وطنـــــي أقداســـك قـــد هتكـــت   والشـــعب تجمـــد مـــورده

قـــد جـــاع ولا مـــن يطعمـــه   قـــد تـــاه ولا مـــن يرشـــده

مســـكين لا مـــن يســـمعه   في الليـــل ولا مـــن يرقـــده

وأقيم الحفل في وسط المدينة على سطح أحد المقاهي الكبرى، وأقبل الناس إقبالاً منقطع النظير، إذ امتلأ السطح، حتى خشينا، أن يقع بنا وطربت الجماهير لما قدمه أحمد ساق الله، وغازي الشرقاوي، وكان أكثر ما طربوا له قصيدة "وطني". رجعت يومها إلى بيتي بعد منتصف الليل، وبدأت الأفكار تتلاحق في رأسي، لا يجوز أن نسمح للنكبة أن تقتلنا، ولا بد من النهوض عليها، وتحديها، فالوطن وطننا والديار ديارنا، هكذا علمنا الآباء، وهكذا ورثنا عن الأجداد، وذلك حقنا. ولا يموت حق وراءه مطالب.. هذا الأسى الذي يقبض صدري، والذي ينزف قاسياً ومريراً، في القصيدة التي نشرتها في جريدة "الشرق"، لا بد لي أن أخرج عنه: كانت

قصيدتي شديدة القتامة، تعبر عن مدى الأسى واليأس والحزن الذي بدأ يسكننا.

إلى أيـن أمضي ــ مهـيض الجنـاح	أفـتش في الكـون عـن مـوطني
عـن الأيـك.. أيـك الشـباب النضـير	عـن الـوكر، وكـر الصـبى اللـين
إلام أعــب السرـاب المضـل	وأشرب مـن كأسـه المحـزن
تلفــت في لهفــة الجــائعين	إلى لقمــة في يــدي محسـن
أألقــى هنـا بـين هـذي الشـعاب	مكانــاً أخـط بـه مـدفني

أية سوداوية تلك، وأي أسى ما بعده أسى يتملكني، كتبتها ونشرتها، وأنا أشعر بحزنها الشديد، وقسوتها القاتلة، كانت القصيدة شديدة القتامة، عكست ما أرست النكبة في أعماقي فسخطت عليها، وعلى نفسي، والتهبت في مشاعر الغضب، وقررت أن آخد منحى جديداً، أتغلب به على ما في من رواسب المأساة. قمت بزيارة إلى منزل صديقي الفنان اللاجىء أحمد ساق الله. كان يسكن وأسرته في بيت مؤجر، خارج مدينة غزة، عند طرفها الجنوبي، وسط أحد كروم حارة الزيتون.

استقبلني فرحاً، وأخذنا مكاننا تحت تكعيبة للعنب، وجاء بعوده، وأخذ يشدو ويعزف، وأنا أسمع سعيداً فرحاً. أسمعني، فأطربني. سألته عن قدرته على التلحين، فأعرب عن تمكنه منه، وأنه على استعداد لأن يلحن ما أقدم له. وتمنى علي لو أفعل ذلك.

وبدأت المسيرة مع أحمد ساق الله، طلبت منه أن يبدأ بتلحين ما ينفع تلاميذي، وقدمت له نشيد (بلادنا)، الذي أردته خفيفاً سهلاً يتناقله الأطفال مهما كان سنهم:

بلادنــا .. بلادنــا	مــن أجلهــا جهادنــا
مــن أجلهــا استشــهادنا	بلادنــا.. بلادنــا
الكرمــل المعطــر	والســاحل المخضــوضر
والبرتقــال المزهــر	والمــوز والصــنوبر

ومـــــا بنـــــى أجـــدادنا
بلادنـــــــا.. بلادنـــــــا

مـــــن رفـــح لصـــــقد　　خريطـــــــة لبلـــــــدي
رســــمتهها في كبــــدي　　أورثتهـــــــا لولــــــدي

فهللــــــت أمجادنـــــــا
بلادنـــــــا.. بلادنـــــــا

لهــــا غـــــداً سنـــرجع　　وأرضـــــها ســـــتزرع
فجاهــــــدوا وأبــــدعوا　　تهيــــــأوا تجمعـــــــوا

ففـــــي غـــد ميعادنـــــا
بلادنـــــــا.. بلادنـــــــا

جاء لحن أحمد ساق الـلـه سهلاً، جميلاً، سرى في القطاع سريـان النـار في الهشيم، يردده الأطفال وينشده الصبية ويترنم به الشباب، وأتبعته بنشيد "فلسطين".

مـــن كهـــوف البـؤس مـــن ليـــل الخيـام
ســـوف نمضيـــ دائمـــاً إلى الأمـــام
ســـوف نمشيـــ في عنـــاد واحتـــدام
ويشـــق الشـــعب أســـتار الظـــلام
بنفـــــوس لاتبـــــالي بالعنـــــا

دائمــــــاً فـــوق الشـــفاه　　دائمـــــاً هـــذا النشـــيد
يمــــلأ الـــدنيا صـــداه　　هاتفـــــاً فينــــا يعيـــد

إنمـــــا النصرـــــ لنـــــا

إلى آخر النشيد، الذي يدعو إلى حمل السلاح، والعمل على استرداد الوطن، لم تكن المدارس الحكومية تهتم كثيراً بما هدفت إليه، فكانت تقتصر دروسها على المنهاج الدراسي المصري، فعمدت إلى كتابة الأناشيد التي تتناسب مع أحوال اللاجئين، ودعوتهم إلى العودة للوطن، وكان على رأسها نشيد عائدون:

عائـــدون عائـــدون إننـــا لعائـــدون
الحـــدود لـــن تكـــون والقـــلاع والحصـــون

فـــاهتفوا يـــا نـــازحون
إننـــا لعائـــدون

عائـــدون للـــديار للســـهول للجبـــال
تحـــت أعـــلام الفخـــار والجهـــاد والنضـــال
بالـــدماء والفـــداء والإخـــاء والوفـــاء

إننـــا لعائـــدون

عائـــدون يـــا ربى عائـــدون يـــا هضـــاب
عائـــدون للصـــبى عائـــدون للشـــباب
للجهـــاد في النجـــاد والحصـــاد في الـــبلاد

إننـــا لعائـــدون

يـــا فلســـطين دعـــا هاتفـــاً إلى الســـلاح
فحملنـــا المـــدفعا ومضـــينا للكفـــاح
للأمـــام للأمـــام في الحـــروب والســـلام

إننـــا لعائـــدون

ظلت أناشيدي في نطاق ضيق في بادىء الأمر، تقتصر على تلاميذي، ولم

يكن ذلك ما أهدف إليه، كنت أريدها كما الهواء تدخل كل مدرسة وتقتحم كل بيت. كان أحمد ساق الله موظفاً، في وكالة الغوث "الأونروا" يعمل في توزيع الحليب على أطفال اللاجئين. فركزت تفكيري عليه، وبدأت أبحث عن طريقة أحاول بها أن أجد له سبيلاً، يطلق فيه فنه ويحقق الهدف الذي أرمي إليه.

صحبت أحمد ساق الله وعوده إلى مكتب صديقي "خليل عويضة" مدير التعليم في وكالة الغوث، فأدهشه أن أدخل عليه في مكتبه بضيف يصطحب معه عوده وقبل أن يبدي ملاحظته أو اعتراضه طلبت منه أن يستمع إلى نشيد من الأناشيد التي أعددناها فاستمع إلى نشيد "بلادنا" ثم إلى نشيد "عائدون" ثم نشيد "فلسطين" وأنا أرقبه، لقد التمعت عيناه تعبيراً عن الرضى، فبادر قائلاً:

"نحن في أمس الحاجة إلى مثل هذه الأناشيد".

قلت: "ونحن جاهزون لتلقينها للتلاميذ".

وأخذت أفضي ـ له بما يعتمل في صدري، والخوف الذي يساورني من أن ينسى ـ الأطفال ديارهم ومدنهم وقراهم ومزارعهم. وقضية وطنهم، أعجب بالفكرة، ثم كرر سؤاله، ولكن كيف؟ من أين لنا بمدرسين أو مدرسات للموسيقى، وليس للوكالة توجه لمثل هذا.

قلت: الحل جاهز عندي.

قال: هات ما عندك فأنا أرحب به.

قلت: "يعين أحمد ساق الله مدرساً متفرغاً للموسيقى، ملحقاً بمكتبك، ويوزع برنامجه الأسبوعي على مدارس الوكالة، فيلقن المدرسات والمدرسين ما شاء من الأناشيد، ويتابع التأكد من إجادتها، ومع الوقت سيكون لديك عدد من المدرسات والمدرسين يجيدون العزف ويجيدون الإنشاد، وبذلك نحقق ما نطمح إليه.

راقت الفكرة لخليل عويضة، ولكنه اصطدم بشرط الحصول على شهادة علمية لمن يعين على ملاك التدريس في الوكالة.

قلت له: "أيهما أهم الشهادة أم النتيجة"، كان مقتنعاً بما أقول ولا يحتاج إلى إقناع، ولكنه الالتزام بالنظم واللوائح.

قلت له: "إضرب بها عرض الحائط، نحن أمام مهمة وطنية تتجاوز كل هذه الشروط".

كنت أعرف خليل عويضة، وأثق أنه لن يرفض طلبي فما كان أول طلب يجد عنده القبول والرضى.

عين أحمد ساق الله مدرساً لتعليم الموسيقى في مدارس الوكالة، وخصصت له سيارة، كان يجوب بها القطاع من رفح إلى بيت حانون، يحمل كلماتي ملحنة لتسكن صدور الأطفال، فتسري في عروقهم وتستقر في ضمائرهم، كما تم على يديه تدريب العديد من المدرسين والمدرسات، الذين حملوا الرسالة وواصلوا تحقيق أهدافها.

أصبح نشيد "عائدون"، النشيد الصباحي لمدارس اللاجئين، وتسرب منها ليشمل مدارس الحكومة، وانتشرت باقي الأناشيد، بين التلاميذ.

كان أحمد ساق الله، رقيق الحال يعول أسرة كبيرة، وبعد سنوات من العمل كمدرس موسيقي طلب مني أن أسعى لدى صديقي "عبدالعزيز حسين"، رئيس البعثة التعليمية الكويتية، التي كانت تأتي إلى غزة لاختيار المدرسين، بأن أجد له مكاناً للعمل مدرساً للموسيقى في الكويت، وكان له ما أراد، وعاش هناك طويلاً.

لم يقتصر توجهي إلى أبناء المدارس من طلاب وطالبات، فقد بدأت منذ عام 1950 أطلق صرخاتي بقصائدي التي تعبر عن المأساة، وأنشرها في صحف غزة وفي الخارج بحيث ذاعت على أوسع نطاق في مخيمات اللاجئين في الأردن ولبنان وسورية.

(30) الاندفاع نحو الفجر

فرحت كثيراً لانتشار أناشيدي في صفوف اللاجئين، ورغم ضيق وقتي، وعملي الوظيفي لم أنقطع عن التردد على معسكراتهم، أعتلي منابر أنديتها الثقافية، ألقي قصائدي، وأتمتع بتصفيق المصفقين، ويسعدني التجاوب الذي أجده.

كانت زياراتي تلك تثري نبض شاعريتي وتشحنني بالشيء الجديد فأتذكر نصيحة والدي يوم إنتويت السفر إلى الكويت بحثاً عن الثروة، وخياره لي بين الشعر، والثروة.

أشعاري الأولى، التي احتواها ديوان "مع الغرباء" فيما بعد كلها دون استثناء كانت وحياً من آلامهم، وتصويراً لمعاناتهم، واستلهاماً لآمالهم. هزني يوماً أن أرى شاباً يطارد صبية، يحاول أن يعاكسها، ويسمعها كلاماً لا ترضاه، فكتبت قصيدة "أحزان لاجئة":

رباه

ضقت بعالم نتن

بالناس بالآلام بالفتن

بحديثهم عني، وعن وطني

أنى اتجهت تظل تتبعني

تلك العيون تظل ترمقني

والهمس، والتقريع في أذني

دوماً يحدثني

عن الثمن

وغد يراوغني

نذل يتابعني

عيناه ترهقني
عن ليلة حمراء يسألني
عن رقصة عن مخدع عفن
سر يا غبي
فلست تعرفني
قد كان لي وطني
وغدا يعود
يعود لي.. وطني

وفي طريقي اليومي مع الفجر من منزلي، في حارة الزيتون، إلى مدرستي، "هاشم بن عبدمناف" يومياً، كنت ألمح كل صباح صبية كما الوردة، تأخذها عيناي، وتحتضن شموخها، وكبرياءها، وهي تترقب سيارة الوكالة لتنقلها إلى تلاميذها في معسكر البريج، وفجأة، اختفت، هالني اختفاؤها، فقد اعتادتها عيني، واعتادها قلبي، وكم صدمت، إذ عرفت أن الموت قد اختطفها فكتبت قصيدة (معلمة لاجئة)، أذاعتها آنذاك إذاعة الشرق الأدنى، ونشرتها في صفحة كاملة من مجلتها، وأرسلت إلي أول مكافأة مالية أتقاضها عن شيء أكتبه، تسلمتها من بنك بارنكلز، الذي لم يكن قد أغلق بعد.

منها:

مع الفجر، والفجر لا يشعر مع الفجر راقبتها تعبر
على وجنتيها احمرار يذوب وفي مقلتيها رؤى تنحر
إلى أين قبل انبلاج الصباح إلى أين هذا السرى المبكر
فقيل لها في شقوق الخيام تلاميذ من أجلها بكروا
تعذب في البرد أجسادهم، وأقدامهم من دم تقطر

***

تقــول لهــم، وهــي تلقـي الــدروس وأعينـهم نحوهـا تنظــر

أحبـــاء روحـــي لا تيأسـوا ولــو شمــل العــالم المنكــر

وكونـــوا كفجـر الحيـاة الــوضيء، يداعبـه الأمـل النيــر

صغـاري غـد لكـم فاعملـوا علـى خيـر أوطانكم تنصـروا

تقـول، وأطفالهـا ينصتون وإن كـررت أقوالهـا كـرروا

***

وغابـت معلمـة الناشـئين وراء الظـلام الـذي يقبـر

ولكنهـا بقيـت قصـةً علـى ثغـر أطفالهـا تـذكر

أولئك من من قيود النفـاق علـى الرغم مـن عصرهم حرروا

كان البريج من أكثر المعسكرات التي ارتبطت بها، واستلهمتها، وقد توثقت عرى المحبة، والصداقة بيني وبين العديد من الأسر التي رافقتها، وتعرفت إليها، يوم انتقالها إليه. وفي يوم، من عام 1950 عدت من المعسكر بعد زيارة لإحدى أسره، وفي أذني كلمات لصبية أفضت بها إلى والدها، تتساءل لماذا نحن أغراب؟

كانت السماء ملبدة بالغيوم الداكنة المحملة بالمطر، فما أن وصلت إلى غرفتي، وتخففت من ملابسي، وأويت إلى فراشي باحثاً عن الدفء. حتى بدأت أكتب قصيدة "مع الغرباء" وأهديتها إلى "معسكر البريج"، أكبر معسكر للاجئين في غزة، إليهم إلى البريج وإلى جميع لاجئي فلسطين:

أتـــت لــيلى لوالــدها

وفي أحـــــداقها ألم

وفي أحشـــائها نــار

مـن الأشــواق تضطرم

وقـد غامـت بعينيهـا

طيـــوف هزهـــا الســـقم
وقـــد نـــام الـــبريج أسىً
فـــلا صـــوت ولا نغـــم
أتـــت لـــيلى لوالـــدها
وقـــد أهـــوى بـــه الهـــرم
وقالـــت وهـــي في لهـــف
بهـــا الآلام تحتـــدم

***

لمـــاذا نحـــن يـــا أبتـــي
لمـــاذا نحـــن أغـــراب
ألـــيس لنـــا بهـــذا الكـــون
أصـــحاب وأحبـــاب
ألـــيس لنـــا أخـــلاء
ألـــيس لنـــا أحبـــاء
لمـــاذا نحـــن يـــا أبتـــي
لمـــاذا نحـــن أغـــراب

إلى أخر تلك القصيدة الطويلة، التي ما أن انتهيت منها حتى أرسلتها إلى مجلة "الأديب" البيروتية، لتنشر فيها على صفحتين كاملتين، ويبادر "إبراهيم السمان" بصوته الشجي المصحوب بالموسيقى، يبثها عبر إذاعة القدس، ثم توج خلودها "الأخوين رحباني" بتلحينها، لتشدو بها فيروز، بصوتها الملائكي الذي ما سمعت أروع ولاأجمل منه. ويقرأ نهايتها الفنان الإذاعي، محمد الطوخي، وهو يردد صوت والد الفتاة:

فيصرخ سوف نرجعه

سنرجع ذلك الوطنا

فلن نرضى له بدلاً

ولن نرضى له ثمنا

***

ولن يقتلنا جوع

ولن يرهقنا فقر

لنا أمل سيجمعنا

إذا ما لوح الثأر

فصبراً يا ابنتي صبراً

غداة غد لنا النصر

ويأتي أول عيد للفطر على اللاجئين، بعد خروجهم من ديارهم، وغيابهم عن وطنهم، فأنشر في صباح يوم العيد بجريدة "غزة":

أعيد الفطر هل للاجىء المحروم من فطر؟

وقد أسلمه العاتون للأسقام والفقر

أعيد الفطر لا عدت إذا لم تأت بالنصر!

إذا لم تأت والأوطان في بحبوحة الخير!

إذا لم تأت بالتحرير والإنقاذ والفخر!

فلن نلقاك لن نلقاك بالتهليل والبشر!

مع إطلالة الربيع، لأول مرة، بعد ضياع الوطن، تشدني الذكرى، إلى جنات وطني وربيعه الجميل، ها هو الربيع يعود على اللاجئين، ووراءهم هناك حياتهم،

بياراتهم وكرومهم، وجبالهم المطرزة بالحنون، والعبهـر، فتطلع جريدة "غزة" بقصيدتي "عاد الربيع":

عــاد الربيـــع ولم يعــد راع ولا عـادت شـياه
عــاد الربيـــع ومـوطـن الأحــرار جـرداء ربـاه
النبـع جـف، فـلا خريـر عـلى السـهول ولا ميـاه
والنـــاي بـــح ولم يعـد في مسـمع الـدنيا غنـاه
والنـــازح المسـكين ظـمآن يعذبـه ظمـاه
وطـن الأبـاه أهكـذا يقسـو الزمـان عـلى الأبـاه
في كـل زاويــة تـرى طيفـاً تعـذبنا رؤاه
وبكـــل ناحيـــة أبي صـارخ "واموطنـاه"
ســيظل يهتـف دائمـاً، وطنـي ولا وطـن سـواه

وتتلاحق الصور الناطقة بالمأساة، بكل جراحاتها، وآلامها، فأنقل حوار أختين من بين الحوارات التي ما أكثرها:

أختـي إذا انتحــر الشـباب   ومـات في ثغـري وغـاب
ورأيتنـــي أمضيـــ عـلى   درب الحيـــاة بـلا إيـاب

* * *

قـولي لقـد ماتـت هنـاك   هنـاك مـن فـوق الرصـيف
كانـت هنـاك تمـد كفيهـا   فـلا تجـد الرغيـف

* * *

وإذا ســئلت متـى وكيـف   تحسـري لا تنطقـي
ثـم انظـري نحـو السـماء   بلوعـة ثـم اطرقـي

لم أكن أترك مناسبة، دون أن أبث أحزان اللاجئين، وأصور آلامهم، كتبت للمولد النبوي، ولرأس السنة الهجرية، ولذكرى النكبة، ووعد بلفور، والعديد من المناسبات التي تشحذ الذاكرة، وتعبىء الجماهير كان همي الأول أن أبث كوامن صدري، وأعبر عن تطلع آمالي.

وكان منبر "جمعية التوحيد" أحد منابري المختارة، التي لا أتغيب عنها، ففي المولد النبوي قلت مخاطباً الرسول الكريم (صلى الله عليه وسلم):

يا نبي السلام هذي فلسطين دموع وحرقة ودماء
لفها البغي فهي برق من الثأر ورعد ضرامه الأحشاء
لا بلال بصوته العذب يدعو لفلاح يضيء فيه الوفاء
لا المصلون في الرحاب سجود ولا في المنابر الخطباء
والخيام المهلهلات نواح وقلوب يحز فيها الشقاء
فادع لله في السماء فإنا جف في ثغرنا وضاع الدعاء

وقلت في احتفال آخر بمناسبة المولد النبوي:

كنت أرجو في مولد البشر لحناً	أتغنى به طروب الغناء
كنت أرجو أن أغمر الكون شعراً	ملهم الشدو زاهي الإيحاء
غير أني نذرت أن لا أغني	قبل يوم الرجوع قبل اللقاء
قبل عود إلى البلاد كريم	تحت لمع القنا، وخفق اللواء

وفي قاعة سينما السامر بغزة، وأمام حشد من أهل بلدي، بدأت أتطلع إلى الشباب وأناديهم وأستحثهم:

أيهذا الشباب يا زهرة العمر	لأنت المنى، وأنت الرجاء
أنت ركن السمو للمجد والعز	وأنت البناء والبناء
أنت زهر في السلم ينفح عطراً	ولدى الحرب ثورة شعواء
أيهذا الشباب كونوا حياةً	غير تلك التي رماها القضاء
وأحبوا بعضاً وكونوا رجالاً	فعليكم ستوضع الأعباء

ولم تقتصر أشعاري في السنوات الأولى من الهجرة على تصوير أحوال اللاجئين، والتعبير عنهم، بل كنت أترصد الأمل وأبحث عنه، حيثما كان، فما أن بدأت إرهاصات التحرك نحو طرد الإنجليز من مصر، حتى بادرت بإرسال قصائدي، إلى مجلة الإذاعة المصرية. وكانت أولها قصيدة "عائد من الميدان"، أمجد فيها الجندي المصري، وأعزو هزيمته لمن تآمروا عليه من تجار الأسلحة الفاسدة:

أنا قد عدت وهذا مضربي ... شاهد أني به لم أغلب
صلت والإعصار في غضبته ... وتفحمت أجاج اللهب
جولة كانت وكنا أسدها ... نتحدى ظلم باغ أجنبي
ها أنا عدت وساقي بقيت ... في فلسطين حديث الحقب
أنا لن أنسى أخاً واريته ... في التراب الطاهر المختضب
سوف آتيه غداً أو بعده ... حاملاً فجر الخلود الأرحب

* * *

ولما هب الأخوة في "القنال" وشدوا على المحتل البريطاني بادرت بنشر قصيدتي "أخي في القنال"، في مجلة الإذاعة المصرية"

أخي في القنال تشق الطريق ... إلى ذروة المجد والسؤدد
تقحم، تقحم أزيز الرصاص ... وناضل عن الحق واستشهد
وحطم قيود اللصوص الجناة ... ومرغ جباههم واصعد
يقولون من أنت حتى تثور ... أعبد يثور على سيد؟
أخي في القنال ألوف الألوف ... إليك تراوح أو تغتدي
أخي لا تكل يداً.. واقتحم ... وحطم عداك ولا ترقد
أخي في القنال طريق الجهاد ... طويل، فغرد له أنشد

وأتبعتها بقصيدة أخرى للقناة أيضاً:

يـــا نيـــل أشـبال الكنانـــة أقـــدموا يتقحمــــــون المـــــوت والنيرانــــا
جـــاؤوا القنــــاة عواصـــفاً مجنونـــــةً حملـــوا النفـــوس وجهـــزوا الأكفانـــا
"اللـــــه أكـــبر" نفحـــة "علويـــــة" يتـــــدافعون وراءهـــــا بركانـــــا
ســـــاروا.. وثـــاروا طـــامحين أعـــزةً لم يعرفـــوا الإحجـــام الخـــذلانا

* * *

كنت أستشف المستقبل، إحساساً وشعوراً بأن التحرك في القناة ضد المحتل، يبشر به الفجر الآتي، وإنه إرهاص لشيء أكبر، يتحرك به الشعب المصري العظيم. الذي عودنا عبر التاريخ بهباته المفاجئة المزلزلة.

وجاء ذلك الصباح 23 يوليو 1952 جميلاً، إذ نحن في ظلال أعراف الكينياء الممتدة في حديقة النادي الرياضي نتنسم نسمات صباحية دافئة، تداعب جدائل الأشجار، وصديقي "فؤاد زيد الكيلاني"، أمامي مستغرق في النقلة القادمة من أحجار الشطرنج، وأنا أراقبه بعد أن حاصرته بأحصنتي.

جاء الخبر، كما الزلزال، الجيش المصري يثور على الفساد، ويتولى مسؤوليته في توجيه السياسة المصرية، وتطهير أجهزة الحكم.

انتفضنا واقفين، وتجمعنا حول المذياع، وبدأت التعليقات الآنية، وأخذنا نتذكر أحداث الحرب، ونتائجها، وما جره الفساد من هزائم وتشريد للشعب الفلسطيني.

من اللحظة تلك، أصبحت ثورة 23 يوليو، أمل الشعب الفلسطيني، ومحط رجائه في تحرير الوطن، واستعادة المغتصب منه، عدت مع صديقي إلى بيته لنجتمع بوالدته وخالته، وقد سبقنا الخبر إليهما، والسؤال ماذا بعد؟ والرد أي شيء خير مما كان.

عدت إلى البيت، لأكتب وأنا في ذروة الحماس قصيدة "إرادة شعب":

دوى النفـــير عـــلى الفضـــاء يزمجـــر ويهـــز آمـــال الطمـــوح ويـــزأر
والرعـــب منتصـــب ينقـــل خطـــوة بـــين القصـــور الشـــامخات ويســـخر

الجـــيش أوقـــدها وأضرم نارهـــا ومضى بهـــا لهبـاً يثـــور ويهـــدر
الجـــيش أعلنهـــا وحقـــق نصرهـــا رب يؤيـــد مـــن يشـــاء وينصرـــ

قصيدة طويلة طويتها وبعثت بها لتنشر في مجلة الإذاعة المصرية، وأشياء كثيرة تتلاحق في رأسي، إنها ثورة من أجل فلسطين ثورة على من خذلوا الجيش، وتخلوا عنه، ثورة نحو كل الأهداف، والأحلام التي تملأ رأسي، إنها لا شك ستتفهم أوضاع غزة، وأهلها، ولا يمكن أن تبقى على الحالة المتردية للعلاقة بين الشعب والإدارة الحاكمة، التي ما زالت تتعامل مع أهل البلاد بتلك النظرة المتعالية المتوجسة، المشوبة بعدم الثقة وانعدام الألفة. لا بد للثورة التي تحدث التغيير في مصر أن تبادر بإحداث تغيير جذري لما يجري في غزة.

لم يخب ظني، ولم يطل انتظاري، فما أن بدأت الأمور تستتب للثورة في مصرـ وتأخذ مجراها الطبيعي، حتى بادر اللواء "محمد نجيب" رئيس وزراء الجمهورية المصرية آنذاك بإصدار قرار بتعيين الأمير آلاي عبد الله رفعت، حاكماً إدارياً لقطاع غزة. بعد أن كان يحكم من قبل مدير عام سلاح الحدود في القاهرة، الذي ينيب عنه في غزة ضابطاً يتولى صلاحيته، ومنذ ذلك التاريخ ألغيت التسمية التي أطلقت على المنطقة (المناطق الخاضعة لرقابة القوات المصرية لتصبح "قطاع غزة").

دخل القطاع مرحلة جديدة من الحكم، تستهدف تطوير الإدارات، وزيادة مسؤولية الموظفين الفلسطينيين، والعمل على توليهم بعض المرافق العامة، وإشراكهم في تسيير أمورهم.

لم يكن "محمد نجيب" غريباً على غزة، فقصة دفاعه عن التبة 86 واستبساله حتى جرح، يعرفها الجميع، وتتناقلها الألسن، وصورته في إطارها الكبير، تتصدر فترينة المصور "كيغام" في شارع عمر المختار، مذيلة بخمسة أبيات من شعري تحية للثورة ولمحمد نجيب.

جاءت الخمسينات، تحمل إلى القطاع تطوراً جديداً، وترد إليه الآمال التي كاد أن يفتقدها، فالفلسطيني الذي جرده الجيش فور وصوله من السلاح، والذي كانت

توجه إليه التهم الظالمة، ترد إليه اليوم كرامته، ويعود إلى مكانته في مسيرة الكفاح، ويتدفق الشعب للتطوع في قوات "الحرس الوطني الفلسطيني" بحماس وعفوية، إيماناً منه بقضيته العادلة. وكان من مخلفات السنوات الأولى للشك والريبة، بين الإدارة المصرية والشعب الفلسطيني في غزة، ذلك العدد الكبير من الفلسطينيين الذين زج بهم في سجن غزة، بتهمة اجتياز خط الهدنة.

كان كل ذنب أولئك الرجال، أنهم بعد أن لجأوا إلى القطاع قادمين من قراهم ومدنهم في انتظار العودة إليها، وبعد انتهاء الحرب صدمتهم الحقيقة المرة، وشعروا بأنها هجرة طويلة. فأخذوا يعودون إلى قراهم ومدنهم، يجلبون منها ما تركوا، أو ادخروا، لإطعام أطفالهم، وإعالتهم وكسوتهم.

فما أن يقبض عليهم عند خط الهدنة، حتى يودعوا في السجن تحت تهمة التسلل، وهي من أخطر التهم الأمنية.

وقد هزني ذلك وآلمني واستفز في كل مشاعر الحزن، فكتبت أيامها احتجاجاً على تلك التهم الظالمة:

أأطرد من موطني وأشرد   كيما يرفه فيه الغريب
عجبت لعمري ما يصنعون   وهذا التناقض أمر عجيب

***

فإن جعت يوماً وتقت لكرمي   وشب الحنين بأعماقيه
يقال - تسلل- واشقوتاه   وأرجم بالتهم القاسيه

***

وداري هناك وحق السماء   أجل دار أهلي وأجداديه
وزيتونتي وبيوت الدجاج   وناعورتي وفم الساقيه

وفي الوقت الذي كان يدفع فيه بالأبرياء، عشاق الأرض إلى السجن بالتهم الظالمة، كانت إسرائيل بين الفترة والأخرى، توجه اعتداءاتها للقطاع، متذرعة بهجمات من أسمتهم بالمتسللين.

لم يقتنع بهذا الضابط الشاب "مصطفى حافظ"، الذي وصل إلى القطاع عام 1954 ليتولى مكتب المخابرات. اعتداءات إسرائيل التي تتلاحق وبلا هوادة، ضاربة باتفاقية الهدنة عرض الحائط، هازئة بقرارات الأمم المتحدة ومجلس الأمن.

قام مصطفى حافظ، وزميله "صفوت عبد الله" بزيارة لسجن غزة، وطلب من الضابط مصطفى السراج مدير السجن أن يلتقيه بأولئك المحجوزين بتهم اجتياز خط الهدنة، والتقاهم واستمع إليهم، وبفراسته ودرايته، تفهم طموحاتهم، وآمالهم، وفي أعماقه قناعة تامة بعدالة موقفهم، وحقهم المشروع في زيارة بيوتهم ومزارعهم.

وبعد أن كرر مصطفى حافظ الزيارة مرات لأولئك المتهمين الأبرياء، اجتمع بهم في لقاء موسع، وقال لهم: "إنني أريدكم هذه المرة أن تجتازوا خط الهدنة بأمر مني، ليس من أجل أمور بسيطة تعرضكم للمخاطر، ولكن من أجل وطنكم وقضيتكم، أريدكم جنوداً مسلحين، تحمون أسركم من العدوان، وتؤرقون المعتدي، وتزلزلون سلامه الكاذب".

صفق الرجال، وهللوا، وبدلاً من أن يتوجهوا من السجن إلى بيوتهم وذويهم، الذين شاقهم اللقاء بهم، آثروا أن يتوجهوا إلى المعسكر، الذي أعد لتدريبهم، وإعدادهم للمهام الوطنية، التي سيضطلعون بها.

بدأت الطلعات الفدائية، التي أخذت تحمل أخبارها الدنيا، ويسمع بها العالم. كانت ردود الفدائيين شديدة على اعتداءات الإسرائيليين الجبانة، التي كانت تتمثل في الهجمات المدرعة أو قذائف الهاون.

تمكن أولئك الشباب من أن يجوبوا إسرائيل، فوصلوا إلى روبين، وقطرة ويبنا، وزرنوقة، وبشيت والفالوجة وبيت جبرين وتل الحق وبئر السبع، فهم العارفون بمداخل الديار ومخارجها، وهي أرضهم ووطنهم. وقد شهدت إسرائيل بكثافة هجماتهم فأعلنت في أكتوبر تشرين أول 1956 أن عمليات التسلل والتخريب، التي تنطلق من غزة في ازدياد سريع وضخم.

كان الحنين والشوق وحب الأرض وحده، هو الذي يشد أولئك الشباب، ويدفعهم إلى التضحية والاستبسال، وحكاياهم تحتاج إلى مجلدات للحديث عنها. كنت أتابع ما يقوم به الفدائيون، وأنا شديد الإعجاب بأخبارهم، أرصدها وأراقبها، وأتركها تنقش في الذاكرة.. ذاكرة الوطن. فعندما اعتدى الصهاينة على معسكر البريج والمغازي، اندفع الفدائيون يردون الصاع صاعين، فكتبت قصيدتي الطويلة "قصة فدائي من المغازي"، التي منها:

في المغازي.. أقبل الليل على كهف شريد

قائم في عدوة الوادي على جنب الحدود

سكنت من حوله الأرياح في صمت عنيد

فيه أم رقدت تحنو على طفل وليد

قطعة منها تغنيها أناشيد الخلود

ومع الليل.. وفي لحظة صمت وركود

مزقتها، هي والطفل رصاصات اليهود

***

وأتى الغائب.. والفجر على الأفق يلوح

عاد حمدان.. وفي عينيه وقد وطموح

عاد فلترتعد الأرض، وترتج السفوح

كهفه في مدرج الريح على الأرض ينوح

إنه حمدان يا للهول.. والهول طريح

زمجرت في سمعه الثارات نادته الجروح

***

وقف الفارس.. مذهولاً وبالباب تسمر

وشرار الثأر من عينيه يجتاز المعسكر

مزقـــوه، مزقـــوا أسرتـــه.. اللــــه أكـــبر

أيهـا الحقـد تقـدم.. أيهـا السـلم تقهقـر

جـــن حمــدان..فيـــالله.. إذ دوى وزمجـــر

رجـت الأرض. كـأن الأرض للشــهداء تثـأر

وتوالت كتاباتي، حول الفداء، والاستشهاد، والجهاد والعودة.

دخلت مرحلة جديدة بقصائدي التي تضمنها فيما بعد ديوان "عودة الغرباء"
1956 لأواكب مرحلة النهوض، والعودة إلى السلاح ونداءات التقدم، وأصبحت أتنقل مـن
منبر لمنبر، أطلق كلماتي رصاصاً لا يتوقف، حاضاً على السير نحو الوطن بقوة السلاح.

وذات يوم فاجأني رسول من "مصطفى حافظ"، قائد الفدائيين، يطلب لقائي، ولم
تكن تريحني دعوات أجهزة الأمن.

قلت للرسول متسائلاً: أين: في مكتب المخابرات؟

قال : لا، لماذا؟

قلت : أنا لا أحب هذه المكاتب ولا تريحني، ولم يسبق لي أن قابلت أحداً فيها.

قال : مصطفى حافظ ينتظرك في بيته.

ارتحت، وانفرجت أساريري. لأول مرة ألتقي به، شاب مريح، سمح، فيه صدق
وبشاشة، تجذب الإنسان إليه، رحب بي، وأخذ يثني على قصائدي التي يحتفظ بها في ملف
لديه "إنها جزء من سلاحنا" قال لي.. رددت خجلاً "أضعف الإيمان"، ابتسم، وناولني رسالة
تحمل طابعاً هندياً، فضضتها، فإذا بها قصيدة لعمر أبو ريشه، سفير سورية في الهنـد
آنذاك، مرسلة إلى "مصطفى حافظ" مـن السفير المصري في نيودلهي، القصيدة بعنوان
"الفدائي"، وهو يهديها إلى الفدائيين في غزة لأنها من وحيهم، ويتمنى السفير المصري عـلى
مصطفى حافظ الرد على عمر أبو

ريشه: التفت إلي مصطفى حافظ قائلاً: " يا حبذا لو كان الرد على القصيدة بقصيدة، باسم الفدائي، الذي يكرمه أبو ريشه".

كانت قصيدة أبو ريشه تصور انطلاقة الفدائي الفلسطيني من غزة يقول فيها:

أمضي ويذهلني طلابي ... عني وعن دنيا شبابي
أمضي ويسألني الربيع ... ولا أجيب متى إيابي
أمضي وما ردت فمي ... كأسي ولاأفنت شرابي
بيني وبين الموت ميعاد ... أحث له ركابي
أرسي على إيمائه ... والحقد يسري في إهابي
هذي الربوع.. ربوع آبائي ... وأجدادي الغضاب
عطر فداك العمر يا ميعاد ... من جرحي ترابي
فلسوف تركز فيه أعلامي ... وتحرسها حرابي

في اليوم التالي عدت إلى مصطفى حافظ، ومعي ردي على الشاعر الكبير عمر أبو ريشه، بقصيدة قلت منها:

ماض نعم.. هذا طريقي ... للذهاب وللإياب
هذي صلاتي والتفاتي ... وانطلاقي وانجذابي
لا شيء غير الأرض منتجعي ... وأقداس التراب
ماض أنا يا شاعري، ومعي ... على دربي كتابي
أنا لا أضل عن المسار ... ولا أحيد عن الصواب
وهي الشهادة في سبيل الله ... والوطن المهاب
فإليك كل الشكر من وطن ... ومن أسد غضاب

وتوطدت العلاقة بيني وبين مصطفى حافظ، أزوره من حين لآخر في بيته، أو ألتقيه في نادي الضباط على شاطىء غزة.

وكم فجعني.. خبر استشهاده، ذلك اليوم الخميس 12 يوليو 1956 في مستشفى غزة، إثر الجريمة الخسيسة التي اغتالته بها أيدي الشر الصهيونية.

عرفت إسرائيل، أن مصطفى حافظ وراء هذا التحرك الفدائي، الذي أطلق المارد من قمقمه، فأخذت تخطط، وتدبر لاغتياله، فاختارت لهذه المهمة عميلاً مزدوجاً، اسمه "محمد الطلالقة". لم يأت اختياره اعتباطاً، بل بعد أن أعدت المخابرات الإسرائيلية له كميناً للتصنط عليه في خيمة عمه البدوي باثنين من ضباط المخابرات الإسرائيلية، في خيمة البدوي عامر الطلالقة، عم محمد، ووعداه، بعطاء سخي بعد تنفيذ مهمته التي سيكلفانه بها، والتي تتمثل في قيامه إيصال كتاب لضابط في شرطة غزة اسمه "لطفي العكاوي" موهمين الطلالقة بأن الضابط هو أحد عملائهم، واثقين من أن الطلالقة لن يذهب بالكتاب إلى "لطفي العكاوي"، بل سيذهب به إلى "مصطفى حافظ"، معتقداً أنه سيكشف له أحد عملاء إسرائيل الكبار.

تماماً، كما قدرت المخابرات الإسرائيلية، وخططت له، توجه الطلالقة بالكتاب إلى "مصطفى حافظ" فالتقى به حوالي الساعة الثامنة والنصف، يوم 10 تموز- يوليو 1956 في بيت المخابرات في شارع عمر المختار، بمنطقة الرمال، دخل "الطلالقة" على "مصطفى حافظ"، وكان إلى جواره الضابط "فتحي محمود"، كما كان تصادف وجود الطفل الصغير محمد ابن مصطفى حافظ.. وفي اللحظة، التي حاول فيها فتح الكتاب دق جرس الهاتف، خارج الغرفة، مما اجتذب الطفل الصغير محمد للإسراع بالرد، ودوى الإنفجار الهائل، وتدافع من في المبنى من ضباط وحراس ومسئولين، فوجدوا مصطفى حافظ، ملقى على الأرض غارقاً في دمائه، وقد أصابته الشحنة الناسفة في وجهه وبطنه، وبترت يده اليمنى، كما أصابت الضابطين إصابات طفيفة، أما الطلالقة فقد كانت إصابته بالغة، أفقدته عينيه، وساعده، ومات بعدها متأثراً بجراحه.

نقل الجميع إلى مستشفى تل الزهور، حيث أسلم مصطفى حافظ الروح في الساعة الرابعة يوم 12 تموز- يوليو 1956، حزنت غزة حزناً شديداً، وأصابتها حالة من الإحباط والأسى، ذلك أنها افتقدت قائداً، أحبها، وآمن بها وعمل على رد الاعتبار إلى شعبها، وقد كتبت آنذاك قصيدة ألقيتها في حفل تأبين البطل:

من فؤادي من عروقي من دمي ... جئت أرثيك.. كثير الألم
جئت أرثيك ولما يكتمل ... في ربيع العمر حلو البرعم
كل عين جمرة "لاهبة" ... كل قلب ثورة من حمم
والفدائيون هاهم "مصطفى" ... ملء أسماع العلا والشمم
أقسموا باسمك أن ينتقموا ... لك من خصم خسيس مجرم

وفي ذكرى استشهاده بعد عام، ألقيت قصيدة أخرى أمام جماهير غزة:

علمتنا كيف السلام يكون في أرض السلام
بالجولة الكبرى بتحرير البلاد بالانتقام
بالثأر تأكل ناره الشعواء أستار الظلام
بالثأر نبلغ حقنا، لا بالتمرغ في الرغام
لا بالمطارق، والمناجل والسنابل والحمام

حزنت حزناً شديداً، وأصبت باكتئاب، وساورني شيء غامض من التشاؤم رغم ما طبعت عليه من تفاؤل وأمل، وأوجست خيفة من أيام سوداء مقبلة، استشهد ذلك البطل في الرابعة والثلاثين من عمره إثر عودته من القاهرة، إلى غزة مصطحباً معه الضابط فتحي محمود، الذي كان من المقرر أن يخلفه في منصبه في غزة، بعد أن تقرر نقله إلى القاهرة إلى موقع أكثر أهمية في القيادة المصرية.

وللأسف فقد أعادت المخابرات الإسرائيلية تنفيذ عملية التفجير التي اغتالت بها مصطفى حافظ، ففي 21 تموز- يوليو 1956، تلقى الضابط صلاح مصطفى، الذي كان ملحقاً عسكرياً في السفارة المصرية بعمان، والذي كان يلتقي الفدائيين ويعاونهم، طرداً ناسفاً، انفجر بين يديه، في السفارة المصرية، فخر شهيداً، وما من شك أن استشهاد مصطفى حافظ، الذي كان يعتبر، الوالد والقائد للفدائيين، كان له أثر كبير على الكتيبة الفدائية وعلى كل فرد في قطاع غزة.

استشهد مصطفى حافظ.. ولكنه فتح الطريق، لترتفع البندقية، ويكرس الكفاح المسلح، ويدخل القطاع منعرجاً جديداً، بعد سنوات القهر والتشرد، ويزيح عن سمائه الظلمة القاتمة.. وتمضي الخطى على الصراط الذي اختاره الشعب في قطاع غزة.

أصبحت صوت اللاجئين، وشاعرهم، أحمل رسالة الفداء لأتنقل بها من معسكر إلى معسكر، ومن اجتماع إلى اجتماع، ومن منبر إلى منبر مكرساً الدعوة للتجمع والتلاقي تحت العلم وفي ظل السلاح.

أصبحت العودة ندائي وشعاري وبدأ الكتاب يطلقون علي اسم "شاعر العودة" بدلاً من "شاعر النكبة".

سنقطع الأسلاك سوف نقطع ... وغداً سنجتاز الحدود ونرجع
سنقطع الأسلاك مهما حاولوا ... بسلاحهم وحرابهم أن يمنعوا
هيهات إن الزحف آت في غد ... والفجر موعدنا غداً والمطلع

كان بي إصرار، على إيماني بقدرة الشعب الفلسطيني على النهوض، واسترداد الحق المغتصب، فما أترك شريحة من شرائح المجتمع الفلسطيني دون التوجه إليها، بصرخاتي محفزاً، ومحرضاً على تحدي اليأس، والتراجع والخذلان، ولإيماني بالدور الهام للمرأة كأم، وأخت وزوجة وزميلة، بدأت اتصالاتي بها. لا بد لها من دور، ولا بد لها من مشاركة، فالمسيرة تحتاج إلى تضافر من كل القوى وتلاحمها، أريدها فدائية تقذف قنبلتها في وجه الأعداء، فكتبت:

إقذفيها يملأ الدنيا الصدى
أحرقي من جار ظلماً واعتدى
إنه يوم لقانا أرعدا
مرحباً بالموت أهلاً بالردى
رددي في مسمع الدنيا الندا

واصرخـــي إنـــا فلســطين الفــدا
دمنـــا أختـــاه مـــا زال يســيل
وربانـــا لم يـــزل فيهـــا الـــدخيل
وقرانـــا، والمغـــاني والســـهول
والشـطوط الخضرـ، والمـرج الظليـل
كلهـا أختـاه قــد ضجت تقــول
هتــف الـــداعي إلى الثـــأر فصـــولوا

وقد نشرت القصيدة عام 1955 في مجلة "صرخة العرب"، التي تصدر في القاهرة، والتي جعلت منها منبراً لقصائدي الداعية إلى القتال، وحمل السلاح، والثورة على خيام اللجوء.

ومن قصائدي في تلك المرحلة، قصيدة "صرخة لاجيء":

أنـــا لـــن أعـيش مشرـــداً   أنـــا لـــن أظـــل مقيـــدا
أنـــا لي غـــد وغـــداً ســأزحف   ثـــائراً متمـــردا

أنـا لـن أخـاف مـن العواصـف وهـي تجتاح المدى
ومـــن الأعاصـير التـــي ترمـــي دمـــاراً أســودا
ومـــن القنابـــل والمـــدافع والخنـــاجر والمـــدى
أنـا صـاحب الحـق الكبـير وصـانع منـه الغـدا
أنـــا لاجـــيء داري هنـــاك وكرمتـــي والمنتـــدى

إلى آخر القصيدة، التي في مقبل الأيام، أصبحت مقررة على الطلبة العرب في الوطن العربي كله من المحيط إلى الخليج، بين الكثير من قصائدي التي قررت ذلك الزمان، والتي كانت النبوءة بنهوض الشعب الفلسطيني وانتهاجه الكفاح المسلح طريقاً إلى فلسطين.

أذكر يوم نشرها، أن جاءني الشيخ " عبد الله أبو سته" فرحاً، كأنما رزق بمولود. وكان آنذاك سكرتير اللجنة التنفيذية للاجئين، وهو يقول لي:

"هذه ليست قصيدة، إنها بيان للعمل الوطني، تحدد أسبابه، وترسم مساره، وتختار وسيلته".

بعد اندفاع الفدائيين إلى الأرض المحتلة، وتدفقهم نحو الوطن واشتعال جذوة الوطنية، وقيام الحرس الوطني الفلسطيني، وتسابق الشباب للانتماء إليه.

نشر لي إسماعيل الحبروك في مجلة صرخة العرب قصيدتي "الزحف موعده الغد" التي ألقيتها أمام جموع الحرس الوطني، في معسكرهم في خان يونس، وكان قائده آنذاك "اللواء يوسف العجرودي".

ومما قلت في هذه القصيدة:

قـد قـال.. والشـعب الكبـير يــردد
الشـــاعر المتحفــز المتمــرد
قـد قـال والريـح العصـوف تعربـد
قسـماً بهــم.. قسـماً بمــن قـد شردوا
تحـت الخيـام الباليـات وأبعـدوا
قسـماً بمـا زرعـوا ومـا قـد شيدوا
قسـماً بأقـداس لهــم تتهـدد
عيسى بنـى أمجادهـا ومحمـد
قـد قـال والشـعب الكبـير يــردد
الزحـف إن الزحـف موعـده الغد

كنت أواصل تحركي في شتى المواقع، وأبحث عن كل وسيلة تزرع الأمل، وتكرس الجهاد، وقد أسعدتني الاستجابة السريعة من ناظرات مدارس البنات في غزة، وخان يونس، كنت على صلة بهن تفهماً وتنسيقاً، عصام الحسيني، سارة

الشوا، بهادر صوان، نبيلة عبدالهادي، سعاد الأعظمي، أدليت الطويـل، إضـافة إلى نـاظرات مـدارس اللاجئـين في خـان يـونس وغـزة ورفـح، أكتـب لهـن الأناشـيد وأزودهـن بالقصائد والأوبريتات التي تمثلها التلميذات في المدارس.

وقد شهد مسرح سينما السامر أوبريت العودة الذي جاء فيه صوت العائد: يقدمـه بنات غزة:

العائد:

فلســـطين يـــا أمـــي الغاليـــه
فلســـطين يـــا مهـــد آبائيـــه
فلســـطين يـــا بكـــر آماليـــه
فلســـطين جئنـــاك يـــا غاليـــه

ويأتي صوت فلسطين:

مـــن ينـــاديني وراء الجبـــل
مـــن ينـاديني بصـوت البطـل
مـــن تـــراه.. أتـــراه أمـــلي
ولـــدي بـــل قطعـــة مـــن كبـــدي
هـــزني الشـــوق وأوهـــى جســـدي
ليتـــه منـــي قريـــب في يـــدي

ويتقدم العائد:

أنـــا يـــا أم فتـــاك قـــد أتيـــت
وتقحمـــت حـــدودي ومشـــيت
ومـــن الغفلـــة يـــا أم صـــحوت
وبأنغامـــك للكـــون شـــدوت

ويتوافد العائدون.. كل يتحدث عن مدينته فيقول ابن يافا:

مـــن أرض يافـــا الحـــرة النبيلـــه
مـــن أرضـــها الخـــيرة الظليلـــه

***

بيـــارتي هـــذي .. وتلـــك داري
وهـــا هنـــا مجـــالس الســـمار
ونـــدوة الأحبـــاب والأخبـــار

***

قـــد عـــاد لي أريـــج برتقـــالي
ينعشـــني يشـــد لي أوصـــالي
قـــد عـــاد فلتهنـــأ بـــه أطفـــالي

ويتلاحق العائدون، ابن حيفا، ابن اللد، ابن الرملة، ابن الناصرة، ابـن المجـدل، ابـن بئر السبع، كل يتحدث عن مدينته لتفرح بهم فلسطين.

فلسطين:

مرحبـــاً بـــالغر مـــن أبنـــاء مجـــدي
مرحبـــاً أهـــلاً.. وأهـــلاً آل ودي
يـــا ســـهولي الخضرـــ غنـــي واســـتعدي
عـــاد أبنـــائي فهـــذا يـــوم ســـعدي

***

بالكلمات البسيطة كنت أعبر عن اللاجئين وآمالهم وأطماحهم وأرفع مشاعل الأمـل في دروبهم.

لم أكتف بذلك، بل أردت أن أوجد التواصل في النضال، بين شعبي في غزة وفي فلسطين، وبين جميع حركات التحرير في وطني العربي، فكتبت أوبريتاً عن استشهاد النقابي التونسي "حشاد"، الذي اغتاله الفرنسيون، لأصنع الصورة الرمز للجهاد ضد المستعمر، أينما كان. قلت بصوت حشاد بعد أن قتله الفرنسيون:

قتلـــوني وهـــم يظنـــون أني	يـا بـلادي في حومـة الحـق وحـدي
ويحهـــم إننـــا ألـــوف تنـــادي	بالكفـــاح المريـــر في كـــل نجـــد
أبشـــي تـــونس الحبيبـــة إني	قـــد تركـــت اللهيـب والثـأر بعـدي
إخـــوتي قـــد مشـــوا برايـــة ثـــأري	ومضـــوا يضرـــمون ثـــورة حقـــدي
قـــد تمنيـــت أن أمـــوت شـــهيداً	وأنـــا اليـــوم قـــد تحقـــق قصـــدي
لا تنـــامي طريحـــة الجنـــب بعـــدي	وأعـــدي للظـــالمين أعـــدي

كنت دائم التحريض، انتقي الكلمة السهلة المعبرة لأروي لشعبي قصص نضاله، وأذكره بما فعل الإنجليز بفلسطين فكتبت قصة شعرية عن أيام الاستعمار في فلسطين حتى لا ينسى ما فعل به الإنجليز:

قصـة قد حـدثت بـالأمس مـن عشرين عـام
حـدثت في عهـد الاستـعمار في عهـد الظـلام
حـدثت في قريتـي الخضـراء في أرض السـلام
كلـما اذكرتهـا اهتـزت مـن الرعـب العظـام

نقلت في القصيدة مأساة الفلسطيني بكل ما فيها من ألم، ووجع، وما صنع الإنجليز بالشعب الفلسطيني، وما تركوا من مآسي إلى أن أبلغ ذروة التحدي: في المقطع التالي، الذي اختاره أحمد سيعد، ليلحنه الدكتور يوسف شوقي ولتصدح به الفنانة فايدة كامل.

لـــن ينـــام الثـــأر في صـــدري وإن طـــال مــداه

لا ولـــن يهـــدأ في روحـــي وفي قلبـــي لظــاه

صـوت أمـي لم يـزل في مسـمع الـدنيا صـداه

وأبي مـــا زال في ســمعي وفي روحـــي نــداه

***

أن تقـــدم.. ثابـت الخطـو إلى الثـأر تقــدم

وتقحـــم حالـــك الأهـــوال للثـــأر تقحـــم

ســـوف تطويـــك الليـــالي الســـود إن لم تـتعلم

كيـــف تـــروى غلــة الثـــأر بنـــيران ودم

***

ولم يكتف، "أحمد سعيد" بما اختار من القصيدة، بل قدمت كاملة ملحنة ومغناة بعنوان "القرية الخضراء" ظلت تتناقلها الإذاعات لسنوات طويلة. وقد أبدع "الموجي" تلحين مقاطعها، وأبدع "اندريا رايدر" توزيع ألحانها.

حدث مرة أن زرت سعاد الأعظمي ناظرة مدرسة بنات خان يونس الإعدادية، التي أوقفت شبابها وعمرها لخدمة العلم، وقد صحبت معي في تلك الزيارة أحمد ساق الله بعوده ليلقن مدرساتها، ألحان أناشيدي، والتقيت يومها بصبية في سنتها الإعدادية النهائية، لها صوت رخيم، جميل أشبه بصوت فيروز، أخذت ترنم مع عود أحمد بنشيد "بلادنا.. بلادنا.. بلادنا" وما أن انتهت، حتى بدأت في كتابة نشيد جديد، لتقدمه الصبية في إحدى حفلات المدرسة وقد حرصت على إبراز صوتها المعبر.. ليأتي هاتفاً بشباب فلسطين:

شـــباب الفـــدا يـــا شبـاب الفــدا

فلســطين نـادت فبلـــوا النــدا

ودكـــوا الحصـــون حصـــون العــدا

شـباب الفـدا يـا شـباب الفـدا

ويأتي صوت شباب فلسطين ملبياً:

فلسـطيننا أبشـري.. أبشـري
فـلا بـد لا بـد أن تنصـري
ولا بـد أن نلتقـي فاصـبري
فلسـطيننا يـا منـار الهـدى

إلى آخـر ذلـك النشـيد الـذي أخـذت تـردده حنـاجر فتيـات مدرسـة خـان يـونس الإعدادية، لينتشر بعد ذلك في جميع مدارس اللاجئين في معسكرات قطاع غزة.

كنت أومن بـدور الكلمـة في بنـاء جيـل يحـب الـوطن ويفتديـه وكنـت أثـق بأنهـا رسالتي، التي أسهم بها في تحرير وطني الذي أحبه، وأومن بحقي وحق شعبي في كل حبة رمل من ترابه المقدس، وكنت على وعي بما يدبره العـدو لشـعبي، وكنـت عـلى إطـلاع بمـا كتب العدو، ودور الكلمة في تعبئة اليهود، ومـا زوروه مـن باطـل، يسـتهدفون بـه وطنـي وشعبي، وتاريخي..

وتأتي الأيام، فإذا القصائد، والأوبريتات التي كتبتها تتجاوز قطاع غـزة، لتنطلـق عـبر إذاعة "صوت العرب"، ملحنة مغناة، والتي كان منها قصيدة "لن ينام الثأر" بلحن الـدكتور يوسف شوقي، وإنشاد فايده كامل. و "سنرجع مرة أخـرى" بلحـن وإنشـاد محمـد فـوزي، "هناك بلادي" إنشاد كارم محمود، ونشيد "إننا عائدون" بلحنه الجديد الذي قدمه محمود الشريف، ملحن "نشيد الـلـه أكبر" و "مع الغرباء" بصوت فيروز، ولحن "الأخـوين رحبـاني" تلك القصائد والأناشيد التي كان لصوت العرب الفضل في نشرها، وإشاعتها في أنحاء الوطن العربي، حتى أن مقطوعة "لن ينام الثأر"، أصبحت الصرخة التي تطلق، عند قيام أيـة ثـورة في الوطن العربي، والتي كان يطلبها الآلاف من أبناء الجزائر أثناء ثورتهم المباركة المنتصرة.

(31) سنة من العمر في خان يونس

كنت معجبا بممدوح الخالدي، ناظر مدرسة فلسطين الثانوية، وكانت تربطني به مودة، وصداقة. كان يجتذبني كمربي فاضل، مهاب، وكنت إذ أنا مدرس بمدرسة هاشم بـن عبدمناف، لا أكف عن زيارته، أصحبه عصر كل يوم، وهو يتابع بناء بيته في حي الرمال.

التضامن مع "الأباظي" المرحل إلى القاهرة

كانت مدرسة فلسطين تعتبر نموذجا يحتذى به في الانضباط والجـد، وحسـن الأداء، والنتائج المبهرة لتلاميذها، وحيا من رائدها والمشرف عليها، وناظرهـا، ممـدوح الخالدي، لذا صدمت، صدمة عنيفة يوم أصدر الصاغ أحمد إسماعيل مدير التعليم قرارا بتنحية ممدوح الخالدي عن نظارة مدرسة فلسطين، ونقله إلى مديرية التعليم، وتعيين "علي صالح "من مصر بدلا منه، هزني الموقف وأسفت أن

لا يرتفع صوت في وجه هذا الغبن، وأن لا يقف مع ممدوح الخالدي في محنته إلا مدرس مصري، من عائلة أباظة المعروفة بمصر- زاد في غضبي، أن أعلم بأن مدير التعليم قد أمر بنقل الأباظي، وإعادته إلى مصر، لانحيازه إلى جانب ممدوح الخالدي. وأذكر أنني ذهبت لوداعه فجرا في محطة السكة الحديد، فلم أجد واحدا من أسرة التعليم سواي ومن الطلاب ماجد أبو شرار، يرافقه والده، عدت غاضبا متألما، فجلست في مكتبة "جمعية التوحيد"، وأخذت أكتب برقيات الاحتجاج للقاهرة، على تصرف مدير التعليم، بل قمت بكتابة عريضة جمعت لها عشرات من تواقيع أولياء الأمور، احتجاجا على نقل ممدوح الخالدي من مدرسة فلسطين الثانوية، جن جنون الصاغ "أحمد إسماعيل"، وبدأ يتحرى عن المحرك وراء هذه الحملة، فجاءت الوشاية من زميل لي بالمدرسة الهاشمية، كان يجلس إلي ويقرأ ما أكتب، ويسهر معي في بيتي، وكان الزميل على صلة بأحمد إسماعيل تطلعا إلى مركز أو منصب له في مديرية التعليم.

ولم تكن مفاجأة لي عندما استدعاني مدير مدرستي، حنا دهده فرح، وسلمني خطاب نقلي من مدرسة هاشم بن عبدمناف الثانوية إلى ابتدائية بني سهيلا، عقاب شديد، لا يتمثل فقط في الانتقال من مدرسة ثانوية إلى مدرسة ابتدائية، بل للصعوبة التي سأعانيها في البحث عن سكن، أو وسيلة انتقال. أفزع الأمر أبي، واستشاط غضبا، وتوجه محتجا إلى بشير الريس، مساعد مدير التعليم ونائبه، فأخذ يخفف من غضب أبي، ووعده بأن يتدبر الأمر.

استدعيت في اليوم التالي، لأعرف أن أحمد إسماعيل، اشترط لإلغاء القرار، بأن أحضر- إليه وأنفي ما اتهمت به من مؤازرة لممدوح الخالدي، حاول والدي، وأخي علي الذي كان مدرسا في مدرسة فلسطين، وابن خالتي نظمي الزهارنه، الذي كان مديرا لمدرسة الشجاعية، حاولوا جميعا إقناعي بالقبول، رفضت وتمسكت بموقفي، كما ورفضت الانتقال إلى بني سهيلا، حتى وإن نتج عن ذلك فصلي من العمل، وبمساع حميدة من بشير الريس، وتلافيا لتأزم الموقف، استطاع أن يغير أمر النقل، بحيث أنقل إلى مدرسة أحمد عبدالعزيز الابتدائية بخان يونس. بدلا من مدرسة بني سهيلا.

فقنعت يومها لسببين الأول أنني أحب خان يونس، منذ أسس فيها خالي سليمان العامري أول مكتب للبريد، والسبب الثاني لأن المدرسة تحمل اسم البطل أحمد عبدالعزيز.

كان الشيء الذي يشغل أهلي ما يمكن أن أتحمله من متاعب الذهاب والإياب يوميا من غزة إلى خان يونس. ومع الأيام أصبحت تلك الصعوبة تمثل لي ترويحا عن النفس، ومتعة أسعدتني، إذ اكتشفت أن عددا من المدرسات من غزة يقمن يوميا بهذه الرحلة، فأصبحت رفيقهن، وشاعرهن، نقضي ـ الطريق في الأحاديث الممتعة والحكايات المسلية، وقراءة الجديد من الشعر.

استقبلني ناظر المدرسة "سليم أبو سمرة" باشا متفهما لموقفي، عارفا بقصتي، وترك لي تخير ما أشاء من المواد التي أدرسها، وفق ما يريحني، وأسند إلي عددا قليلا من الحصص، بحيث أغادر المدرسة مبكرا. اخترت ما يمكن به أن أواصل تلقينه لأطفالي من أناشيدي التي لحنها أحمد ساق الله.

وقد صدمني ما كانت عليه حال الفصول الدراسية التي ما زال بعض طلابها يجلسون على الحصر، والعدد الكبير منهم يأتي حافيا مهلهل الثياب، في حالة شديدة من السقم، فجعلت رسالتي الأولى، وهدفي الأساسي أن أنقلهم من هذا الذي هم فيه. وعمدت إلى التحرك مع جهات عدة، حتى وفرت لهم المقاعد، وعمدت إلى جهات خيرية، لبت دعوتي للأخذ بيد الفقراء منهم، مما زاد من اهتمام الناظر بي وشمولي بنظرة خاصة ومنزلة متميزة لديه بل تحولت علاقة العمل إلى صداقة استمرت لسنوات طويلة. أحببت خان يونس، المدينة الصغيرة التي تكاد تكون أسرة واحدة، لا تعقيد للحياة فيها، الناس على بساطتهم يتسمون بالألفة، وحسن الضيافة، في خان يونس، بدأت أدخل منعرجا جديدا، باختلاطي بأهل المدينة، ونشوء صداقات فيها، وبدأت يوميا، عندما أخرج من المدرسة لأنتظر موعد وصول السيارة للعودة إلى غزة، أفاجأ بمن ينتظرني من أبناء الأصدقاء الجدد لاستضافتي والمبيت عندهم.

كنت قد تعرفت سابقا، بنعيم فارس، الشاب النابه الذكي الواعد، كان كثيرا

ما يزورني في غزة، منذ أيام الدراسة، كما كنت أزوره في خان يونس، وفي كثير من المرات أبيت عنده، أو يبيت عندي، وبعد التحاقه بكلية الطب بجامعة القاهرة، كثيرا ما زرته هناك وقضيت معه أياما حلوة لا تنسى، وكم كانت فجيعتي وفجيعة أهله، بل فجيعة خان يونس بوفاته، وهو في قمة تدفقه، إذ أنهى بنجاح دراسة الطب في جامعة القاهرة، وبدأ في الإعداد للالتحاق بإحدى جامعات أمريكا، بعد أن حصل على قبول منها، وحصل على تأشيرة الدخول، وأتم الحجز على إحدى الطائرات المتوجهة إلى أمريكا، وعاد إلى شقته بالقاهرة سعيدا بما أنجز، وتمدد فوق سريره، وأغمض عينيه وأسلم الروح.

أيامها، هبت خان يونس عن بكرة أبيها معتبرة أن فقدان نعيم مصابها، لما كانت تعقد عليه من آمال، كشاب مثقف متعلم، دمث الخلق، متفتح العقل، هزتني الفاجعة، بكيت صديقا عزيزا يحتل لدي مكانة غالية، فرثيته بقصيدة ألقيتها في جماهير خان يونس في ذكرى الأربعين لوفاته.. وقد ظلت أسرة نعيم، على ودها الصادق معي، فكنت من آن لآخر أزورها، أبيت لديها، آنس بإخوته، وتوطدت الصداقة بيني وبينهم. كان محروس يرسل شقيقة الأصغر، ينتظرني عند خروجي من المدرسة، يدعوني إلى المبيت عندهم، وكان يحصل أحيانا نزاع بين أبناء أصدقائي في خان يونس، فاتفقت على برنامج لليلات بقائي في خان يونس، مع محروس فارس، والشيخ محمد الشريف قاضي خان يونس الشرعي، وفوزي فرح مسؤول الجمارك، الذي كان بيته في طريقي إلى المدرسة، وكنت أزوره يوميا، وأسعد بأسرته، وسليم أبو سمرة ناظر مدرستي. كما كانت تربطني صداقة ومحبة ومعرفة بأحد رجال خان يونس الكبار، المرحوم عبدالرحمن الفرا، رئيس البلدية، الذي كان صديقا لأخي علي، وتوطدت علاقتي أيضا بالمرحوم قاسم الفرا، سكرتير البلدية النشط، الذي كثيرا ما كنت أزوره في مكتبه، وأعود معه إلى بيته، وأستمع إلى أبنائه وهم يلقون أمامي قصائد من شعري.

كل ذلك، جرى بسرعة، في الشهور القليلة الأولى من العام الدراسي، وتصادف في تلك الفترة، أن أقيم احتفال بوضع حجر الأساس لمستشفى "الرحمة"

فـدعاني حـاكم مدينـة خـان يـونس، الضـابط عبـداللطيف الغـزالي للمشـاركة في الاحتفال، فألقيت قصيدة عن تلك المناسبة، استمع إليها كبار رجـال الحكـم، مـن مصـريين وفلسطينيين من غـزة وخـان يـونس، وتركـت القصـيدة أثرهـا في نفـوس الجميـع، وانضـم الحاكم وأسرته إلى الأسر التي تستضيفني، وأصـبحت أقضي كـل خمـيس في زيـارة لمكتـب الحاكم ولبيته، وتعرفت إلى أسرته وأولاده.

كان قد مضى على عملي كمدرس في مدرسة أحمد عبـدالعزيز أشـهر قلائـل، عنـدما فاجأني كتاب من مديرية التعليم، موقع من ممدوح الخالدي، الـذي أخـذ موقعـا كبـيرا في المديرية، يتضمن نقلي من مدرسة أحمد عبدالعزيز إلى مدرسـة الإمـام الشـافعي الثانويـة بغزة.

وقع الخطاب علي موقـع الطامـة، فقـد ألفـت خـان يـونس وأهلهـا وأسـعدتني رفقـة الزميلات من المدرسات اللائي أصبحن جزءا من إلهـامي، كـما أعتـدت الجلسـات الأنيسـة مـع عبداللطيف الغـزالي حـاكم خـان يـونس، والأصـدقاء، الشـيخ محمـد الشرـيف وقاسـم الفـرا، ومحروس فارس، وفوزي فرح، لهذا رفضت النقـل في جلسـة مـع ممـدوح الخالـدي في مكتبـه بمديرية التعليم، بحضور صديقنا الأديـب مخلـص عمـرو، الـذي لجـأ إلى غـزة، بعـد انسـحاب الجيش المصري من القدس والخليل، واستقر مسؤولا بمديرية التعليم، وقد عجب الرجلان مـن موقفي، وإيثاري التعب على الراحة، ولكنهما لبيا رغبتي بعد أن وعدت بأن أنفذ النقل في أيـة مدرسة في غزة في نهاية العام الدراسي. في خان يونس، تلـك السـنة مـن العمـر، كنـت في ذروة اندفاعي نحو الحياة والاستمتاع بها، فقد كنت من حين إلى آخر، أسافر إلى القاهرة، التي كانت زمانها في أزهى حللها، كعاصمة كبرى لأمة العرب، ليلها الجميل، الناعم، بجوه الذي كلما أوغل الليل رق وعذب. كثيرا ما كنت إذا أنا عائد بعد سهرتي في أواخـر الليـل، أشـهد القـاهرة وهـي تغتسل بالماء والصابون، فتتلألأ شوارعها النظيفة تحت الأضواء المنسكبة كما شلالات الفضة.

وفي إحدى المـرات سـبقني صـديقي محـروس، عـلى وعـد بـأن ألتحـق بـه، للراحـة والاستجمام والاغتراف من مباهج الحياة ومفاتنها.

نزلت بنسيون "نيوسلكت"، الذي كان قد سبقني إليه صديقي محروس،

وتصادف أن كانت تنزل في البنسيون الفنانة اللبنانية "قوت القلوب"، ترافقها شقيقتها الصغرى "روزانا" التي لم تكن تتجاوز الحادية عشرة من عمرها.

أول ما وصلت، فاجأني النزلاء من الأخوة الفلسطينيين بما فيهم محروس، بأنهم كانوا يطمحون إلى التعرف إلى الفنانة والسهر معها، أو دعوتها إلى غداء أو عشاء، ولكن أطماحهم ذهبت أدراج الرياح، وقوبلت منها بالإعراض والرفض.

كانت "قوت القلوب"، يوم وصولي، كما قيل لي قد تركت البنسيون صباحا هي وشقيقتها في سيارة سوداء فارهة، بصحبة الأمير مجيد أرسلان، الذي كان في زيارة للقاهرة، وأنها لم تعد بعد.

كان من عادتي، عند وصولي القاهرة أن أقضي ـ يومي الأول في البنسيون راكنا إلى الراحة من عناء السفر، مؤتنسا بصاحبه الذي صادقته لكثرة ترددي على البنسيون، فعندما أحب أصحابي ومحروس أن يخرجوا، آثرت أن أبقى رغبة في الراحة، وفي ذهني شيء آخر.

وصلت "قوت القلوب" وشقيقتها "روزانا" في حدود الساعة الثامنة مساء، ولم يكن في صالة البنسيون سواي، وسوى صاحبه، وكنا غارقين في حديث ونقاش سياسي.

أقبلت علينا، وحيت صاحبي، الذي قدمني إليها قائلا: الشاعر فلان.. فابتسمت، وشدتها كلمة الشاعر. فسألتها من أين؟

قالت: من بيروت واسمي "قوت القلوب"، فقلت مرتجلا وقد بهرني جمالها واجتذبني ذلك السحر المشع من عينيها الذكيتين:

يــــا قــــوت.. يــاقوت	كيــــف تــرى بــيروت
تكــــاد مــــذ خلفتهــا	مــــن الأسى تمــــوت

فاهتزت فرحة كالطفلة، عرض عليها صاحبنا أن نقضي الليلة معا، في أي من ملاهي القاهرة. عاد محروس بعد سهرته، وسأل عني عامل البنسيون، الذي أخبره بأنني قد خرجت في سهرة مع "قوت القلوب". فذهل ولم يذهب إلى غرفته، بل ظل

ساهرا في انتظاري ليتأكد من صحة ما قاله له عامل البنسيون، وما أن أقبلت متأبطا ذراع الصبية الجميلة، حتى ساعة متأخرة من الليل، وانضم محروس إلينا، في سهرات الليلات التالية، مما أثار حفيظة بقية الأخوة النزلاء. وفي مقبل الأيام كتبت:

يا ساري البرق إما جئت لبنانا ... بلغ أحبتنا قوتا وروزانا
بأننا بعد في شوق وفي لهف ... إلى اللقاء، وأن البعد أضنانا
وإننا لم نزل نحيا على أمل ... لموعد هو نجوانا وسلوانا
فهل يجيء إلينا منكم خبر ... يعيد من بعض ما قد كان ما كانا

وتصادف في الزيارة تلك، أن زارني صديقي صلاح خلف، بحضور محروس، وحدثني عن رابطة الطلاب الفلسطينيين وأنها تعاني من أزمة مالية حادة، وأن صاحب الشقة التي تستأجرها الرابطة، يوشك أن يطردهم منها، فعجبت من طرحه هذه القضية علي. وهو يعلم مدى قدرتي المالية، فأقترح علي أن أكتب قصيدة، تحية للملك سعود الذي كان يزور القاهرة آنذاك يرفعونها إليه مستنجدين بأريحيته لإنقاذ الرابطة، وكتبت قصيدة طويلة، كان مطلعها:

بك نستجير ونستغيث سعود ... والليل فوق ديارنا ممدود

تعرفت بطريق الصدقة أثناء زيارتي هذه للقاهرة "مصطفى الشواربي" أحد الإقطاعيين، الذين صودرت بعض من أراضيهم بعد ثورة يوليو. وكان مثقفا محبا للأدب والشعر، فأرسل سيارته إلي، حيث نقلتني من بنسيون "نيو سلكت" إلى قليوب، انعطفت السيارة عند وصولنا قليوب، لتدخل بوابة كبيرة يمتد أمامها طريق ممهد تحتضنه الأشجار المتطاولة المتهدلة الأعراف، وتزغرد فيه العصافير. وأمام فيلا جميلة داخل العزبة توقفت السيارة، لأجد صاحبي في انتظاري، آخذا موقعه تحت شجرة ضخمة. رحب بي ثم أدخلني الفيلا، وصعدنا إلى الدور الثاني حيث الغرفة التي خصصت لي، ينتصب في وسطها سرير ضخم، تعلوه ناموسية كبيرة، أسدلت حوله، اتقاء للبعوض، الذي ينتشر في ريف مصر.

وبعد أن تخففت من ملابسي، وأرتديت ما يناسب خفة الحركة، والاستمتاع بالجو الريفي، نزلت لأجد في انتظاري عربة يجرها حصان، ناداني الخولي، ليأخذني في جولة في أنحاء العزبة، وقد سعدت بتلك الجولة، حيث أشجار البرتقال، التي أحبها وأشجار المانجو والعنب، ولا أدري كم من الوقت مر، ونحن نجوب العزبة التي لا أول لها ولا آخر.

وعند عودتنا كان صاحبي قد استيقظ من قيلولته، وكانت زوجة الخولي، قد أعدت لنا غداء دسما من الدجاج، والحمام المحشي بالفريك، وطواجن أخرى مختلفة الأحجام والأشكال.

دار حديث يومها بيني وبين الرجل الذي كان متألما لفقدان أسرته، معظم أراضيها، وأنه ينوي الهجرة إلى الخارج ومغادرة البلد نهائيا.

وبعدها جلست إلى الخولي الذي أخذ يعدد لي مناقب سيده وما يتمتع به من خير، وهو بين لحظة وأخرى يضرب يده على رقبته قائلا: "لحم أكتافنا من خيره"، قضيت أياما في العزبة، أصحو لأجد الفطير المشلتت والعسل والبيض المقلي بالسمن البلدي، والجبن القريش، والزيتون الأسود، وأتعشى الحمام والدجاج والأرز المعمر.

مرة واحدة في العمر التقيت ذلك الرجل الطيب، وبعد ذلك لم ألتق به ولا أدري ماذا فعلت به الأيام.

في القاهرة وفي الزيارات تلك، كانت لقاءاتي الأولى، بشعراء الشباب آنذاك، صلاح عبدالصبور، وأحمد عبدالمعطي حجازي، وكمال نشأت، وفوزي العنتبيل، ومحمد الفيتوري، لقاءات استمرت بعد ذلك لسنين ووطدت علاقات حميمة لا تنسى.

اصطحبني ذات يوم، الأديب الفلسطيني كامل السوافيري إلى اللقاء الأسبوعي، للروائي العربي نجيب محفوظ، الذي كان يلتقي فيه بمحبيه من الأدباء، ضحى كل يوم جمعة في مقهى الأوبرا بميدان إبراهيم باشا. وقد جلست إلى الأديب الكبير، أستمع إليه مناقشا هادئا، طلي الحديث، رقيق المعشر- وقد ترك ذلك اللقاء في نفسي- أثرا لاينسى- لأخلاقيات الأديب الكبير، وتواضعه، وحلو معشره.

عدت إلى غزة.. وبي إحساس بالزهو والاعتزاز لما لقيت به من حفاوة بالغة،

وتكريم جميل، في عاصمة الأدب والفكر، قاهرة المعز لدين الله الفاطمي.

كان حاكم خان يونس، الذي هو حاكم رفح أيضا يحرص على أن يصطحبني معه في زياراته إلى رفح.

وذات يوم اصطحبني لحضور الاحتفال بإقامة "مجلس الإصلاح" برفح، وكنت قد أعددت قصيدة بهذه المناسبة لألقيها في الحفل الذي أقيم في معسكر رفح:

من أي فجر ملهم ممراح	هذا الضياء يلوح بالأفراح
من أين ما للأمنيات كأنها بعثت	تزيح ستائر الأتراح
وكأن مركبنا التي ضلت بنا	ما بين إعصار وعصف رياح
عادت لها آمالها فتماسكت	ومشت بهدى مجاهد وضاح
يا مصر نحن هنا انتظار لاهب	للثأر لليوم القريب الضاح
فإذا دعوت إلى القتال فإننا	نفديك بالأموال والأرواح
فالثأر في أعماقنا متأجج	متلهف لتوثب وكفاح
يا مصر ما نرجوه أن تلقي بنا	للثأر في ميدانه والساح

وبعد أن ألقيت قصيدتي التي ألهبت الجماهير حماسة وعبرت عن آمالهم وأطماحهم، أصر رئيس نادي الخدمات بالمعسكر، محمد حلاوه أن أبيت تلك الليلة عنده..

كانت ليلة لا تنسى، إذ ما أن استلقيت على سرير محمد، الذي تركه لي لأنام عليه، ومد طراحة له، ينام عليها وسط الغرفة، حتى فوجئت بهجوم شرس للبق، طرد النوم من عيني، ووضعني في حرج شديد من صديقي. ماذا أقول له، فأنا غير مستطيع أن أواصل النوم في هذه الغرفة، وقد لاحظ صديقي تقلبي فاقترح أن نترك الغرفة لننام خارج بيته في الشارع، وما نفع ذلك ولا أجدى، فالبق ذلك العام كان قد هاجم معسكرات اللاجئين ولم تنفع معه، كل المبيدات التي استعملتها وكالة الغوث بأنواعها، وقضينا ليلتنا ساهرين، نتحدث حتى الصباح، وظل "عام البق" مذكورا فيما

يؤرخ به اللاجئون، كما "عام الطوفان"، الذي اقتلع الخيام واقتحم الأكواخ وأتى على بيوت اللبن، و "عام الحصبة" الذي اختطف الكثير من أطفال اللاجئين، قاسية كانت حياة اللاجئين، مريرة لا يعرفها إلا من عاناها، وذاق آلامها واكتوى بنارها.

في خان يونس ورغم النشاط المكثف، الذي كنت أقوم به في غزة ورفح، أتيحت لي الفرصة أن أجمع قصائدي التي نشرتها في صحف غزة وفي "الأديب البيروتية" وصوت البحرين البحرانية، في كتيب أشبه بألبوم الصور.

وفي زيارة لصديقي، صلاح خلف إلى غزة، فترة دراسته في القاهرة اطلع على المجموعة، فاقترح علي أن يصطحبها معه ويعرضها على أستاذه الدكتور "عبدالمنعم خفاجي"، فسلمته المجموعة سعيدا باقتراحه راغبا في أن أسمع رأيا لواحد من كبار الأدباء المصريين، فيما أكتب.

وجاءني كتاب صديقي صلاح، يحمل رأي أستاذه، معبرا عن إعجابه بالمجموعة، واقتراحه، بأن يصدر الديوان عن "رابطة الأدب الحديث" بالقاهرة.

وصدر الديوان عام 1954 بمقدمة للدكتور عبدالمنعم خفاجي، ودراسات حول الديوان لمجموعة من الكتاب العرب:

الدكتور عبدالمنعم خفاجي، عضو رابطة الأدب الحديث آنذاك، ورئيس الرابطة فيما بعد. من تقديمه للديوان:

"شاعرنا عربي، تدفق دماء العروبة في قلبه ونفسه يزخر شعره بنداء القوة والحياة، والحرية والمجد، وقد هزته نكبة فلسطين الشهيرة هزا عميقا، ظهر أثره وصداه في شعره، وقصائده، هذه القصائد الجديدة في الشعر العربي المعاصر، بما تشتمل عليه من خصائص ومميزات، ومن بلاغة وطبع وجمال فني خالص، ومن عواطف مشبوبة، وخيال رفيع، وذوق سليم، وشاعرية موهوبة، وصور وأساليب في جملتها تمثل فصاحة الأسلوب العربي وعذوبته".

ويضيف الدكتور خفاجي:

"تتعدد دواوين الشعر المعاصر، وقد يغني بعضها عن البعض، ولكن لا تجد

ديوانا قديما أو حديثا أو معاصرا، يغني عن هذا الديوان الذي هو بحق ديوان فلسطين، ونشيد البعث والحرية واليقظة والعودة، وهتاف المجد للفلسطينيين المشردين والمغتربين عن بلادهم العزيزة".

وأما عميد النقاد المعاصرين، الأديب الكبير مصطفى عبداللطيف السحرتي، مؤلف كتاب "الشعر المعاصر على ضوء النقد الحديث"،

فيقول في دراسته:

"يطيب لي أن أقدم هذا الديوان الجديد، لما لمست فيه من ألوان فنية مقدورة، وتجربة شعرية ناضجة، وموسيقى عذبة رقراقة، ووحدة أسلوبية وشعورية موفقة، صور بها الشاعر "هارون رشيد" آلام وطنه وآماله ولواعج أبنائه المشردين أصدق تصوير".

وقال الكاتب والشاعر العربي الكويتي الكبير عبد الله زكريا الأنصاري:

"إن الأستاذ هارون هاشم رشيد أحد أبناء فلسطين المنكوبة، ومن الذين ذاقوا مرارة هذه النكبة وقاسوا من أهوالها، ما قاسوا من تشريد وتقتيل، ولقد راح ينفس عن نفسه الأبية، ما تفيض به من ألم وحزن، بشعر حي صادق كل الصدق، صادر من أعماق قلبه. وما أكثر الدواوين التي صدرت في بلاد العرب أخيرا..

ولكننا لا نحس هذه الحرارة التي نحس بها ونحن نقرأ هذا الديوان الشعري الذي يزخر بالمشاعر ويفيض بالحياة الحرة الكريمة".

وكتب الأديب العربي المصري الكبير، "وديع فلسطين" عضو رابطة الأدب الحديث:

"هارون هاشم رشيد، شاب ريق الشباب، ومؤتنق القوة، طربت لشعره يوم صافحني في كثير من الدوريات الأدبية التي أطالعها وتعمقت بمودته حين اتصل بيننا حبل الكتابة وحظيت بصداقته حين زار مصر في العام الماضي لأيام قصار، شاعر سكب آلامه وآماله في شعر نضيد العبارة، مجلو البيان، سريع النغم، دفاق الحماسة، يضرب على أوتار رخيمة، فيستجمع في القارىء كل انتباهه".

وتناول الكاتب العربي رضوان إبراهيم، وهو عضو في رابطة الأدب الحديث

الديوان بقوله:

"من خيام اللاجئين وكهوف المشردين، ينطلق ديوان "مع الغرباء"، للشاعر الفلسطيني هارون هاشم رشيد، الذي نسج من آلام الحانقين، وأنات اليتامى ودموع الثكالى، ومن صرخات المعدات الخاوية، وصور الأبدان العارية، طاقات من الكلمات المتفجرة، ذات الدوي العارم، في آذان الغافلين من مترفي العرب.

فكان بذلك رائدا من رواد هذا الموكب، غنانا أروع أناشيد المأساة وأشجاها، وقد جاء الديوان في آياته، يثير النفوس العربية لمعركة جديدة".

وفي ختام الديوان، كتب الدكتور عبدالمنعم خفاجي:

"بهذه القصائدة الجديدة في الشعر العربي المعاصر، وبما نشر معها من دراسات نقدية، بقلم طائفة من الأدباء والكتاب، يظهر ديوان "مع الغرباء" للشاعر الفلسطيني، الموهوب هارون هاشم رشيد، في أجمل رونق وأروع صورة، محلى بالعديد من اللوحات الفنية النابغة، وقد لقي الديوان من رابطة الأدب الحديث بالقاهرة، ما هو مستحق من عناية، لمكانة فلسطين العربية العزيزة في قلب كل عربي، ولمنزلة الشاعر هارون هاشم رشيد، في الشعر الفلسطيني، بل في الشعر العربي المعاصر، التي من أجلها أختاره الأستاذ الكبير محمد ناجي رئيس رابطة الأدب الحديث بالقاهرة عضوا فيها. ولا شك أن ظهور الديوان حدث أدبي جديد في الأدب الفلسطيني، بل وفي تاريخ فلسطين الراهن، وسيكون بإذن الله بدء البعث في حياة فلسطين الحرة الكريمة".

وكم أسعدني أن تطلق على الرابطة آنذاك لقب "شاعر فلسطين القومي".

وما أن صدر الديوان، حتى أستقبل من الكتاب والنقاد العرب في مختلف أنحاء الوطن العربي، فقدمته في الأهرام الأدبية العربية الكبيرة، الدكتورة عائشة عبدالرحمن "بنت الشاطىء"، وفي ليبيا تناوله أديبها الكبير "المصراتي"، بدراسة، استمر نشرها لعدة أيام، أرسلها إلى "سامي الصراف" أحد أبناء غزة، الذي كان يعمل مدرسا هناك ودارت حول الديوان، حملة نقد على صفحات الأديب، بدأها

عيسى الناعوري، وتابعه بعد ذلك، عدد من الكتاب في مختلف أنحاء الوطن العربي. جئت إلى القاهرة، إثر صدور الديوان، فاستقبلت من هيئاتها الثقافية بالحب والترحاب، وكان أول من أحتفى بي، رابطة الطلاب السودانيين، إذ أقامت لي ليلة شعرية في الرابطة، وألقيت فيها بعض قصائد الديوان، وكان عريف الحفل الذي قدمني للجمهور، الشاعر السوداني محمد الفيتوري.

أقترح على صديقي محروس فارس، الذي كان يرافقني في تلك الزيارة، أن أزور مفتي فلسطين الحاج أمين الحسيني، وأهديه نسخة من الديوان، تلك الزيارة لا تنسى، فقد كان المفتي يحتل مكانة في نفوسنا منذ الثلاثينات، ولم تتح لي الفرصة لأن ألتقيه، عندما حضر إلى غزة لإقامة حكومة عموم فلسطين.

وصلنا بسيارتنا إلى مقر المفتي في شارع العروبة بمصر ـ الجديدة، عرضت على صديقي أن ينزل من السيارة ويرافقني إلى لقاء المفتي، فأبدى تردده، وآثر أن ينتظرني في السيارة، كان المفتي يحيط لقاءاته بهالة من الرهبة، إذ استقبلني أولا، أحد رجاله، وأخضعني لتساؤلات عن إسمي وهويتي، والشأن الذي أنا قادم من أجله، ثم أدخلني إلى صالة شبه معتمة لها أكثر من مدخل، وبعد لحظة فتح الباب، ودخل رجل معمم رحب بي، وجلس إلى جواري يؤانسني في انتظار وصول المفتي. وأثناء اندماجي في الحديث معه، ومن مدخل غير الذي دخل منه الرجل، فوجئنا بدخول المفتي علينا، فهب الرجل المعمم واقفا مبجلا كأنما يراه لأول مرة.

صافحت المفتي، رغم إشارة الرجل الآخر المعني بمراسم لقاء المفتي، التي منها تقبيل يده، وجلست إليه.

كان رجلا مهيبا حقا، يشع من عينيه وهج غريب، فيه قلق وتحد معا، ناولته الديوان، فانفرجت أساريره التي كانت قد قطبت إثر مصافحتي له، كأنما كان ينتظر مني كشاب يافع، أن أهوي على يده مقبلا، شأن الآخرين، وبدا من تصفحه للديوان، أنه سبق أن اطلع على بعض قصائده المنشورة دون أن يعرف صاحبها.

بدأ بعد ذلك يتحدث عن الضائقة المالية، فعجبت وأشعرته بلطف أن الديوان تقوم بتوزيعه مؤسسة الأهرام، وأنني لا يعنيني كثيرا مردوده المالي، وأنني لم أحضر

لتسويق الديوان، وإنما لإهدائه نسخة منه، كزعيم للشعب الفلسطيني. فزادت أساريره انفراجا، والتفت إلى الرجل المعمم، وطلب منه أن يشتري من الأهرام خمسين نسخة.

ووجهني إلى لقاء أحمد حلمي باشا رئيس حكومة عموم فلسطين ببنك الأمة، بشارع محمد فريد، وألمح إلى أن الباشا، هو الأقدر على شراء نسخ من الديوان، ومرة أخرى عدت لأردد له أن الأمر المادي لا يعنيني.

كان أحمد حلمي باشا أكثر اهتماما وترحابا بي، إذ كان يحب الشعراء ويأنس بهم، وقد تبسط معي في الحديث، وأشعرني برغبته في الحصول على نسخ من الديوان، فألمحت له بخبث عن إشارة المفتي والضائقة المالية التي تعانيها الهيئة العربية العليا، فقطب جبينه، وبدأ يحدثني عن الأموال التي لدى المفتي، وكيف أنه يصرف على حكومة عموم فلسطين من أموال بنك الأمة، فقطعت عليه الطريق بإشعاره بأنني قادم فقط لإهدائه نسخة من الديوان، وأن لا شأن لي بالتوزيع، إذ أن مردوده لا يعود لي وإنما يعود إلى مؤسسة الأهرام التي تقوم بتوزيع الديوان، ولكن الباشا المحب للشعر أمر بشراء مائتي نسخة من الديوان، من حسابه الخاص توزع هدايا من قبل حكومة عموم فلسطين على المهتمين بالشعر والأدب.

كان ذلك هو آخر لقاء لي بالرجلين، رئيس الهيئة العربية العليا، ورئيس حكومة عموم فلسطين.

وصلت نسخ الديوان في إرسالية، بالقطار، تسلمتها في رفح، وكانت كمية تزيد على ألفي نسخة لتوزيعها في القطاع. أخذ منها حاكم خان يونس، ألف نسخة، وزعت على خان يونس ورفح، وقام المسؤولون في الوكالة بتوزيع الألف الثانية على المدارس، لتصل إلى المدرسين وبعض الطلاب اللاجئين، مما أشاع الديوان، ونشر قصائده لتصبح على كل لسان في القطاع، الذي أحبه ولا أنسى ـ الأخوة عبد الله أبو سته، ومصطفى أبو مدين، وعبدالرؤوف المجدلاوي، الذين تطوعوا للقيام بتوزيع الديوان على مدارس اللاجئين، في حملة تركت في نفسي أجمل الأثر، وحفظتها لهم مدى العمر.

(32) من أحمد عبدالعزيز إلى صلاح الدين

العام الدراسي 1954 / 1955، دخلت منعرجا جديدا، فقد نقلت من مدرسة "أحمد عبدالعزيز" بخان يونس، إلى مدرسة "صلاح الدين" بغزة، التزاما بالوعد الذي قطعته على نفسي للأستاذين ممدوح الخالدي، ومخلص عمرو.

استقبلني "رباح الريس"، ناظر مدرسة صلاح الدين مرحبا، وكلفني بتدريس اللغة العربية، وأسند إلي بعض الحصص الخفيفة كالأناشيد والرسم. كانت المدرسة تقع في الناحية الشمالية لحارة الدرج، على التبة العالية، التي كانت موقعا للمدفعية المضادة للطيران أثناء الحرب، وكانت قريبة من بيت صديقي "فؤاد زيد الكيلاني"، فاستأجرت بيت "رجب أبو رمضان" الملاصق لبيت صديقي فؤاد، ونقلت أسرتي إليه بعد أن ضاق منزلنا بنا، بسكن أخي علي وأسرته، وضم غرفتنا إلى منزله.

كان من حسنات انتقالي إلى حارة الدرج إضافة إلى قربي من صديقي فؤاد وأسرته، تعرفي إلى الدكتور صالح مطر، ذلك الإنسان الفريد، فالدكتور صالح، لم يكن طبيبا فحسب، بل إنسانا، لمست ذلك فيه، فأعجبت بحسه الوطني، وروحه الشعبية التي يتمثل بها.

وقد وجدت عنده رغبة لإصدار صحيفة، يشارك بها في العمل الوطني، وبث روح الحماس، وترسيخ المفاهيم التي يؤمن بها، فسعدت بتوجيهه، وأبديت استعدادي الكامل للإسهام بما أستطيع في تحريرها.. أصدر الدكتور صالح صحيفة "اللواء" وأسند إلي الإشراف على التحرير، وكان يتعاون معي في ذلك من حين لآخر الصديقان العزيزان "كمال الطويل" و "عبد الله الرشماوي".

كنت أكتب افتتاحيات "اللواء"، أبث فيها ما يعتمل في الأعماق من مشاعر ملتهبة، وآمال موعودة، ووجدان صادق، ووطنية مجردة.

كانت الصحافة بالإضافة إلى أنها هواية محببة نتعامل معها بذلك الحب العفوي، فهي أيضا عمل وطني، نجد فيه أنفسنا، ونعبر عن أطماحنا، وآمالنا،

وهموم شعبنا وقضاياه، ففيها الفكر والسياسة والأدب والخبر والتحقيق الصحفي. وأذكر أنني في لقاء لي مع الحاكم العام "اللواء عبد الله رفعت" وأثناء حديث، عن الأسر المستورة الفقيرة في أحياء غزة: الزيتون، والشجاعية، والتفاح، التي وصلت بها حالة الشظف والفقر إلى أدنى درجاتها، أن اقترحت على الحاكم، أن أرافقه في جولات ليلية، يرى بعينيه ويلمس بنفسه أحوال تلك الأسر، وما تعانيه، ويقدم لها ما تستطيعه الدولة من عون للمحتاجين.

وعدت الحاكم بأن أغطي ذلك بتحقيقات صحفية تشجيعا على القيام بتلك المبادرة وتنفيذها. ولم أكن ساعة أفضيت للحاكم باقتراحي ذلك، أعرف الصورة الكاملة لتلك الأسر ومعاناتها ولا أدري إلى أية حالة من الشظف وصلت.. بدأنا أولى جولاتنا، بحارة الشجاعية، بعد انتصاف الليل وهدوء الحركة، وخلو الشوارع والأزقة من السابلة، ولم يكن يرافق الحاكم سواي وسائق سيارته. وقد ارتدى الحاكم الملابس المدنية وتخلى عن كل ما يفصح عن هويته.

كنا نقرع الباب، فيتردد من بالداخل عن تلبية دعوتنا، وما أن يطمئن إلينا حتى يفتح الباب ويرحب بنا، ويا هول ما رأينا، بيوتا خالية تماما من أي شيء، سوى حصير مهترىء، أو فراش ممزق، الأسر مضت عليها أشهر، تعاني من الحاجة، فيها الشيخ والمريض والطفل والعجوز.

يدخل الحاكم ويؤنس وحشة البيت بكلماته المطمئنة، ثم يقدم للأسرة مبلغا من المال. وأقوم بتسجيل اسم رب الأسرة، لتسليمه إلى مديرية الشؤون الاجتماعية لتتولى بعد ذلك مساعدة تلك الأسر، بطريقة منظمة، وما أكثر ما وقفنا بأحد الأبواب، التي توحي بالحاجة، فيتردد أهلها طويلا عن الخروج إلينا، أو فتح الباب لنا، لتوجسهم خيفة من زوار الليل، وما أن نتركهم ونتجه إلى بيت آخر حتى نفاجأ بهم يلحقون بنا، ويرجوننا زيارة بيتهم، بعد أن اطمئنوا إلينا، فنعود إليهم ونقدم لهم العون.

جلت مع الحاكم، في بيوت الشجاعية ليلة بعد ليلة، حتى اطمأننا أننا قد انتهينا منها، ومن أطرافها، فأتبعنا زيارتنا تلك بجولات مماثلة في حارة الزيتون، التي كنت

أعرفها شارعا شارعا وزقاقا زقاقا، وكرما كرما، ووصلت بالحاكم إلى أقصى- الأماكن فيها، وهو سعيد بالجولات تلك، غير آبه بالمتاعب، التي كانت تواجهنا، فمعظم تلك الأماكن كانت تحتاج منا إلى سير طويل على الأقدام، لتعذر الوصول إليها بالسيارة. بعد الزيتون توجهنا إلى حارة التفاح وأخذناها بيتا بيتا حتى مشارف محطة السكة الحديد، وأطراف قرية جباليا، وكلما توغلنا أكثر، وكلما تعبنا أكثر، كان الحاكم يزداد سرورا وإحساسا بالمسئولية، وأداء الواجب.

غطت جريدة "اللواء"، جريدة الدكتور صالح مطر، تلك الجولات بالتحقيقات التي كتبتها من وحي ما شاهدت، وما لمست من الحالة المتردية التي وصل إليها المواطنون.

كانت علاقتي بالدكتور مطر، تزداد حميمية يوما عن يوم، وكان يسعده ما تقوم به صحيفته، كما كان يسعده أن أقضي أكثر وقتي معه، فما أن أفرغ من عملي في التدريس حتى أوافيه في عيادته الملحق بها ديوانه، الذي يلتقي فيه بأصدقائه ومعارفه من شخصيات غزة البارزة.

الشيء الذي لا أنساه له، أنه كان يصر على أن أكون بجواره، حتى أثناء الكشف على مرضاه، كان يدعوني معه، وكان بحق طبيب الفقراء، يأتونه من المعسكرات الوسطى، ومن دير البلح ومن أطراف غزة. كان لا يطلب من المريض عند دخوله إليه أن يدفع قيمة الكشف المتبعة في العيادات الأخرى، وعندما ينتهي من الكشف، ويدون روشيتة الدواء، يأخذ المريض أو من معه بعينيه، كأنما يسبر غوره، ويعرف مدى قدرته المادية، وما أكثر ما رأيته، عندما يدفع المريض يده في جيبه ليخرج ما معه من قليل القليل، حتى يبادره برد ما يعرض عليه، وينادي "شاكر" ممرض العيادة، ويطلب منه أن يصطحب المريض إلى صيدلية أبو غزالة، "الحاج منيب"، حيث يصرف الدواء من حسابه الشخصي، وأحيانا كان يستدعى لنجدة مريض في بيته، فيصطحبني معه في سيارته، لندخل في أزقة حارات موحشة، وبعد الانتهاء من الكشف، وكتابة روشيتة الدواء، ووحيا من حالة المريض يرفض ما يعرض عليه من مال، ويكلف "شاكر" بإحضار الدواء اللازم.

ورغم ذلك كله، كان اللـه سبحانه وتعالى يكافئه بدخل أضعاف مـا كـان يحصل عليه غيره من الأطباء.

كان برنامجي اليومي، تلك الشهور الأولى من العام الدراسي، إضافة إلى ما أقوم به في المدرسة، يشمل إشرافي على تحرير جريدة اللواء، وجلساتي المطولة حتى آخر الليل مـع الدكتور صالح مطر، وكنت إذا ما تأخرت لأمر أو لآخر، أرسل من يبحث عني ويستحثني على الحضور إليه، رحمه اللـه كان إنسانا ورجلا ووطنيا لا أنساه.

لم يطل عملي بمدرسة صلاح الدين، إذ استدعي أخي "علي" للعمل في إذاعة صوت العرب عام 1954، مشرفا على "ركن فلسطين" الذي قررت الإذاعة إنشاءه، وبعدها بمدة قصيرة، طلب مني "أحمد سعيد" أن أتولى العمل مـن غـزة مسؤولا عـن مكتـب صوت العرب، فاستدعاني مساعد الحاكم "العميد أنور القاضي" وناقش الموضوع معي فرحبت بـه معلنا عن موافقتي الفورية، ولكن الصاغ أحمد إسماعيل، مدير التعليم الذي ما زالت آثار موقفي منه تتحكم في قراره، اعتذر لمساعد الحاكم، وطلب منه أن يبحث عن أحـد غيري، بحجة قلة المتخصصين في تدريس اللغة العربية، وعند إصرار مساعد الحاكم عـلى ضرورة أن أتولى هذا العمل، إقترح أحمد إسماعيل- حتى أظل تحت سيطرته وتحكمه- أن أعمل ثلاثة أيام لصالح "صوت العرب"، وثلاثة أيام أقوم بالتدريس في مدرسة صلاح الدين.

وما هو إلا شهر، حتى جاء قرار من القاهرة بإنهاء مدة عمل "أحمد إسماعيل"، وتولى " علي صالح" مكانه مديرا للتعليم. وفي الفترة التي كان يستعد فيها أحمد إسماعيل للعودة إلى القاهرة، وأثنـاء وجـوده في غـزة أخذ بعض العاملين في التعليم ينوشونه في جلساتهم معددين مآخـذه وتصادف أن كنت أحضر ـ إحدى تلك الجلسات، وتمـادى المتحدث، وهو أحد النظار المقربين مـن أحمد إسماعيل، في عـد هـذه المآخـذ فانبريت مدافعا ومذكرا بالإنجازات التي تمت في زمن أحمد إسماعيل والتي كان لها أثر كبير في تقدم التعليم، مثل إقامة عـدد مـن المدارس الجديدة، في مختلف أنحاء القطاع وفي مقدمتها مدرسة فلسطين الثانوية.

ولا أعرف من من الحاضرين نقل أخبار ذلك الحوار، وتلك المناقشة لأحمد إسماعيل، فهاله أن يطعنه أحد المقربين إليه وأقوم أنا بالدفاع عنه فما كان منه إلا أن ذهب إلى مديرية التعليم وأصدر قرارا يقضي بتفرغي كامل الوقت لإذاعة "صوت العرب"، ووقعه بتاريخ سابق لتركه العمل، وكان ذلك آخر عهدي بمهنة التعليم.

التحقت، بعملي مسؤولا عن مكتب صوت العرب بغزة، وخصصت لي غرفة في مديرية الشؤون الاجتماعية واللاجئين، التي كان مقرها في فيلا أمام حديقة غزة، كانت في فترة من الزمن مقرا للنادي الرياضي بعد انتقاله من مقره القديم.

مديرا لمكتب صوت العرب في غزة

جاءت الفرصة التي كنت أترقبها لمواصلة التعبئة الوطنية، في صفوف اللاجئين. استدعيت إلى القاهرة، حيث التقيت بأحمد سعيد، مدير إذاعة صوت العرب، الذي رحب بي وأعلن عن سعادته بانتمائي إلى أسرة صوت العرب.

قضيت فترة تدريب فني وتقني، في إدارة الإذاعة الهندسية بالشريفين فدربت على استعمال المسجل "المايهاك" وكيفية إصلاحه، لعدم وجود مهندسين إذاعيين في غزة، مما قد يضطرني لإصلاح الجهاز عند الحاجة.

لم يقتصر عملي في غزة، على الرسالة الإخبارية اليومية، التي كنت أبعث بها بالهاتف، إلى صوت العرب، بل توجهت بكامل طاقتي إلى الشعب في مواقع وجوده، وكانت معسكرات اللاجئين هدفي الأول، وقد خصصت لي وكالة الغوث، "الأونروا" إحدى سياراتها لأتنقل بين معسكرات اللاجئين، وبدأ "صوت العرب" يبث الصور الإذاعية، التي أبعث بها من نماذج للفن الشعبي الفلسطيني، ومن احتفالات للمناسبات الوطنية ومن لقاءات مع المثقفين والفنانين الفلسطينيين.

كما أخذت أغطي كافة نشاطات المديريات الحكومية، التي لها مردود جيد على الشعب.

بدأت زياراتي لمدارس الوكالة، وأخذت أسجل الأناشيد التي لحنها أحمد ساق الله، من أشعاري بأصوات أطفال اللاجئين، كما عمدت إلى تسجيل لقاءات لناظرات المدارس ومدرساتها، وأصبح صوت قطاع غزة حاضرا، وبدأت نشاطاته واهتماماته تنتقل عبر الأثير إلى التجمعات الفلسطينية، خارج القطاع.

بدأت أبحث عن الأصوات الفلسطينية، وكان غازي الشرقاوي، ومهدي سردانه وأحمد ساق الله وحامد حمو وكامل عليوة، الأكثر حضورا، فأرسلت نماذج إذاعية إلى إذاعة "صوت العرب" التي قامت باستدعائهم، وإجراء اختبارات لهم، واعتمادهم كمطربين في الإذاعة المصرية.

أخذ "صوت العرب" يبدي اهتماما ملحوظا بما أرسله، وصرت أستدعى كل ثلاثة أشهر إلى القاهرة لأجلس إلى زملائي في صوت العرب، ذلك الفريق المؤسس الذي رسخ صوت العرب، كمعبر عن إرادة التحول، والدعوة إلى الوحدة والتحرير، وقد اكتسبت الكثير من تلك الزيارات، راقبت أخي علي وهو يعد برامج "ركن فلسطين"، وجلست إلى الأخوة المذيعين، ومقدمي برامج صوت العرب، السيد الغضبان ومحمد أبو الفتوح، وسعد غزال، ونادية توفيق، وتراجي عباس،

ومحاسن الحسيني، وعبدالمنعم سلام وفؤاد شافعي ووجدي الحكيم وأمين بسيوني، وعادل القاضي وحلمي البلك.

مشاركا في العمل الصحفي

كنت أسعد بالجلوس إليهم، وأتعلم على أيديهم وأرسم خطوط عملي في غزة وحيا من سياستهم وبتوجيه من أحمد سعيد، وبدأ وجود مكتب صوت العرب في تلك المرحلة يستقطب حوله المثقفين والفنانين في قطاع غزة، وشجع الفرق الشعبية، ونقل نشاطاتها، وكان له أثر في بعث الحركة الثقافية والحركة الفنية في مقبل الأيام، وبدأت أرسخ قدمي، وأستحوذ على الثقة الشعبية والحكومية، وأخذت الأبواب كلها تفتح أمامي، وبدأ إسمي يأخذ مكانه المتقدم، كشاعر وإذاعي وصحفي. ذلك أن عملي الإذاعي لم يبعدني عن اهتماماتي الأخرى، فلم أكن أتخلف عن المشاركة في النشاطات الثقافية في "جمعية التوحيد" و "النادي الرياضي"، كما لم يتوقف عملي كمحرر لجريدة "اللواء" أو مشارك في الكتابة بجريدة "غزة"، ولم أقتصر على النشر في صحف غزة، بل واصلت الكتابة للخارج، وكانت أبرز المجلات التي، عمدت إلى مواصلة الكتابة إليها، مجلة "صوت البحرين"، التي بدأت علاقتي بها، منذ أوائل

أعوام النكبة، وعلى البعد، توطدت العلاقة بيني وبين المسؤولين عن المجلة، علي الباكر، وحسن كمال، وعبدالعزيز الشملان، وأذكر في أوائل الخمسينات، وبالتحديد عام 1951، أرسل إلي الأخوة في "صوت البحرين" يقترحون علي العمل كمدرس، في مدارس الكويت، التي كان يقبل عليها المدرسون الفلسطينيون، وأرسلوا إلى عنوان مكتب البعثة الكويتية في مصر، الذي كان يقع في حي من أحياء القاهرة الهادئة، التي لم يكن قد طالها الزحف العمراني المكثف.

وتحمست للموضوع تطلعا إلى تحسين وضعي المادي نظرا للمسؤولية الكبيرة، التي كانت ملقاة على عاتقي، بإعالة أسرتي الكبيرة، وأذكر أنني درت في ذلك الحي الهادىء ساعات أبحث عن الفيلا، التي يقع فيها المكتب، وكان ذلك أول لقاء لي بصديقين توطدت فيما بعد العلاقة بيني وبينهما، عبدالعزيز حسين، وعبد الله زكريا الأنصاري، استقبلت بحفاوة، ووقعت العقد، وذهبت إلى السفارة البريطانية حيث سلمتني تصريح مرور أو وثيقة سفر مؤقتة، إذ كانت الكويت ما زالت تحت الحكم البريطاني.

عدت إلى غزة فرحا بما أنجزت، وكنت الوحيد من غزة الذي وفق في التعاقد مع الكويت، وجلست إلى والدي رحمه الله، وأطلعته على العقد وناولته، وثيقة السفر، طالع والدي العقد، وقلب الوثيقة وردها إلي، وقد بدا التجهم على وجهه، عكس ما كنت أتوقع من التشجيع والفرحة بإمكانية خروجنا من المأزق المادي.

قال لي يومها: " ذلك شأن من شؤونك، وأنت صاحب القرار فيه، لأنه متعلق بمستقبلك، ولكنك الآن في موقف الاختيار بين أن تكون شاعرا، أو أن تحسن وضعك المادي".

وسألته: ما التعارض في ذلك؟

قال لي: "إنك إن تركت غزة، حيث منزل إلهامك الشعري بمعايشة اللاجئين واستلهام قصائدك منهم، والدفاع عن قضيتك، فسوف يتوقف وحيك وينضب معينه، علاوة على أن ما تستطيع أن تقوله عن الإنجليز الذين تسببوا في مأساة وطنك، لن تستطيعه في ظل الحكم البريطاني في الكوبت".

وتركني والدي ونظر عباءته على كتفه، وتناول عصاه ومضى، كأنما أراد لي

أن أخلو لنفسي لأخذ القرار الصعب.. إما الرفاه.. والصمت، وإما الاكتفاء بالكفاف.. وحرية القول.

الصورة التي وضعها أبي أمامي لم تكن قد خطرت ببالي، وأنا أحمل العقد فرحا إلى غزة، أبني قصور الأحلام وأعليها. تقلبت ليلتها وجافاني النوم، تمنيت لو أن والدي حسم الأمر، فأصدر حكمه القاطع كما كان يفعل معنا في حياتنا التي تعودناها معه. ولكنه لم يفعل، وتركني وحدي آخذ قراري، كانت حلكة الظلمة قد أخذت تشتد إيذانا باقتراب الفجر، وما هي إلا لحظات حتى، بدأ الزناتي، مؤذن "جامع الشمعة" يرتل تسابيحه تهيئة للآذان، ونفض والدي غطاءه، وبدأ يبسمل ويحوقل ويتلو بعضا من آيات القرآن، ونهض من فراشه، وسوى قمبازه، وشد حزامه على وسطه، وتناول عباءته وانطلق إلى الجامع.

لا أدري لماذا شعرت لحظتها بالراحة، وازداد إعجابي بهذا الوالد الصامد كالزيتونة، وأخذ يمر أمامي شريط لمواقفه، التي كانت دائما تتسم بالحكمة والحسم، أخذت قراري، وقمت إلى خزانتي وتناولت التعاقد ومزقته وأبقيت على وثيقة السفر الصادرة من السفارة البريطانية للذكرى.

تمسكت بالبقاء في غزة، وآليت على نفسي أن لا أغادرها طائعا تحت أي ظرف من الظروف، وأن أظل إلى جوار شعبي مناديا بالعودة داعيا إليها، حاضا على الجهاد هاتفا للتحرير، مقدسا للفداء.

مع بداية عام 1955، أخذت إسرائيل تصعد اعتداءاتها على قطاع غزة، متحدية اتفاقية الهدنة ورجالها. ففي ليلة الاثنين 28 فبراير- شباط، حيث كان المطر يهمي غزيرا، والسماء ملبدة بالغيوم والبرق والرعد من حين لآخر، يشقان الظلمة. تسللت تحت جنح الظلام، سرية مشاة إسرائيلية مدعمة، قامت بالإغارة على الحامية المصرية المكلفة بحماية "بئر الصفا"، بئر بلدية غزة، ومحطة السكة الحديد. ورغم عدم التكافؤ بين القوتين وافتقار الحامية المصرية للأسلحة الدفاعية اللازمة، فقد تواصلت المعركة، مما اضطر قيادة الحرس الوطني الفلسطيني، لأن تدفع بنجدة محمولة في سيارة مغطاة، أثناء المطر المنهمر، انطلقت النجدة من موقعها، عند النصيرات،

متجهة إلى غزة لتلتحق بالمدافعين عن المحطة وبئر الصفا. وما أن وصلت إلى مفترق الطرق على طريق غزة الرئيسي، حتى فاجأها كمين إسرائيلي، بتفجير صفيحة بنزين أمام السيارة، ليجعلها هدفا للجنود الإسرائيليين الذين انهالوا عليها برشاشاتهم الغزيرة، بحيث أجهزوا على كل من في السيارة، فكانت الكارثة الفاجعة، بسقوط 24 شهيدا و 12 جريحا إصاباتهم مختلفة، كما استشهد في ميدان المعركة، قرب محطة السكة الحديد، ثمانية من أفراد الحامية المصرية وفي مقدمتهم قائدها الشهيد محمود أحمد صادق، شقيق الفريق محمد أحمد صادق وزير الحربية فيما بعد، كما استشهد مواطنان من أبناء غزة، كانا من حراس "بئر الصفا".

كان لذلك الحادث الأليم أثر كبير على مدينتي غزة، فاستثارني، كما استثار غيري، فكتبت قصيدة في رثاء الشهيد القائد وأرسلتها إلى أسرته، التي قامت بتوزيعها في ذكرى مرور أربعين يوما على استشهاده، كما نشرتها في الصحف، وكانت بعنوان "رسالة إلى أم كل شهيد"، مرسلة إلى أم الشهيد البطل محمود صادق، بطل معركة غزة.. وإلى أم كل شهيد:

أنا لا أريدك في جموع الباكيات النادبات
أنا لا أريدك.. لا أريدك في جمع الباكيات البائسات
إني أريدك للكفاح.. وللجهاد وللثبات
إني أريدك في جموع الصابرات العاملات
أنا لا أريدك.. تذكرين فتاك بالدمع السخين
بالحزن، بالأنات، بالأشجان بالصوت الحزين
بتلهف القلب الطعين، وبالتوجع والأنين
إني أريدك تذكرين فتاك بالثأر الدفين
بالوثبة الكبرى غدا، في موكب النصر المبين

ترك ذلك العدوان الغادر، أثرا حزينا في نفوس المواطنين، وأشعل فيهم

الغضب، فشبت مظاهراتهم الهائجة تطالب بالتجنيد والتسليح، ورد العدوان وردع الغزو، وتأديب العدو المتغطرس.

ولم يكن عبدالناصر، أقل تأثرا وغضبا من أهل القطاع، إذ توجه صباح اليوم التالي إلى الكلية الحربية، وقد تفهم الرسالة التي بعثت بها إسرائيل، فالتقى بطلاب الكلية، وقدم لهم العلم وسط حفل بسيط وقال فيهم:

"لقد سمعت أن إسرائيل هددتنا بالأمس، فإذا كانوا يريدون الدخول في معركة فسنعطيهم درسا".

ولم يكتف عبدالناصر، بما أطلقه من كلمات لاهبات، بل جعل يوم 28 فبراير 1955، يوم التحول الخطير، ويوم كسر احتكار السلاح، وإعداد الجيش القوي والاستعداد للمعركة.

الحادث الآخر الذي شهده القطاع، في 31 أغسطس، والذي يمثل غرور إسرائيل وصلفها، تكريسها العدوان نهجا لها، قيامها في ذلك اليوم بدفع قوة مدرعة من الجيش الإسرائيلي، تقدر بتسع دبابات، وعدد من المجنزرات، حاملة الجنود اجتازت خط الهدنة مخترقة خزاعة، وعبسان، وبني سهيلا، وصولا إلى مركز الشرطة في قلب خان يونس، حيث دارت معركة شرسة بين المهاجمين ورجال الشرطة، وأفراد الحرس الوطني الفلسطيني المرابطين قريبا من مركز الشرطة، تمكن الإسرائيليون من تدمير المركز وبرغم عدم تكافؤ القوتين، فقد تمكن الفلسطينيون من إيقاع العديد من الخسائر في صفوف القوة الإسرائيلية المهاجمة.

وقد تصادف صباح ذلك اليوم، وقبل الهجوم بقليل أنني كنت في زيارة للحاكم في مركز الشرطة، بعد جولة للتسجيلات الإذاعية في خان يونس للائتناس بصديقي، والحديث إليه، وقد حاول يومها أن يمسك بي لتناول الغداء مع أسرته ولكني اعتذرت لارتباطي المسبق بموعد في غزة.

وفي اليوم التالي عندما كنت أزور خان يونس لأشارك في مسيرة جنازة شهداء المدينة تأثرت كثيرا لما سمعته من أسرة صديقي، عن اقتحام القوة المهاجمة المنزل،

وإفزاع الأطفال، وبث الرعب فيهم، بينما كان والدهم خارج البيت، مع رجاله المدافعين عن المركز.

كان يبدو واضحا أن إسرائيل بتحرشاتها المستمرة عام 1956 تبيت أمرا لمدينتي غزة، فكنت أتابع بقلق تصاعد الاعتداءات على القطاع، والتحرش المستمر الواضح، وأصوات المدافع التي لا يمر أسبوع دون أن تدوي في جهة من جهات القطاع.

كانت إسرائيل في محاولاتها المتكررة، وخرقها المستمر لاتفاقيات الهدنة تريد أن تثبت وجودها، بأنها الأقوى والأقدر على توجيه الضربات، مما جعل مصطفى حافظ، يصعد هجمات رجاله من الفدائيين ويطلقهم يجوبون إسرائيل ردا على اعتداءاتها.

الى جوار غزة، وعلى بعد سبعة كيلو مترات، تقع مستعمرة "نحال عوز"، تلك الشوكة المغروسة في جنب المدينة، المهددة لأمنها وأمانها.

وكم كان يهزني ويحزنني، عندما كنت أقف على "تل المنطار" وأشاهدها، وأرى بعيني قطعة من أراضي والدي وقد اغتيلت وامتدت إليها المستعمرة لتأكلها كما أكلت الصهيونية معظم أراضي فلسطين.

مختار تلك المستعمرة "روعي روتبرغ" القادم إلى فلسطين من مجاهل العالم، حاملا معه روح وعقلية "رعاة البقر"، ومايغلي في صدره من حقد واستعلاء وغرور، دأب كل صباح على ممارسة عمليات الاستفزاز للفلاحين الذين تقع أراضيهم قريبا من خط الهدنة، فهو لا يكف يوميا عن التبختر بحصانه على خط الهدنة، ملوحا بسوطه، مرسلا العبارات البذيئة الجارحة لأولئك البسطاء، محبي الأرض، يتحداهم ويتحدى وجودهم، ويتعالى متكبرا بقوته، مما يجعلهم يعودون يوميا إلى بيوتهم، وصدورهم تغلي بالغضب، وكم من مرة ساورتهم أنفسهم أن يفعلوا شيئا يمرغون به أنف هذا المتغطرس في التراب، ولكنهم يمسكون عن نيتهم عندما يتطلعون خلفهم، حيث قوات

الحرس الوطني والمراقبة المصرية، والبنادق الصامتة الملتزمة بالهدنة، والمحافظة عليها، فتصيبهم الخشية من أن يزج بهم في السجون، وأن يتهموا بالخروج على القانون. ولكن العمدة الإسرائيلي المتغطرس، لم يكتف بتحرشاته الكلامية والتلويح بصوته، وإرسال إشارات التهديد والوعيد، فقد عمد يوما إلى إفزاع بقرة قريبة من خط الهدنة، بحيث دفعها لاجتياز الجانب المحتل، في محاولة لجر صاحبها ليكون في متناول رصاص بندقيته، فما أن اجتازت البقرة الهاربة خط الهدنة الذي لا يكاد يبين، والذي لا يستطيع الراعي البسيط تحديده، حتى اندفع الرجل وراء بقرته في محاولة لردها وإعادتها، فبادره العمدة الصلف "روعي روتبرغ" برصاصة ليخر شهيدا ويده مغروسة في تراب أرضه التي طالما رواها بعرقه.

تحركت السلطات المصرية وممثلو لجنة الهدنة المشتركة، وتسلمت جثة الشهيد، ونقلتها إلى مستشفى "تل الزهور"، حيث تسلمته أسرته باعتباره متسللا.

كان ذلك الحادث قمة الاستفزاز والغطرسة، أصاب الناس في كبريائهم، وطعنهم في كرامتهم، إذ كيف لصاحب الأرض ومالكها أن يقتل على أرضه ويترك القاتل وسالب الأرض طليقا، يعاود آثامه ويكرر إجرامه.

ذلك ما لم يرض به مصطفى حافظ، ولا رجاله، الذين آلوا على أنفسهم أن يكونوا أداة الردع والتأديب لهؤلاء اللصوص والقتلة.

وأمام مصطفى حافظ ومساعديه "صفوت عبد الله" و "صلاح عرب" طالب الفدائيون بالرد الفوري والانتقام للمواطن الفلسطيني البريء.

وكانوا على ثقة من أن عمدة "نحال عوز" "روعي روتبرغ" لن يتخلف في اليوم التالي عن طلعاته الاستفزازية، بل سيكون في قمة غطرسته وغروره، لذا لا بد من المبادرة الفورية لوضع حد لهذه الإهانة اليومية السافرة.

تطوع اثنان من الذين يسكنون قريبا من خط الهدنة، في الأرض المواجهة لمستعمرة "نحال عوز" وأعدا كمينا داخل خط الهدنة من الجانب المحتل، وما أن طلع

الصباح وكما توقعا، ظهر العمدة متبخترا بجواده وإمعانا في غـروره، دفـع بحصـانه إلى أقرب نقطة عند خط الهدنة مزيدا من التحدي والغطرسة.

وما أن طرقع سوطه معلنا عن بداية ممارسة هوايته اليومية، حتى انطلقـت دفعـة رصاص من مدفع رشاش من نوع "برن" لتدفع الرجل بحصانه داخل الجانب العـربي لخـط الهدنة، فيسقط الحصان وصاحبه.

وكانت تلك الواقعة الأولى التي تنطلق منها النار من الجانب العربي.

حملت جثة العمدة القتيل إلى مستشفى "تل الزهـور"، حيـث حضر ممثلـو لجنـة الهدنة المشتركة، وأشرفوا على تسليم الجثة إلى السلطات الإسرائيليـة في مشـهد اهتـزت لـه غزة.. كما ذهلت إسرائيل لتلك الضربة التأديبـة الرادعـة، التـي أثلجـت صـدور المـواطنين الفلسطينيين في القطاع، وشفت غليلهم.

بادرت إسرائيل يومها بتقديم شكوى ضد مصر إلى هيئة الأمم المتحدة، متهمة إياها بخرق اتفاقية الهدنة، ورفـع حـدة التـوتر عـلى خطوطهـا في قطـاع غـزة، واعتـبر كالعـادة محامي إسرائيل، مندوب الولايات المتحدة الأمريكية ذلك الحادث تحولا خطيرا في المنطقة، متناسيا الاعتداءات اليومية لإسرائيل على المدنيين المسالمين، التي لا حصر لها، والتي سـدت الأمم المتحدة والولايات المتحدة آذانها عنها، ولم تحاول مرة أن توقف إسرائيل عند حدها.

أسعد، "أحمد سعيد"، النشاط المكثف الذي كنت أقوم به في قطاع غزة، واتسـاع رقعة المستمعين في القطاع وترقبهم موعد بثه، وذلك مـن خـلال مئـات الرسـائل، التـي أخذت تصل "صوت العرب"، موجهة إلى "ركن فلسطين"، من مناطق تجمعات اللاجئين، في معسكرات القطاع وفي المخيمات بلبنان وسورية والأردن، وأماكن وجود الفلسطينيين في البلدان العربية الأخرى، كالسعودية والكويت.

فاقترح إرسال بعثة من صوت العرب برئاسة أخي علي هاشم رشيد، يصحبها

فريق من هندسة الإذاعة مزودا بأجهزة التسجيل للقيام بتسجيلات لمختلف برامج صوت العرب، إضافة إلى برنامج ركن فلسطين.

بادرت فور وصول البرقية يوم 5 إبريل 1956 إلى عقد اجتماع في مكتبي بمديرية الشؤون الاجتماعية واللاجئين، ووضعنا خطة لتحرك البعثة، تبدأ بالتسجيل للحاكم العام، اللواء عبد الله رفعت، ثم تجرى تسجيلات لمديري المديريات، نتبعها بحملة تسجيلات في المدارس ومعسكرات اللاجئين، نتحاور مع الشعب ونتحدث إليه وننقل همومه وطموحاته ونسجل رسائله إلى ذويه في الخارج، ونحضر ألوانا من فنونه الشعبية، لتثري بذلك برامج صوت العرب كلها.

التقينا في صباح يوم العمل الأول 6 إبريل 1956، بالحاكم العام في مقره، واتفق معنا بعد إجراء التسجيل معه على تناول الغداء على مائدته، في اليوم التالي تركنا مقر الحاكم العام، وانطلقنا إلى موعد تسجيل حديث مع شفيق الترزي رئيس كلية غزة في مقرها القديم قرب شارع عمر المختار، وبينما كنا نجري التسجيل، فاجأنا دوي هائل متتابع لتساقط قنابل قريبة جدا من موقع وجودنا، مما اضطرنا إلى مغادرة الكلية، ابتعادا عن مواطن الخطر وعند خروجنا، تبين لنا أن قنابل الهاون تساقطت على مستشفى العيون فتوجه بنا سائق السيارة التي كانت وكالة الغوث قد خصصتها لتنقلي نحو الغرب، ظنا منا أن ذلك يبعدنا عن مدى القنابل المتساقطة على المدينة، وقبل أن نصل إلى ساحة التكسيات "ميدان فلسطين" سبقتنا القنابل، فأصابت أحد المقاهي، كما أصابت كراج باصات غزة، فسقط عدد من الجرحى والشهداء.

اقترح أخي بعد أن رأى أن القنابل تأخذ اتجاها واحدا محددا، هو امتداد شارع عمر المختار، بأن نتوجه إلى الجنوب، نحو كرم لأحد أقربائنا، لحين توقف القصف المدفعي على المدينة، وعودة الحياة الطبيعية إليها ودخلنا منطقة "عسقولة"، ثم وصلنا إلى طريق قريب من الكرم، فاقترح المهندس الذي يقوم بالتسجيلات أن يتوقف ويواصل تسجيل أصوات القصف المدفعي ليقدم الشريط إلى "أحمدسعيد"، الذي

يسلمه إلى جمال عبدالناصر. توقفنا، وواصل المهندس عمله، وهو يضع على أذنيه سماعات، يراقب بها عملية التسجيل، وما أن توقف القصف حوالي غروب الشمس، حتى دارت سيارة للشرطة تعلن حظر التجول، مما يحول بيننا وبين العودة إلى المدينة، فاقترح أخي أن نستضيف البعثة، في كرمنا، ونبيت فيه ليلتنا، ونواصل عملنا في اليوم الثاني.

كنا ننام تلك الليلة في الكرم، بينما كانت هناك أحداث لا ندريها تجري، هناك حول بيتي علمنا بها في اليوم التالي، ونحن نتناول الطعام على مائدة الحاكم العام.

كان من الضيوف المشاركين معنا على مائدة الحاكم الصاغ "محمود التنير" مدير المباحث العامة، فأخذ يروي لنا كيف أن أحد عيون المخابرات شهد سيارة أجنبية، تحمل أرقام "الأونروا" بها عدد من الرجال، يضع أحدهم سماعات على أذنيه يتنصت بها فهيء له أن الرجل يقوم بتوجيه المدفعية الإسرائيلية نحو أهدافها. فترك موقعه مسرعا، وأبلغ رئيس المخابرات بذلك الذي قام بدوره، بإبلاغ مدير المباحث، وتكليفه بتحريك حملة من الشرطة، توجهت أول الأمر إلى كراج سيارات الوكالة، تبحث عن السيارة المعنية وفق الأرقام التي سلمهم إياها المخبر وعندما لم يعثروا عليها في الكراج، تصاعدت شدة الشك فتوجهت الحملة إلى بيت المسؤول عن حركة سيارات الوكالة وأيقظوه من النوم، متسائلين عن السيارة وسائقها، فعرفوا منه أن السيارة والسائق بتصرف هارون هاشم رشيد، فتوجهوا إلى بيت السائق، فلم يجدوه، علموا أنه لم يعد إلى بيته منذ خروجه صباحا فحسم مدير المخابرات الأمر، وأصدر تعليماته "للصاغ محمد التنير" مدير المباحث بالتوجه إلى بيتي في الدرج والقبض علي، وترحيلي إلى القاهرة مع رحلة القطار عند الفجر.

تابع مدير المباحث، قائلا: "وتوجهت بقوة إلى بيتك في حارة الدرج، وتوقفت أمامه، وقبل أن أصدر أمري باقتحام البيت، خطر لي أن أستشير الحاكم العام قبل اتخاذ هذا الإجراء، فأيقظت الحاكم من نومه، ورويت له ما جرى،

فإذا به يغرق في الضحك ويأمرني، بعدم تنفيذ أمر مدير المخابرات، ضحكنا وضحك الحاكم العام وهو يعلق قائلا: "أية فضيحة كانت ستنجم عن غباء رجالكم، لو أرسلنا بعثة صوت العرب مخفورة إلى القاهرة. ماذا كان سيقول عنا أحمد سعيد في تعليقه اليومي بصوت العرب".

أرسلت، رسالة تليفونية بتفاصيل ما جرى عن القصف الهمجي، الذي تعرضت له مدينة غزة، ومستشفى العيون، وعدد الجرحى، والشهداء، وعدد الذين استشهدوا في ميدان فلسطين.

ثم قمنا بزيارة للمستشفيات، وسجلنا أحاديث بعض الجرحى الذين ما زالت الأربطة تغطى عيونهم.

كانت جريمة بشعة، تلك التي ارتكبتها إسرائيل ذلك اليوم عشرات من مرضى العيون، نساءا ورجالا استشهدوا أو أصيبوا في ذروة سلسلة الجرائم الإسرائيلية عام 1956م.

(33) يوشع بن نون يجتاح غزة

كنت أتردد منذ سكنت حارة الدرج، على "صالون الجامعة" كل صباح، ذلك أنني اعتدت أن يقوم أبو هاشم "محمود المخللاتي" صاحب الصالون بحلاقة ذقني بدلا من وقوفي أمام المرآة في الحمام في عملية لم أعتدها، منذ خط شنبي. كان أبو هاشم، شخصية فريدة متعددة الاهتمامات، فهو قارىء مجتهد لكافة المجلات والصحف المصرية، التي يكرسها لتسلية زبائنه، كما كان يقتني أجهزة إذاعية، من مبكرات صوت، و "امبلفرات" وسماعات، يؤجرها للأفراح، أو الأتراح حسب المناسبة. ولم يكن نشاط أبو هاشم يقتصر على الحفلات الخاصة، بل كان أيضا يشارك في الحفلات العامة، في الأندية والجمعيات والمناسبات الوطنية، مما جعله إسما مشهورا ومطلوبا، ومع الأيام أضاف إلى اهتماماته اهتماما آخر، فقد استدعي بميكروفوناته للمشاركة في حفل مسرحي لإحدى مدارس البنات، فكلف بأن يساعد في عمل المكياج للطالبات ونجح في ذلك وعندما روى لي الواقعة شجعته على المضي في هذا العمل، وزودته ببعض المعلومات عنه، ودعوته لعمل المكياج لإحدى مسرحيات النادي الرياضي، فإذا به قد استعد لممارسة هذه المهنة ووفر لها ما تحتاجه من أدوات تساعده على إنجاز عمله على الوجه الأكمل، ومن يومها أضاف أبو هاشم مهنة إلى مهنته، وأصبح من حين لآخر يطلب لإنجاز عملية المكياج للحفلات المسرحية التي كانت تقام إما في المدارس أو على مسارح أندية القطاع.

كان أبو هاشم مناقشا سياسيا، يتحاور طويلا مع رواده من الزبائن حول الأوضاع السياسية، ومستقبل القضية الفلسطينية، ومع الوقت أصبحت اللقاءات في دكانه أشبه بالصالونات الأدبية المعروفة، وأصبح يتردد على صالونه كثير من شباب ذلك الزمن.

توطدت بيني وبينه علاقة صداقة طويلة، بعد أن وقفت أكثر من مرة أمام ميكروفوناته التي يعدها لي، أو يصلحها أو يقدمها. وفي صالونه أصبحت ألتقي "بصلاح خلف" و "سليم الزعنون" و "فتحي البلعاوي"، بل أصبح هؤلاء الثلاثة من المقربين إليه، ومن أصدقائه الأعزاء.

كان أبو هاشم منحازا إلي، فما أن يقرأ في برامج الإذاعة عن موعد لإذاعة إحدى أناشيدي أو قصائدي من إذاعة صوت العرب، حتى يعلق سماعاته لتنطلق الأناشيد عاليا إلى الشارع كله، وكثيرا ما رجوته أن يخفض الصوت خشية أن يتسبب في إزعاج الجيران. فيقول: "ليسمعوا إنه صوت فلسطين". كثيرا ما كنا نلتقي في صالونه صباح يوم الجمعة، فيعد لنا "فتة الحمص" الدسمة التي يغطيها بالصنوبر واللحم المفروم، ويقول لنا: "إن أكلته هذه" كما الصبة المسلحة" تغنينا عن الغداء ذلك اليوم.

وكان المخللاتي سيد إعداد "القدرة"، فإذا ما استضاف أحدنا بعضا من محبيه هاتفه، فيقوم بشراء اللحم والأرز والحمص والثوم وقدرة الفخار والبهارات اللازمة، ويتولى إعداد القدرة والإشراف عليها في فرن "أبو خليل" الملاصق لصالونه.

فرض أبو هاشم حبه، غلغله في القلوب. فما من خدمة لا نستطيعها إلا وقام بها، فهو لأصدقائه الفارس، وحلال العقد.

يوم 26 يوليو، منذ قيام الثورة المصرية له عند أبي هاشم طقوس خاصة، واستعدادات يقوم بها، يتأكد من سلامة الراديو، ويعلق السماعات على ضلفتي باب صالونه، ومع اقتراب موعد الإرسال من الإسكندرية، يترك الأناشيد والمارشات العسكرية تلعلع في الشارع استعدادا للاستماع إلى حبيبه عبدالناصر.

ذلك اليوم، 26 يوليو 1956 صالون أبي هاشم حاشد بمحبيه، يلتقون عنده، يرتصون على الكراسي داخل الصالون وخارجه، ينتظرون الخطاب الموعود، الذي ما يجيء مرة إلا وبه مفاجأة أو شيء عن فلسطين، يفجر الأمل، ويعيد إلى النفس طمأنينتها. وكانت مفاجأة ذلك اليوم.. زلزال "تأميم قناة السويس" فما أن أطلقها المذياع، حتى توقف أبو هاشم ورفع يده عن ذقن زبونه، وقال: "إنها الحرب".

لم يلتفت أحد إلى "أبو هاشم"، أو يناقشه، أو يعلق على ملاحظته، لأن التصفيق والهرج عم الشارع، وغطى على ملاحظة أبي هاشم، التي شعرت أنها تسللت إلى صدري وعقلي، فصمت وسط كل المتحدثين والمصفقين "ماذا لو قامت الحرب؟"

نحن اليوم غيرنا بالأمس فعبدالناصر فتح المجال أمام تسليح جيشه واستعداده والسلاح هذه المرة لن يكون فاسدا، وسيكون النصر المؤكد، ولكنني توجست خيفة من أن لا نكون قد وصلنا بعد إلى الاستعداد المطلوب لخوض "الجولة الثانية"، وصدق حدس أبي هاشم، وتحركت إسرائيل، تتحرش ثم تعتدي، والأخبار تجيء من سيناء، عن تغلغل إسرائيل في الأراضي المصرية.

جاء ذلك وغزة في أوج الحماس وقمة التحدي، كانت "غزة" من أيام يدوي صوتها في التظاهرة الحاشدة، التي غص بها شارع عمر المختار احتجاجا على اختطاف "بن بلا" ورفاقه من الزعماء الجزائريين.

عبدالناصر، وحده الذي وقف إلى جوار الجزائر وثورتها، مدها بالسلاح، وأطلق إذاعته تحشد المشاعر وتشحذ الهمم، وتعبىء الجماهير.

ليلة 29 من سبتمبر قضيتها في مكتبي بمديرية الشؤون الاجتماعية بغزة حتى ساعة متأخرة من الليل، استمع إلى التسجيلات التي نقلتها أثناء مشاركتي في التظاهرة، كنت في ذروة الحماس، الذي ملأ نفسي بالاعتزاز بهذا الشعب الغزي، القومي، الواعي، ثورة الجزائر، انتصارها انتصار لفلسطين، صعود حركات التحرير، صعود لفلسطين، أي انقلاب ضد الفساد والظلم في وطن العرب هو من أجل فلسطين، هذا كان معتقدي، وتلك كانت ثوابتي،

لم يكن ذلك شعوري أو إحساسي وحدي، بل هو شعور وإحساس أي مواطن في قطاع غزة، القطاع الذي ما زال يحمل إسم فلسطين، ويرفع علمها وينشد نشيدها، مبكرا جدا، ذهبت إلى مكتبي صباح الخميس أول نوفمبر، لأعد الأشرطة التي سجلتها، وأعمل على إرسالها إلى "صوت العرب"، لتسمع الدنيا، صوت الشعب الفلسطيني في غزة مؤيدا لثورة الجزائر ساخطا على الاستعمار ثائرا عليه.

كانت أصوات المدافع، تأتي من بعيد، شيء اعتدناه منذ توقيع الهدنة بين مصر-وإسرائيل، كنا نسمعها دون مبالاة، لم يكن يساورني شيء من القلق، إن إسرائيل ترتكب خطأها الكبير، فعبدالناصر ليس الملك فاروق، وعبدالحكيم عامر، ليس حيدر باشا.

أعددت رسالتي، ودونت على الأشرطة محتوياتها، وبدأت بإغلاق الأظرف، وأرفقت بها بعضا من الأبيات من قصيدتي التي نشرتها عن ثورة الجزائر:

رددي.. رددي صلاة الجهاد ... يا دماء الأحرار في كل وادي
ردديها على الذرى والروابي ... ملهمات الإيحاء والإنشاد
ألف لبيك يا جزائرنا الخضراء ... لبيك معقل الآساد
كل جرح يسيل ومضة بعث ... تتلظى بالثأر والأحقاد
كل مستشهد لواء "جديد" ... في طريق الأحرار والأمجاد
هذه.. هذه ضريبتنا الكبرى ... لكسر الأغلال والأصفاد
يا دماء الأحرار تجري سخاء ... فوق أرض الآباء والأجداد
سطري أية الكفاح كتابا ... خالدا للسنين للأحفاد
طهري، طهري الذرى والروابي ... من بقايا الأغراب والأسياد
اطرديهم من كل شبر وسيري ... فوق أشلائهم على الأجساد
إنه النصر قاب قوسين منا ... فلنردد له صلاة الجهاد

صباح اليوم التالي 29 نوفمبر 1956 أقبل علي "الحاج بكير" ساعي المديرية، جادا مقطبا على غير عادته.

: "صباح الخير"..

: "صباح الخير يا حاج بكير، أين قهوتك"؟

بادرني بقوله:

: "حضرة المدير عايزك في مكتبه".

عجبت أن يكون المدير قد حضر مبكرا إلى هذا الحد فذلك ليس من عادته دفعت أشيائي جانبا، وأغلقت درج مكتبي وتوجهت إلى غرفة المدير العقيد محمود كامل الجبار .. الموظفون وصلوا جميعا، وأخذوا أماكنهم وراء مكاتبهم، والمراجعون أمامهم، كل شيء عادي جدا، كما كل يوم في حياة المديرية، رغم أصوات المدافع، التي بدأت تقترب. كان باب غرفة المدير مفتوحا على غير عادته، والمدير واقف أمام الخزنة الحديدية المفتوحة، وظهره إلى الباب. وعلى مكتبه شنطة جلدية كبيرة مفتوحة، يدفع فيها بما في الخزنة. لم يلتفت إلي كأنما لم يشعر بدخولي، أغلق الشنطة وشدها، ثم تناول من الخزنة مسدسا دسه في حزامه، وشد الحزام إلى وسطه، في اللحظة التي رآني فيها بدارني بقوله

: "أهلا.. أنت هنا".

كان وجهه ممتقعا والكلمات تخرج منه متحشرجة، متلعثمة، فيها رنة حزن، تابع بعد لحظة صمت، كأنما كان يستجمع أفكاره

: "إسمع يا هارون.. سأفضي إليك بسر، لايعلم به أحد ولا أود أن يعلم به أحد.

وصمت لحظة.. كأنما أسقطني في بئر.. وتسرب إلي شيء غريب، من الترقب والخوف. أي شر هذا الذي سيفضي به إلي، ولماذا صمت، هل تراجع عن الإفضاء به. ويود أن يجد سبيلا للتخلص مما قال.. حرك الشنطة الجلدية، استعدادا لحملها، وقال دون أن تلتقي عيناه بعيني: "مرة أخرى أقول لك، إياك أن تفضي بما سأقوله لأحد، خاصة لزملائك في المديرية". أومأت برأسي مؤكدا له، على أنني سأحفظ السر.

وأخيرا نطق: "اليهود دخلوا رفح، وأصبحت تحت سيطرتهم، كما تغلغلوا في سيناء، وهذا يعني أن غزة قد سقطت. سأغادر في لنش إلى مصر، وربما تتعرض لخطر اليهود، فإذا لم يكن لديك مانع، يمكن أن ترافقني الآن".

وقعت الكلمات علي كما الصاعقة، شعرت أن الأرض تـدور بي، حتـى أكـاد أسـقط.. صمت.. وقد ألجمني الخبر.

: "ها.. ماذا قررت؟".

ودون أي تفكير قلت: "أرجو لك السلامة.. أما أنا فسأبقى مع أهـلي، ويفعل اللـه ما يشاء".

لم يعلق، لملم أشياءه، وودعني وركب سـيارته ومضى ـ عـدت إلى غرفتي.. تهاويت على المقعد ألتقط أنفاسي، كأنما جريت ميلا، تصبب مني عرق بارد شل تفكيري تماما. دوي المدافع من لحظة لأخرى يزداد إقترابا.

: "إذا فهي غزة الآن".

تناولت أشيائي، خرجت أبحث عن سيارتي وسائقي، تـذكرت أنـه أسـتأذن ليـذهب بالسيارة لقضاء حاجة ما. تركت زملائي كلا في مكانه، يواصل عمله وانطلقت علـى قـدمي نحو الشارع..، عبر شارع عمر المختار، كم هو الزمن الـذي مـر دون أن أسـير علـى قـدمي، منذ ركبت سيارة العمل.

الدوي يزداد إقترابا.. شيء من الفزع بدأ يتسرب إلى نفوس المارة، تساؤل واستفسار، وخطى مسرعة على غير هدى. "أحقا تسقط غزة؟ ..كيف؟..

بعد كل هذه السنوات من الأمل، تذكرت اللواء "مصطفى صـادق" كلماتـه لرشـدي الشوا، أمام الجماهير التي احتشدت لاستقبال العائدين مـن الفالوجـا: "لـو سـقطت هـذه المدينة، إلى أين تذهب كل هذه الحشود.. وماذا سيفعل بها اليهود".

كنت أصعد الطريق أمام تل الزهور، الجماهير تـزداد قلقـا والـدوي يقتـرب أكـثر، اقتربت من ساحة التكسيات، شيء ما يثير الناس ويعتريهم شيء أسـمه القلـق والتحفـز. ملت قبل الذهاب إلى منزلي إلى بيت صديقي الـدكتور صالح مطـر، كـان جالسـا هادئـا، استقبلني كعادته بالترحاب، تفحصني، وهو أدرى الناس بي، هويت إلى الكنبة التي بجواره، وجهي ممتقع، منهك القوى، عرقي ما زال يتصبب.

: "خيرا.. ماذا جاء بك.. أقلقتني؟".

فجأة أجهشت بالبكاء.

فزع الرجل، وبدت عليه معالم القلق، وأخذ يهدهدني.

: "خيرا، ماذا جرى.. هل أصيب أحد من أهلك بمكروه..؟

: "مصيبة.. مصيبة كبرى يا دكتور!

هذا ما كنت أردده، دون أن أبوح إليه بشيء، وكنت أخشى عليه من كارثة الخبر، وصدمة المفاجأة، وأخيرا خرجت الكلمة: "غزة.. سقطت يا دكتور، اليهود احتلوا رفح، وتغلغلوا في سيناء، الجيش المصري ينسحب من غزة.. غزة سقطت".

فزع الرجل، امتقع وجهه، وصمت.. ثم بدأ يضرب كفا بكف، وهو يردد "ماكنش ع البال تشغل بالي".

قلت له: "إنني سأترك البيت، وأختفي قبل دخول اليهود، ولن أسمح بأن أقع في أيديهم، حتى الموت"، وتركته ودخلت إلى بيتي وطلبت من أهلي، أن يستعدوا لمغادرة البيت في التو واللحظة، كانوا ينتظرون أن يصل الخبز من فرن أبو خليل، طلبت منهم أن يتركوا كل شيء، الوقت ضيق، اليهود على وشك دخول المدينة، دوي المدافع يزداد اقترابا، الطائرات تأتي من البحر، وتضرب المدينة، ودانات المدفعية من البحر، ومن البر تتساقط بصورة عشوائية، في كل مكان.

لجأنا إلى أحد كرومنا في طرف حارة الزيتون الجنوبي، كان في الكرم غرفتان صغيرتان، تكدسنا فيهما، المدفعية تقصف المدينة، والطائرات تواصل غاراتها على تبة المنطار، منطقة الدفاع المتقدمة، حيث جنود الحرس الوطني الفلسطيني بأسلحتهم الخفيفة، التي لا ترد دبابة ولا تصد مدفعا، ومع ذلك فالقتال دائر والمعركة على أشدها، والإسرائيليون حتى سقوط الليل عاجزون عن اقتحام المدينة.

تلك الليلة، ليلة الجمعة 2 نوفمبر 1956، لم ننم، والغارات والقنابل الكاشفة، أحالت المدينة إلى نهار مشتعل، كنت أتكوم في ركن من أركان الغرفة، كأنما أصابني شيء من انعدام الوزن، اختلطت في رأسي الأشياء وتزاحمت الأفكار، ما من أحد في الغرفة ينبس ببنت شفة، نحن كما المحكوم عليهم بالإعدام، الذين

يترقبون التنفيذ. ليلة من ليالي الجحيم، المدفعية والطيران الإسرائيليان تقصفان غزة قصفا متواصلا، السماء تمطر باللهب، والأرض تنفجر بالزلازل، وماذا لدى غزة، في مواجهة هذا الجحيم، فرنسا، وبريطانيا من البحر، وإسرائيل من الجو والبر، وكل ما لدى غزة، أدريه وأعرفه، عدد محدود من الحرس الوطني الفلسطيني، حديث التكوين، موزع بطريقة عشوائية وبتسليح بدائي على مناطق متفرقة إما على الحدود أو داخل المدينة أو على تبة "المنطار".

إنها ساعات.. ما أطولها، وما أقساها، وينتهي كل شيء.. ساعات والمدينة المحشوة بالبشر، تواجه مصيرها المحتوم، ساعات وتقتحمها دبابات العدو، وزواحفه القادمة من الغرب والشرق معا، فرنسا وبريطانيا ومن معهم.. كل هؤلاء تشارك أدوات دمارهم لتكون في يد جيش إسرائيل، ليكسر شوكة العرب ويمرغ أنوفهم في التراب، ويكبح جماح القومية العربية، التي بدت إشاراتها تظهر في الأفق، منطلقة من القاهرة، حيث يعلو بصوتها، رجل جديد، إسمه جمال عبدالناصر، الذي لم يرهبه الإنذار الفرنسي البريطاني، بل رفضه وقبل التحدي.

بدأت الأفكار تتزاحم في رأسي، ماذا سيفعل اليهود بي إذا وقعت في أيديهم، وأنا صاحب الشعارات التي تحملها قصائدي وأناشيدي، "الثأر"، "العودة"، "التحرير"، أشياء لم تكن مكتومة، كان صوت العرب يطلقها، وقصائد وأناشيد، وديواني "مع الغرباء" بكل ما فيه من غضب، وألم وحقد على اليهود، ماذا سيفعلون بي، قصائدي الجديدة التي كتبتها ونشرتها في السنوات الأخيرة، وما فيها من دعوة إلى حمل السلاح، ومواجهة اليهود وطردهم من أرضنا ووطننا.

ناداني أحد أقربائي.. "هناك من يسأل عنك"،

"يسأل عني، من في هذا الجحيم، وخرجت، فإذا هما الشقيقان الشابان الجامعيان، نظمي محمد يونس دلول، وسليمان محمديونس دلول. جلسا إلي بعيدا عن الأهل، قال نظمي: "إن اليهود سيحتلون المدينة بين لحظة وأخرى، وإنهم لا بشك سيبدأون بقتل الشباب. كما فعلوا في مدن فلسطين وقراها".

قلت: ماذا نستطيع أن نفعل؟

كان الشقيقان في حالة شديدة من الفزع والرعب، شعرت بأنهما يريان الموت ماثلا أمامهما.

قال سليمان: علينا أن نغادر المدينة.

قلت : إلى أين؟

قال : إلى مصر.

قلت : كيف؟ وأين نحن من مصر؟

قال : "نذهب إلى أقاربنا "الشمالخة" في الشيخ عجلين، نسألهم العون، ولن يتأخروا عن نقلنا بأحد مراكبهم إلى بور سعيد أو السويس أو أي شاطىء يبعدنا عن غزة".

انضم إلينا أقاربي وأخذوا يلحون علي أن ألبي طلبهم وأنضم إليهم. لبست قنبازا وتلثمت، وناولني أهلي مبلغا من المال وودعوني.

أخذنا طريقنا نحو البحر، وبدأنا مسيرتنا عبر كرومات حارة الزيتون، كان البرد شديدا ما زالت الكثير من خصاص الفلاحين قائمة، وما زال سكانها بها، كنا نعبرها فلا نسمع لهم حركة، كأنما أصابهم الموت، حتى الكلاب التي كنا نمر بها لا تحرك ساكنا كأن لم ترنا، إنها هي أيضا أفزعتها المدافع وأخرستها، ما من أحد ممن مررنا بخصاصهم، حاول أن يخرج لنا، الكل أصابه الرعب، واستسلم للقضاء المجهول.

أقبلنا على "الشيخ عجلين".. ومن اللحظة الأولى شعرت بأن مهمتنا لن توفق، لأن أول ما أخذت عيوننا الأضواء المنبعثة من البوارج والمدمرات الفرنسية والبريطانية، التي تتلألأ في صدر البحر، كأنها أقواس زينة، أحالت الشاطىء إلى نهار مضيء.

استقبلنا آل شملخ بالترحاب، وعرضنا عليهم الأمر، فكان جوابهم، الإشارة إلى عشرات البوارج التي تملأ البحر،

لم تطل جلستنا، عدنا إلى أهلنا، وودعت العزيزين الحبيبين، نظمي، وسليمان، وشكرتهما على أنهما تذكراني تلك الليلة، وما كنت أدري أنني أراهما

لآخرة مرة، وأن الهاجس الذي أحسا به كان صادقا، وأن رصاص اليهود سيختطفهما.

إشتد القصف صباح الجمعة الحزينة، وبدأت دانات المدافع تتساقط وسط المدينة، وكان يصلنا هدير الدبابات المندفعة أماما. وما أن إرتفعت الشمس في كبد السماء وبدأت الساعة تقترب من الثانية عشرة، حتى جأر مكبر للصوت يعلن بلغة ركيكة، عن استسلام الحاكم العام "فؤاد الدجوي" والقوات المدافعة وكان المذيع ينطق اسم الحاكم بلغته الركيكة قائلا: "فؤاد الودوي".

وما جاء المساء حتى خفتت أصوات المدافع، سوى طلقات متقطعة بين حين وآخر، أو زخات من الرشاشات للحظات ثم يعاود الصمت. حتى اللحظة تلك لم يكن أحد منا عرف الطعام أو الماء أو النوم.. الأطفال بدأوا يشكون الجوع والنسوة يحاولن إعداد بعض ما يسكتهم.

صباح السبت، إذ نحن متكومون في الغرفة كأننا جثث هامدة، جاءت طرقات شديدة على الباب الخارجي للكرم، من ناحية بيوت (الشتاوية)، التي كانت تجاور الكرم، ذهب أحد أفراد العائلة وفتح الباب، اقتحمه عدد من اليهود الغبر، صرخوا فينا، بلهجة بشعة، وطلبوا من الرجال أن يخرجوا، خرجنا فإذا، كل أبناء الناحية وقد اصطفوا في الزقاق ووجوههم إلى الحائط، وأيديهم مرفوعة، ووراءهم عدد من الجنود يصوبون رشاشاتهم نحوهم، وعيونهم تقدح شررا، يفح منها حقد أسود، يكاد يخترق الحائط.

تلك اللحظة.. يداي مرفوعتان ووجهي إلى الحائط.. إنه الموت المؤكد: "أشهد أن لا إله إلا الله، وأشهد أن محمدا رسول الله. اللهم أمتني على دين الإسلام واغفر لي ما تقدم من ذنبي وما تأخر". كلمات أخذت أرددها، واستجير بها،.. وكلما مرت بي ذكريات ذلك اليوم حضرتني صورة ذلك الشيخ إلى جواري، وهو يحاول أن ينطق بالشهادة ولكن لسانه يعجزه فيكرر: لا..لا.. لا..لا، دون أن يكمل كلمة واحدة. لما أصابه من رعب شل لسانه أخذ ضابط المجموعة يرطن بالعبرية في جهاز يحمله في يده، لحظات خلت أنها الدهر صرخ فينا بعدها (كلو يروح بيتو).. عدنا،

وكأنما ولدنا للتو والساعة، ولكنني شعرت لحظتها، كم الموت هين وسخيف، أصابني شيء من الاستسلام واللامبالاة.

الساعة الثانية عشرة، فوجئنا بقوة أخرى تدخل الكرم من الناحية الشمالية، توزعت في الساحة التي أمام الغرفتين، وطلب الجنود من الرجال أن يصطفوا أمامهم. دققوا بطاقاتنا، أخي الأصغر "أكرم"، كان يحمل بطاقة مدرس بوكالة الغوث، عليها شعار هيئة الأمم المتحدة، أبعدوه، ثم أبعدوا الباقين لكبر سنهم، وبقيت أنا، الشاب الوحيد، أوقفوني بعيدا عن النسوة، ونصبوا مدفعا رشاشا، صوبوه نحوي، اندفعت شقيقتي الصغرى "سهام"، ووقفت أمامهم "أقتلوني معه"، صرخ فيها أحد الجنود، وأخذ يجرها بعيدا عني، دون جدوى، فقد ظلت أمامي كالدرع الواقي لا تتزحزح.

كان عدد آخر من الجنود يدورون في أنحاء الكرم، دخلوا زريبة الحيوانات، وفتشوها، ودخلوا غرفة للخزين، قلبوا كل ما فيها وكسروه، وأنا لا أزال واقفا، والمدفع الرشاش مصوبا، وشقيقتي ملتصقة بي، والجندي في انتظار إشارة ضابطه، ليقضي علي، أنهى الجنود عملية التفتيش، وتجمعوا وعيونهم جميعا نحوي.. ماذا جرى.. ولماذا قرروا أن يتركوني.. تلك مشيئة الله كتب لي عمر جديد، انصرفوا وتركونا، ومن لحظتها قررت الاختفاء، وحيدا متنقلا بين المخابيء، مصمما أن لا أقع في أيديهم مرة ثانية.

وكتبت بعد أن مضوا:

- إرفع يديك..

وصوبوا ظلما بنادقهم إلي..

- إرفع يديك..

وكاد يا أقدار أن يغمى علي

- إرفع يديك..

وددت لو قطعوا يدي

ووقفت في عيني نار واشتعال

وشريط أحداث تمر وذكريات في اتصال

بلدي يدنسه اليهود، أهذه عقبى النضال؟

عقبى المرابطة الطويلة في الخنادق والتلال

بعد الخيام الباليات وبعد أعوام طوال

واسودت الدنيا، وما زالت يداي إلى الجدار

والمجرمون يصوبون لنا بنادق الاحتقار

ووددت لو يهوى على رأسي الجدار

وأنا وصحبي في انتظار

طلقات ناره.. تمضي بنا طلقات نار

قمة اليأس، والأسى، والحزن والإحباط والشعور بالعجز، والسخط على كل شيء، والثورة على كل شيء، والرفض لكل شيء.

كانت تلك حالتي وأنا أدير ظهري لهم.. عائدا كأنما أخلع ساقي من أتون النار. أخذت قراري القاطع، وتركت أهلي، وبدأت رحلة الاختفاء، متنقلا من مخبأ إلى آخر.

كانت الأخبار قد وصلتنا عن المعارك الضارية التي دارت في خان يونس، التي لم تسقط رغم سقوط رفح وغزة في اليوم الأول والثاني من نوفمبر،

ظل القتال مستمرا، استبسل جنود الحرس الوطني الفلسطيني، بقيادة "اللواء يوسف العجوري"، إلى أن سقطت المدينة في اليوم الثالث من نوفمبر، بعد نفاذ ذخيرة المدافعين.

وما أن استسلمت خان يونس وسقطت في أيدي العصابات اليهودية، حتى قام الجنود الإسرائيليون بمهاجمة المدنيين الآمنين في بيوتهم، وأخذوا يدفعون بالشباب والرجال من مختلف الأعمار وحشرهم في ساحة "قلعة برقوق"، ذلك اليوم الثالث من نوفمبر 1956، يوم لا ينسى في تاريخ المدينة الباسلة، جمعوا الرجال وأجلسوهم

ووجوههم إلى الحائط، وأيديهم مرفوعة وبدم بارد حصدتهم البنادق الغادرة.. إنهم يقتلون الشباب.. جاء الخبر، وانتشر في مدينة غزة، يثير الرعب.. ويشعل الغضب.

اعتدت حياة التنقل، وبدأت أتأقلم مع التشرد من مكان إلى مكان في كرومات الزيتون.. حارتي.. لم تلملم جراحها بعد.. مذبحة "آل شنيوره"، ما زالت على كل لسان، تروي بشاعة اليهود، وحقدهم. كانت الأسرة تسكن في مدخل المدينة، على الطريق العام بين غزة وخان يونس، الدبابات، والمجنزرات تهدر في الشارع، تجمعت الأسرة في إحدى غرف المنزل إتقاء للرصاص، الذي يزخ كالمطر، أسرة مسالمة، تزرع الأرض، تنبت الخير.

داهم اليهود المدججون بالسلاح، واقتحموا على الأسرة الغرفة، التي لجأوا إليها، وأخرجوا اثنى عشر رجلا منها، وأمام نسائهم وأطفالهم أطلقوا النار، وأجهزوا عليهم جميعا، وبعد أن تساقطوا على الأرض تقدم ضابط الفرقة المهاجمة، وأخذ يقلب الجثث بقدمه، ويعاود إطلاق الرصاص ليتأكد من موتهم جميعا.

تلك الحكاية، وحكايات أخرى في الشجاعية والدرج والتفاح جعلتني أظل في مخبئي رغم البرد، وقسوة شهر نوفمبر.

صرت أتنقل من مكان إلى مكان، من مخبأ إلى مخبأ، ولا أستقر لأكثر من ليلة في المكان الذي ألجأ إليه.. وفي يوم، حوالي الساعة الثانية عشرة إذ أنا خارج من أحد الكروم أسير في زقاق محاط من الجانبين بأشجار الصبار العالية، والمتوحشة، التي يكاد صبارها يتعانق مع الأخر على جانبي الطريق ليشكل سقفا للزقاق، لمحت دورية إسرائيلية تظهر فجأة في أول الزقاق، لأصبح في مواجهتها، وتحت طائل بنادقها، وقبل أن تتنبه لوجودي إندفعت في فتحة ضيقة في جدار الصبار، حشرت فيها متكورا ميت الحركة، وعبر الجنود من أمامي دون أن يلتفتوا إلي، وقلبي يوشك أن يتوقف. وما أن ابتعدوا حتى اكتشفت أن الأشوال التي كما الإبر قد انشكت في معظم جسمي، وأكثرها في ظهري، حملت آلامها لأيام طوال، فقد تركت الأشواك في جسمي عشرات من الفقاقيع الحمراء، كانت تسلب مني الراحة والنوم.

فكرت ليلة العاشر من نوفمبر 1956 أن أزور بيتي عند "العمدان" لأطمئن على أسرتي، وأعاود في الصباح مسيرة الإختفاء، دخلت البيت ليلا، أثناء حظر التجوال، كنت متعبا مشوقا إلى نومة عميقة.. أفزعني وأيقظني من النوم، عواء مكبر الصوت، قبل تنفس الفجر، يدعو جميع الرجال للتجمع في ساحات عينوها في "الشجاعية"، "وساحة التكسيات"، "وملعب البلدية"، وفي "الصبرة"، "والرمال"، "والجميزات"، على أن يتم ذلك قبل السابعة، ومن يوجد في بيته بعد ذلك يقتل.

إذن فقد وقعت في أيديهم.. ولن أستطيع الهرب، فالجنود الإسرائيليون يعسكرون في رأس الزقاق، وعلى أسطح المنازل، وأخذت قراري، إذا لبيت نداءهم وذهبت إلى التجمع فسيعرفونني، ولن يكون مصيري غير الموت، وإذا كان لا بد من الموت فالأفضل أن أموت هنا في بيتي. بقيت في البيت أترقب لحظة الموت، والساعات تمر، وأنا انتظر وقد تملكني إحساس غريب من اللامبالاة، والشعور بحقارة الموت، وحقارة الحياة.

الموت خير من الحياة في ظلهم، وتحت إمرتهم، وعبوديتهم، كل قراءاتي عنهم، أخذت تتلاحق في رأسي منذ "يوشع بن نون"، واقتحامه أريحا وقتل من فيها، إلى مجازرهم التي ارتكبوها في دير ياسين، ويافا، وحيفا، واللد والرملة.

بدأت الشمس تميل إلى المغيب، وقبل آذان المغرب، بقليل استمعت إلى الجنود يدقون باب بيت جيراننا، وسمعت الحماة تنادي كنتها "إفتحي لهم يا عزيزة"، إذن فقد وصلوا، أخذت أقرأ بعضا من آيات القرآن، وأتلوا الشهادة، وأستعد لملاقاة الله.. ورأيت الفزع في عيون من حولي.. الفزع.. والعجز.. والاستسلام لقضاء الله.كانت العيون الخائفة تأخذني بالشفقة والحب، صامتة كأنما نزلت عليها سكينة الله.

وفجأة وصلت إلى سمعي ضجة في الزقاق، وخطوات كثيرة تعبر أمام بيتي ومرت لحظات ولم يقرع أحد بابنا، وتبين لي بعد أن اليهود في تلك اللحظة.. كانوا قد أنهوا الطوق، وأخذوا من أخذوا من الشباب من أعمار 18 إلى 30 سنة، عصبوا عيونهم، ودفعوا بهم في شاحنات كبيرة، دون أن يعرف أحد وجهتهم أو مصيرهم. وكم كان حزني، عندما عرفت أن سلمان ونظمي الخائفان من اليهود والموت، كانا بين الشباب الذين أخذوا يومها.

عائلة أبو راس التي أعرفها واحدا واحدا، تجمع رجالها كلهم في دار أحدهم في حارتنا، لم يخرجوا تلبية للنداء اليهودي فاقتحم اليهود عليهم دارهم وساقوهم فيمن ساقوا من أبناء حارتي أكثر من ثلاثين رجلا من حارتي.. حارة الزيتون، ظلوا مجهولي المكان لا يعرف أهلهم عنهم شيئا إلى أن جاء الشتاء، بعد خروج اليهود وانسحابهم من القطاع، وكان الشتاء شديدا لم تشهد له غزة مثيلا، كأنما كانت مياهه المتدفقة كالقرب تغسل الأرض من دنس اليهود، وكأنما أرادت أيضا أن تعلن عن جريمتهم، وبشاعة غدرهم، فإذا كل الذين اختفوا يوم العاشر من نوفمبر، تكشف السيول عنهم عند طرف غزة الشرقي، قريبا من تبة المنطار، وكانت بين الجثث جثتا نظمي، وسليمان دلول، وجميع أفراد أسرة أبو راس.

جرائمهم كثيرة عشتها وكنت شاهدا عليها، منها قصة صديقي صلاح اللبابيدي، أبرز شباب النادي الرياضي، ومن مدرسي الرياضة النابهين، ذلك الإنسان اللاجىء الطيب المحب للخير والناس، المبتسم أبدا المرح، سريع البديهة والنكتة، حدث أثناء حصار حي الرمال، أن دخل اليهود بيته، إذ هو خارجه تلبية لنداء التجمع يوم العاشر من نوفمبر، فوجدوا به زوجته الشابة وصغيريه الرضيعين "تحفة وعوني"، بيت الجنود يومها أمرا، فما أن أقبل الليل، وأثناء حظر التجول، حتى داهموا البيت الآمن لمدرس الرياضة البدنية الشاب صلاح اللبابيدي، لم يكن هدفهم التفتيش، كان هدفهم الاعتداء على الزوجة الشابة، حاول صلاح أن يدافع عن شرفه، تصدى لهم فقتلوه أمام زوجته ورضيعيه ثم استداروا إلى الزوجة التي قاومتهم حتى الموت. خرج المجرمون وتركوا الطفلين يعومان في دم والديهما، حتى اكتشفت في اليوم التالي الجريمة البشعة التي رجت القطاع وفجرت غضبه، فكتبت فيما كتبت عن قصص جرائم اليهود:

قصص الجنود

قصص اليهود

للغدر.. للختل الحقود

قصص سيذكرها الوجود

أبدا.. ولن ينسى الوجود
غدر اليهود.
منها صلاح
أخ تمرس في الكفاح
مدرس نسج الصباح
نورا لأحباب الصباح
جاؤوه.. دقوا بابه
تحت الظلام
العصبة الأشرار أعداء السلام
والليل يمعن في القتام
ويلف غزة والخيام
وصلاح والزوج الحنون
والنجل ما اجتاز الفطام
وطفلة في الصدر عالقة
تطلع في هيام
والكل نام
إلا صرير الريح
والإعصار .. والليل الجهام

إلى آخر القصة، في قصيدتي الطويلة التي تضمنها ديواني "غزة في خط النار"، كان لا يمر يوم، دون أن أسمع عن جريمة ترتكب أو مصيبة تحل بعزيز علي.

في 19 نوفمبر، اقتحم اليهود بيت أحد الجيران، وقتلوه ذهبت يومها أواسي الأسرة، فإذا بنية تصرخ في: "قتلوا أبي" فكتبت:

يــا ســيدي قتلــوا أبي بعــد صــلاة المغــرب
كــان عــلى ســجادة يــدعو بقلــب طيــب
لم يرحمــوا شــيخوخة الأم ولا دمــع الصــبي
ولا بكــاء أختــي الصــغرى ولا تحســبي
قــد مزقــوه بــالحراب مزقــوا ظلــما أبي

اتخذت أكثر من مخبأ، وكان منها "دير اللاتين"، إذ استضافني يوما الأب "حنا النمري" وفرح بي وأصر أن أبقى عنده مؤكدا لي أن الدير رغم الرصاصات التي تطرز جدرانه سيكون ملجأ الآمنين، وأن أحدا لن يعرف مكاني ومنذها أصبح الدير واحدا من الأماكن التي ألجأ إليها من حين لآخر.

لم تتوقف غارات الجنود الإسرائيليين على الآمنين، فقد قاموا ذات ليلة بمداهمة بيت لاجىء من قرية البطاني من سكان معسكر الشاطىء للاجئين، وحاولوا الاعتداء على زوجته الحامل، فتصدت لهم وقاومتهم فبقروا بطنها وقتلوها، وأسقطوا جنينها استيقظ اللاجئون في المعسكر على الضجيج والصراخ وهبوا يتصدون للجنود الإسرائيليين مما اضطرهم إلى الفرار، تاركين أثار جريمتهم تشهد على همجيتهم وقد شهدت غزة صباح اليوم التالي تظاهرة نسائية، خرجت من المعسكر لتنضم إليها نساء المدينة، مواجهة للدبابات والمصفحات متدفقة عبر شارع عمر المختار، تنادي بسقوط الاحتلال، ودولة الظلم والإرهاب، وتهتف بحياة فلسطين وحياة عبدالناصر.

لم تنقطع علاقتي بما يجري في غزة، أو في رفح أو خان يونس أو معسكرات اللاجئين، كنت بذهن الصحافي والإذاعي أترقب الأنباء وأدونها، لا أترك حادثا إلا وسجلته وثيقة إدانة للاحتلال وكم عز علي وأنا أطالع أسماء شهداء خان يونس، أن يكون بينهم ممن أعرف: "علم الدين العلمي"، ذلك الصديق الذي زاملني مدرسا في حمامة، وأردفني يوما وراءه على دراجته النارية، وحيد أمه التي فقدت زوجها من زمن فأوقفت عمرها على تربيته وتربية أخواته، داهم اليهود بيته، يوم المجزرة، وكان

في زيارته شقيق زوجته القادم من القدس، انتزع اليهود علم الدين من أحضان أمه التي حاولت أن تحميه، بكل قوتها، وبكل ما فيها من حنان الأم حاولت أن تمنع الكارثة، وتحمي نجلها فتوسلت وبكت، أعطت اليهود حليها، وحلي زوجته، وكل ما لديها من المال، ولكنهم نفذوا جريمتهم ففقدت الأم ابنها والزوجة شقيقها وزوجها.

"مجدي بربخ" الذي كثيرا ما كان يزورنا في غزة ونزوره في خان يونس، صديق أخي علي الحميم، ذلك الشاب النشط الإنسان الرياضي، يهوي هو وشقيقه أمام جدار الموت.. جدار قلعة برقوق.

خان يونس، تعرف الشيخ "حافظ البطة" الرجل الوقور، العالم، الذي وهب حياته لرسالة العلم للناس ولأولاده، علمهم وثقفهم وحصنهم بتعاليم الدين الحنيف والخلق القويم، داهم الجنود اليهود بيته وأمامه، وأمام الأخوات الصبايا أطلقوا رصاصهم فحطموا ذلك الشيخ الوقور، ويتموا الأطفال وأثكلوا النساء، ولم يكتف اليهود بذلك بل إيغالا في الحقد والتشفي والظلم منعوا الشيخ من دفن ولديه، وتركوا للنساء القيام بدفنهما.

لم يكن القتل وحده وسيلة الإرهاب التي اتبعها اليهود في غزة بل أخذوا يحيكون الدسائس ضد شخصيات المدينة، ويختلقون الذرائع. لسجنهم والتنكيل بهم فقد اعتقلوا الدكتور صالح مطر، ومنير الريس، وزهير الريس، وجمال الصوراني، وسعيد فلفل، وفاروق الحسيني وغيرهم، لتمرد هؤلاء عليهم ورفضهم التعاون معهم، أو المشاركة في أي من أنشطتهم.

حاولوا فتح المدارس، وإعادة الحياة الإدارية بشتى الوسائل، ولكن مقاومة الشعب للاحتلال كانت أقوى من إرادتهم.

صديقي الأب حنا النمري، حاولوا اجتذابه أرسلوا إليه الدكتور "مانديس" مندوبا عن وزارة الأديان يعرض عليه مالا يوزعه على طائفته ويواصل توسعة الدير، التي بدأها، مقابل إظهار التعاون معهم، وإقامة صلاة عيد الميلاد، والسماح لهم بتصويرها ونشرها على العالم. ولكن الأب حنا فعل العكس فبدلا من وعدهم بتلبية

طلبهم عندما يحين موعد عيد الميلاد، أقام في 23 ديسمبر 1956 صلاة شكر احتفالا بجلاء قواتهم الإسرائيلية عن بور سعيد، وأشاد بمصر وفضلها على القطاع، وأنها هي التي أكرمت وفادة السيد المسيح يوم لجأ إليها وكان الدعاء الذي أطلقه الأب "حنا" ذلك اليوم بأن يخلص الله غزة من قتلة الأنبياء، الذين عذبوا المسيح وصلبوه واختتم خطابه بالدعاء لجمال عبدالناصر بالنصر.

كانت المقاومة للاحتلال تتصاعد، وكانت منشوراتها لا تتوقف حاضة على عدم التعامل مع العدو، والصمود في وجه تعسفه وإرهابه.

وظلت غزة صادمة، لأكتب عنها:

مــدينتنا لا تخــاف القنابـــل	وليســـت تهـــاب دوي الــزلازل
مــدينتنا منـــذ كـــان الزمــان	وأبناؤهـــا أوفيـــاء بواســـل
إذا مــا دعـا هـاتف للقتـــال	فكـل شاب حماهـا مقاتــل
مــدينتنا ثبتــت للخطـــوب	ألـوف الســنين وظلـت تناضل

(34) اللقاء السري مع الرجل الخطر

اغتنمت الهدوء النسبي لحركة الدوريات اليهودية في كروم غزة، وسطوع الشمس الدافئة ذلك الصباح من شهر ديسمبر 1956، فأخذت مكاني قريبا من الجميزة العتيقة المنتصبة في وسط الكرم، أستمع إلى شقشقة العصافير الفرحة بالصباح، وأتأمل الطبيعة المنبسطة أمامي على مد البصر، حيث تتمايل مع النسمات أزهار شقائق النعمان الحمراء، والحنون المختلف الألوان، من أصفر وأزرق، وقطرات المطر ما زالت تتلألأ على وريقاتها، وأسراب من العصافير الفرحة بالدفء تتقافز على أغصان اللوز والجميز والزيتون، التي ترتفع شامخة وسط الكرم المترامي، الطبيعة الحنون، هي، هي كما عرفتها دائما تشيع البسمة وتنتزعها من حلكة الأسى.

الطبيعة مملكتي وعالمي الذي كنت أستلهمه، وأتلقى بين يديه الدروس الأخرى، غير تلك التي لقنت من الكتاب، وما تلقيت من الوالدين، الطبيعة منذ الطفولة ظلت مدرستي، ومصدر إلهامي، إليها أنزع وأفزع، كلما شعرت بالضيق أو حاصرتني هموم الحياة.

جلست أعاود الذكريات وهي تتلاحق أمامي بصورها. كم شهدت هذه الجميزة أياما لنا جميلة، كم لعبنا في ظلها، صغارا وتراكضنا حولها، واختبأنا خلفها، وتسلقنا جذعها وهززناها ليتساقط عطاؤها.. يوم طهور "حيدر" إبن أخي علي، احتشد تحت ظلها الدابكون والمغنون، وصدحت الشبابة، وحيدر في الصدر، في جلبابه الأبيض كالملاك الطاهر وفي أذني الأصوات المرددة:

عـــلى دلعونـــه عـــلى دلعونـــه

هـــوى الشـــمالي غـــير اللونـــه

والأيدي تلوح بالمناديل والرجال الفرسان يدقون الأرض بأقدامهم الثابتة، دقات منتظمة، وعندما يتوقفون، وتتوقف الشبابة، تعلو طبول (فدعوس)،

ويبدأ العازفون وقد انتفخت أوداجهم وهم ينفخون في آلاتهم، فتصدح عالية، وقد رنت الصاجات على هديرها.. تلك الليلة.. وليالي غيرها كثيرة تتدافع ذكرياتها.. وأنا في جلستي تلك وقعت عيناي على الحفرة التي ما زالت قائمة وسط الكرم، تلك الحفرة التي أحدثتها قنبلة الطائرة الإسرائيلية، وصديقي "فؤاد زيد الكيلاني" يقف إلى جواري يومها، وقد أخذته الدهشة واستثاره الحزن على الزيتونة المقتلعة المحترقة، التي توشك أن تصرخ في وجوهنا. أيقظني من سرحتي عواء كلبنا "بطاح" بشدة، عند طرف الكرم الشمالي، حيث كان يرقد، كأنما يحرس مدخل الكرم معلنا أن أحدا ما يقترب من كرمنا. جاءني من يخبرني بأن "فارس الجعران" يرغب في مقابلتي.. " (فارس الجعران) ماذا جاء به"؟ فما كانت بيني وبينه علاقة قط، أعرفه بالاسم، أحد أبناء حارتنا، شاب مدلل، وحيد والدته، ربته يتيما منذ الصغر، وأطلقت له حرية الحياة وحرية العبث، وإذ كبر وشب، إشترت له سيارة أجرة يعمل عليها، وما أكثر ما ارتكب بها من أخطاء، فيصدم ويصدم، كان شديد التهور في كل شيء.

قال أحد أقربائي: "ماذا يريد منك (فارس الجعران) ألا يمكن أن يكون مدسوسا عليك وكيف عرف أنك هنا، ومن يضمن لنا ألا تكون وراءه هجمة للجنود اليهود. لقد احتجزناه عند المدخل، وما زال أحد شبابنا يحرسه، حتى نتبين أمره، ونسألك رأيك".

أقبل فارس، ماذا غيره؟ إنه غير الشاب الذي كنت أراه أحيانا، يمر أمام دارنا، إما على قدميه أو منطلقا بسيارته، فهو بادي الجد، في عينيه شيء دافق، يومي بتغيير حقيقي فيه، حتى ثيابه التي كان يتأنق بها، ويتزوق، تغيرت، فهو اليوم شأنه شأن الكثيرين من أبناء حارتنا.

رحبت بقدومه وأخذته بين ذراعي، وأجلسته إلى جواري على الحصير الممتد تحت الجميزة، ناوله أحد الرجال فنجان القهوة، أخذ رشفة، والتفت إلي: "لو سمحت أريدك على انفراد". تطلع الرجال، وتلاقت عيونهم في استهجان. قلت لمن حولي: "لو سمحتم اتركوني مع فارس قليلا".

ابتعد الرجال وعيونهم قد ازدادت ريبتها وتشككها، وهم ينظرون إلي، كأنما يحذرونني منه. ماذا يكون لدى هذا الشاب، وأي شيء جاد وخطير، ذلك الذي يحمله إلي، وهو ما عرف الجد قط، ولا جرب الخطر أبدا.

-: "يونس مبارك يريد مقابلتك".

قالها كأنما يقذفني بقنبلة.

قلت: "من.. تقول.. يونس مبارك؟!"

خرجت كلماتي متسارعة، في تساؤل يشوبه الشك والحذر، ثم أردفت ومن أين لك أنت أن تعرف يونس مبارك؟" ثم سألت: مرة أخرى: "يونس مبارك.. هنا في غزة؟".

قال: "نعم عندي في البيارة".

لو تعرف إسرائيل، أن مبارك في غزة، لقلبتها ظهرا على عقب". "يونس مبارك" أبرز رجال مصطفى حافظ، أشجع الفدائيين الذين دوخوا إسرائيل، وزلزلوها بهجماتهم، قصصه تتداول، كما الأساطير، فكيف يأتي ليلقي بنفسه إلى التهلكة:

سألت: "طلبني بالإسم؟:،

نعم، قال لي: "إنه قادم من عمان، يحمل رسالة إليك من الملحق العسكري في السفارة المصرية هناك".

سألت: "يحملها إلي".

قال فارس: "نعم، طلب منه أن يتصل بمنير الريس، رئيس البلدية، فإذا لم يستطع يتصل بك، ولا أعرف أكثر من ذلك. هذا كل ما قاله لي".

سألت: ولماذا لم يتصل بمنير الريس؟

قال: "حاول فرفض منير الريس مقابلته، أبلغه أن اليهود يفرضون عليه رقابة شديدة، ولن يستطيع لقاءه".

لمست في حديث فارس الصدق، والجد، ولا يكذبني حدسي قط.

انتصبت واقفا، وقلت له: "أنا ذاهب معك".

أقبل الرجال من أسرتي يتساءلون عن وجهتي.

قلت لهم: "إنني سأذهب إلى بيارة فارس للقاء صديق عزيز علي، وإنني واثق من فارس، فلا تقلقوا".

نصحني عمي أن آخذ طريقا جانبيا عبر الكروم بعيدا عن أعين الناس، فالبيارة غير بعيدة عن كرمنا، وصلنا البيارة، كان يحيط بها سـور مـن الصبار المتوحش، يكـاد يكون جدارا سميكا. اقترب فارس من الزاوية الغربيـة للبيارة، ودخـل، وأنا وراءه مـن فتحة في السـور، فإذا أنا داخل الصبار أجد ممرا طويلا، دخلناه بصعوبة، وعند زاوية السـور، حيـث يلتقي الجانب الجنوبي بالجانب الشمالي، يتكاثف الصبار، مساحة أعدت كأنمـا هـي غرفة صغيرة، أخذت عيناي بها أول ما أخذت "يـونس مبـارك" وإلى جـواره شـاب ووالدة فارس والرشاشات ملقاة إلى جانبهم، وأمامهم طبلية وضعت عليها قصعة عدس، وحولها الأرغفة المنتفخة، هب يونس ورفيقه، الذي عرفت أنه شقيقه الأصغر، ورحنا في عنـاق حـار، فقد سبق لي لقاءه والتعرف إليه في مكتب الشهيد "مصطفى حافظ".

جلست إليهم، فهتف مبارك "باسم الـلـه" وشاركتهم طعامهم حتى انتهوا، وحملت أم فارس طبليتها وانصرفت كما انصرف معهـا فـارس، كأنمـا ليتركنـا وحدنا، ويـترك ليونس حرية الحديث، الذي قدر فارس أنه هام وخطير.

قال لي يونس: "طلب مني الملحـق العسكري، في السفارة بعمان، أن أتصل بمنير الريس، رئيس البلدية، فإذا ما عجزت عن الاتصال به، أحاول الاتصال بك، وذكرك بالاسم، وأكد على ضرورة اللقاء".

قلت ليونس: "أهلا.. وأنا جاهز للاستماع إلى رسالتك".

قال: " كلفت أن أحمل منك تقريرا مفصلا عن الأحـداث التـي جـرت في غـزة بعـد احتلالها وما ارتكبه اليهود من جرائم وإن أمكن تزويدي بصور لبعض ما ارتكبوا كما طلب مني اغتيال بعض العملاء الذين تأكد تعاملهم مع العدو، ولكن بعد أخذ رأي منير الريس، أو رأيك من التنفيذ أو عدمه، وصحة المعلومات أو عدمها، كما طلب مني أن أعرض عليك مرافقتنا عند العودة، حماية لك من غدر اليهود".

صمت قليلا.. وعشرات من الصور تدور في رأسي.

قلت: "أما التقرير فأستطيع الآن أن أعده لك مفصلا يشمل الجرائم التـي ارتكبـت، حتى اليوم موثقا بالتاريخ والأماكن، والأحداث والأسماء والأعداد

والحكايا. أما الصور فإني أحتفظ بـبعض مـما زودني بها صـديقي "المصور هيرنث" والتي استطاع أن يصورها ويحصل عليها من مستر "بيرد BAYARD" رئيس مراقبـي الهدنـة، صديقنا الذي آثر البقاء في حمأة الخطر للقيـام بمهمـة إنسانية تتمثـل في ملاحقة جـرائم اليهود وتسجيلها، وأستطيع قبل مغادرتكم اليوم أن أبعث بها إليكم مع فارس".

أما بالنسبة لعملية الاقتصاص مـن العمـلاء، فـإنني أنصـح بعـدم تنفيـذها، لأن مـن ذكرتهم مـن الأسـماء موزعـون في مناطـق بها العديد مـن الفـدائيين، والجنـود والضبـاط المصريين، الذين ما زالوا في غزة، فلو قمتم باغتيال أي منهم فسيقوم اليهود بعملية تمشيط واسعة، قد تتسبب في إيقاع بعض المختبئين في قبضة اليهود، وربما أكون واحدا ممـن يقـع في أيديهم هذا علاوة على شكي في صحة المعلومات التي وصلتكم لذا أنصح قاطعا إذا كان لي رأي في هذا الموضوع بأن لا تنفذوا عملية الاغتيالات تحت أي ظرف".

أمن يونس على رأيي وقال: "إننا أمرنا بأن لا ننفذ العملية إذا رأيت ذلك".

وواصلت حديثي: "أمـا أننـي أعـاني مـن ملاحقـة اليهـود، فهـذا شيء مؤكد ولكنـه يصعب علي أن أمشي كل هذه المسافة من غزة إلى الخليل".

ابتسم شقيق مبارك، وقال لي: "إنها سهلة فركة كعب".

ابتسمت وأنا معجب بهذا الفتى، وهو يواصل حديثه بحماس، يصف لي الطريـق من غزة إلى الظاهرية، ثم إلى الخليل، وما يواجهون في الطريق مـن مخـاطر، وما فعله الشتاء في هذا الطريق. وما يمكن أن يواجهنا من مفاجآت، كان في حديثه يستهونها، ولكنها لدي كانت من المستحيلات التي لا يمكن أن أقوم بها.. اعتـذرت عـن مـرافقتهما، وناديـت فارس وطلبت منه قلما وكمية من الـورق، وعكفت عـلى كتابـة تقريـري المطـول أسجل الأحداث بمواقعها، وأسمائها وتواريخها. عشر صفحات فولسكاب امتلأت بمـا فاضت بـه الذاكرة، ويونس ينظر إلي فرحا، وما أن انتهيت من كتابة التقرير وطويته وناولته ليونس وعيناي تأخذانه باعتزاز وتأخذان السلاح الملقى إلى جانبه بزهو تناول يونس التقرير ودسه في صدره، وقال: "أعرف أنه بخطك، وأعرف ما يترتب على ذلك من مخاطر، وتأكد أننا لو وقعنا في أيديهم، فإننا سنموت دون أن يصلوا إليه".

ودعتهما، ورافقني فارس إلى الكرم، حيث زودته بالصور المطلوبة، واعتزازي في أوجه بهذه المهمة الفدائية التي أشارك فيها، لأرفع عن مدينتي التعتيم الرهيب الذي فرضه الاحتلال، وما هي إلا أيام حتى بدأت أسمع تقريري تتناقله وكالات الأنباء، ويهدر به "أحمد سعيد" من إذاعة صوت العرب.

كان التعتيم قد خيم على القطاع، منذ الاحتلال، فجعله جزيرة معزولة، منسية لا يكاد يتسرب منها شيء عما يرتكبه اليهود من جرائم. يشيب لها الولدان، فما تسمع أخباره إلا لماما، من بعض من تمكنوا من الخروج من تحت الاحتلال. وكان في مقدمة التقارير التي خرجت بعد ذلك عن القطاع التقرير الذي بعث به المرحوم قاسم الفرا، إلى شقيقه الدكتور محمد الفرا، الذي كان صوت فلسطين، بحق في الأمم المتحدة، والذي تمكن بدوره أن يسرب أخبار تلك الجرائم، ليسمعها العالم ويعيها.

أسعدتني زيارتي ليونس مبارك، وأسعدني أكثر أن أرى فارس، وقد حوله الاحتلال إلى فارس حقيقي. وإثر ليلة قضيتها في بيارة الدهشان تسللت يوما لزيارة فارس في بيارته، ففوجئت بأنه يخفي لديه في البيارة جنديا مصريا، من الذين بقوا في القطاع بعد احتلال غزة، واستمعت يومها إلى الجندي، وهو يروي لي كيف أخفاه فارس، عندما جرى تمشيط منطقتهم، وكيف أنزله إلى قاع البئر وأخفى معالمه بحيث لم يستطع اليهود أن يكتشفوه، وقد ظل ذلك الجندي ضيفا على فارس، حتى عاد سالما إلى أهله. وفي إحدى المرات، كنت أختبىء قريبا من بيارة الصايغ في كرم لقريبنا "نمر ارحيم" عند مدخل غزة، فعلمت من صديقي "سمير الصايغ" بأنهم عثروا على ضابط مصري جريح، فنقلوه إلى بيارتهم وعالجوه، وأنهم يخفونه في مكان غير بعيد من البيارة، وأنهم يبحثون عن طريقة لإخراجه من غزة إلى الخليل، ليلتحق بالسفارة المصرية في عمان، ويعود لأهله.

وسألني سمير إذا كنت أرغب في كتابة رسالة أطمئن أخي "علي" المقيم في القاهرة على أحوالنا،

شاركت أيامها "سمير الصايغ" في تسهيل عملية خروج الضابط المصري، وسلمته رسالة إلى أخي، وقد سعدت أن يصل ذلك الضابط سالما إلى أهله، ويتصل

بأخي يطمئنه على سلامتنا، أما الرسالة فقد خشي أن تضبط معه فأتلفها، واكتفى بالاتصال بالهاتف. فوجئت ذات يوم بحركة غير عادية في الكروم حولنا، ورأيت الأسر تغادرها بشكل جماعي كأنما أفزعها شيء ما، فأوقفت أحدهم أتساءل عن سبب فزعهم، وما الذي يدفعهم إلى ترك كرومهم والعودة إلى المدينة.. وكم كانت مؤلمة وموجعة قصة ذلك اليوم الحزين.. الأسود. "داهم الجنود الإسرائيليون كرما من الكروم المجاورة، فوجدوا فيه شيخا يعمل هو وابنته الصبية البكر، تكاثروا عليه وقاموا بضربه حتى أسقطوه أرضا، ثم أوثقوه إلى شجرة زيتون، وجروا ابنته الصبية واحتشدوا حولها ومزقوا ثيابها، ثم تناوبوا الاعتداء عليها جميعا، الواحد تلو الأخر، حتى أغمي عليها، وتركوها في حالتها الموجعة المؤلمة ليأتي الأجوار بعد ذلك على صراخها، واستغاثتها، ولتتناقل تلك القصة فتثير الفزع والألم في كل مكان. واصلت كتابتي، نازف القلب، دامع العين:

في غزتي.. بلد الآباء

في بلدتي.. قصص الشقاء

قصص النساء..

قصص لها تندى السماء

الخزي فيها والنذالة والعداء

قصص الجنود..

قصص الجنود...

للغدر للختل الحقود

قصص سيذكرها الوجود

أبدا ولن ينسى الوجود

غدر اليهود..

في كل يوم يمر، مأساة جديدة، وجريمة حاقدة، كثيرون هم الأطفال الذين

يتموا في مدينتي غـزة.. وفي مـدن القطـاع ومعسـكراته، فجـروا في الألم، وأشـعلوا في أعماقي الحقد، رأيتهم أولئك الأطفال الأبرياء:

عيونهم تستنجد السماء

لأنها تؤمن بالسماء

تؤمن بالله بكتبه بالأنبياء

صافية ليس بها رياء

عالقة الأهداب بالفضاء

تبحث عن أشياء

تصرخ، يا رب.. فيرتج الفضاء

يا أنت.. يا اللـه.. يا أرحم الرحماء

يا خير العطاء

يا منقذ البؤساء

يا ربنا نحن بلا آباء

كان لنا آباء

كانوا لنا الطعام والغطاء

كانوا لنا الكساء

كانوا لنا العيون والضياء

وفجأة في ليلة ليلاء

إسودت السماء

وعربدت عواصف هوجاء

تقذف بالموت وبالفناء

ومنذها ونحن في بكاء

نستصرخ السماء

يا أنت يا سماء

نحن بلا آباء

وكما المنشور السري، راحت كلماتي تنطلق في ظل الاحتلال:

أجرمـــوا مـــا اســـتطعتموا ... هكـــــذا هكـــــذا أنتمـــــو
واغـــــدروا ذاك شـــــأنكم ... واســـــتبيحوا وهـــدموا
دمنــــا إن جـــرى عـــلى ... أرضـــنا ســـبح الـــدم
يـــا يهـــود الأذى غـــدا ... موعـــد الثـــأر فـــاعلموا
نحـــن مـــا نـــام جفننـــا ... لا ولا ذل معصـــــــم
ذي بطـــولاتكم عـــلى ... كـــل طفـــل تحـــوم
صـــور الجـــبن والأذى ... والنـــذالات فـــيكم
كـــم رضـــيع ذبحتمـــوا ... وعجـــوز قتلتمـــوا
لـــن تخـــاف الأذى ولـــن ... تبلغـــوا مـــا أردتمـــوا
روعـــوا كـــل آمـــن ... واســـتبيحوا وأجرمـــوا
دولـــة البغـــي ســـاعة ... ثـــم تهـــوي وتهـــزم
ولنـــا الفجـــر في غـــد ... رغمكـــم ســـوف يبســـم

توجهت ذات يوم من أيام يناير 1957 إلى بيت صديقي "زهير الريس" استفسر عن اعتقاله، وأطمئن عليه. قابلت والده بشير الريس وكم كانت المفاجأة، المذهلة عندما استقبلني بقوله: "أنت ما زلت في غزة، عليك أن تبحث عن طريقة لمغادرتها فاليهود يبحثون عنك، والحاكم أقسم لو وقعت في يده ليقطعنك بالبلطة".

روى لي أستاذي القصة "بأن أحد أجواره من الأخوة المسيحيين الذي على معرفة قديمة بالحاكم الإسرائيلي تطوع لمقابلة الحاكم اليهودي في محاولة للإفراج عن

زهير، فإذا به يناوله كتابا كان أمامه، يحمل عنوان "عودة الغرباء"، غلافه الأول عليه علم فلسطين يرفعه فارس عربي، وغلافه الأخير عليه صورة لشجرة ترمز إلى إسرائيل، وقد أهوى عليها مقاتل عربي ببلطته..".

قال الحاكم، معلقا، "هذا هو سبب المشاكل بيننا، ولو وقع في يدي صاحب الكتاب لقطعته بالبلطة".

ولكن الأخ المسيحي، اعتذر عن معرفة أية معلومات عن وجودي في غزة، قائلا له: "أنا متأكد أن هارون قد رافق المصريين عند خروجهم من غزة عن طريق البحر". في محاولة لإحباط رغبته في البحث عني..

عجبت أشد العجب، كيف وصل الديوان إلى الحاكم العسكري الإسرائيلي، وأنا لم أتسلم بعد نسخة منه، وهو ما زال في ظني لدى الناشر في بيروت، وأتبين فيما بعد أن "المكتب التجاري"، ناشر الديوان، قد أرسل إلي بالبريد خمسين نسخة، وصلت قبل سقوط غزة بأيام، فاحتجزها الرقيب المصري، حتى يطلع على الديوان، ويقرأه قبل أن يرسله إلي، وكنت أعرف ذلك الرقيب السيء المعاملة، الذي يشك في كل شيء، والذي لم يكن يترك رسالة دون أن يفتحها ويقرأها، ويحمل ما فيها ما لا تحتمل وكم عانيت من فلسفته وشكه عندما كنت أشارك في تحرير جريدة "اللواء" ها هو اليوم بغبائه، يضع بين يدي الحاكم الإسرائيلي وثيقة إتهام إدانة لي، ارتبكت يومها، وعدت فزعا وأخذت أبدل وأغير في المخابىء التي كنت ألجأ إليها، وأنا أنتظر بين لحظة وأخرى وقوعي في شرك الإسرائيليين، كتمت الأمر عن أهلي. حتى لا أزيد من قلقهم وفزعهم علي وبعثت إلى من أحب من الشباب المقربين إلي، أتشاور معهم في الأمر، وأبحث عن طريقة تساعدني على الخروج من المأزق، وفي أذني كلمات الرجل الطيب، "أبو زهير" أستاذنا، بشير الريس ونصيحته لي بضرورة أخذ القرار الصعب، بالخروج من غزة.

وصلني خبر هزني، إذ أنا في مخبئي بعيدا عن حارة الدرج: "لقد اعتقلوا صديقك الدكتور صالح مطر".

ماذا يريدون من هذا الرجل الطيب، وما حاله عندهم، وماذا فعلوا به، وعم

سيسألونه، وأي تحقيق سيخططون له. ماذا سيقولون عن جريدة "اللواء" وهل هي السبب في اعتقاله.

مرت الأيام ثقيلة، وأنا من حين إلى آخر، أرسل مـن يتسقط أخبار صاحبي، إلى أن جاءني من يزف الي خبر الإفراج عنه. أخذت قراري بالمبادرة فورا للقائه والتهنئة بسلامته والاطمئنان عليه، والاستماع إلى أخباره، تماما كما عرفته "أبو أكرم" الدكتور مطر، الصلب، القوي، رغم كل ما يتمتع به من رقة وحساسية يتحول في الموقف الصعب إلى عناد وتمسك بالحق، مهما كانت العواقب.

لقد حاولوا معه، قالوا له "إنك طبيب"، وإنسان ولا يمكن أن تكون كل هذه الأفكار المبثوثة في جريدتك ضدنا، وحيا منك أو أنك كاتبها فقط نـود أن نعـرف مـن هـم الـذين كانوا يحررون هذه الافتتاحيات، ويبثون هذه الأفكار العدوانية".

كان رده الواحد، الصارم، القاطع خلال كل أيام التحقيـق، ورغـم عذابات الزنزانة التي أودعوه فيها: "الجريدة تحمل إسمي، وأنا رئيس تحريرها، وأتحمل وزر كل كلمة وردت فيها، وأمام صمته وإصراره أفرجوا عنه".

فرحت به، وسعدت، وتـذكرت بيتـي الـذي كـدت أن أنسـاه، فقلـت اغتـنم فرصـة وجودي إلى جواره فأقوم بتفقده.

فبادرني الدكتور صالح بقوله إن اليهود جاءوا بشاحنة كبيرة. نقلوا فيها أشياء منزلي، وكامل مكتبتي، التي قضيت ريعان الشباب في جمع ذخائرها، وكم أحزنني أن يكون بين ما فقدت "ديوان الصبا"، قصائدي الأولى التي نبض بها قلبي، ذلك الـديوان المخطوط، الـذي سجل أيام المراهقة، وأيام الدراسة، ومطلع الشباب. لقد ضحك يومها الـدكتور مطر وهو يقول لي، "حتى صفيحة الزبالة في بيتك كانت من بين ما أخذه المهاجمون".

ماذا كان في مكتبتي التي بدأت بتكوينها منذ الصفوف الثانوية الأولى، والتي ما ورد للمكتبة الهاشمية، ديوان أو كتاب أدبي أو رواية إلا احتوته، كنـت أجتزئ مـن راتبـي مـا أسدد به شهريا للصديق "خميس أبو شعبان" أثمان الدواوين والروايات، دواوين نزار قباني، عمر أبو ريشه، إيليا أبو ماضي، محمود حسن إسماعيل، أحمد

رامي، فوزي المعلوف، ميخائيل نعيمة، أحمد شوقي، حافظ إبراهيم، محمود سامي البارودي، كما شملت روايات، نجيب محفوظ، محمد عبدالحليم عبد الله، مصطفى لطفي المنفلوطي، أمين يوسف غراب، محمود تيمور، يوسف عواد، إضافة إلى عشرات من كتب التراث، وعشرات من الكتب السياسية التي تتناول القضية الفلسطينية.

ويوم عادت غزة بعد السابع من مارس 1957، يوم انزياح اليهود عنها، جاءت من تسألني كتابا، كما المعتاد، فكتبت لها:

آنستي عفوا آنستي	إن شحت يوما مكتبتي
قد عدت فلم آنس فيها	إلا أكداس الأتربة
قد حطمت كل خزائنها	بيد.. آثمة مجرمة
فتناثر ما فيها بددا	من كتب الشعر القيمة
حتى مخطوطاتي احترقت	حتى أوراق مفكرتي
ورسائلنا، راحت بددا	ضاعت في قلب العاصفة
ديوان المتنبي ولى	واحترقت كتب الفلسفة

ولكنني إذ اعتذر لآنستي الحلوة، مشوقا إلى اللقاءات والمؤانسات التي كانت تجتذبني، قلت لها:

آنستي.. عفوا آنستي	إن كنت جنحت بأخيلتي
ومضيت أردد أعذاري	أعذاري غير مناسبة
مكتبتي سوف أجددها	بعيون الشعر الرائعة
وتعود ليالينا القمراء	نشيدا حلوا في شفتي
وأعود أرتل أشعاري	بالحب وأشجي شاعرتي
آنستي عفوا آنستي	ستعود سخاء مكتبتي

(35) الخروج الصعب.. والمأزق الخطر

ليلة ممطرة تلك الليلة من ليالي كانون ثاني يناير 1957، شديدة البرودة، يتلاحق فيها البرق والرعد، ويهمي المطر الشديد، وتصرخ الرياح، كأنما هي أصوات الجن، تدوي بها أغصان الأشجار الزاعقة، إذ أنا وبعض الأهل نتحلق حول كانون النار، وقد بدأت جمراتها تهمد، ويسكن دخانها، فتشيع الدفء في الغرفة الصغيرة وسط هذا الكرم النائي عن المدينة.

عوى كلبنا "بطاح" بشكل هجومي صارخ شرس، هب أحد الأقرباء ليتبين القادم صديق أم عدو، وانتفضت إستعدادا لمغادرة المكان إن استدعى الأمر ذلك.

لحظات وهدأ عواء الكلب، وسكن مما أفرخ روعي بعض الشيء، عاد قريبي وبرفقته صديقي "أبو هاشم" محمود المخللاتي "صاحب صالون الجامعة العربية"، دخل وألقى جانبا بمظلته التي تقطر بالماء لتتخلص مما بها، خلع معطفه وقد تبلل، ونحى حذاءه الذي غطاه الطين، وتركه خارج الغرفة.

جلس أبو هاشم، وأنا أتطلع إليه في ذهول ما ذلك الشيء، الذي دفعه إلى المخاطرة بحياته، ليأتي كل هذه المسافة الطويلة، بين بيته في حارة الدرج وهذا الكرم النائي في طرف حارة الزيتون.

لا شك أنه شيء خطير، وأخطر مما أتصور، " ("اليهود.. تأكدوا أنك موجود في غزة"، أحد المعتقلين من الصبية الذين حقق معهم، إعترف بذلك، وكان يحضر التحقيق أحد رجال الشرطة من أبناء غزة فخف إلي، وأخبرني بذلك، وقبل أن آتي إليك، جرى ترتيب نقلك من غزة، فما عليك إلا أن تكون جاهزا عند "العمدان" الساعة الثامنة من صباح الغد").

قضيت ليلتي قلقا رغم ما أشاعه أبو هاشم من جو مرح بدد القتامة، التي أحاطت بنا بحديثه المتفائل، كيف ستكون طريق الخروج، وما مدى الأمان فيها،

وفراق الأهل، كم هو قاس وموجع، وفراق المدينة التي آثرت أن لا أفارقها، رضيت بكل ما فيها، رفضت ما عرض علي من مناصب للعمل في الخليج والسعودية، تلك التي كان من الممكن أن تضعني بين هؤلاء الكثيرين الذين أثروا، وأقاموا الفلل، والعمارات وارتفعت أرصدتهم في البنوك.

كانت غزة دائما العشيقة التي تمسك بتلابيبي، وتحول بيني وبين فراقها، حتى الأيام القليلة التي كنت أغيبها عنها في القاهرة، كنت أشعر فيها باللهفة إلى العودة السريعة، فكم من مرة اختصرت الزيارة وقلصت المهمة لأعود، فأتنسم هواءها العليل، الذي ما أن أقبل على رفح حتى يملأ صدري وينعشني، والذي ما رأيت أزكى منه ولا أعطر.

إغفاءة قصيرة، فأذان الفجر، صليت ودعوت، وأسلمت أمري لله، وما أن رفع حظر التجول، حتى كنا ندب معا نحو المدينة أنا وأبو هاشم، بعد لحظة وداع دامعة من الأهل، قلت لأبي هاشم: "ما زالت هناك فسحة من الوقت، ولا يمكن أن أغادر غزة، وأنا لا أدري مصيري ولا متى أعود إليها دون أن أودع والدي واستمع إلى دعواتهما، وأطلب رضاهما" عند باب بيتنا، ودعت المخللاتي وشكرته وهو يحثني على الإسراع. قرعت الباب الذي انفرج عن وجه أمي التي بدلا من أن ترحب بي بادرتني بقولها وهي مقطبة الجبين فزعة: "أنت، ماذا جاء بك، إنهم يبحثون عنك؟".

قلت لها: "إنني سأذهب إلى مصر، وأريد أن أودعك وأودع والدي، وأطمئن عليه".

لم تسمح لي بالدخول وأمرتني حاسمة بالابتعاد فورا عن البيت، أبوك بخير ويتماثل للشفاء، إرجع قبل أن يقبضوا عليك.

وأغلقت الباب في وجهي، ولم تعانقني أو تقبلني كعادتها.

علمت فيما بعد، أنني ما أن ابتعدت عن الباب قافلا نحو العمدان، في طريقي إلى ما دبر لي إلا وكانت سيارة عسكرية تقف أمام البيت، ينزل منها عدد من الجنود

الإسرائيليين، مصحوبين بأحد المدنيين الفلسطينيين، اقتحموا البيت، حيث أبي ممد في فراشه، سألوه عني، بعد أن فتشوا البيت، فأجابهم هادئا ساكنا رابط الجأش، أنه لا يعلم عني شيئا منذ بداية الحرب، وأنه يعتقد أنني قد تركت غزة مع من تركها من المصريين.

وأغرب ما في الأمر، اختيارهم "جورج دهده فرح"، لمرافقتهم في تلك الزيارة المباغتة، ليقول لأبي إن الأمر لا يعدوا الاستعانة بهارون لإصدار جريدة للقطاع. ولكن أبي لم تنطل عليه الخديعة، وأصر على أنه لا يعرف شيئا عني، وأنني غادرت القطاع مع المصريين الذين غادروه.

الساعة الثامنة تماما، توقفت أمام "العمدان" عند مدخل غزة الجنوبي، سيارة مرسيدس سوداء، نزل منها شاب، وأشار إلي، وقد فتح باب السيارة يدعوني لأن أتقدم، أخذت مكاني بين الركاب وانطلقت السيارة سريعا نحو الجنوب.

لم تحصل أية مشكلة، عند نقاط التفتيش، عند مدخل غزة، أو المعسكرات، أو مدخل خان يونس. نزل الركاب من السيارة قريبا من قلعة "برقوق"،وبقينا فيها أنا والشاب الذي لا أعرفه، تابعت السيارة بنا داخل خان يونس، في الطريق المؤدي إلى معسكر اللاجئين فالبحر، وما أن عبرت قليلامن الطريق حتى رأيت من النافذة، صديقي "محروس فارس" يقف أمام داره، توقفت السيارة، وأخذني محروس بذراعيه معانقا، وبقي الشاب في السيارة، دون أن يتخاطب معنا، وانطلقت السيارة وتركتنا، بينما اصطحبني محروس إلى بيته وبكل الحفاوة والحب، استقبلتني أسرة محروس فرحة بنجاتي من اليهود، وتجمعت حولي، كما الأيام الماضية، ندردش ونتحدث دون أن يفصح محروس من قريب أو بعيد عن الخطوات المقبلة. تناولنا الغداء وطلب مني محروس، أن أرتاح قليلا، وحاولت أن أفاتحه حول الخطوات المقبلة، إبتسم وقال لي: "كل شيء سيكون على ما يرام، لا تشغل بالك إن الله موجود". فتركت الأمر كله لتدابير الخالق مستسلما للمقادير، وتلك عادتي عندما أواجه أمرا صعبا أو موقفا خطيرا، يصيبني شيء من اللامبالاة والاستسلام والتوقف عن التفكير.

شددت اللحاف وبدأت أشعر بدفء يسري في عروقي فأسترخي، ويتسلل النعاس إلى عيني، وبي إحساس غامر بالرضى، أإلى هذا الحد، ترعب العدو كلماتي، فتؤرقه وتفزعه، حتى يطلق تهديداته بالموت؟، أهي قادرة أن تكون كرصاصات "يونس مبارك"، أأنا الآن في منزلة الفدائي، الذي ما قدست منزلة كمنزلته، ولا شغفت بمكانة كمكانته، أروحي على يدي كما هو؟!.. إبتسمت، وعاودني الإحساس بالمكان والزمان، خان يونس. أية سنة حلوة من العمر قضيت فيك، كنت ذلك الشاب الذي تطارده الحسان ويملأه الغرور، وهو يتنقل كالفراش من زهرة إلى زهرة، مزهوا كما عمر بن أبي ربيعة:

بينما ينعتنني أبصرنني ... دون قيد الميل يعدوبي الأغر
قالت الكبرى أتعرفن الفتي ... قالت الوسطى نعم هذا عمر
قالت الصغرى وقد تيمتها ... قد عرفناه وهل يخفى القمر

أين هن صديقاتي وزميلاتي وسط هذه الريح العاصفة، وتحت هذا السواد الحالك؟، وماذا صنعت بهن أيام وليلات الاحتلال؟ خان يونس إذ أدخلها اليوم، ليست خان يونس التي كنت أباكرها، وأماسيها وأسهر ليلها وأسعى نهارها، ما زال الحزن يسربلها والأسى يدفق من عيونها، وذكرى أحبابها الذين تخاطفهم الغدر ما زالت تحلق في سمائها، الدمار الذي ما زال ماثلا يشير بأصابع الإتهام إلى عصابات الغدر، البيوت المدمرة والمتاجر المخربة، عمارة "أبو دقة" التي قذف منها اليهود بالطبيبين المصريين، تحديا لكل ما عرفت الدنيا من شرائع ومثل وقوانين تكاد حجارتها أن تتكلم. أيقظني من لحظات تأملي تلك دخول محروس. تناولنا فنجانين من القهوة، واستمعت إلى دعوات أم محروس طالبة من الله الحماية، والعون. كانت الساعة تقترب من الوقت المحدد لبداية حظر التجول المقرر على القطاع كله. منذ الإحتلال.

ركبنا سيارة، أخذتنا من باب منزل محروس إلى بيت قريب من ميدان القلعة، رحب بي صاحب البيت، وتركني محروس معه، الوقت يمر ثقيلا بطيئا، وشعور بالترقب والانتظار، والتوجس، يختلط في أعماقي فلا أكاد أسمع حديث مضيفي الطيب. خرجت

مع محروس وشقيقه الأصغر إلى الشارع، المدينة كلها خاوية ساكنة، كأنـما هـي مدينـة الموتى، ساحة القلعة، تزعق فيها ريح كانون الثاني (يناير)، فتسري برودتها في العروق.

أخذت عيناي حائط القلعة فانتفضت كأنما لسعتني أفعى، أو مسني تيـار كهربائي، خيل لي أنني أراهم ووجوههم إلى الحائط وأيديهم المستسلمة مرفوعـة ورؤوسـهم مـدلاة إلى صدورهم، أولئك الشباب الذين اختطفهم الرصاص الغادر، أيستطيع الزمن مهما مر أن يمحو عن الجدار آثار تلك الجريمة البشعة التي حصدت أغلى الرجال. أكاد أقـرأ أسـماءهم وأتذكر أحاديثهم وأسمع صراخهم، ما أبشع العجز، الذي ملأني تلك اللحظة.

شاحنة كبيرة تنتصب وحدها وسط هذا المدى، كأنها قادمة من القمر، إقتربنا منهـا يتقدمنا محروس فيلقي التحية جندي يهودي، يقف إلى جوار مقدمة الشاحنة، يتحدث إلى سائقها، وما أن أقبلت عليهما حتى بادرني الجندي دون أن يلتفت إلى محروس وأخيه،

: "أهذا هو؟ تساءل اليهودي مشيرا إلي كأنني ذبابة.

: "نعم يا خواجه كما قلت لك.. إن شقيقته وحيدة في العريش، وهي حامل، ولا بد أن يكون إلى جوارها، خدمة إنسانية".

إبتسم اليهودي، إبتسامة صفراء، وعيناه تأخذاني مـن رأسي إلى القـدم ونبر بصـوت ساخر.

: "قل الحقيقة، لا أختك ولا عمك إنك هارب من غزة، أسياسي أنت؟

ماذا فعلت"

وأسقط في يدي وألجمت وإذا محروس يبادره.

: "من لحظة، قلت لي أنك جائع، لم يدخل معدتك شيء من الصباح".

: "حقا.. إنني جائع جدا".

التفت محروس إلى شقيقه، "أدخل البيت وهات مـا عندهم للخواجـة حتـى يملأ معدته".

ابتسـم الخواجـة، وانفرجـت أسـاريره ومحـروس يـدس مبلغـا كبيـرا مـن الليـرات الإسرائيلية في يده، ونادى الخواجة شقيق محروس قائلا: "لا تنسى أن تأتيني ببصلة كبيرة".

بعد أن دس الجندي المال في جيبه وأطمئن إليه، وافق على أن التحق بمؤخرة الشاحنة، في مكان هادئ إلى جوار صناديق الخضار المشحونة إلى العريش، وطلب من محروس تزويدي ببطانية لألتف بها اتقاء للبرد الشديد، الذي سيواجهني طوال الطريق.

عاد شقيق محروس يحمل الطعام، ويناوله لأخيه، الذي ناوله بدوره للجندي، ودس فيه مبلغا جديدا من المال، وحرص أن يراه الجندي وهو يفعل ذلك.

دفع الخواجه المال في جيبه وبدأ يلتهم الطعام بشراهة، ويقضم البصلة، التفت إلي قائلا وقد انفرجت أساريره: "إسمع الجو بـارد، والطريـق طويـل، تركـب إلى جـواري بينـي وبين السائق، تمام".

كان الليل قد بدأ يرخي سدوله، وأخـذت الوحشـة تملأ سـاحة القلعـة.. تحركنا في حدود الساعة التاسعة بعد أن ودعت محروس وشقيقه.

الشاحنة كانت مخصصة لرحلة يومية إلى العريش، تحمل بها الخضار والفاكهة، وهي السيارة الوحيدة التي كان يسمح لها بأن تغادر القطاع وتعود إليه.. وكان سائقها "فضل فسفوس" أحد أبناء خان يونس.. انحشرت بين السائق والجندي الإسرائيلي عرفت أنه من مواليد فلسطين وأنه يسكن في "نتانيا" قريبا من يافا وأنه من والدين مهاجرين، الأب مهاجر من رومانيا، والأم مهاجرة مـن بولندا. كان يتكلم العربيـة بطلاقـة، واسمـه إبراهيم. كانت الشاحنة تسير ببطء شديد لثقل حملها ولقدمها وعجزها. أقتربنا من نقطة التفتيش الأولى في المكان الفاصل بين رفح الفلسطينية ورفح المصرية، تراطن الجنـدي مـع الجنود الإسرائيليين، فارتفع الحاجز وعبرت السيارة، قال لي فسفوس: "أنت معاون السـائق، إياك أن يكون معك شيء يشير إلى غير هذا".

قلت: "ليس معي أي شيء، لا هوية ولا جواز سفر".

قال: أحسن.

ألقيت نظرة إليه، هذا الذي إلى جواري هذا العدو، الـذي يحرسـني ليخـرج بي مـن دائرة الموت والخطر إلى دائرة أصعب وأقسى، إنها دائرة المجهول الذي لا أريـده، مـن أيـن جاء، وأية رياح ملعونة دفعت به، ولمـاذا كـل شيء يضـيع، الأرض، الـوطن، الأمـان، الأسرة، وبأي حق أستلب كل هذا، أشياء كثيرة في داخـلي أخـذت تنكسر. لمـاذا عشـقت الشـعر، واخترته دون أية مهنة، وهل هو مهنةحقا، صغيرا جدا كنت، عندما اجتذبني هذا الساحر، فاستلبني وسيطر علي، وأصبح كل هـدفي، وآمـالي وطمـوحي أن أكـون شـاعرا، وهـا أنـا في طريقي إلى المجهول. تعاودني الذكرى، يوم أمسكت بالنسخة الأولى لديواني، "مـع الغربـاء"، كم كنت فرحا، وما أذكر أنني فرحت بشيء أي شيء في حياتي كما فرحتـي بتلقـي النسـخة الأولى من الديوان "مـع الغربـاء" وفي رأس غلافـه "شـاعر" ولـيس شـاعر فقـط بـل "شـاعر فلسطين"، لم يمنحني إياها أحد، جاءتني من بعيد، من القاهرة، من رابطة الأدب الحديث، من عاصمة الفكر والأدب، العمالقة الذين تعلقت بهـم، وكنـت أترسـم خطـاهم. سـامحك اللـه، يا أستاذي يا سعيد العيسى، ماذا فعلت بي، يوم قلت لي "ستكون شاعرا يا ولدي"،

لم تكن تدري أيها السيد الفاضل، أية أبواب فتحـت أمـامي، وكيـف ألقيـت بي في أتون هذا المعترك، ودفعت بي شاهقا، كأنما وهبتني جناحين لأحلق في سماوات لا حـدود لها. هل أنت حقا السـبب؟ أم أن "مـنح خـوري"، أسـتاذي المغـرق في مجاهـل التـاريخ، المبحر في عصوره، الراوي لأحداثه، هو الآخر رسخ الرغبـة ونماهـا، ودفعنـي في لججهـا، أم هو صوت أمي الدافئ الحنون، وهي تنخل طحينها في أعماق الليل، ليأتي صوتها الشجن، بذلك الكلام المنغوم الموزون والموسق فيتسرب في شراييني تسرب المخـدر، أم أنهـا تلـك الآلة العجيبة المعلقة في صدر ديـوان أبي "الربابـة"، التـي كأنمـا هـي أوتـار صـوت أمـي بشجنها وأساها، أو هـو ذلك الذي كنت انتظره، وآخذه بقلبي قبل عينـي وهـو يتربـع في صدر الديوان، محتضنا آلتـه، ليطلـق حكايـاه ويبحـر في خيالـه، ويـروي وينشـد "شـاعر الربابة" الذي لا ينسى. أم هـل هـو أبونـا "سـليمان" بمكتبتـه التـي لا نهايـة لهـا، وهـي تجمعني في العصاري الجميلة مع أولئك الصامتين، الخارجين من أعماق الكتب، يحكـون لي حكاياهم،

ومعاناتهم وعظمتهم أولئك الشعراء من كل العصور، منذ امريء القيس، حتى نزار قباني وعمر أبو ريشه ومحمود حسن إسماعيل، تلك الأشياء التي رست داخلي، وأخذت تنمو وتكبر، حتى فاضت مني، وبدأت تنزف كما الجروح الدامية. أم أنها تلك الصبية الجميلة المرحة المملؤة حيوية، الحلوة كما القمر، الصامتة أحيانا والمثرثرة أحيانا أخرى، ذات الجدائل المزنرة بالشبرة الحمراء تتراقص على الكتفين، فرحة بما أكتب، مزهوة، كأنما تدري أنه لولاها لما جاء الوحي، ولا نزل الشعر.

أم أنها غزة، مدينتي الحبيبة، الممتدة إلى بعيد، بحقولها العامرة بالأشجار بسواقيها التي لا تكف قواديسها عن دلق الماء في بركها، تلك الجنة التي أحببتها، جبت فيها، ما تركت مكانا ما نقلت إليه قدمي، نزولا إلى "الحدرة"، فزقاق "البساتين" "فعسقولة" فسكة الحديد، فكروم الزيتون العتيقة، "فبركة القمر"، ذلك كله اليوم والشاحنة تخب كالجمل المثقل، تحفر وجه المجهول، يمر بي ويردني إلى زمن الرغبة في الشعر والتطلع إليه، كأسمى منزلة وأشرف غاية.

أما هو الشعر، الذي أردته مهنة، هو الذي يلقي بي اليوم إلى البعيد، وماذا غيره، ماذا سيقدم لي الشعر، وهل كنت مخطئا في اختياره مهنة، والنزوع إليه غاية، وهل كنت أستطيع أن أنفضه عن كتفي وأدفعه عن كاهلي، وأتحرر منه، يوم فكرت في أن أكون شيئا، فكرت أن أكون شاعرا، دون أن أدري، كيف ليلة "نام" بين ذراعي ديواني الأول.

كأنما أحتضن أغلى حبيبه، ففر من عيني النوم، وجافاني، وعيناي مفتوحتان على آخرهما تحدقان في السقف، لأرى نفسي، كما كنت أحلم، أعتلي المنابر، وأقرأ وأنشد واستمع إلى دوي التصفيق ومصافحة المهنئين والمعجبين، كنت قاسيا مع نفسي، لا أتوقف عن محاسبتها، وأنا أدرك ما يعتمل في داخلي وما يمور في صدري، عشقت الحرية وآمنت بالعدل، وقدست الإنسان، ولكنني كنت إذ أنا المرخي بأشرعتي في رياح الخيال، يؤذيني من حين لآخر ما يصدمني به الواقع الذي غير ما أبتني من قصور، وما أختلق من أحلام، وما يرسو في أعماقي من مثل.

الطريق إلى العريش، بداية أم نهاية؟.. أما أنا في مهب الـريح، يفعل بي هـذا الـذي أحببته وأخترته ما يفعل؟، أهو الشعر الذي يدفع بي إلى البعيد؟ ويلبسني الشعر، تماما كما يلبس الجني إنسانا سـويا، فلا يفارقه، بكل الخـوارق، والتـمائم، ودفوف الـزار ورنـات الصاجات، ودقات الطبول.

ذلك الشيء أصبح في كما سريان الدم في الشرايين، كما الهواء الذي أتنفس، آه.. أيها الشعر.. ماذا فعلت بي؟، وماذا ستفعل في مقبل الأيـام؟ وكـم مـن المتاعب سيجر عـلي؟.. تحرك الرجل إلى جواري.. شدني بحبال الواقع المر، أيقظني من سرحتي.

كان التعب قد أخذ مأخذه من الجندي، إذ ما أن عبرنا رفح حتـى اسـترخى، ويـده على زناد رشاشه، واليد الأخرى تمسك بمقبض خنجر عربي، كأنما كان يخشى ـ أن نفعل بـه شيئا، وأنه لا يأتمننا على حياته.

السيارة ما زالت تخب بنا كالجمل المثقل متجهة إلى العريش، قابلتنا أول نقطـة تفتيش بعد رفح، تقع بين تلين عاليين من الرمال، توقفت السيارة، بدأ الخواجـه إبراهيم، يفرك عينيه في محاولة لإعادة النشاط إلى جسده، الذي استرخى، والعودة إلى الصحو، أقبل علينا ثلاثة من الجنود وأيديهم عـلى بنادقهم في حالـة اسـتعداد. فتح إبراهيم النافـذة وأخرج من جيبه ورقة ناولها لهم، وتراطن معهم وتضاحك، وتزحـزح الحاجـز، لاحـظ أن الجنود أعطوا إشارة للآخرين فوق التل، وأنهم هم الذين يحركون الحاجز من هناك.

سألت فسفوس، أما زالت أمامنا نقاط تفتيش أخرى؟

هز رأسه:أربع نقاط، وكلما اقتربنا من العـريش، كانت النقـاط أكـثر جنـودا وأشـد تفتيشا.

حمدت اللـه، وبدأت أفكر، من يضمن لي أن لا أقع في أيديهم في النقاط القادمة.

التفت إلى الجندي الإسرائيلي.

: أراك تعبا، وبك رغبة للنوم.

:نعم.. أكثر مما تتصور.

قلت: ما رأيك، لو أتبعنا مع النقاط القادمة طريقة، تسهل لنا العبور وتختصر الوقت؟

قال: كيف؟

قلت: بدلا من أن ينزل الجنود إليك، عندما تقبل عليهم، تناديهم، فيعرفون من أنت، ويفتحون الحاجز، ويعطونك إذن الدخول، فتخدمهم وتخدم نفسك.

قال: فكرة.. لا بأس بها، دعنا نجرب،

شجعه على ذلك شدة البرد الذي يتسرب إلينا، ويكاد يجمد أطرافنا، وإحساسه بالرغبة في النوم، والتعب الشديد البادي عليه،

قال لي إنه لأيام لم ينم نومة مريحة.

نجحت الفكرة.. وعبرنا بقية الحواجز، دون أن يقبل علينا أحد من الجنود، الشيء الوحيد الذي كان يؤخرنا، عجز السيارة عن زيادة السرعة، والبطء الشديد في حركتها.

أقبلنا على العريش، التي لم أدخلها قط، كانت تأخذها عيناي في ذهابي وإيابي إلى القاهرة، ولكن لم يسبق لي أن دخلتها، وكان كل ما أحمله عنها ذلك الشاطىء الجميل، وغابة النخيل المتناسقة التي تتطاول على ذراعه.

توقفت السيارة في ساحة كبيرة مضاءة، كأنها النهار، نظرت من النافذة، عشرات من الجنود يتحركون ويتنقلون فيها، وأعداد من السيارات العسكرية مصطفة في أنحائها.

ما أن توقفت السيارة حتى قفز الجندي إبراهيم وتركنا، ليغيب عن أعيننا.

سألت: أين نحن.. يا فضل؟

أجاب: في مركز القيادة الإسرائيلية.

شعرت برعشة، وأسقط في يدي.

تساءلت: "القيادة الإسرائيلية، لماذا؟".

أجاب: "لا بد أن نتوقف هنا كل ليلة، ويذهب إبراهيم ليأتي من القيادة بمن يفتش السيارة ويتحقق من حمولتها، وهوية الراكبين، ويسمح لها بالمسير، وكرر: "لا تنسى ـ أنك معاون السائق".

وألجمت.. لحظات كأنها الدهر، مرة أخرى، أسلمت الأمر لله.

أقبل إبراهيم، وهو يلعن القيادة، ومن فيها: "كلو نايم.. يا اللـه.. إمشي ـ معلون أبوهم".

تراخيت وأنا أردد، "الحمد لله".. دون أن يسمعني.

: "والآن، إلى أين؟" سألت فضل.

: إلى بيت عوني، شقيق محروس. أجاب.

: أتعرفه؟ سألت.

: لقد وصف محروس لي موقعه، ولكن لم يسبق أن زرته، ربنا يسهل.

أخذ السائق يدور في شوارع العريش، ومرت أكثر من ساعة دون أن نعثر على البيت، وبدأ الملل يصيب الجندي، الذي يود أن ينام، ويرتاح، إلتفت الجندي إلى فسفوس، وقال له: "لماذا لا ينام هذا عندك الليلة، وصباحا تذهب به إلى حيث يريد؟ رد فضل، وقد قطب جبينه، "لا أبدا"، كأنما كان يخشى شيئا، فقد رفض الفكرة تماما.

"أخيرا دخلنا، شارعا في طرف العريش الشرقي، (أظننا قد اهتدينا، نعد البيت السابع في هذا الشارع)، قال فسفوس.

وما أن وصلنا، حتى هبط الجندي، وأخذ يدق الباب ويقول: "إفتخ .. إفتخ"، مما يفصح عن هويته، جندي إسرائيلي.

ورغم أنني سمعت حركة وراء الباب، فإن أحدا لم يرد، أو يفتح الباب، تذكرت ما اتبعناه في غزة، منذ الاحتلال، لكثرة هجمات الجنود الليلية على البيوت،

نتربس الأبواب ونضع أشياء ثقيلة خلفها، ولا نفحتها قط. إذا لن يفتح الباب ما دام هذا اليهودي أمامه. قلت، وقد قصدت أن يسمع صوتي من بالداخل: "لو بقينا نقرع الباب حتى الصبح، لن يفتح لنا أحد، أقترح أن تتحركوا بالسيارة وتتركوني، فإذا فتح الباب تمضون في طريقكم، وإذا لم يفتح تعودون إلي لنتدبر الأمر".

أمن الجندي على رأيي، وبدأت السيارة تبتعد، فإذا بالباب يفتح، ويظهر فيه "عوني" وفي اللحظة نفسها ظهرت في رأس الشارع دروية إسرائيلية، فما أن لمحتني حتى أطلقت دفعة من الرصاص استقرت في صدغ الباب، لحظتها كنت قد اندفعت إلى الداخل. ودفع عوني الباب، وتربسه، سمعنا السيارة تتراجع وتقف أمام الباب ويدور حوار بين الجندي والدورية، وبعد ذلك، تتحرك السيارة ويتحرك الجنود، دون أن يقرع الباب أو يطلبنا أحد.

جلسنا.. نلتقط أنفاسنا، شعرة كانت بيني وبين الموت، كم مرة تعرضت له، منذ الاحتلال، وما أن أفرخ روعنا حتى بدأ عوني، يسأل عن أهله، وعن أحوال خان يونس، وعن المجازر التي ارتكبت بها، ويذكر أصدقاءه الذين استشهدوا بألم وحزن.

كان عوني يعلم بحضوري، وقد أعد لي غرفة في طابق علوي، أمامها فسحة سماوية تطل على أرض مشجرة خلفها كما أعد سلما أستطيع عند اللزوم أن استعمله إذا حصلت مداهمة أو علم اليهود بوجودي أصر أن نتناول شيئا خفيفا من الطعام، وشربنا الشاي، وانتقلت إلى الغرفة.. لأغرق في نوم عميق.

(36) أنسام الحرية.. فرحة اللقاء

إحساس غريب، مغاير لإحساسي، إذ أنا في غزة، تحت الاحتلال، تملكني صباح اليوم الأول في العريش، السادس عشر من يناير كانون ثاني 1957، هل حقا أنني ابتعدت عن متناول أيديهم، وعن عيونهم وعملائهم.

وددت لو أشعر بذلك، فيتزحزح عن صدري ذلك الكابوس الثقيل، الذي اسمه الاحتلال أبشع ما يمكن أن يعانيه إنسان.. أو يعانيه وطن.

ماذا بي.. توجس، وخشية، رغم النوم العميق الذي استغرقت فيه، حتى أنني لم استيقظ، إلا على خطوات "عوني"، وصوت المؤذن لصلاة الظهر، يصلني، فيملأني طمأنينة، هل حقا أنني نمت كل هذه الساعات.

استيقظت، كأنما أصحو من المخدر، لأجد "عوني" أمامي، يقف باسما منفرج الأسارير قائلا:

: أتيتك بالقهوة مرتين، ولم أشأ أن أوقظك.

" ياه.. يظهر أنني كنت مجهدا، وفي حاجة شديدة للنوم، فلا أذكر إنني نمت في غزة ليلة واحدة متكاملة منذ الاحتلال، كما هذه الليلة.

شد عوني كرسيا إلى جواري، ووضع صنية القهوة على الكومودينو، ناولني فنجان القهوة، قائلا: نتناول القهوة، ثم نفطر، وننزل إلى المدينة، لنتعرف عليها، ونعود مع موعد الغداء.

قلت ضاحكا: فطور.. لا كفاية القهوة، فأنا مشوق إلى التجوال في المدينة.

لأول مرة، أدخل العريش، لا شيء يختلف، فالاحتلال بشكله الكريه، يخيم على صدر المدينة، الجنود اليهود، يجوبون الشوارع بغطرستهم، وشراستهم، ونظراتهم، الحاقدة، مدججين بالسلاح، سياراتهم تجوب شوارع المدينة، محملة

بالجنود، ورشاشاتهم الموجهة إلى الناس، كأنها في ساحة حرب. إنهم يقلدون جنود النازي، بل أشد غطرسة وعنصرية منهم.

الناس يسيرون علي غير هدى، ينزف من عيونهم ذلك الوجع، الذي لم يفارق أهل غزة.

درت في شوارع المدينة، قابلت مصادفة وجوها من مدينتي، هاربة من مطاردة العدو، أوجس صاحبي خيفة أن يتعرف إلي أحد من عيون اليهود. نصحني أن نميل إلى دكان أحد أصحابه، حيث انتظره، ريثما يأتي ببعض حاجيات بيته.

أجلسني صاحب الحانوت، في مكان قصي داخل حانوته، وأخذ يمارس عمله، تردد عليه عدد من زبائنه، لم يهتموا بوجودي، عثرت في الدكان على مصحف، ففتحته وبدأت أقرأ بصوت خفيض، بعض آياته.

فجأة انطبقت ضلفتا باب الحانوت، وخيمت الظلمة، ودار المفتاح بالباب، توقفت ذاهلا، ما جرى؟.. وأين ذهب الرجل؟.. وما أخبار عوني؟.. ما الذي أخاف الرجل، فجعله يغلق دكانه دون أن يلتفت إلي، أو ينذرني، أو ينبهني.. لما يجري.

كم مر من الوقت، لا أدري، فلم أكن أكاد أتبين عقارب ساعتي، هدأت الحركة في الشارع. هل سيتركونني أبيت في الدكان، ولماذا؟

مرة أخرى، دار المفتاح في الباب، وشق قليلا، فظهر وجه الرجل، وإلى جانبه عوني، وقد اكتسى وجهاهما بمسحة من الخوف، والأسى، لم يحاول أي منهما أن يقول شيئا، خرجت، أتبع عوني عائدين إلى البيت، وهو صامت مثلي، وأفكار كثيرة تتلاحق، وتتضارب في رأسي، كانت الشوارع قد بدأت تخلو من المارة، فالناس في زمن الاحتلال، ما أن تقضي حاجاتها، حتى تلجأ إلى البيوت بحثا عن الأمان، وتجنبا للمتاعب.

"الله سلم"، قال لي عوني، بعد أو وصلنا إلى البيت، وأخذت مكاني على كنبة في غرفة الضيوف.

تطلع إلي وعيناه قلقتان، وواصل:

: تصور أية مصادفة غريبة، أفزعت صاحبنا، فتصرف بحكمة.

: مصادفة، ماذا تعني؟

: "الهنداوي، لا بد أنك سمعت عنه في غزة، هذا العميل الذي جند من العريش، فأخذ يتنقل بينها، وبين غزة، يلقي شباكه، فما أن يلمح ما يعتقده صيدا لهم، حتى يبادر بالإبلاغ عنه. وقد يستقدم أقرب دورية، حتى لا يضيع منه صيده، ويظهر أنك كنت اليوم هدف شباكه، فقد لمحك في الدكان، إذ صاحبنا مشغول مع أحد زبائنه، ولكنه لمح الهنداوي، يبطىء الخطو، كأنما ليتأكد من أنك لست من أبناء العريش، ليسارع بالإبلاغ عنك، فعاود مروره، حتى سارع صاحبنا بإغلاق الدكان، وجلس في مكان قصي- يراقب من بعيد مايجري، عاد الهنداوي ومعه جنديان إسرائيليان، توقفوا أمام الدكان المغلقة، وتلفتوا شمالا ويمينا، وهو يشوح بيديه، ثم ابتعدوا، أفلت منه بمعجزة، وبتصرف حكيم من صاحبنا، الأفضل أن لا تخرج من البيت، حتى يأذن الله في أمرك".

ذهلت، وعاودني الشعور بالطمأنينة، إنها عين الله، الحارسة.. يا رب لك الحمد.

قلت: "أنت على حق، فالأحسن أن أبقى في البيت، ذلك أفضل، وليس كل مرة تسلم الجرة.. كما يقولون".

كنت قد سمعت عن هذا الرجل في غزة، إذ كان شره مستشريا، وقد لقي جزاءه فيما بعد، ظهر السادس من مارس 1957 قبل يوم من اندحار اليهود عن غزة، امتدت إليه يد الفداء، فأراحت الدنيا منه.

ما فعله الهنداوي، ذلك اليوم أعاد إلي القلق، وانتزعني من فرحة الابتعاد عنهم، وردني إلى دائرة الخوف.. ولكن ليس بالقدر الذي كنت أحس به في غزة، لكثرة ما كنت أتنقل من مكان إلى مكان،

تناولنا العشاء، وصعدت إلى غرفتي لآوي إلى الفراش، ومرة أخرى، دهمني النعاس فاستغرقت في نوم عميق. استيقظت فزعا على طرقات شديدة، وسمعت من

ينادي عوني، أن يفتح، إنتصبت واقفا، واتجهت إلى الساحة أمام غرفتي، وحملت السلم وأدليته للساحة الخلفية استعدادا للابتعاد الفوري، إذا لزم الأمر.

عجبت.. هذا صوت محروس، فركت عيني خشية أن أكون ما زلت نائما "ماذا جاء به؟".

وهذا صوت الخواجة إبراهيم، الجندي الإسرائيلي الذي جاء بي إلى هنا.

ما الذي حدث، وماذا جاء بمحروس، وكيف ترك أهله.

ناداني عوني، وطلب مني أن أنزل، فالجو آمن.

كانت الساعة في حدود الثالثة بعد منتصف الليل.. البعض قد وشى بمحروس، مما أضطره أن يختفي طوال النهار، وأن يقوم بالرحلة، التي قمت بها بالطريقة نفسها ومع الرجل نفسه.

كان إبراهيم تلك الليلة مرحا، انطلق لسانه على غير عادته، يثرثر بصوت مرتفع. عرض عليه عوني أن يحضر له شيئا يأكله، فقال أنه على عجل، وعندما سأله، لماذا دفع بذلك الخبر الكبير. قاله ليحدث الزلزال الكبير.

:" هذه آخر ليلة لي في العريش، سأذهب إلى صاحبتي أودعها، وأهديها هذا الخلخال". وأخرج من جيبه خلخالا أخذ يخشخش به كالأطفال. الليلة سينسحب الجيش كله، وغدا ستدخل قوة الطوارىء الدولية". كدت أقوم لأحتضنه، وأقبله لهذا الخبر الرائع، ولكنني خشيت أن يكون مازحا يتندر، فأقع في شر أعمالي.

ولكن محروس، أكد لي ذلك، فبمرورهم على القيادة الإسرائيلية بالسيارة كالمعتاد، لم يخرج لهم أحد، كانت القيادة في حركة انسحاب، العديد من سياراتها تتجه نحو رفح، والطريق كلها مليئة بالسيارات، ولم يحاول أحد أن يلتفت إليهم، حتى نقاط الحراسة، غادرت مواقعها وأزيلت الحواجز من الطريق.

ترقبت خروج إبراهيم، وعانقت صديقي محروس، وأنا أكاد أطير من الفرح. أي خبر عظيم هذا، وأية قدرة إلاهية تلك، التي شاءت أن لا تطيل مدتي تحت رحمتهم، إنه كابوس ثقيل ينزاح عن الصدر.

لم نستطع أن نواصل النوم، حتى محروس القادم من خان يونس، رغم التعب والإرهاق وتوتر الأعصاب عبر رحلته، زايله التعب وبدا نشطا، يرتشف فنجان الشاي، وابتسامة عريضة ترتسم على شفته.

"إبسط يا عم.. غدا تذهب إلى القاهرة، وتلاقي شقيقك أبو حيدر".

وما أن تنفس الفجر، وبدأ النهار يدفع بآخر أذيال الليل، حتى بدأنا نسمع أصواتا كالهدير: "عاش جمال عبدالناصر"، "عاشت مصر"، "عاشت فلسطين".

إرتدينا ملابسنا، وخرجنا.

جموع حاشدة من الناس، تتحلق حول سيارات قوات الطوارىء الدولية، وهي ترقص وتشدو وتغني. يوم ما رأيت أجمل منه، ولا أحلى. الوجوه الفرحة.. المنتعشة، والأصوات المعبرة الصادقة، والغناء الحلو الطروب، والهتافات الصادرة من القلب.

تركنا تلك الحشود، وذهبنا نتمشى داخل المدينة لنميل إلى أحد المقاهي، نستمتع بالجلسة الحرة ونتنسم نسيم الحرية. وبينما أنا أسير إلى جوار صديقي محروس، إذ بي أسمع من يناديني باسمي، التفت لأجد "عصام حسونة"، مستشار الحاكم العام القانوني، "وزير العدل فيما بعد"، الذي أعرفه حق المعرفة، وأعجب بدماثة خلقه، وغزارة علمه، وحبه للفلسطينيين، يرافقه "عبدالجواد عامر"، شقيق المشير عبدالحكيم عامر، رئيس المحكمة العليا.

فرح الرجلان بي، وأخذا يسألان عن أصحاب لهما في غزة، ويتحدثان عن الدور العظيم الذي قام به الشعب الفلسطيني في خدمة الأسر المصرية أثناء اعتقال رجالها، ووقوعهم في الأسر.

طلب مني، عبدالجواد عامر، أن انتحي معه جانبا، وفاجأني، وهو يخرج لي رزمة مالية، يعرضها علي قائلا: "خذ ما شئت، فإننا لا نستطيع رد ما قمتم به". شكرته بلطف ورجوته أن يعيد المال إلى جيبه، وقلت له: "إنني لست في حاجة حقا إلى أي من المال. وأن ما قام به الإخوة في غزة، إنما عبر عن صدق ولائهم لمصر

، وإيمانهم بوطنهم وحقهم فيه، وإنهم بعملهم هذا إنما يعبرون عن تكافل الشعب العربي وتضامنه".

عرض علي عصام حسونه، تقديم أية خدمة أشاء لتسهيل ذهابي إلى مصر، بعد أن يصل من يتولى أمور المدينة، وبعد أن تسوى الطريق وتبدأ السيارات رحلاتها إلى القنطرة.

لم تطل مدة انتظارنا، فمحروس لم يكف يوميا عن السؤال، والتحري، حتى عرف أن الطريق قد سويت، وأن قوات الطوارىء الدولية، قد مدت على الطرق المدمرة، بما يساعد سياراتها على السير، وأن المحافظ والموظفين عادوا إلى أعمالهم. وإن الحياة في العريش عادت إلى طبيعتها، وأنه اتفق مع سائق سيارة مرسيدس لتمر بنا غدا، صباحا، لتحملنا إلى القنطرة، ومن هناك نأخذ سيارة أخرى إلى القاهرة. عندما نطق محروس كلمة "القاهرة"، هزني من الأعماق، أحقا أنني انطلقت من القفص، وخرجت من دائرة الخطر، أأرى القاهرة بعد أن يئست تماما من لقائها. أألتقي بأخوي علي وأكرم، وكيف حالهما، وما أخبارهما، وماذا لديهما من أخبار عنا.

تلك المدينة الحلم.. هذه القاهرة.. ما بها من سحر، وما فيها من مهابة، وتتدافع الذكريات، تمر شريطا طويلا، منذ وطئتها قدماي أول مرة عام 1949، قادما، كما القروي، الذي ينزل المدينة.. وبعدها تتكدس الذكريات الجميلة، وعبث الصبى وانطلاقة الشباب، وأحلامه.

وبدأت مسيرتنا، مبكرين، حوالي السابعة صباحا، وافانا السائق بأخبار الطريق، وما فعل بها اليهود، كنا نجوس عالما مجهولا لم نكن أول المتحركين فيه، ولكن من جاسوا الطرق، جاءوا بأخبار متضاربة حول سهولة الطريق وصعوبتها.

الطريق إلى القنطرة، من اللحظة الأولى لمغادرة العريش، والاتجاه جنوبا نحو القاهرة، تبدو كأنما أصابها الزلزال، آثار الدمار الشامل، الذي ارتكبته العصابات الإسرائيلية، المباني على الطريق منسوفة ومدمرة، الطرق محروثة حرثا كاملا، حتى لا تكون صالحة للسير أبدا. السكك الحديدية مقتلعة ومتناثرة، والأرض تحتها مقلوبة

تماما، أعمدة البرق والهاتف لم يبق منها شيء.. عجبت كيف استطاعت قوات الطوارىء أن تمهد هذه الطرق بهذه الفترة القصيرة.

خزانات المياه ملقاة على الأرض، وقد نسفها الغزاة، وآبار البترول ومنشآته دمرت، آثار هنا وهناك عن عبور المغول، بل أشد منهم فتكا وإرهابا وتدميرا. السيارات المحترقة، والدبابات المدمرة، والمجنزرات المنسوفة، جثث منتفخة، قدم هنا وذراع هناك، حيثما دارت العين ثم ما يصدمها ويروعها.

السيارة تمشي ببطء، خشية أن تنغرس عجلاتها في الرمال إذا اتجهت يمينا أو شمالا على الطريق، لأيما سبب، محروس عينه على السائق، يوجهه من حين لآخر، مشدود الأعصاب متوترا، والطريق تطول كلما طال الوقت، كأنما نعبر بحرا هائجا على زورق صغير، لا أثر للحياة، فقد اقتعلت، ولا أثر للبشر، فقد أخذتهم بعيدا رياح العدوان، من حين لآخر، نسمع منبه السيارات التي خلفنا تستحثنا لعدم قدرتها على تجاوزنا، لضيق الطريق وخطورتها.

حوالي العصر، بدا لنا أننا نقترب من القنطرة شرق، إنها على مدى البصر، كيف هي، بعد العدوان وماذا صنع بها التتار.

عند مدخل الطريق إلى القنطرة، تعلق شرطيان بسيارتنا، ووجها السائق الوجهة التي يريدان، ونحن لا ندري ما هدفهما، وماذا ينويان.

دخلنا ساحة المحافظة، توقفت السيارة عشرات من الناس يتكدسون في الساحة الفضاء أمام مبنى المحافظة.

سأل محروس السائق، لماذا جاءوا بنا الي هنا. قال له الشرطي: "إجراءات روتينية" للتأكد من هوياتنا وشخصياتنا"، ضحكت: وكيف لهم ذلك، ونحن لا نملك ورقة من أي شكل أو لون تثبت من نحن، وكيف للهاربين من النار أن يحملوا معهم ما يلهب البنزين ويزيده اشتعالا.

الساحة كأنما يوم الحشر، وجوه مختلفة ومختلفة، شباب وشيوخ وأطفال ونساء، كلهم اصطادتهم الشرطة، قدموا من مواطن اللهب والموت، بينهم عدد غير

قليل من فدائيي مصطفى حافظ المطاردين والمطلوبين. أقبلوا عـلي يستفسـرون، ماذا يراد بهم؟ ولماذا هم هنا؟

أما خرجوا من كوابيس العدو؟ وجاءوا إلى أحضان الأخوة.

لماذا يواجهون بالشرطة المقطبة اللاعنة؟

أقبلنا على شرطي مصري نسأله، قال لنا "ستظلون هنا، حتى يأتي الضابط النوبتشي- المسؤول، ليقضي في أمركم، نحن لا نعرف شيئا، المطلوب منا جمعكم وحشركم هنا".

إذن هو الحشر.. طوق آخر، واستجواب آخر، ومأزق جديد.

رأيت وجه محروس وهو يصفر ويخضر، أخذت أهدىء من روعه، وأحاول أن أسري عنه، شيء لا بد منه. التأكد من هؤلاء، من حقهم ذلك، انظر إنهم "كفنط الشدة"، ابتسم، "ومن نكون.. الجوكر". تحلق حولي بعض ممن يعرفونني من رجالات مصطفى حـافظ، أو من رجال الإدارة المصرية بغزة أو معارفي، واقترحـوا أن ينيبـوني عـنهم للتحدث إلى ضابط الشرطة، عند قدومه، "هذا إذا قدم" قال أحدهم.

ذلك أنه مضى عليهم خمس ساعات وهم ملطوعون أمـام المبنى العتيـد، يترقبـون السيد الضابط المنتظر.

حوالي التاسعة، هلت سيارة زاعقة، هب لها العساكر واقفين يـؤدون التحيـة، ويهرولون لفتح باب السيارة، نزل منها ضابط شرطة في متوسط العمر، لم يلتفت إلى أحد ولم يرد التحية، واندفع داخل المبنى. لا بد أنهم سينتهون من أمرنا، بسرعة، ومـرت سـاعة أخرى، وسألنا أحد العساكر، قال: "البيه بيشرب القهوة".

وأخيرا جاء ليطلب من يتكلم عن المحشورين والمحجوزين، تبعت الشرطي.

بادرت بالتحية وقدمت نفسي وذكرت فيما ذكرت "صوت العرب"، عسى ـ أن تنفـرج أسارير الضابط ويزحزح عن وجهه هذه الغشاوة السوداء.

استند في كرسيه عندما دخلت، لم يطلب مني الجلوس، ولكنني سـحبت كرسيا وجلست، وأنا أشعر، أنه غير راض عما فعلت، ولكنـه كظم غيظه. أردت أن أبدأ الكلام فأتحدث عمن أوكلوني للدفاع عن قضيتهم، وبإشارة منه أسكتني قائلا:

: " أنا لا أريد أن أسمع كلاما كثيرا، الأمر وما فيه أنكم سترحلون إلى "الفيوم"، ونظرا لعدم إمكانيتنا حجزكم هنا في القنطرة شرق، ستنقلكم السيارة لحجزكم في القنطرة غرب، هذا كل ما عندي، وغير ذلك يتعدى صلاحيتي، ورجاء أنا مصدع وأود أن أرتاح".

أسقط في يدي، شعرت أنني أقل من ذبابة. ماذا أقول لهم، هؤلاء الذين يخرجون لتوهم من فرن النار، هؤلاء الذين يحملون في صدورهم الأمل والأحلام في الحرية والكرامة، ماذا أقول لهم. وقد قاتلوا فاستبسلوا، وقاوموا وصمدوا، تعذبوا فما اعترفوا، أغروا فما سقطوا.

ماذا أقول لهم، كرهت المهمة، وكرهت من كلفني بها، وكرهت اسمي واليوم الذي ولدت فيه.. ألا يعرف هذا الضابط، ما معنى الخروج من براثن الاحتلال. ألايدري ماذا يعتمل في صدور هؤلاء، وماذا قاسوا، إنهم كالطفل الهارب من الغولة إلى صدر أمه.. فماذا لو صدته أمه، وردته عنها، كارهة، غاضبة.

تمنيت لو كان معنا ذلك اليوم المستشار القاضي الإنسان، "عصام حسونه" ليرى ماذا يفعلون بنا، أين هو.. ليحكي لهؤلاء عن أيام الأسر، والتكافل الإنساني بين الفلسطيني والمصري، إنه ناطق الحق والقاضي العادل.

لم أحزن لحظتها لذاتي أو لصديقي، إنما حزنت للنسوة والأطفال، الذين قيل لي أنهم، هنا منذ الصباح، وأن أحدا لم يلتفت إليهم، ولو حتى بشربة ماء حزنت لرجال مصطفى حافظ، الأبطال، الذين دوخوا إسرائيل وأتعبوها، ورفعوا رأس العرب وزادوه عزا.

لم يقابلون بكل هذا الاحتقار، والتجاهل، والنكران؟

ماذا لو علم عبدالناصر، أو عبدالحكيم، وأولئك الذين اختاروهم ودربوهم وأحبوهم؟

حملنا كما السردين، حشرنا في شاحنتين من شاحنات الشرطة، مخفورين بالعساكر المسلحين إلى القنطرة غرب.. عذاب.. آخر، وصراخ، لا يكف: قوموا،

أقعـدوا إلى الطـابور.. وفي حـدود السـاعة الثانيـة عشـرة ليـلا، نـاداني محـروس متهكما، لاذعا:

"اقرأ يا حبوب"، فقرأت: سجن النساء". إنه كانون الثاني، ونحن أدرى ببرد الكوانين.

أين أنت يا نزار قباني، لتجرب هذا البرد، في هذه الليلة الراعبة.

ولماذا نزار قباني، لا أدري لحظتها، لماذا هو بالذات، من كل الشعراء الذين أحب، أطلقت الذاكرة اسمه، وأخرجته من خزانتها، وهي التي تختـزن ديـوان، "طفولـة نهد" بين ما تختزن من كنوزها، هل لأنه كثيرا ما تحدث عن الكوانين، وبردها..

الغرفة، أو الزنزانة، لا أدري مـا أسـمها، حشـرنا فيهـا أنـا ومحـروس، وعـدد مـن الرجال. جلسـت ومحـروس إلى الحـائط عـلى الأرض الجـرداء، نافـذة الغرفـة مهشـمة الزجاج، يتسرب منها هواء بارد قارص، يسري فيخترق العظام كما السكاكين.

بدأ الهرج يخف، والخطوات في الممر تهدأ، ونحـن بعـد لم نسـتوعب الموقـف.. ولا ندري سبب وجودنا في سجن النساء. قال محروس، وهـو يأخـذ بعينيـه مـن حولـه مـن الوجوه المختلفة.. "لا أستطيع أن أبيت هنا.. دبرني.. إني أحمل في حزام على وسطي مبلغ خمسة آلاف جنيها.. جئت بها لمواجهة ما ينتظرنا".

استمعت إليه صامتا.. وبدأت أعمل فكري.. ماذا لو اتصلت "بأحمد سعيد"، ولكن كيف.. رأيت أحد العساكر، يقف أمام باب الغرفة، ناديته بلطف، فأقبل إلي، ومـن النظـرة الأولى، أحسست أنه يشفق على ما نحن فيه، وقرأت في عينيه، تقديرا واحتراما، فتشجعت. قلت له: "إنني موظف بإذاعة صوت العـرب، وإننـي أود بأيـة طريقـة أن أتصـل "بأحمـد سعيد"، اتسعت حدقتاه، وفاض منهما شيء بـين التفهم، والـرفض، وبـين الريبـة والاقتنـاع. صمت قليلا وقال: "بعد أن يذهب الضابط النوبتشي، سآخذك إلى غرفته، المكـان الوحيـد الذي يمكن أن تتكلم منه".

كان محروس، بجسمه الضخم يتكوم مستندا إلى الجدار، وعيناه ترقباني، ولم يحاول أن يسأل عندما عدت إليه، ظل صامتا مقهورا.

بعد حوالي ساعة.. عاد العسكري وفتح باب الغرفة، وأشار إلي أن أتبعه، فخرجت سريعا. أغلق الباب وأدار فيه المفتاح، ومضى بي في ممر طويل إلى أن وصلنا إلى غرفة الضابط.

أخرجت المفاجأة "أحمد سعيد" عن طوره، فجاء صوته في الهاتف عاليا حتى وصل أذن العسكري، وسمع "أحمد سعيد"، وهو يعبر عن فرحته وسعادته بنجاتي من اليهود، ووعدني أن يرسل من ينتظرني في محطة السكة الحديد بالقاهرة، وأنه سيحمل البشارة لأخي "علي"، وأخذ يطمئنني، ويسري عني ما أعانيه من الأسى والحزن للمقابلة التي قوبلت بها في القنطرة شرق والقنطرة غرب.

أغلقت سماعة التليفون، أعدتها إلى مكانها، فإذا بالجندي المصري الطيب، يقول لي: "سأدبر لك مكانا لتبيت فيه حتى الصبح، لا يعقل أن تظل في هذا الوضع السيئ".

لم تصدق عيناي وأذناي.. هذا هو الشعب المصري الطيب، عندما يضرب بالروتين وأشياعه عرض الحائط. طلبت منه أن أصطحب زميلي معي، فوافق مرحبا. قضينا الساعات الباقية من الليل في ضيافة هذا العسكري الكريم، نقلنا إلى أحد المكاتب، وأزاح ما عليها من أوراق وأدوات أخرى، وجاءنا بطراحتين، وأحال المكتبين إلى سريرين، تمددنا فوقهما متعبين وقد تدثرنا بما زودنا به من بطانيات، وعاد الدفء إلى عروقنا.

في الصباح، جمعنا في طابور طويل أمام القطار المتوجه إلى القاهرة، ألقوا بنا مخفورين في عربة من عربات الدرجة الثالثة، والعساكر من حولنا.

طلب محروس أن ننتقل إلى الدرجة الأولى، وندفع كل ما يطلب منا من مال، فرفض الحراس ذلك، وقلت له: "إنهاساعة أو أكثر ونصل القاهرة، وننفض عنا كل هذا التعب"، ألفنا الشاويش المشرف على ترحلينا، وجلسنا

نتنادر معه، أقبل علينا شاب من شباب مصطفى حافظ، بدوي قصير القامة نحيف، حتى العظم، خفيف كالريشة.

قال للشاويش: "اسمع يا حضرة الشاويش، حتى لا تقول أنني أخدعك، أود أن أقول لك من الآن، أن أية قوة في الدنيا لا تستطيع بعد أن تمكنت من التحرر من اليهود أن تسلبني حريتي. لذا فإنني.. من الآن أقول لك ويشهد الأستاذان، على ذلك، أنني عندما يصل القطار إلى محطة القاهرة، لن تجدني فسأهرب، وعليك أن تراقبني وتأخذ حذرك".

تطلع إليه الشاويش، الذي يحمل كشفا بأسمائنا، والمسؤول عن تسليمنا إلى معتقلنا في الفيوم، ذاهلا، والتفت إلينا، يستنجدنا، قال محروس: "الرجل يمزح، لا تأخذ كلامه ذلك في الاعتبار".

نهره الفدائي وقال له: "أنا لا أمزح ولا أعرف المزاح". ثم التفت إلى الشاويش وقال له: "سأجلس هنا إلى جوارك حتى محطة القاهرة، وعليك أن تكون يقظا، فإنني لا محالة هارب".

وصلنا حوالي الظهر إلى محطة القاهرة، وقبل أن أطل من النافذة باحثا عن رسل "أحمد سعيد"، وعن أخي "علي".. كان الفدائي قد أختفى، كأنما شقت الأرض وأبتلعته. ودار هرج، ومرج، وأخذ الشاويش يندب حظه.

سأله محروس: "هل يتوقف القطار كثيرا، حتى ننتقل إلى القطار الذاهب إلى الفيوم".

قال: حوالي ساعة.

تطوع محروس، وقد أحزنه أن يؤذى هذا الشاويش، بأن ينزل للبحث عن الفدائي.

وقال: "إلى أين سيذهب، لا بد أنه سيسلم نفسه لمكتب الحاكم العام".

أخذ محروس سيارة أجرة، وذهب إلى إدارة الحاكم العام لقطاع غزة في "جاردن سيتي"، ولكنه عاد كما ذهب، بخفي حنين، ولم يعثر للفدائي على أثر. بل زادت مصيبة الشاويش بفرار عدد آخر ممن كانوا معنا.

انتظرت خلال الساعة أن أجد أحدا ممن وعدني بهم "أحمد سعيد"، دون جدوى.

استسلمت للأمر الواقع، كما استسلم الشاويش إلى قدره في انتظار ما سيقع عليه من جراء هروب بعض من أفراد عهدته.

في الطريق إلى الفيوم، طلبنا من الشاويش أن ننتقل للدرجة الثانية على الأقل، فلم يمانع، وتركنا نذهب حيث نشاء، ولكننا كنا نجابه بين فترة وأخرى بكمساري القطار الذي يرفض، أن يناولنا التذاكر، ويرفض أن يبقينا في أماكننا، وفي كل محطة يتوقف القطار بها كان يأتي لنا من يعيدنا إلى الدرجة الثالثة، مخفورين، تكرر ذلك معنا طوال الطريق.

سرنا في طابور طويل، وأهل الفيوم يتطلعون إلينا بأسى واستهجان وبعد مسيرة نصف ساعة أو أكثر أقبلنا على مبنى ضخم أمام ساحة كبيرة، وله بوابة واسعة، ربما كان معهدا أو مستشفى لا أدري..

عبرنا الساحة، ووقفنا أمام باب زجاجي كبير، توقفنا قليلا دخل الشاويش، وبقي الحراس حولنا، كنا قد بلغنا درجة عالية من الإرهاق والتعب.. الساعة في حدود السابعة تقريبا جاءني من يسأل عني من العاملين في المكان، أخذني جانبا، وأبلغني أن أخي الأصغر "أكرم" قام بعمل ترتيب ما لخروجي، وأنه سبق أن احتجز هنا، إثر تركه غزة، والنجاة من اليهود.

استقبلني الضابط المشرف على المعتقل، أو التجمع، أو سمه ما شئت - عبر لي عن أسفه، وأن أحدا لا يستطيع أن يخرجني من هذا المكان، وأنني لا بد لي من أن استسلم للأمر الواقع، الذي يفرض على جميع المحتجزين، البقاء حيث هم، حتى يجلو الاحتلال عن قطاع غزة، فيعادون إلى ديارهم.

خرجت محبطا، ودخلت الصالة الكبيرة المزدحمة بالبشر، ففاجأتني رائحة كريهة تفح منها، أصابني دوار، وبدأت أتقيأ، وكاد يغمى علي.. أدخلني الضابط إلى غرفته، وطلب مني أن أسترخي على سريره، طلبت "محروس" فجاءني وهو في حالة

شديدة من الاضطراب والذعر. وقد اكفهر وجهه، وبدأ الغضب ينفر مـن عينيـه وأخذ يصرخ في:

"أهذه هي النهاية؟ أما كان الأجـدى أن نبقـى مـع أهلنـا؟.. وسجن، بسـجن.. كنا هناك على الأقل نستطيع أن نراهم، ويستطيعون زيارتنا، ويعرفون مصيرنا".

أخذت أهدئ من روعه، وأسري عنه، وأعده بأن نجد حلا، رغـم الكلمـات التـي مـا زالت تطن في أذني، عن استحالة خروجنا من المأزق الذي نحن فيه.

بدأت أهدأ، وعاودني النشاط،بعد أن تناولت كوبـا مـن الليمـون، وارتـد إلي وجهي لونه، وزايلني الدوار الذي أحسست به، وضيق النفس الذي انتابني. جاءني، من يحمل إلي، خطة خروجي، وفق التدابير التي أعدها أخي "أكرم"، ورتبها مع بعض العاملين في المبنى عندما تدق الساعة التاسعة، تماما، يحين وقت تغيير الحراسة ومغادرة بعض الموظفين العاملين في المبنى، لحظتها يفتح الباب الزجاجي الرئيسي، وأنضـم إلى المغـادرين وسيكون وجه الحارس، متجها نحو الحائط، أخرج بهدوء، وأنطلق إلى الساحة نحو البوابة الرئيسية، دون أن التفت أو اضطرب أو أثير ريبة الحرس القائم على ظهر المبنى.

كان الوقت يمر بسرعة، بحثت عن محروس ليخرج معـي فلـم أجـده تركـت لـه خبرا عند بعض معارفه، طالبا منه أن يوافيني السـاعة التاسـعة، قرب البوابة الزجاجيـة، أزفت الساعة، وبدأت دقاتها الرتيبة تقرع الآذان، فانطلقت وأخـذت طريقـي سريعـا دون أن التفت أو أرتبك، كأنني أحد العاملين سمعت خطوات خلفي، ولكنني التزمـت بما طلب مني، وما أن صرت خارج البوابة، وأصبحت في الشارع حتى بـادرت بالالتفـات خلفي أتبين من يتبعني، فإذا هو صـديقي محـروس، فرحـت بـه، ومـا أن ابتعـدنا عـن البوابة قليلا حتى وجـدنا سيارة مرسيدس، يقـف إلى جوارهـا أخـي أكرم فأخـذني بالأحضان، والعناق، ورحب برفيقي محروس وطلب منا الإسراع بـدخول السـيارة، التـي انطلقت بنا على الفور، طلب أكرم مـن السـائق، أن يميـل بنا إلى أي مطعـم يعرفـه في المدينة، لنتناول

عشاءنا، ثم نغادر إلى القاهرة، خشيت أن يكون أحد في إثرنا، أو يكون قد اكتشف أمرنا، فهون "أكرم" الأمر، ويظهر أن الجوع قد أخذ مأخذه من محروس الـذي أيد رأي أكرم.

تناولنا عشاءنا في محل كبابجي، وشربنا الشاي، وانطلقنا إلى القاهرة وفي حدود الساعة الثانية عشرة، كنا نقف أمام شقة أخي علي في العمارة التي يقيم بها في ميدان الدقي.

جلسنا، نهنأ بفرحة اللقاء، كان لقاءا دامعا، مختلط المشاعر رغبة عارمة لتلقي أخبار الأهل، وأحوالهم تحت ظل الاحتلال، حدثني أخي "أكرم" عن قصة خروجه مـن غزة، اعتقله اليهود أكثر من مرة، وأخضعوه لاستجواب قاس عني وعن أخباري، وأخبار أخي علي، وطبيعـة عملـه في "صوت العرب". ولمـا مـل أكرم مـن كـثرة الاعتقالات، والمساءلات وعمليات الاستجواب، قرر ترك غزة، عن طريق سيناء، مشيا على الأقدام، وحدثني عن مأساة، وعذابات تلك الرحلة الشاقة فقد تاه هـو ومن معـه، وضلوا الطريق، إلى أن عثر عليهم أحد البدو، فناولوه كل ما معهم مـن مـال أو ساعات، فألجأهم إلى خيمته، حيث عولج أكرم مما أصاب قدميه مـن تشقق، وتورم، وبعـد يومين، هيأ لهم وسيلة للوصول إلى بور سعيد، حيث جرى معهم، ما جرى معنا، ورحلوا إلى الفيوم، وخرج أكرم، بالوسيلة التي خرجنا بها من معتقل الفيوم.

حدثني أخي علي عـن الاتصالات التي أجراها "أحمد سعيد" في محاولة لعدم ترحيلي إلى الفيوم. وإمكانية إبقائي في القاهرة، عند وصول القطار إليها وعجزه عن الحصول إلى أية موافقة من أية جهة، واستقرار الرأي على أن أتبع الطريقـة التي أتبعهـا أخي أكرم في خروجه من معتقل الفيوم.

قضينا بقية الليل، في بيت أخي "علي"، و "محروس" لا يكف عن أحاديثه الطلية، وقفشاته التي لا تتوقف، عما صادفنا من مآزق، وحكايا طريفـة، وإذ أوى الجميـع إلى الفراش انتفضت من أعماقي، نوازع الشجن، وعاودني الحنين فأخذت أكتب:

أوداعــا فـيـم.. يـا غـزة بـالله الــوداع
وأنــا مـنــك تــراب.. وشــعور والـتـماع
وانتفـاض هـزه البعـث، ونـاداه الشـعاع
وحنـين للغـد المرمـوق.. شـوق والتياع
أنـا إن ودعـت مغنـاك تـولاني الضـياع
وتلقتنـي ذئــاب جائعــات وضـباع

(37) وأخيرا هذا أنا في القاهرة

تماما كأنما أصحو من كابوس مزعج، يزحزح عن صدري صخرة الاحتلال البغيض.. أخيرا هذا أنا في القاهرة.. هي.. هي كما عرفتها وأحببتها، لا تزحزحها الأعاصير، ولا تهزها الزلازل.. ها أنا إليها أعود.. إليها أجيء. ولا أدري إلى متى فالإحتلال ما زال جاثما على صدر بلدي، وأهلي هناك يعانون، القهر والظلم، وقسوة الاحتلال.

اصطحبني أخي "علي" معه ذلك الصباح من شهر كانون الثاني يناير 1957، أتكون هذه السنة خيرا من السنة التي مضت، بكل فواجعها وآلامها، وأحزانها.

ركبنا الأتوبيس من ميدان الدقي، إلى شارع الشريفين "4 شارع الشريفين" العنوان المنقوش في ذاكرة الملايين، مقر الإذاعة المصرية ومقر "صوت العرب".

عامل المصعد الطيب، يأخذني بالأحضان فرحا بي، كأنني شقيقه، يقبلني، ويتحسس جسمي كأنما خشي أن يكون اليهود قد أخذوا عضوا من أعضائه.

"الحمد لله على سلامتك.. مصر نورت، يا ما أنت كريم يا رب" ويردف "كل يوم كنت أسأل عنك، أليس كذلك يا أستاذ علي" ويهز علي رأسه، مؤمنا على كلامه..

بالأحضان يا "صوت العرب"، ضجة دبت في مكاتبه كأنما نزل عليها إنسان من القمر، أو بعث من القبر، هتاف وضجيج. وترحيب، ما رأيت مثله، محمد عروق، السيد الغضبان، سعد غزال، نادية توفيق، تراجي عباس، عبدالمنعم سلام، محاسن الحسيني، فؤاد شافعي، وجدي الحكيم، إنهم أسرتي الأخرى هؤلاء أسرة العمل القومي الجاد، والوعي الراقي والحب النظيف.

وكما الموكب، اندفعوا بي إلى غرفته، رب الأسرة وراعيها، ورئيسها "أحمد سعيد" هب من مكتبه وتركه ليأخذني في ذراعيه، كأنما يتلمس في البلد المحتل، والشعب المقهور،

: "تعـود إلى بيتـك، وإلى أسـرتـك، هـؤلاء إخوتـك وأخواتـك- مرحبـا بـك في صـوت العرب..".

ما الذي أصابني لحظتها تلك، أية مشـاعر التهبـت في أعماقي، ففجـرت دمعتين، ساخنتين على خدي.

بدأت العمل، خصص لي مكتب مع "محاسن الحسيني" و "عبدالمنعم سلام".. ذلك كان شأن "أحمد سعيد" حماسه للعمل، وحرصه على الوقت،..

: "أبعدوني لو سمحتم عما يحمل اسمي في أي من البرامج التي توجهونها إلى غـزة، لا أريد مزيدا من المعاناة لأسرتي، وبقية أهلي"، إذن تعمل معي "قال أبو الفتوح" ما رأيـك في البرنامج الموجه إلى ثورة الجزائر".

التقطتها كما طوق النجاة. وبدأت عملي مع "أبو الفتوح" مـن اللحظـة الأولى التـي أخذت فيها مكاني وراء مكتبي في صوت العرب، أخذت أخطط لما سوف أشارك به وأبحـث عن موضوعات أقدمها، وأشارك فيها إضافة إلى ما أسهم به مع أخي "علي" في برنامج ركـن فلسطين، بدأت أتلقى رسائل اللاجئين إلى ذويهم، يطمئنونهم عن أحوالهم وسلامتهم.

تصادف في يومي الأول بصوت العرب، أن التقي بالشاعر اللبناني "صلاح الأسـير"، لم أكن قد التقيته من قبل، ولكنني كنت مفتونا بذلك الدفق الرائع في شعره الرقيـق، الـذي ينساب كما النسيم، فرح بي كثيرا، وأخـذ يحـدثني عـن قلقه عـلي إذ أنـا في غـزة تحت الاحتلال. وعن المرات الكثيرة التي استفسر فيها عن أحوالي من أخي علي هو.. هو.. صلاح الأسير، كما شعره شديد العذوبة، مرهف الحس، سريع الـرضى، سريع الغضب، بـه هـوس مجنون بالحياة، وتوق لهف، إلى ارتشاف مباهجها، حتى الثمالة.

أصر صلاح الأسير "على أن يكون أول من يحتفي ويحتفل بنجاتي من قبضة الاحتلال وكم كانت مذهلة تلك المفاجأة، عندما انفرج بـاب بيت الشـاعر، ليشرق وجـه "سـهام رفقي" أم العباية، كما بدر التمام، في استدارته النورانية. باسمة مرحة،

يجلجل صوتها برناته العذبة. وتشيع في أنحاء البيت روح البهجة، وضجيجها، مرحة ألوف تلك السيدة الفاضلة مضيافة كريمة، بهرتني وأنا الخارج من ليل الاحتلال الطويل، وأيام العذاب المضنية. ليتسرب في عروقي ذلك الحنان الألوف. ما تركت نوعا من أصناف الأطباق اللبنانية، والشامية اللذيذة، إلا ونشرته على مائدتها الحاشدة التي اجتذبتنا، وفتحت شهيتنا، وهي لا تكف عن إيناسنا والترحيب بنا، والحنو علينا ربة بيت تلك الفارعة كما نخلة عراقية تتهدل جدائلها، وتتماوج، كلما زغردت ضحكتها مجلجلة فرحة بنا.. ألقاها كأنما لزمن بعيد أعرفها، توقظ التوق من مكامنه، لينساب رقراقا كما جداول الجبل.

وبدأت تغرد، بصوتها العذب، القوي الذي لا يحتاج إلى مكبر صوت، يهمي بالفن العربي الأصيل.

فإذا ما هدأت.. واستراحت، تدفق الشعر الهامس الرومنسي- العذب من "صلاح الأسير".. ناعما فواحا كما أريج الزنبق يهمي به صلاح بنبرته الحنونة، وهو الشاعر.. الشاعر ذو القلب الطفل، والروح الهفهافة، والخيال المجنح والصورة المبدعة. يعلو كالموج، وينساب كالنسيم ويجلجل كالرعد، ونحن مأخوذون، مبهورون كما في محراب مقدس.. أي هدية غالية، أهداني هذا البيت.. تلك الليلة من العمر، لترسو في أعماقي، ولتظل أبدا من أجمل الليالي وأغلى الذكريات.

تواصلت علاقتي "بصلاح الأسير" لزمن ثم أخذتني غزة، تلك الجزيرة البعيدة المنسية من عالم الفرح. الغارقة في دوامات الأسى غاب.. صلاح.. وغابت سهام، وإن ظل صوتها حاضرا..، ومرت الأيام والسنون، ودفعت بي الرياح العاتية مرة أخرى عام 1967 إلى القاهرة.. وفي يوم إذ أنا أجلس ممثلا لفلسطين في إحدى لجان جامعة الدول العربية بمبنى الجامعة في ميدان التحرير، يقبل علي شاب وسيم أنيق، ممشوق القوام، وضاح الجبين. تاركا مكانه وراء لافتة الجمهورية اللبنانية، ويقدم نفسه، إنه إبن صلاح الأسير، وابن سهام رفقي، فآخذه إلي كأنما أحتضن فيه الصديق العزيز الذي مضى- وتطفر دمعه تتدحرج ساخنة على خدي، ويحترم لحظة حزني، ويعود إلى مكانه.. على وعد بأن نلتقي.

وفي اليوم التالي، وفي قاعة الاجتماعات يقبل علي، ليبلغني دعوة والدته، التي اعتزلت الغناء من زمن، إلى العشاء في منزلها بالزمالك هي.. هي، لم تفعل السنون بها شيئا، قوامها الفارع، وابتسامتها العريضة، وعيناها اللامعتان وشعرها الطويل المتهدل على الأكتاف، كما موج الليل.

أقبلت تتلفع بعباءتها، مصرة على الاحتفاظ بها، بعد أن توقفت عن إطلاقها صوتا ولحنا، ونغما، وغناءا، ما زالت على أكتافها ذكرى لزمان مضى "أم العباية".

وبلفتة الإبن الحنون، حاول الفتى أن يزيح تلك الذكرى، متمنيا عليها لو ألقت العباءة جانبا. وبنظرة الأم الآمرة كان إباؤها وترفعها وحرصها على تراثها إنه هو.. صورة من أبيه، ولكنها صورة أخرى لذلك الدبلوماسي الواعد.

أخذتني القاهرة، غرقت في العمل، بدأت أكتب لبرنامج أبو الفتوح، متمتعا بما يوجه للثورة الجزائرية الخالدة، كان يأتينا من مكتب الأخوة الجزائريين في القاهرة من يحمل إلينا يوميا، آخر أنباء الثورة، وأحدث معاركها، وما يصل من حكاياها. وكنت أختار من حين لآخر، حدثا ما، أحوله إلى تمثيلية إذاعية قصيرة، تنطلق، لتخلد، وتمجد بطولات الثوار، وشجاعتهم.. وما زلت أذكر، تلك الواقعة التي لا تنسى.. لأيام والطائرات الفرنسية والدبابات، والمدفعية، تحاصر موقعا، في جبال الأوراس، للثوار الجزائريين، وكل يوم تستقدم القيادة مزيدا من قواتها، ولا يزيدها ذلك إلا عجزا عن القضاء على الموقع، الذي في كل مرة يصد هجوم الفرنسيين، ويحبطهم. والأبطال الجزائريون يزيدون إصرارا، وصمودا يوما بعد يوم.. إلى أن صمت الموقع فجأة، فداخلت الريبة القيادة الفرنسية ظنا منها، أن توقف المقاتلين الجزائريين، خطة، وخديعة لهم، وإذ طال صمت المدافع الجزائرية، صدرت الأوامر لقوات المشاة الفرنسية بالتقدم إلى الموقع في ظل غطاء كثيف من المدفعية والطيران الفرنسيين، وكانت المفاجأة التاريخية المذهلة.. خمسة من الشهداء فقط لا غير، وبقايا ماء من زمزميات ملقاة إلى جانبهم، وفتات من خبز ناشف، وحبات تمر، وسلاح نفذت ذخيرته.

أمر القائد الفرنسي قواته الزاحفة بأن تؤدي تحية الإجلال والإكبار، لأولئك الأبطال الذين ضربوا المثل، وكانوا القدوة.. للأجيال المقبلة من الثوار طالبي الحرية والاستقلال. الذين تغنيهم عن مباهج الدنيا، تمرة، وكسرة خبز وجرعة ماء..

تلقفت الخبر، وحولته إلى تمثيلية، درامية إذاعية وسلمتها إلى "محمد عروق" الذي سلمها إلى "فؤاد شافعي" ليخرجها، ويقدمها فنانو مصر، المبدعون، لتبث من فورها كما طلقة المدفع، ولتصل إلى هناك حيث الثورة الملتهبة، تؤازرها، وتبث روح الحماس، فيها، وتخلد أبطالها.

بدأ الحنين يشتعل إلى غزة، رغم ما أغرقت نفسي ـ فيه ـ من عمل يومي دؤوب، فكتبت أول قصيدة في القاهرة، شوقا إلى دارنا في حارة الزيتون:

يـــا دارنـــا في حـــارة الزيتــون
يـــا دارنـــا يـــا بهجـــة العيـــون
يـــا ملتقـــى، الكنـــار بالحســـون
فـــوق غصـــون اللـــوز والليمـــون
كيـــف تـــراك خبرينـــي
بعـــد ســـقوط البلـــد الحصـــين
يـــا دارنـــا مـــا انطبقـــت جفــوني
إلا وكنـــت .. أنـــت في عيـــوني

وبدأت، في مواصلة، الكتابة. كلما هزني الحنين أو شدتني الذكريات.. وكثيرا ما كنت أركن إلى الأحلام اللذيذة. فأرى الحرية تعود إلى غزة بخطوات متئدة، كما عادت إلى بور سعيد والعريش فأتمنى أن تكون لي أجنحة، لآتيها كما الطير الخاطف، ليحط قلبي على ترابها الطهور، نافضا عنه رحلة الخوف والعذاب،.. أجلس، متمنيا، أن أجيء غزة لأجعل ترابها ذهبا إبريزا، وأدور في أنحائها، وآتي قبور الأجداد والآباء، أقرأ عندها الفاتحة وأترحم على سكانها.

وعندما أحاول الخروج من أحلامي ألجأ إلى المذياع أدور بعقاربه، مع إذاعات الدنيا مترقبا الخبر المفرح المنتظر:

أترقب الأنباء، أنتظر ... والنار.. نار الشوق تستعر
أترقب الأنباء، لا نبأ ... يشفي غليل الثأر لا خبر
أترقب الأنباء، عن بلدي ... والجو مضطرب، ومعتكر
أخباره دوما تؤرقني ... فيها الأسى والحزن والكدر
بلدي سلام الله يا بلدي ... يا كل ما أرجو وأنتظر
كيف الأحبة فيك يا بلدي ... ما حالهم، والريح تشتجر
ما حالهم والنائبات غدت ... ترميهم، والحقد ينتشر
ما حالهم والمجرمون على ... ربواتنا الخضراء قد خطروا

كل صباح، ما أن أصل الي مكتبي، في صوت العرب بالشريفين، حتي أتناول، كل ما يصل من وكالات الأنباء أتابع، وأترقب، وأسأل وأتحرى، وغزة في عيني لا تفارقني لحظة، ولا تغيب عني دقيقة.

تذكرت إذ أنا في القاهرة، الديوان المشكلة ديوان "عودة الغرباء" الذي سبب لي ما سبب، من معاناة ومطاردة من قبل اليهود، فأرسلت رسالة إلى "المكتب التجاري" ببيروت ناشر الديوان ليوافيني، بنسخة أطلع عليها، وأتأكد، مما قاله اليهود عن الديوان، فجاء الرد سريعا، مرفقا بشيك بمستحقاتي عن نشر الديوان، وعنوان فرع المكتب، بالقاهرة، لتسلم نسخة الديوان.. تلقيت النسخة، كما أتلقى وليدا جديدا عسر الولادة، أخذته بلهفة، لأتأكد، من رسم الغلاف، الذي جاء كما وصفه الحاكم الإسرائيلي، على الصفحة الأخيرة من الغلاف، مقاتل عربي، يهوي ببلطته، يجتث شجرة الصهيونية، إنه الرسم المشكلة فعاودتني الذكرى، وأنا أقلب الديوان، لمولد كل قصيدة فيه، بعد ديواني الأول "مع الغرباء"، الذي، جاءت قصائده تعبر عن مأساة النكبة، وتصور معاناة اللاجئين، وتعيش همومهم، وتعبر عن أوجاعهم،

أخذت قصائدي في ديواني "عودة الغرباء" منحى آخر، نحو إضاءة الشموع، وزرع الأمل، واستنهاض الهمم، والدعوة إلى العودة وحمل السلاح، وواكبت، التحدي الرائع للشعب الفلسطيني لكل عوامل الفناء والضياع. ومولد الحرس الوطني الفلسطيني. وعودته إلى السلاح. وانطلاقة الفدائيين إلى أرض الوطن، يقضون مضاجع العدو، ويؤرقون ليله، ويعلنون عن بدء نضالهم من أجل استرداد المغتصب من أرضهم ووطنهم. وشاءت الأقدار أن يصدر الديوان في نوفمبر 1956 عام العدوان الجديد، وعام التحدي الجديد، والصمود الباسل.

ثقيلة تمر الأيام، أيام الترقب والإنتظار في القاهرة، وأنا أغرق في الكتابة والعمل، وتجميع قصائدي التي كتبتها تحت الإحتلال، لإعداد ديواني الجديد. "غزة في خط النار" الذي سلمته إلى الأستاذ "زهير بعلبكي"، مدير المكتب التجاري، ليصدر في العام نفسه حاملا في طياته، وبين دفتيه، أوجاع وأيام، ومآسي الاحتلال، "لئلا ننسى" ذلك الشعار الذي يرسو في أعماقي، ويتغلغل في شراييني، ويحضني دائما، لأن يكون شعري، ذاكرة الوطن، وذاكرتي وقد ضم في مجمل قصائده، ما يشبه يوميات غزة، قبل العدوان، وأثناء الاحتلال،

عند لقائي "بزهير بعلبكي" حدثته عن ملحمة شعرية كنت قد بدأت في كتابتها، تخليدا، وتمجيدا، لثورات شعبي منذ 1918، حتى 1939، لتظل بما فيها من بطولات نبراسا لأجيالنا المقبلة، تستلهم منها العبر، وتتخذ منها القدوة، وقد رحب بعلبكي، بنشر- الملحمة فصدرت عن المكتب التجاري عام 1958، وسميتها "أرض الثورات" وقد جاء في افتتاح الملحمة:

بـــدمي أكتـــب للأجيـــال أجيـــال العروبــه
قصـــة الأرض التـــي أعشـــقها أرضي الســـليبه
بـــدمي أكتـــب عنهـــا، عـــن لياليهـــا الرهيبـه
قصـــة الأرض التـــي تزهـــو بأحـــداث عجيبـه
قصـــة الثـــورات في أرض فلســـطين الحبيبـه

الأيام تمر ثقيلة كئيبة، لم أستطع باستغراقي في العمل، وقضاء الساعات الطويلة في "الشريفين" أن أبرأ من لواعج الشوق، وكوامن الهوى، فما أكثر ما كنت أصحو في السحر، فأطلق العنان لأفكاري وأسراري أناجي غزة بالقلب واللسان، كأنها تسمعني، وكم تساءلت.. لماذا يسجن أهلي ويحاصرون كما الوحوش الضارية، لماذا يقيدون بالقوانين الجائرة، لماذا هم في تلك الرقعة المجتزأة من الوطن، مغلولون معذبون تطاردهم حراب المحتل، وبنادقه، تفتك بهم بلا رادع من ضمير، أو وازع من شرع.

وتتلاحق في عيني آلاف الصور، وفي رأسي مئات الحكايا، التي لم تشهد لها الإنسانية مثيلا حتى في أشد عصور التاريخ إظلاما.

في القاهرة، تلك الأيام، التقيت بالعديد، ممن كنت أتوق إلى لقياهم، أحمد رامي، محمود حسن إسماعيل، صالح جودت، أمين يوسف غراب، عبدالحليم عبد الله، فاجأتني القاهرة بأنها تكاد تعرفني، بأكثر مما يعرفني أهلي، كثيرون هم الذين زاروني، واحتفوا بي، لم اهتم كثيرا، بالحديث إلى الصحافة، أو اللقاء بها، ولكن صحفيا نابها كان يعمل في مجلة "القوات المسلحة" ويتردد على صوت العرب، انتحى بي جانبا، في جلسة ود، وأخذ يستدرجني، في حديث صحفي، حول الاحتلال وأيامه والشعب ومعاناته. ووجدتها فرصة أوثق بها، لائحة الإدانة للمحتل الصهيوني، وما فعل بشعبي وأهلي، والتركيز على مجازره الجماعية التي ارتكبها، في خان يونس، وغزة، ورفح، ومعسكرات اللاجئين،وفي نهاية الحديث عرج على حكاية خروجي من غزة، متسائلا عن الطريقة التي تمكنت بها من الإفلات من براثن الاحتلال، لحظتها كما أذكر صمت.. وارتسمت ابتسامة خفيفة على وجهي، وأخذت شفتي السفلى، شفتي العليا عادتي عند التردد، والتأمل، وضحكت وأنا أقول له: "أما هذه فلا لأنني ربما احتجت إليها مرة أخرى".

قلتها كأنها نكتة، وما كنت أدري أنه سيأتي يوم بعد عشر ـ سنوات عام 1967 ألجأ فيه إلى الطريقة نفسها والأسلوب ذاته لأنجو من مطاردة جنود إسرائيل، وظلمهم.

وصلت إلى مكتبي في صوت العرب، صباح السادس من مارس آذار 1957 مبكرا، أخذت أطالع منشتات الصحف، وسط أخبار متضاربة، عن نوايا إسرائيل للإنسحاب من غزة، تناولت تلكسات وكالات الأنباء واحدا، واحدا، كان دوري ذلك الصباح، لاختيار الأنباء من أقوال الصحف، والأنباء التي تصلح لنشرات الأخبار، أخذت أبحث عن الخبر المنشود الخبر الحلم دون جدوى، خبر مفزع لفت نظري عن نية إسرائيل مد خط حديدي بين غزة، ورفح، وتل أبيب مما يوحي باستحالة جلاء إسرائيل عن غزة.. اكتأبت وأزحت كل ما أمامي جانبا، ورحت في لحظة تأمل، الوقت يمر بسرعة، والزملاء بدأوا يتوافدون عدت إلى أوراقي، أضع إشارات على الأخبار المختارة من الصحف، وأفرز التلكسات التي يمكن اختيارها من وكالات الأنباء. والخبر الحلم ما زال يطن في أذني، ويدور في رأسي.

ماذا لو ابتدعته، ماذا لو ضمنته، ما أختار من أنباء، ماذا لو تركته يتحرر من قيود أفكاري ويغادر بؤرة صدري وبدأت أكتب:

»بن غوريون، يعرض على الكنيست الإسرائيلي موافقته على الانسحاب من غزة، والكنيست بدوره يوافق على الانسحاب الفوري".

خبر كما أحلام اليقظة، أطلقته على الورق، ليتسرب بين الأخبار التي لملمتها، لأدفع بها إلى الراقن، ووسط الحركة التي دبت في المكاتب، وضجيج الصباح الجديد، وطنين خلية النحل، نسيت، أن أنحي الخبر الحلم، من بين الأوراق، المدفوعة للرقن.

مساء ذلك اليوم السادس من مارس وإذ أنا مستغرق في أفكاري، سابح في خيالاتي، جاءني من يدعوني، إلى مكتب أحمد سعيد، للمشاركة في الفرحة سألت الزميل "فؤاد شافعي"، عن مصدر الفرح فقال لي، إن بن غوريون، والكنيست وافقا على الانسحاب من غزة.. ألا تصدق "إنهم يعدون الخبر، للإذاعة في النشرة القادمة".

قلت له نعم، لا أصدق، فأنا الذي ابتدع الخبر، الذي تتناقلونه إنه وحي خيالي، ومن بنات أفكاري، وهواجسي،

قال لي: "ماذا تقول جميع الزملاء بما فيهم شقيقك في مكتب أحمد سعيد، أثارهم الخبر، وأفرحهم وهم ينتظرونك، الخبر تناقلته جميع وكالات الأنباء".

ذهلت، وانتابتني حالة من التشنج وتوقفت عن التفكير شدني فؤاد "قم يا رجل.. قم ستعود إلى بيتك وأهلك".

دخلت غرفة أحمدسعيد، الغرفة غاصة بالزملاء والزميلات كل ترك عمله، وجاء يشارك في الفرحة الكبرى ناولني "أحمد سعيد" نص الخبر إنها الحقيقة المذهلة، اليهود سينسحبون من غزة،

أخذت أتلقى التهاني من أحمدسعيد والزملاء والزميلات، وأنا في حالة من الشجن، والوجد، عدت إلى مكتبي لأسجل:

يا فرحتي.. يا فرحتي

غدا تعود غزتي

تعود لي لإخوتي

تعود للعروبة

غدا أعانق الشجر

فيها وألثم الحجر

وأملأ العينين

من ترابها من الحفر

وأنسج النور لها

وأنثر الدرر

غدا سيضحك القمر

وينجلي ليل الكدر

غدا أقبل التلال

وألثم الرمال

والتقي بالبرتقال

والتين والزيتون والغلال

وألمس الجمال

حيث مواطن الجمال

وحيث أرضي منبت الرجال

وموطن النضال

(38) عائدون .. عائدون..

كان شيئا كالمعجزة.. ذلك اليوم السابع من آذار/ مارس 1957، كنت وراء مكتبي في "صوت العرب" وبي إحساس بأن فترة الضيافة قد انتهت، تلك التي خشيت أن تكون إقامة دائمة، ونفيا بلا حدود.. أشياء كثيرة تحركت في داخلي، وددت لو استطعت التعبير عنها، وتركها تغادر مكانها لأولاء الأحبة، الذين غمروني بأنسهم، وكانوا إلى جواري أيام الشدة، وساعات الأسى، ولحظات القلق، ما أبشع أن يشعر الإنسان للحظة أنه بلا وطن.. أنه بلا عيون، وبلا أرجل، وبلا قلب، يصبح شيئا مجتثا، لا قيمة ولا وزن، ولا مكانة. فما أروعهم أحبائي أولاء، الذين حاولوا كل جهدهم، أن يشعروني بأنهم مني ولي، إنهم أهلي وعشيرتي، يعانون ما أعاني، ويحسون بما أحس، جلساتهم المطولة يتناقشون في السياسة ويتحدثون في الأدب، والفن.

أمامي اليوم هذه الوجبة الدسمة من الأخبار، التي تناقلتها وكالات الأنباء، وحملتها عناوين الصحف، من كان يتصور، وبهذه السرعة أن تتحقق المعجزة، وتقرر إسرائيل الانسحاب من قطاع غزة.

يومها لم أتوقف عن الاستماع إلى الأخبار، وإدارة مؤشر الراديو، التقط خبرا من هنا وكلمة من هناك، كنت كالريشة التي تتقاذفها الرياح، فالفرحة أكبر مني، والشعور الذي تسرب في شراييني بالزهو، جعلني أكاد أطير بلا أجنحة. دبت الحياة في مكاتب "صوت العرب"، طلب مني أحمد سعيد أن أكتب شيئا، ينشد أو يغنى، وليكن باللهجة الدارجة، فكتبت مقطوعة (غزة)، التي لحنت على الفور، وانطلقت تهدر بصوت "محمد قنديل" الذهبي:

غـــــزة.. غــــزة مــــا بننســــاها

غـــــزة.. غــــزة إحنــــا فــــداها

لا استعمار ولا تدويل

ولا بقاء لإسرائيل

وتوالت الأخبار من غزة، جاءت بها الإذاعات والصحف ووكالات الأنباء لتصف يوما بيوم، ذلك الأسبوع الحاشد المتوقد، من السابع من آذار/ مارس إلى الرابع عشر، أسبوع في تاريخ غزة، وفي تاريخ شعبها سيظل باقيا على الزمن، خالدا مدى الدهر.

انطلقت الجماهير من كل حدب وصوب تتدفق كما الروافد للنهر الكبير، لتحتشد في شارع عمر المختار، وهي تعلن عن فرحتها بانسحاب الصهاينة عن كل شبر في قطاع غزة، ليعود محررا تماما، ما فيه خيال لغاز أو مغتصب، غارت الوجوه الشائهة، وجرجرت وراءها أذيال الخيبة. "الله أكبر" كانت أعلى الهتافات، "غزة غزة عربية"، عاش جمال عبدالناصر، عشرات اللافتات تعلو الرؤوس، ترحب بقوات الطوارىء الدولية "أهلا بكم أصدقاء"، و "لا عودة للاحتلال"، "لا مكان للحاكم الأجنبي"، "أهلا بقوات الطوارىء ضيوفا لا حكاما".

بحسه الوطني بدأ الشعب يتخوف، ويتحسب، منذ إرتفع علم الأمم المتحدة على سراي الحكومة. وبدأ المسؤول الدولي يتولى سلطاته، رائحة زكمت الأنوف، نية تدويل القطاع، ليكون لقمة سائغة لإسرائيل، وللقضاء على ما تبقى من اسم فلسطين، قبر الروح الوطنية التي ظلت مشتعلة فيه، والقضاء على الحركة الفدائية التي بدأت طلائعها منذ 1953 تحدد مسارها وأهدافها، وتقدم ضحاياها.. الشعب.. والشارع.. القاضي والمقرر. ظلت المظاهرات تتوالى إلى أن كان الأحد العاشر من آذار مارس 1957 ذروة الاشتعال الوطني، التوتر يبلغ أشده، سماء غزة تدوي بأصوات الجماهير التي أخذت تحاصر مبنى الحكومة.. الجنود الدوليون وأيديهم على أسلحتهم مصوبة جاهزة للانطلاق.. شاب في مقتبل العمر، واحد من أبناء النكبة، لاجىء من معسكر الشاطىء، لم يكمل الحادية والعشرين من العمر.. كما السهم ينطلق متحديا الأسلاك الشائكة، التي تزنر مبنى الحكومة ذاهبا نحو هدفه، يفاجىء الجماهير منتصبا

على سطح المبنى الكبير، وسط دهشة الجماهير وحماسها، ينزل العلم الدولي، علم الأمم المتحدة، ويرفع مكانه علم العروبة، علم مصر، وتنطلق رصاصات جندي من قوات الطوارىء الدولية، فتصيب "محمد المشرف" إصابة بالغة، ينقل على إثرها إلى المستشفى حيث يلفظ أنفاسه، في يوم الثلاثاء 12 آذار مارس 1957، فتبلغ عبدالناصر الرسالة العاجلة المخضبة بالدم، ويتلقى القرار الحاسم لإدارة الشعب العربي الفلسطيني في قطاع غزة، يصله الصوت المدوي، والنداء المجلجل، والهتاف الهادر، الذي كررته الجماهير أثناء تشييع جنازة الشهيد محمد المشرف يوم الثلاثاء 12 آذار/ مارس، تطالب بعودة الإدارة المصرية العربية إلى القطاع، فتقرر الحكومة المصرية تعيين اللواء "محمد حسن عبداللطيف" حاكما عاما لقطاع غزة نزولا عند إرادة الشعب، وتلبية لطلبه، كما أعلن ذلك الرئيس جمال عبدالناصر.

وجاء اليوم الموعود.. أقبل اليوم المرتقب، الرابع عشر ـ من آذار / مارس 1957، فمنذ أعلن النبأ العظيم بتعيين اللواء "محمد حسن عبداللطيف" حاكما عاما للقطاع، موفدا من الرئيس جمال عبدالناصر، وغزة تترقب، القطاع كله ينتظر ويتأهب، ليدخل يوم الخميس ذاك بوابة التاريخ، الآلاف من الرجال والنساء، منذ الصباح الباكر وعلى طول الطريق، بين رفح وغزة، في حشود فرحة مبتهجة، تكبر وتهلل، غصت بها الطريق حتى لا تكاد تستطيع السيارات السير فيها، الأعلام واللافتات المرحبة، وصور عبدالناصر تطرز تلك الجموع، وتعبر عنها، معسكرات اللاجئين كلها، البريج والنصيرات والمغازي ودير البلح، تدفق أهلوها يحدوهم الشوق إلى لقاء القادم، الوافد من مصر ـ وتتلاحق الساعات، ساعات الترقب، والموكب المتحرك من رفح يسير ببطء شديد، شاقا طريقه وسط الزحوف إلى أن يصل إلى مشارف غزة في حدود الساعة الخامسة مساء ليعبر إلى شارع عمر المختار، الذي إمتلأ بأقواس النصر ولافتات الترحيب وتلألأت الأنوار تعبيرا عن الفرحة بالقادم والنشوة بالنصر.

ساعة كاملة من الخامسة حتى السادسة، والموكب يشق طريقه نحو سراي الحكومة، حيث رجالات غزة في استقبال موفد عبدالناصر.

وفي صبيحة اليوم الثاني، عادت الجماهير بالآلاف تتجمع في شارع عمر المختار، في تظاهرة فرحة تعلن عن حبها لمصر، ولعبدالناصر، وللإدارة العربية.

في الساعة الثانية عشرة، يصل الحاكم العام وصحبه إلى الجامع العمري الكبير لأداء صلاة الجمعة، وقد غص الجامع بآلاف المصلين ممن وفدوا من القرى والمعسكرات، حتى اضطر الكثيرون للصلاة خارج الجامع، وقد وقف الشيخ "محمد ناجي أبو شعبان" مفتش المحاكم الشرعية ليقول للمصلين من على المنبر: "في الجمعة السابقة سجدتم لله شاكرين وتوجهتم إلى ربكم ضارعين أن ينصركم بعودة هذا الجزء من بلادنا المقدسة، وأن يعيده إلى أحضان الأم الرؤوم مصر، كوعد لتحرير فلسطين، ولكي يعود لكم أمنكم ورخاؤكم، وتتوفر لكم كرامتكم وسعادتكم، فاستجاب لكم ربكم، وقد استقبلتم الإدارة المصرية، وعلى رأسها الحاكم المصري العربي اللواء محمد حسن عبداللطيف، وكان استقبالكم لهذه الإدارة الكريمة خير معبر عن عميق شعوركم، نحو مصر الحبيبة، وكان أقوى بيان لتمسككم بعروبتكم، وقوميتكم".

بعد انتهاء صلاة الجمعة سجد المصلون سجدة شكر لله العلي القدير، الذي شمل القطاع بعنايته ورعايته، وأعاد إلى أهله الطمأنينة والأمن والسلام بعودة الإدارة المصرية، وعلى رأسها الحاكم العام.

وإثر ذلك خرجت أفواج المصلين لتشارك في التظاهرة الشعبية التي كانت تحتشد أمام المسجد من مختلف طبقات الشعب، تتقدمها جماعات الطلبة والطالبات، وفرق الكشافة والمرشدات، ورجال الطرق الصوفية بأعلامهم وطبولهم، وحملة الأعلام واللافتات الترحيبية، وصور الرئيس جمال عبدالناصر، وقد واصلت التظاهرة طريقها وفق برنامجها المعد لها، حتى وصلت سراي الحكومة، وهناك توالى الخطباء المرحبون، رئيس البلدية، فرابطة الطلبة الفلسطينيين بالقاهرة، فمندوب عن الطالبات الجامعيات، فكلمة لممثل اللجنة التنفيذية للاجئين، وبعد انتهاء الخطباء من كلماتهم وترحيبهم، تحدث الحاكم

العام ممثلا للـرئيس جمال عبدالناصر، ومعبرا عـن جمهوريـة مصر ـ العربيـة، ليعلن السياسة الجديدة التي أنيط به بتنفيذها، فقال: "أيها المواطنون.. أيها الأخوة.

تحت هذا العلم الخفاق، الذي يرفرف عاليا فوق رؤسنا اليوم، علم مصر ـ الخالـدة، مصر الحبيبة إلى نفوسكم ونفوسنا أقدم لكم تحية رئيسنا جمال عبدالناصر.

أيها المواطنون:

لا أدري كيف أشكركم على هذا الاستقبال، وكيـف أشـكر أهـلي وعشـيرتي، فـإني إذ أسدي إليكم الشكر فكأنني أوجه الشكر إلى نفسي، فلا فرق بيني وبينكم، ولابينكم وبيننا.

أيها المواطنون:

اليوم نبدأ في غزة عهدا جديدا، عهدا كله مساواة، عهـدا كلـه إخاء ومحبـة، عهـدا تسوده العدالة والعزة القومية.

أيها المواطنون:

أرجو أن تدركوا جميعا أن القوات الدولية الموجودة حاليا في غـزة، موجودة بـإذن الحكومة المصرية، هذه القوات، يجدر بنا أن نعتبرها اليوم ضيوفا علينـا، ونحـن العـرب مشهورون بالكرم، فيجب أن تعاملوهم بما جبلتم عليه من كرم.

إن كل الأمور ستجري في سيرها الطبيعي، إذ أن الإدارة المصرية قـد باشرت أعمالها واختصاصاتها كاملة اعتبارا مـن اليـوم، وأود أن أقـول لكـم بـأن المـوظفين سيعودون إلى أعمالهم في اللحظة التي تتم فيها إجراءات إعداد المكاتب، وقد صدرت أوامري اليوم بنـاء على تعليمات الرئيس جمال عبدالناصر، بـأن تصرف جميع مرتبات المـوظفين المتأخرة إعتبارا من الانتهاء من وضع الكشوفات الجاري إعدادها حاليا.

أما فيما يختص بالتموين فإن الترتيبات جارية لإعادة الحياة إلى مجراها الطبيعـي، كما كانت عليه، وأما البرتقال فقـد أمرت بشـحن جميع الموجود في المينـاء والمـوالح إلى القاهرة.

والآن يهمني أن أتوجه بواجب الطلبة علينا، فستفتح المدارس قريبا جدا، وقد أمر وزير التربية والتعليم بتعديل المناهج وامتداد مدة الدراسة، حتى لا يفوت هذا العام على الطلبة، أما المواصلات بين غزة والقاهرة فستعود قريبا.

إنني أرجو أن تسير الأمور في منتهى المساواة والحرية والعدل، ويسود الوئام والنظام والمحبة، وإني أعود فأشكر لكم هذا الشعور الفياض وأتمنى لكل فرد من أفراد العروبة الخير والسلام".

كم وددت وأنا أوقف شريط التسجيل الوارد من غزة، وفيه هذا الدفق من الحماس، وهذه الروح الجديدة تبشر بعهد جديد، أن أكون هناك معهم وبينهم أسمع، وأنشد وأتغنى وقد أحسست بالحسد والغيرة وصوت "أحمد سعيد" يأتي من غزة، وتعليقات أخي "علي" تتردد بين الجماهير.

في غياب "أحمد سعيد" وأخي "علي" عن صوت العرب، كلفت بالمشاركة في تعليقات صوت العرب على الأحداث، فبدأت أطلق ما في صدري من حب لغزة، وتعلق بالحرية وإيمان بالقومية العربية وتمسك بفلسطين، وطنا وتراثا وتاريخا، للشعب الفلسطيني لفتت التعليقات انتباه مدير عام الإذاعة المصرية "محمد أمين حماد"، فاتصل بصوت العرب يسأل عن محرر هذه التعليقات، وطلبني في مكتبه. أبدى إعجابه بما كتبت من تعليقات سياسية دقيقة صادرة عن وعي سياسي ناضج، وبعد تبسطه في الحديث عني وعن عملي وعن غزة، عرض علي أن أنضم إلى أسرة الإذاعة المصرية، وأكون واحدا من المعلقين الدائمين فيها، فأبديت له شكري واعتزازي بهذه الشهادة التي ستظل أجمل وسام أحمله على صدري، ولكنني أبديت له اعتذاري عن تلبية طلبه لإيماني بأن عملي كمسؤول عن مكتب صوت العرب في غزة تلك المنطقة الساخنة أبدا أجدى للإذاعة ولصوت العرب وللقضية الفلسطينية بوجه خاص وقضايا الأمة العربية بوجه عام.

عاد أحمد سعيد، وأخي علي من غزة، حملا لي الأخبار التي يعجز اللسان عن وصفها، ذلك اللقاء الشعبي الحميمي الذي استقبلت به الأداة المصرية العربية،

دفق الحنان الشعبي، والفرح بعودة غزة، نظيفة تماما من الغزاة والمحتلين، الذين جلوا عن كل شبر في قطاع غزة وغارت وجوههم.

بادرت منذ لحظة وصول العزيزين بالاستعداد للعودة، أخذت أجهز أوراقي، فاستخرجت وثيقة سفر من إدارة الحاكم العام لقطاع غزة في القاهرة، وتسلمت جهاز "المايهاك" من الإدارة الهندسية، بالإذاعة المصرية، وزودت برسائل من أحمد سعيد لتسهيل عودتي ومهمتي.

تلك الليلة الطويلة المسهدة جافاني النوم، رغم الإرهاق الذي عانيته في الإعداد للسفر والاستعداد له.

مبكرا جدا أقبلت السيارة التي اتفقت مع سائقها لنقلي إلى غزة، نسمات الصباح العليل المبلولة بالندى تتسرب إلى الصدر منعشة، والسيارة منطلقة كأنما هي مثلي مشوقة إلى غزة، شعور غريب يتملكني، أشعر أن طاقة تسربت إلى أعماقي لتكاد أن تنبت لي جناحين يطيران بي، يعبران الآفاق ليحطا بي وفي لحظات على تراب وطني، وفي أحضان مدينتي، كم مرة عبرت هذا الطريق عائدا إلى غزة، وما من مرة إلا وكان الحنين يشدني كأنما أفارقها لأول مرة،

الأشجار السامقة المتعالية، التي تتراكض هاربة ورائي تستعجل خطاي، وتدفعني كأنما هي فرحة معي، ما أثقل اللحظات هذه التي أتوقف فيها أمام مكتب الجوازات في القنطرة، لماذا تطول وتتثاقل، أما استطاعت الضربة الوجيعة أن تأخذ فيما أخذت آفة الروتين ومتاعبه؟ لماذا هو مقطب هذا الرجل، ألا يبتسم مع ابتسام الحرية وزوال الاحتلال؟ أم أن الجراح لم تندمل، فما زالت تاركة أساها وآلامها وهواجسها لتتجسد غمامة رمادية تكسو وجهه الشاحب المتعب.

قلب وثيقة السفر مرة، مرتين، تأمل صفحاتها واحدة واحدة كأنما كان يبحث عن شيء، ثم سألني بتأفف: "أين تصريح الدخول؟"

شعرت أنه سيتعبني ولا يتفهمني فناولته كتاب أحمد سعيد، والمهمة التي أسندها إلي، وصفتي وعملي.

سأل مرة أخرى، "ولكن أين خاتم الدخول.. متى دخلت من هنا.. من القنطرة؟ وأين إذن الدخول؟

لم أضق ذرعا بتساؤلاته، ولم أفقد أعصابي، وبهدوء قلت له: "كل ما في الأمر أنني عندما دخلت من هنا لم تكن أنت موجودا، كان هناك كابوس وانزاح".

بدا أنه لم يفهم، ولم يستوعب قولي:

قلت له: "على بلاطة.. عندما عبرت القنطرة كانت الأمور لم ترتب بعد هنا".

هز رأسه، وعاد يقلب وثيقة السفر، ودون أن يقتنع دق الخاتم، وناولني الجواز، وقال: "إللي بعده".

الطريق من القنطرة إلى رفح قطعت في مدة أقصر من المدة التي عانيتها في رحلة الذهاب والعذاب، فقد أصبح أكثر تمهيدا مما كان عندما عبرناه إلى القاهرة، ولكن بقايا وآثار الحرب ما زالت ماثلة، فمن لحظة لأخرى كانت تصطدم العين بدبابة مدمرة أو مجنزرة محترقة أو أعمدة صريعة أو بناية منسوفة، إنها آثارهم دائما، تشير إليهم كما هي في تاريخهم كله، ما عبروا أرضا إلا أحرقوها، وما جاسوا ديارا إلا دمروها، حتى آبار الماء، التي أرادها الله لري البشر لم تسلم من أذاهم.

كم مرة عبرت هذا الطريق في مسيرة العودة إلى غزة، ولكن هذه المرة مغايرة ليست كما المرات الكثيرات، رغم كل الكآبة التي تسربل الصحراء، فتكاد تنطق رمالها، وتحرك حصاها، فإن ذلك الانجذاب الذي أشعر به يطغى على كل ما حولي وما تشهده عيني.

هذه رفح.. قبل أن أعبر الخط الفاصل بين رفح المصرية، ورفح الفلسطينية، جاءني الخبر، أعلنت الأرض عن هويتها، دفق نسيم محمل بالأريج، إمتلأ به الصدر فأنعشني، لماذا هو مختلف هذا الهواء القادم من فلسطين!

أي بوح سماوي، هو هذا الذي استظل به، كما العروس تجلى وتخرج ناهضة، أراضي يمنة ويسره على جانبي الطريق، تعلو شقشقة العصافير، وتتطاير

أسراب السنونو، وتتهادى مواكب الحمام، فوق البرتقال، وعيون اللوز المتفتح، لا أحلى، ولا أجمل، ولا ألذ، ولا أزكى.

يا لك .. من أرض..، آيتك الجمال ومعجزاتك الخلود.

من كان يصدق.. أية إرادة وعزيمة وإصرار وتحد، تمكنت من أن تنكس أعلام المحتل وتكنس قواته، فيعود قطاع غزة نظيفا ليس فيه أثر للغزاة، حتى السماء آثرت أن تشارك في مهرجان الكنس، فهطلت أمطار آذار هطولا لم يشهد له قطاع غزة مثيلا منذ زمن بعيد، غسلت البيوت والأشجار والتلال والربى والشواطىء، حتى لا تبقي لأولئك المرفوضين أبدا، أثرا ما، في أي مكان ما، الأمطار لم تكنس الغزاة وآثارهم فحسب، بل فضحت جرائمهم عندما تدفقت سيولها لتكشف عن جثث الشهداء المغتالين ظلما وعدوانا، بطريقة جبانة ودنيئة. برزت تلك الساق الخشبية لواحد من عائلة أبو راس، في حارة الزيتون، ليشهد العالم على وحشية اليهود وقسوتهم وإرهابهم.

العصافير تعاود غناءها وشقشقتها، أوراق الأشجار التي أحرقتها مدفعية الغزو تعاود إخضرارها، وتبشر بالربيع النقي الصافي، الرافض للغزو. براعم الأزهار تتفتح لينداح أريجها يعطر سماء غزة، شوارع غزة وأزقتها، منحنياتها ومنحدراتها تبرق بفرح الطهارة، التي عادت إليها.

في ساعات انتهى كل شيء وعادت الأمور إلى نصابها، وأشرقت البسمة على الوجوه، التي غللتها الكآبة في أيام الظلام.

هي غزة..، لمن يقلب صفحات التاريخ، غزة الصابرة الصامدة، منذ أول عصور التاريخ، المضحية أبدا بالغالي والنفيس في سبيل أن لا تخطو قدم غريبة قدم واحدة على ترابها المقدس.

غزة التي تلفظ الأغراب تبصقهم، لا تستطيع هضمهم أو استيعابهم، غزة تعود بيضاء، وقد أزيلت عنها لطخات السواد، وهي تلك شرعتها وهذا مذهبها، غزة المجاهدين والعلماء والشعراء والتقاة، حاشى أن ترضى عمن يدنس ثراها ويلطخ

ترابها، غزة هاشم بن عبدمناف، والإمام الشافعي، العربية المسلمة، الحافظة للعهد، الثابتة على القسم.

بالأحضان.. أيتها الصبية، ويا أجمل الصبايا، بالأحضان أعود إليك، أتنفس الصعداء، وألقي جانبا بوشل العناء، والرياح السوداء.

أيتها المحبة الغالية، يا من أرضعتني حليب الحرية، وعلمتني مبادىء العدل وأطلقتني كما الطائر الملون، أشقشق على أغصان الإنسانية، ها أنا إليك أعود حاملا معي نبض إيماني بك التزامي بحقك، وأمامي وخلفي وفوقي راية العروبة التي رفعها عبدالناصر، وأصر أن لا تنظف القناة إلا بعد عودتك.. وها أنت تعودين.

الحرية لا تقسم، ولا تغتنم، الحرية فضاء وأنفاس، هواء وماء، لو حشرة رفت على سمائها لعكرتها.

وأخيرا ها أنا.. أمام العمدان.. "أرجوك توقف" وقبل أن أميل بالسيارة إلى الزقاق الذي فيه داري، توقفت أمام "العمدان" وقرأت الفاتحة أمام قبور أولئك الأمراء الفرسان، شهداء معركة غزة، الذين دحروا التتار وهزموهم، وطاردوهم حتى عين جالوت، حيث منها إلى النهاية المحققة والهزيمة المؤكدة، ألقى بالتتار، كسرت أنوفهم إرادة القتال، التي زحفت من مصر، فردتهم خاسئين بعدما بلغوا ذروة الصلف، وقمة الغرور.

مرة أخرى.. أيها التاريخ، هل تعود دورتك، ومتى..

(39) عودة على بدء

عدت إلى غزة أواخر شهر مارس / آذار عام 1957 كما الطفل التائه، الذي يعـود إلى صدر أمه، بعد يأس من اللقاء.

عدت إلى من أرضعتني حليب الحب، والصدق والوطنية، الكرم والمروءة.. غـزة، أجمل الصبايا اللاتي أحببت وأحلاهن.

أية قوة خارقة تسكن هـذه المدينـة الكنعانيـة: فمـا أسرع أن تـنهض مـن جديـد، تتحدى الفناء، كأقوى ما تكون.

ها أنا في مكتبي مرة أخرى، أية مشاعر تتملكني، وأيـة ثقـة بـالنفس، هذا الشيـء الغريب الذي يسكنني منذ الطفولة نحو هذه المدينة، ومـا تمثله لي مـن انتمـاء، ووجـود جعلني أبحر في عوالمها وتاريخها، هذا التاريخ الثري، المليء بالإشراق والتنوير، حتى في أكثر العصور إظلاما.

ما حبة رمل من ترابها إلا ولها عندي التقديس والإجلال والمهابة، لثقتـي بـأن دمـاء طهورة قد جبلتها عبر الدهور، والأعوام.

حرصت من اللحظات الأولى لوصولي إلى مدينتي أن أبحث، وأتابع مـا قاست، ومـا عانت أثناء الاحتلال البغيض. بدأت أسجل المأساة، أبحث عـن ضحاياها، أسجل لهـم بأصواتهم، وأسمع حكاياهم، وأتابع ما أصابهم لتظل الذاكرة حية، وحتى لا ننسى.

كانت الحصيلة الأولى لما جمعت وتابعت مما خلفه احتلال عـام 1956 هـو 1200 شهيدا.

460 من خان يونس ومنطقتها، معظمهم من اللاجئين، بينهم 86 شهيدا من يافا، 22 من المجدل، 15 من القسطينه، 15 من حمامة، 8 من الجورة، 50 من بني سهيلا، 6 من تل الريش، 5 من جبل نابلس، 15 من اللد والرملة، 10 من

السوافير، 15 من يبنا، 7 من سدود، 10 من الفالوجة، 12 من بيت دراس، 152 من سكان خان يونس الأصليين.

أما منطقة رفح، فقد استشهد منها 325 منهم 75 شهيدا يوم دخول القوات الصهيونية، 250 شهيدا يوم تطويق المدينة ومعظمهم من اللاجئين. أما غزة فقد استشهد منها 90 شهيدا، هذا عدا الشهداء الذين استشهدوا يوم انسحاب القوات الإسرائيلية وبلغ عددهم 50 شهيدا، هذا علاوة على المفقودين، الذين إقتادهم الإسرائيليون ولم يعودوا.

تلك كانت إحدى المهام التي عنيت بها، مما عنيت، وقبل أن تجف الدموع، لتظل المأساة ماثلة ولتنقش في الذاكرة للأجيال التي يجب أن تعرف عدوها على حقيقته، وقد حاولت أن أسجل لقطات من هنا وهناك، ونشرتها في كتيب أصدرته مصلحة الاستعلامات في القاهرة تحت عنوان "أيام في الظلام"، وزع في الذكرى الأولى لانسحاب الصهاينة عن المدينة الخالدة في 7 مارس 1958م.

زرت المصور "هيرنت" وراجعت معه الصور التي إلتقطها لبعض الشهداء، وطلبت منه أن يعد ألبوما بها للزمن وللحاجة.

كنت أدري أنه سريعا ما يجر النسيان أذياله، وتطوي الأيام الذكريات، فحرصت على إبقائها بالكلمة والصورة،

التقيت الحاكم العام الجديد اللواء محمد حسن عبداللطيف، وهو لطيف حقا، واسع القلب، دمث الخلق، جاء إختيار عبدالناصر له دقيقا، من الوهلة الأولى خرجت بانطباع مريح، مصر بدأت تضع القطاع في منزلة متقدمة من اهتمامها، جاء ذلك على لسان الحاكم العام عرضا لأكثر من مرة، وهو يردد من حين لآخر: "تلك توجهات السيد الرئيس"، كنت واثقا أن هذا الشيء الجديد لا يأتي إلا بتوجيه من الرئيس عبدالناصر، الذي عرف الفلسطينيين، وعركهم وعايشهم، وهو لا ينسى أن غزة هذه كانت ترفده بالمؤن والذخائر أثناء الحصار في الفالوجة، عبر إحدى عشرة قافلة رتبها الضابط "محمود رياض"، وزير

الخارجية والأمين العام لجامعة الدول العربية، فيما بعد، بمعاونة صلاح سالم، وزكريا محيي الدين، كلها قام بها الفلسطينيون، ثم موقفهم الأخير أثناء حرب 1956، وأثناء الاحتلال.

شيء ما يهيء لهذا القطاع، ومهمة وطنية جديدة ينيطها به عبدالناصر.

دفعني ذلك الإحساس لأن أضاعف من توجهاتي التعبوية عبر "صوت العرب" كثفت الندوات، وأكثرت من اللقاءات، وبدأت أجوب المعسكرات، أنقل منها فرحة النصر، ولذة الصمود، وبشائر المستقبل.

الأناشيد، والأغاني والدبكة، والعتابا والميجنا، لقاءات، وتسجيلات للفنانين من غزة. غازي الشرقاوي، مهدي سردانه، أحمد ساق الله، مصطفى الحموي، جمال العشي، محمد حمو، صهيب أبو شعبان، أصوات بدأت تصدح عبر الأثير، بإسم فلسطين، ومن أجل العودة، ودعوة إلى السلاح.

تحول مكتبي الصغير في مديرية الشؤون الاجتماعية إلى خلية نحل، ترفد إذاعة "صوت العرب" بالنشيد والأغنية، والحديث، والحفلات الشعبية، والمناسبات الوطنية والأخبار، التي تبقي فلسطين في البال، وتؤكد الهوية الوطنية وتعلن عنها.

نشطت الإدارة المصرية، بدأت ترصد أحوال أسر الشهداء، وضع حجر الأساس لمدينة النصر، تكليف مثال مصري لإعداد نصب للجندي المجهول، الإعلان عن مشروع عامر للتوسع الزراعي، الأخذ بيد القطاع للنهوض الاقتصادي، تصدير الحمضيات، التي كانت مكدسة إلى مصر، عودة الدراسة، فتح أبواب الجامعات أمام الطلبة الفلسطينيين.

في يوم 11 نوفمبر 1957، أي بعد أشهر قليلة على انسحاب الإسرائيليين، وفي احتفال كبير مهيب، أزيح الستار عن نصب الجندي المجهول، كان يوما لا أنساه، ذلك أنني كنت في سيارة الإذاعة، أقود موكب الشهيد، وأتقدم التظاهرة التي نظمت لنقل جثمان جندي مجهول من مقبرة الشهداء، ليوارى تحت النصب التذكاري.

آلاف من البشر، حملة الأكاليل، وطلاب المدارس وطالباتها، الأندية، الفرق الصوفية، شخصيات مدينة غزة، ورجال الدين من مسلمين ومسيحيين في موكب مهيب، تخترق شارع الشهيد عمر المختار.

أذكر يومها أن بعضا من المتظاهرين حاولوا استغلال التظاهرة بإطلاق هتافات مختلفة أوشكت أن تعكر النظام، وتفسد المناسبة المهيبة، ومن خلال الميكرفون في السيارة التي كنت أستقلها هتفت بهم طالبا الحفاظ على هيبة اللحظة وقدسيتها، ليظل الشهيد وحده، قائد المسيرة ورمزها وعنوانها، وخيم الصمت.. وسارت المسيرة، تابعت طريقها حتى مقر الجندي المجهول، حيث ووري الجثمان، وألقيت كلمات التخليد والتمجيد للجهاد والشهداء، وقد نقلت ذلك كله لينطلق من صوت العرب، ويسمع الدنيا.. صوت القطاع الصامد.

وأقبل عام 1958، ليصدر في 25 فبراير منه القانون الأساسي لقطاع غزة، الذي يضم 47 مادة، وينشىء للقطاع مجلسا تنفيذيا مؤلفا من عشرة أعضاء يرأسهم الحاكم العام، وهم مديرو المديريات المصريون والفلسطينيون، كما أنشأ القانون مجلسا تشريعيا يرأسه الحاكم العام، يضم في عضويته أعضاء المجلس التنفيذي، ورئيس بلدية غزة وثلاثة من أعضائها، ورئيس بلدية خان يونس، وعضوين من أعضائها، وعضوا لكل من المجالس القروية برفح ودير البلح وجباليا، وأربعة أعضاء يختارهم المجلس من اللاجئين، وسبعة أعضاء من سكان القطاع الأصليين، يمثلون مهن الطب والتعليم والمحاماة والتجارة والزراعة، وبذلك شكل أول مجلس تشريعي، برئاسة الحاكم العام محمد حسن عبداللطيف.

كما الخيال، وكما المعجزة، وبالعمل ليلا ونهارا تم بناء مقر المجلس التشريعي أمام الجندي المجهول.

في اليوم الخامس عشر من أيار مايو 1958، عقد المجلس التشريعي بقطاع غزة جلسة طارئة استعرض فيها عشر سنوات مضت لاغتصاب فلسطين، وأعلن من هناك باسم شعب فلسطين "أننا لن نستقبل ذكرى هذا اليوم بالدموع

والحسرات، ولن نكتفي بالخطب والقصائد، والتمني والمناجاة، وإنما سنبدأ في تخطيط برنامج العودة إلى فلسطين، وعودتها إلينا، تخطيطا مركزا شاملا لجميع الوسائل العملية الفاعلة، وأعلن يومها عن إرادة الشعب في إقامة الاتحاد القومي الفلسطيني، وتشكلت لجنة من أعضاء المجلس التشريعي لوضع الميثاق الوطني من محمد عصام الدين حسونة، مدير الشؤون القانونية، وإبراهيم أبو ستة، وجمال الصوراني، والدكتور حيدر عبدالشافي، وعوني أبو رمضان، ومنير الريس، وشعبان عيد، ومحمود نجم، والدكتور علي جبريل، وشفيق الترزي، وداود الصايغ، وهاشم عرفات".

وقد توالت إجتماعات اللجنة حتى انتهت من وضع الميثاق والقانون الأساسي، وفي السابع من مارس 1959، وفي مؤتمر شعبي وطني تصدره "أنور السادات" مندوبا عن الرئيس جمال عبدالناصر، تلي الميثاق الوطني وأعلنت بنوده..

انعقد المجلس التشريعي لأول مرة، يوم 14 مارس 1958، الذكرى السنوية الأولى لعودة الإدارة المصرية للقطاع، وقد أوفد الرئيس جمال عبدالناصر، أنور السادات لحضور الاحتفال بافتتاح المجلس، كما حضر ـ الاحتفال عبدالخالق حسونة الأمين العام لجامعة الدول العربية، وحسين الشافعي وزير الشؤون الاجتماعية للإقليم المصري، كما توافد إلى القطاع العديد من الصحفيين المصريين والأجانب لتسجيل هذه المناسبة التاريخية. ويومها سارت التظاهرات عبر شارع عمر المختار بغزة احتفالا بهذه الخطوة القومية الجديدة، وحمل المتظاهرون صور الرئيس جمال عبدالناصر، والمواطن الأول شكري القوتلي، ولافتات كثيرة تمثل شعارات الوحدة العربية وتحرير فلسطين. ونداءات العودة..

جاء في هذا الميثاق "نحن الشعب العربي الفلسطيني الذي يشعر من أعماق ضميره، وبكامل وعيه ضراوة الكارثة التي ألمت به خلال 1948، والذي يؤمن إيمانا لا يتزعزع بأن

النصر آت لا ريب فيه، وأن الوحدة وجمع الكلمة والكفاح المسلح هو الطريق إلى النصر، ولا طريق سواها، نحن الشعب الفلسطيني نملي هذا الميثاق ونعلنه".

وقد تضمن الميثاق "أن فلسطين جزء لا يتجزأ من الوطن العربي الكبير، وأن تحريرها فرض محتم على أبنائها وعلى المواطنين العرب في كل مكان، وأن الوحدة العربية والقومية العربية هما روح المعركة والغاية منها، وأن الاتحاد القومي أثناء المعركة ضرورة تستلزمها معركة التحرير".

وفي 14 مارس 1959 قامت اللجنة التنفيذية العليا للاتحاد القومي العربي الفلسطيني للبدء في إقامة القواعد الشعبية للاتحاد.

(40) من غزة.. إلى الكويت

عام 1958، كان عاما حافلا بالإنتاج والإبداع، وحافلا بالأحداث، صدر لي عن المكتب التجاري في بيروت ديوانان، "غزة في خط النار"، و "أرض الثورات"، كما إنطلق نشيد "عائدون" من صوت العرب، بلحنه الجديد، الذي أبدعه الفنان الكبير "محمود الشريف" صاحب لحن "الله أكبر"، ولا أنسى إذ التقيته في القاهرة بعد انطلاق النشيد، وحماسه وعنفوانه، وهو يقول لي: "أردته أن يكون كما نشيد "المارسلييز" نشيد الثورة الفرنسية، وكلي أمل أن يكون نشيد العائدين إلى الوطن"، وكم أسعدني أن يتجاوز النشيد ساحات المدارس، والمعاهد ليصبح نشيد الشعب في كل مكان، وأن يعتمده المجلس التشريعي نشيدا وطنيا، ويقف الجمهور له عند إنشاده في المناسبات الوطنية والقومية. تلاحقت من صوت العرب، والإذاعة المصرية، والإذاعات العربية القصائدة الملحنة من شعري، ينطلق بها فنانون كبار، فيروز، محمد فوزي، محمد قنديل، كارم محمود، وغيرهم مما يزيد على مائة نشيد وقصيدة وأوبريت، كما أبدع الموجي تلحين قصيدة "القرية الخضراء"، التي تحكي قصة نضال شعبنا في عهد الانتداب البريطاني.

وصلتني أثناء ذلك العام دعوة من يوسف السباعي للمشاركة باسم فلسطين في مؤتمر الأدباء، ومهرجان الشعر العربي في الكويت،

كانت المرة الأولى التي أغادر فيها غزة إلى بلد غير القاهرة، والمرة الأولى التي أركب فيها الطائرة.

كانت الرحلة إلى الكويت آنذاك على طائرات الخطوط اللبنانية التي تتطلب أن نبيت ليلة في بيروت، مدينة لها في وجداني الشيء الكثير، بما أرفدتني من الشعر والفن، وما ارتبطت في ذاكرتي بأسماء لا تنسى، ميخائيل نعيمة، جبران خليل جبران، إيليا أبو ماضي، بشارة الخوري، فيروز والرحابنة.

أخذت مكاني في الطائرة إلى جوار رجل مسن، تختفي عيناه اللامعتان وراء نظارة سميكة الزجاج، فيه هيبة ووقار، وما أن بدأنا ربط الأحزمة، وأخذت الطائرة تنفث أنفاسها، استعدادا للطيران حتى فتحت الذاكرة خزائنها، ولمع أمامي الوجه، الذي طالما طالعته، إنه.. هو.. "أحمد حسن الزيات" صاحب "الرسالة".. ما أسعدني بهذا الجوار، كان صامتا مستغرقا، كأنما يهيم في عوالم بعيدة، إمتدت يدي وحلت حزام الأمان، وقد استقرت الطائرة في مجراها، فالتفت إليه، وقد استعصى عليه فك الحزام، فساعدته وأنا أقول له: "شرف كبير لي أن أسعد بهذه الرفقة الطيبة".

بش وجهه المستدير، وشاعت إبتسامة ودودة، وسألني عن بلدي، فما أن قلت له فلسطين حتى إحمرت وجنتاه واغرورقت عيناه، وبدا عليه أسى جريح، صمت قليلا ليقول لي: "كارثة فلسطين أصابتني في العام والخاص. العام أنها أرضنا المقدسة التي إغتيلت، والخاص أن سقوطها أثر سلبا على توزيع مجلة الرسالة.. فأصدقك أن أكثر بلدين كانت توزع بهما الرسالة، ولا مرجع قط، هما العراق وفلسطين..".

أخذنا الحديث وطوف بنا، وأخذ يردد لي أسماء كتاب الرسالة من فلسطين: قدري طوقان، محمد إسعاف النشاشيبي، أبو سلمى، عبدالرحيم محمود، خيري حماد، وحمدي الحسيني،

ورويت له قصتي مع الرسالة، قلت له: كنا إذ نحن طلاب في كلية غزة، نقف الساعات في انتظار القطار الوافد من القاهرة بالصحف والمجلات، نترقب يوم الرسالة للحصول عليها قبل أن تصل إلى المتعهد، وكان الصديق خميس أبو شعبان، صاحب المكتبة الهاشمية، يعطينا هذا الحق لشدة لهفتنا إلى ما فيها من ثقافة، وفكر. كانت الرسالة المدرسة التي خرجتنا، وكان أملي أن أنشر فيها شيئا من شعري، ولكنني كنت أتهيب ذلك، وأخشاه، فأين أنا من أولاء الشعراء والكتاب الكبار جدا، الذين تنشر لهم المجلة. خطرت لي خاطرة، لماذا لا أرسل قصيدة باسم مستعار، فإذا نشرت أفرحتني، وإذا لم تنشر ـ لا تأتي أية إشارة لي، أو يذكر اسمي في المجلة. أمام اعتذارها عن النشر ـ وشجعني على تنفيذ الفكرة صديقي الشاعر سعيد فلفل. فأرسلت قصيدة

بتوقيع "إلهام يوسف" وترقبت المجلة، وكم كانت فرحتي عند نشرها، تماما كأنما نلت شهادة التخرج، ووضعت قدمي على سلم الشعر الصعب.

ضحك الرجل الوقور، وقال لي: "إن عشرات الرسائل جاءت من غزة تستفسر ـ عـن "إلهام يوسف" وعنوانها. وعجبت يومها أن لا تكون غـزة قـد تعرفت إلى صاحبة الاسم" بعدها أرسلت قصيدة أخرى باسمي، فنشرتها الرسالة مما شجعني لأن أرسل غيرها إلى مجلة الثقافة، التي كان يرأس تحريرها أحمد أمين والتي كانت هي الأخرى مدرسة الثقافة الراقية، ثم أرسلت قصيدة أخرى إلى مجلة "الأديب".

حطت الطائرة على أرض مطار الكويت، وتوقفت محركاتها، فإذا برجل يسأل عني عند سلم الطائرة، ما كنت رأيته قبل، قدم نفسه: "صالح شهاب"، أخذتـه بالأحضان كأنما يلتقي أخوان شقيقان، وكانت فرحتي به مربكة، حتى أنني لم أنتبه لحظة إغلاق باب السيارة، إذ انطبق بابها على إبهامي، لينفجر منه الدم، وبدلا من أن يذهب بي الصديق إلى الفندق ذهب بي إلى عيادة الطبيب، وكانت المفاجأة الأخرى، "الـدكتور أحمـد الخطيب"، القومي العربي الأصيل، المحب لفلسطين، والمكافح عنها.

كانت نشرة "الثأر" التي يصدرها القوميون العرب في بيروت، قد حملتني إلى تلك القلوب النقية الصافية، الوفية المحبة. عندما قدمني "صالح شهاب" للدكتور "أحمـد الخطيب"، وهو يسارع لإسعافي ويضمد جراحي قال: "تأبي إلا أن يكون لقاؤك حارا متدفقا بالدم، مؤكدا شعارك، الذي غناه شعرك.." دم، حديد، نار".

احتفت بي الكويت، وسعدت بمعرفة نخبة لا تنسى من رجالاتها، عبدالعزيز حسين، خالد المسعود، جاسم القاطمي، أحمد العـدواني، بـرجس حمـود البـرجس، شعرت أنني انتقلت من بيتي إلى بيتي، ومن أسرتي إلى أسرتي.

نزلـت مـع الشاعرين الفلسطينيين، عبدالكريم الكرمـي ورامـز فـاخرة في فيلا "بصليبخات" كانت فرحة غالية، أن أعيش لأيام مع الشاعر الفلسطيني الكبير، عبدالكريم الكرمي، أبو سلمى فأتعرف إليه عـن قـرب، وآنس به، شخصية مرحة، حاضر البديهة والنكتة، وطني إلى أبعد حدود الإلتزام، قومي إنساني، كما حظيت

في الزيارة الأولى للكويت، بحنو أخوي من الفلسطينيين العـاملين فيهـا، ودعيـت إلى بيوتهم لسهرات وجلسات ومناقشات، وأذكر أن أخا مـن غـزة مـن أسرة أبـو رمضـان، أصر على أن يقيم لي في منزله ليلة فيروزية، اعتزازا بما غنت فيروز لشاعر مـن غـزة. فـإذا دارتـه قـد غرقـت في أضـواء خافتـة، والتـزم الجميـع بالصـمت، وظلـت فـيروز تصـدح بأغـاني الخمسينيات التي ما زالت على قدمها حتى اليوم من أروع ما غنت فيروز، تزيـدها الأيـام جدة، ونقاء، وصفاء.

في زيارتي تلك كان الجواهري بين الشعراء العرب الذين يشاركون في المهرجان، وقـد شدتني إليه أبياته الشعرية عندما زار يافا، والتي استهل بها كلمته في المهرجان الشعري:

بيافـا يـوم حـط بنـا الركـاب	تمطـر عـارض، ودجـا سـحاب
وقفـت مـوزع النظـرات فيهـا	لطـرفي في مغانيهـا انسـياب
فلسـطين ونعـم الأم هـذي	بناتـك كلهـا خـود كعـاب
فيـا داري إذا ضـاقت ديـار	ويـا صـحبي إذا مـل الصـحاب
ثقـوا أنـا توحـدنا همـوم	مشـاركة، ويجمعنـا مصـاب
فمـن أهـلي إلى أهـلي رجـوع	وعـن وطنـي إلى وطنـي إيـاب

حرصت على زيارته في مقر إقامته، واستمعت إليه، وحولـه العديـد مـن المريـدين، وما أن أفضيت له عن هويتي حتى أخذ شعره يتدفق وذكرياته عن فلسطين تتوالى.

لازمني طوال مدة إقامتي الإخوان خالد المسعود، وبرجس حمود البرجس، فكانـا لا يكفان عن زيارتي، والتنقل بي للتعرف على الأخوة الكويتيين، أخجلتني أيامها تلك الحفـاوة الودود، كان خالد المسعود آنذاك ناظرا لإحدى المدارس وفيما بعد وزيـرا للتعلـيم، وكانـت سيارته الفولكس لا تكف يوميا عن زيارتي والتنقل بي حيث أشاء.

بعد ذلك تكررت زياراتي إلى الكويت، فزرتها في وفد لمنظمة التحرير الفلسطينية لدى اجتماع وزراء التربية والتعليم العرب عام 1968 برفقة العزيز نمر المصري عضو اللجنة التنفيذية لمنظمة التحرير الفلسطينية آنذاك، ثم دعيت أكثر من مرة لزيارة الكويت، وأخذت قصائدي تنطلق من إذاعتها، وسعدت أيامها إذ لقيت من كبار موظفي الإذاعة، صديقي الشاعر الكبير محمود الحوت، الذي أتاح لي الفرصة لتسجيل عشرات من قصائدي للإذاعة، وكان يقول لموظفيه: "اغلقوا عليه الأستوديو ولا تخرجوه إلا بعد أن يغمى عليه".

ظلت علاقتي بالكويت متواصلة، وبعد إعلان الاستقلال، دعيت إلى الكويت، وقد أصبح خالد المسعود رئيسا للتلفزيون، الذي كان يؤسس حديثا، وطلب مني كتابة بعض النصوص بمناسبة الاستقلال، الذي كان يسعدني أن يناله الكويت. كتبت عددا من النصوص، وأرسلت لتلحن وتغنى وتصور في القاهرة.

من ذكرياتي عن الكويت، أنني دخلت ذات يوم على صديقي المصور الأرمني الفلسطيني "هيرنت"، الذي تربطني به صداقة طويلة، ويربطني به إيمانه الشديد بقضية اللاجئين الفلسطينيين، وعندما يؤرخ للقضية الفلسطينية بالصور ستكون صور هيرنت هي المرجع الأول، فقد كان يسجل المأساة منذ اللحظات الأولى لحدوث النكبة، صور المخيمات، والمعسكرات، وتابع حياة اللاجئين، وإصرارهم على الحياة. جعل من الصور التي كانت تتناقلها وكالات الأنباء القضية الحية في الأذهان، ومن أشهر صوره، صور الأطفال الفلسطينيين، وهم يذاكرون دروسهم على الأسفلت، تحت مصابيح الشوارع،

هيرنت.. هو الذي التقط تلك الصور الموحية وأشاعها وعبر عنها وجدت هيرنت كئيبا حزينا محبطا، سألت زوجته عن السبب، فأخذت تلقي اللوم عليه، لأنه يضيع ماله ووقته على الاهتمام بصور اللاجئين، ولأنه كبر عددا من هذه الصور، وشارك بها في معرض الصور بمناسبة افتتاح فندق "هيلتون النيل" في القاهرة، وأن الصور عادت إليه، والبعض منها قد أتلف، وما كسب من ذلك إلا خسارة في المال والوقت.

هزني ذلك وأحزنني، فسافرت إلى القاهرة، وقمت بزيارة صديقي عبدالعزيز حسين، الذي أصبح أول سفير للكويت في القاهرة، وعرضت عليه استضافة الكويت لمعرض عـن القضية الفلسطينية من صور المصور هيرنت، فرحب بالفكرة ووعدني أن يكتب لوزارة الخارجية بعد أن أوافيه بتفاصيل المعرض، وما هو مطلوب من الكويت.

عدت إلى غزة أزف البشرى لهيرنت، ففرح فرحا كبيرا، وما هي إلا أيام حتى أبلغني الصديق السفير عبدالعزيز حسين بترحيب وزارة الخارجية الكويتية واستعدادها لإقامة المعرض. كان ذلك أوائل الستينات، وكانت الحركات الفلسطينية قد بدأت تعمل، وإرهاصات الكيان الفلسطيني تتحرك، وأقمنا المعرض، وأقبل عليه الجمهور الكويتي، والعربي والفلسطيني، وحظي باهتمام رسمي وشعبي، وكان لبنة أساسية في الإعلان عـن ميلاد الكيان الفلسطيني وتأكيدا لحق الشعب الفلسطيني في العودة إلى وطنه.

وأذكر أن الأخ الفلسطيني الكبير عبد المحسن القطان، الذي كان آنذاك وكيلا لوزارة الكهرباء، كان أكثر الداعمين والمشجعين للمعرض، استرد الصديق هيرنت حماسه، ووجد دعما ماديا من وزارات الكويت، وحظي معرضه باهتمام بالغ مـن الـوزراء ومـن مختلف الهيئات الوطنية والشعبية.

عاد هيرنت ليقول لزوجته: "أرأيت أننا إذ نخدم فلسطين لا نخسر، وإنما نـربح مكانتنا واسمنا ومنزلتنا".

رحم الله الصديق هيرنت الذي أبى أن يظل تحت الاحتلال في غزة وبعد عام 1967، أغلق دكانه وعاد إلى القدس ليعمل مدرسا في إحدى مدارس الأرمن ويدفن هناك.

نشأت صداقة حميمة بيني وبين العديد من الأخوة الأدباء في الكويت، عبد اللـه زكريا الأنصاري، أحمد المشاري العدواني، كما تعرفت إلى يعقوب الغنيم، وكان يملك مكتبة اسمها "مكتبة الأمل" قامت بطبع أول ديوان لي بعد عدوان 1967 "سفينة الغضب".

سنوات طوال ظللت على صلة حميمة بالأخوة الكويتيين، وتعرفت بعد ذلك إلى الكثيرين منهم أثناء عملي كمندوب مناوب لفلسطين لدى جامعة الدول العربية، عرفتهم سفراء أو أعضاء في اللجان الدائمة المتخصصة، وكنت دائما أكسبهم إلى جانب القضية الفلسطينية، وكانوا دائما يلبون ويلتزمون.

في غزة كنت أستقبل البعثة التعليمية برئاسة عبدالعزيز حسين، التي كانت تختار المدرسين الفلسطينيين للعمل هناك.

وكنت أحجز لهم أماكن الإقامة في استراحة "مدام نصار"، وأسهر على راحتهم، وكنت برفقة المربي الفاضل الكبير بشير الريس، نسهر الليل مع أسرة البعثة، ونسعد بالحديث والشعر مع الأستاذ عبدالعزيز حسين، والأستاذ أحمد العدواني، ذلك الشاعر الرقيق المبدع، والإنسان الذي لا ينسى. كانت فترة زيارة البعثة على قصرها وزخم العمل بها فترة ممتعة. أذكر من أحداثها أنني في إحدى المرات في الليلة الأخيرة مع البعثة تأخرت حتى ما بعد منتصف الليل، وبعد أن أوصلني الصديق بشير الريس إلى منزلي، فوجئت بورقة تركها لي صلاح خلف بعد أن سأل عني عدة مرات، يلح على ضرورة أن أمر به صباحا قبل ذهابي إلى العمل لأنه يحمل لي رسالة هامة من شقيقي علي هاشم رشيد، الذي كان يعمل بصوت العرب. كان صلاح آنذاك مدرسا في إحدى مدارس اللاجئين، بكرت في الذهاب إلى بيت صلاح خلف، الواقع على امتداد الشارع الذي أسكنه، استقبلني باسما وهو يقول لي "ليس لدي رسالة ولا يحزنون، ولكني حرصت على لقائك لأمر ضروري يخصني فالحقيقة أنني كنت قد ذهبت إلى القاهرة لاتعاقد مع البعثة الكويتية للعمل فما أن وصلت القاهرة حتى قيل لي أن البعثة ذهبت إلى غزة، وما أن وصلت غزة حتى عرفت أنها أنهت مهمتها، وأنها مسافرة اليوم وقيل لي أنك وحدك الذي يمكن أن يتيح لي فرصة مقابلتها".

قلت له: "البعثة أنهت عملها أمس، وأغلقت أوراقها، وأخذت حاجتها، وأنا ذاهب الآن إلى استراحة "مدام نصار" للوداع والسيارة ستتحرك اليوم في حدود العاشرة".

قال لي: "أرجو بأية وسيلة أن تحاول تأمين لقائي بهم".

اقترحت عليه أن ينزل معي، وينتظر في مقهى أمام مبنى الحكومة، كان مـن عادتـه الجلوس إليه، فإذا وفقت، سأطلبه بالتليفون.

لم يخيب الرجل الكبير عبدالعزيز حسين طلبي، عنـدما رأى منـي الإلحـاح والإصرار على ضرورة مقابلة صلاح خلف، وصل صلاح وأعضاء البعثة جالسون في حديقة الاسـتراحة، وقد انتهوا من تنـاول الإفطـار والشـاي، وكانـت الحقائب قد استقرت في السـيارة تأهبا للانطلاق إلى القاهرة، فبادره الأستاذ عبدالعزيز قائلا: "لا نود أن نعرف الكثير عنك، فقد أرسلت محاميا بارعا، كل ما نريده منك أن تسمعنا شيئا مما تحفظ مـن شـعر "هـارون"، وكان صلاح يحفظ الكثير من شعري، لأنه أشرف على طباعة ديـواني الأول، عندما صـدر في القاهرة، فقرأ قصيدة "مع الغرباء"، وبعد أن أنتهى منها، وقع العقد، وكانت هذه خطوتـه الأولى إلى الكويت، وكان ذلك جميلا لا أنساه للصديق العزيز عبدالعزيز حسين.

(41) مولد نداء العودة

تلك الليلة الممطرة مـن شـهر آذار/ مـارس 1958، إذ آوى النـاس إلى بيـوتهم مبكرين، ينشدون الدفء والأمان، والسماء تهمـي كـما أفـواه القـرب، ولمـع البـرق لا يكـف عـن شرخ الظلمـة، كـما يقطـع السيف السـدف، ودوي الرعـد يهدر متلاحقـا مـثلما هـدير المـدافع والقواصف.

الحارة الوادعة الساكنة، المنكمشة، حارة الزيتون، حارتي، لفتها فرحة الغيث والخوف منه، النار التي في الكانون همدت هي الأخرى، ولم يبق منها إلا ومضات كـما عيـون القطـط، كنت للحظات قد طويت الكتاب الذي أقرأ، وسحبت اللحاف وبدأت أشعر بالدفء، وما أن أخذ الكرى يتسرب إلى عروقي، حتى أفزعتني طرقات متلاحقة على الباب اختلط ضجيجها مع ضجيج الرعد وزخ المطر. نفضت اللحاف بعفوية وأنا أتمتم: "من في هذا الليل".

وألقيت شيئا على كتفي، وغطيت رأسي ومضيت إلى الباب، وزخ المطر يغرقني. سيارة مدير الشؤون الاجتماعية، البكباشي حسـن حسـني وسائقه، تبينته بالكـاد.. "حضرة المـدير يريدك"، يريدني الآن، تساءلت.

: "نعم".

: وأين هو؟

: في المكتب.

تضاربت الأفكار في رأسي، والسيارة مسرعة بي عبر شارع عمر المختار في طريقها إلى مكتبنا أمام منتزه غزة، ما الأمر العاجل الـذي استدعى دعـوتي في هـذه الليلـة؟.. دخلـت المكتب وزخات المطر ما زالـت تهمـي خارجـه، وصوت الرعد ما زال يـدوي بـين لحظـة وأخرى.

وجدت المدير واقفا منتصبا في وسط الغرفة المضاءة، وعلى مكتبه أوراق مبعـثرة، كأنـما كان يكتب شيئا.

رحب بي، وأخذ مكانه وراء مكتبه، وصمت لحظة، وعندما رفع رأسه، جبهني وجهه الشاحب المتعب، وعيناه الكليلتان، وقد زنرتا بشيء من السواد.

كان الجد يفيض منهما، كأنما هو مقدم على شيء خطير.

كانت قد نشأت بيني وبينه ألفة وود، ورابطة أواصرها حبه الشديد للقراءة، وإبحاره الدائم في ملاحقة الصهيونية وتاريخها، وتاريخ رجالها..

سألني: "ما هو دورنا، هنا في مديرية اللاجئين هذه؟"

فاجأني السؤال، وما وعيت ما يريد منه، وحاولت أن أعدد له دورنا الاجتماعي والإنساني..

فعاد يسأل: "هذا فقط، هل كل ما علينا، أن نعنى بالإغاثة والإعانة والرعاية؟، وهل اللاجيء معني بهذا فقط؟

ثم سألني: "هذا الشعر الذي تكتبه، هل يكفي وحده للتذكير بالوطن، والإصرار على العودة؟".

ثم أردف: "أليس من طريقة ما تسهم بها الإدارة في التعبئة الروحية والوطنية للاجيء، وتعبر عنه، وتكون صوته؟"

بدأت أتفهم ما يدور في خلده.

قلت: "لم لا تكون للمديرية مجلة تحمل صوت اللاجئين وتعبر عنهم؟"

ضرب الطاولة بيده.. "هذه هي.. نعم مجلة نكتب فيها ويكتبون".

ودون مناقشة بدأنا نضع اللبنة الأولى.. تساءل:

"ماذا نسمي المجلة".. قلت: نسميها: "نداء العودة".

فرح بالاسم. واقترح أن لا تكون المجلة ذات طابع رسمي.

قلت: "نصدرها نحن. ولكن يشرف عليها ويحررها أصحاب القضية، أهلها، ناسها".

اخترنا الأسماء، وبدأنا نخطط لها.

وولدت وسط دوي الرعود، وهطول الأمطار، مجلة "نداء العودة"، في ذلك المنزل، الذي كان مكتبا لمديرية الشؤون الاجتماعية واللاجئين، والذي كان يوما أحد منازل عارف العارف المؤرخ الفلسطيني الكبير، صدرت المجلة عن الدائرة، وتلقاها الناس بفرح، وأخذت تتناول الموضوعات الحساسة الخاصة باللاجئين وتعبر عنهم، وتدعو إلى العودة للوطن المستلب.

بعد عام من صدور المجلة نشأ خلاف بين البكباشي حسن حسني والحاكم العام، فعكف ذات ليلة يكتب تقريرا ضد الحاكم، ليسلمه إلى الجندي المكلف بنقل البريد الرسمي إلى القاهرة، فما كان من الجندي إلا أن أطلع الحاكم على التقرير الذي يحمله، مما دفع الحاكم إلى اتخاذ قرار بعودة حسن حسني إلى القاهرة. وبعدها اتخذ الحاكم قرارا بإلحاق مجلة "نداء العودة" بالاتحاد القومي، ليرأس تحريرها الصديقان عوني أبو رمضان، ورامز فاخرة، ولكن رامز فاخرة لم يباشر عمله فيها، فتحمل عبء تحريرها عوني أبو رمضان، وأنا.

في مكتب نداء العودة

داود الصايغ - زهير الريس - هارون رشيد - محمد الكيالي

كان صدور العدد الأول من "نداء العودة" بعد إلحاقها بالاتحاد القومي عام 1959، وكان لصدور العدد قصة، يرويها الأخ عوني أبو رمضان رئيس التحرير في العدد الحادي عشر- نوفمبر 1960، العدد الثاني الصادر من المجلة بعد أن ضمت إلى الاتحاد القومي الفلسطيني وفي الصفحة الأخيرة، تحت عنوان: "أنا ونداء العودة" كتب يقول:

"منذ شهور، أنا وزملائي في غزة والقاهرة نجتمع، ونبحث فكرة صدور "نداء العودة".. صدورها من جديد، ومنذ شهور وأنا لا شغل لي إلا "نداء العودة" وموضوعاتها، ومقالاتها، وخرجت الفكرة إلى حيز التنفيذ، وأصبحت الفكرة حبرا، أو رصاصا وورقا في صباح يوم 15 أكتوبر الماضي، حشدت سيارتي الصغيرة بالآلاف من نسخ نداء العودة، وانطلقت في الطريق الطويل من القاهرة إلى غزة. كانت كل آمالي تتركز في وصول المجلة إلى غزة وتوزيعها، وعرضها على الجمهور، الذي كانت إدارة المجلة قد وعدته بقرب صدور المجلة. لم يدر بخلدنا أي من العقبات الكثيرة التي اعترضتنا، والتي تسببت في تأخر صدور المجلة.

انطلقت في الطريق.. ولكن القدر الساخر كان قد رسم برنامجا آخر، فعند الكيلو متر رقم "80" من القاهرة، وفي لحظات وقعت لسيارتي حادثة.. وبعد أن أفقت من الصدمة، وكنت ما أزال داخل حطام السيارة، لاحظت أن الناس الذي تجمهروا ينظرون إلي بدهشة واستغراب، ولا يحاولون إخراجي من السيارة المحطمة.. وعرفت السر، فقد غطتني الآلاف من نسخ "نداء العودة" التي تناثرت حولي من شدة الصدمة ولم يظهر مني سوى رأسي فقط، كان هذا المنظر مثيرا للدهشة فعلا.

وهكذا تغير البرنامج الذي رسمته "نداء العودة"، فقامت بنقلها سيارة أخرى إلى غزة في اليوم التالي، وأما أنا فقد عادت بي إلى القاهرة سيارة رجل عربي شهم لأستقر في مستشفى "دار الشفاء"، حتى كتابة هذه السطور إلى أن يشاء الله.

يومها كنت في غزة أترقب وصول العزيز عوني بلهف لتلقي "نداء العودة"، جهدنا تعبنا بثوبها الجديد.

جاء صوت أخي عوني عبر الهاتف في منتصف الليل يسألني، ويطمئن على وصول المجلة، بعد الحادث، دون أن يشير من قريب أو بعيد إلى ما أصابه، وكان صوته

عاديا، فيه رنة فرح بالمولد الجديد للمجلة، إلى أن عرفت في الصباح بما جرى، فاتصلت به لأعلم أن ساقه معلقة في الجبس وأنها ستستمر على ذلك لفترة غير قصيرة، وأنا علي مهمة الإعداد للعدد التالي الذي حملناه إليه في المستشفى ليقرأ كل حرف فيه.

كنا نعد مواد المجلة، ونتوجه بها إلى القاهرة، حيث تطبع هناك لعدم وجود مطابع بغزة تتناسب مع طموحاتنا.

كانت رحلاتنا المنتظمة إلى القاهرة قد أتاحت لنا فرصة التعرف أكثر إلى الجو الثقافي والصحافي في مصر.

التحق بنا تطوعا كل من الصحفي المصري المعروف "ألفرد عبدالسيد" والصحفية المصرية المعروفة "نفيسة الصريطي" كان الاثنان يعملان في جريدة الجمهورية.

اتخذنا شقة جميلة محندقة في 19 شارع البستان المعروف، في مدينة القاهرة، لتكون مكتبا للمجلة. كنا أثناء وجودنا في القاهرة نقضيـ أكثر وقتنا فيهـا، نراجع بروفات المجلة ونجهزها للطبع.

كان الأخ عوني رجل الأعمال مدير شركة سيارات غزة صحفيا بالمعنى الحقيقي للصحفي المحترف،رغم مشاغله ورغم التزاماته، كان يقرأ كل حرف من مواد المجلة، حتى أخبار المجتمع، وكان صاحب أفكار الكاريكاتير، التي ينفذها الرسامون المصريون، وكان الكاريكاتير سببا من الأسباب التي عملت على تقصير حياة مجلتنا.

أذكر أننا نشرنا يوما كاريكاتيرا يصور الصديق المرحوم محمود نجم وهو يتحدث في المجلس التشريعي، وقد لبس عمامة مشابهة لعمامة المفتي، الحاج أمين الحسيني، مما أزعجه وذهب إلى الحاكم يشكونا إليه.

ونشرنا كاريكاتيرا آخر لوفدنا الذي سافر إلى الأمم المتحدة برئاسة المرحوم منير الريس، وكان بين الوفد نوح قاعود.. فجاء الكاريكاتير يصور نوح قاعود.. "كقاعود" جمل صغير، وقد ركبه رئيس الوفد منير الريس وخلفه الدكتور حيدر عبدالشافي، وقد وضع السماعة الطبية على أذنيه، وهو يفحص صحة رئيس الوفد، بينما كان الغرابلي عضو الوفد يحمل غربالا يغربل به، أمام القاعود، وهاشم عرفات ممسك بمقود الجمل، وقد أغضب الكاريكاتير آنذاك صديقنا منير الريس، ولكن الجميع تفهموا ذلك

وابتسموا، وأخذوا يستطيبون ملاحظاتنا الصحفية، وشيئا فشيئا بـدأت المجلة تصبح ثقلا على الاتحاد القومي.

أسرة تحرير نداء العودة مع الحاكم العام الفريق يوسف العجرودي

وبدأ صديقنا "داوود الصايغ" المسؤول المالي للمجلة يشعر بثقل الأعبـاء الماليـة، التـي تواجهها المجلة، علما أننا جميعا كنا نعمل فيهـا تطوعـا دون أي مـردود، أو أجـر مـادي حتـى تكاليف سفراتنا المنتظمة إلى القاهرة، كنا ندفعها من جيوبنا، نشرت المجلة تحقيقـا صـحفيا عن خطأ إدارة الزراعة، التي كان يشرف عليها شقيق كمال الدين حسين، عنـدما أمـر بتخـزين منتوجات حمضيات القطاع في الميناء، مما تسبب في عطب كميـات كبيـرة منهـا وقـد غضب الحاكم والإدارة من تحقيقنا، وتوقف عنا الدعم المتواضع، الذي كان يدفع لنا.

وتخلت الإدارة عنا كما تخلى عنا الاتحاد القومي، ولم يبق أمامنا إلا أن تتوقـف المجلـة عن الصدور، ولكن صديقنا عوني أصر على أن يتولى الصرف على طباعة المجلة،

ودفع أجرة الشقة في القاهرة وأجرة مكتبنا في غزة لسنوات، حتى بدأنا نعجز عن المواصلة، فتوقفت مجلة "نداء العودة". وبقيت أعدادها سجلا لمرحلة هامة من مراحل حياة "قطاع غزة" سياسيا واجتماعيا ووطنيا، لتكون يوما ما مرجعا للدارسين والمتتبعين لحياة ذلك القطاع العزيز من وطننا فلسطين.

عاشت مجلة "نداء العودة" زمن النهوض وأيام التململ لإقامة الكيان الفلسطيني.. كما أنها سجلت أهم مجريات الأمور، التي جرت في تلك المرحلة.

ولا أنسى ـ الحديث المطول الذي أجريته آنذاك مع رئيس "أول مجلس تشريعي فلسطيني منتخب" "الدكتور حيدر عبدالشافي"، الذي كان يستشرف المستقبل ويضع خطوطه الأولى، ويبشر بمولد الكيان الفلسطيني كيانا ديمقراطيا وطنيا، على أسس ودعائم ثابتة لحمتها وأعمدتها الشعب الفلسطيني بكل معطياته وتطلعاته وآماله.. وقد كنت معجبا بشخصية الدكتور حيدر المتميزة.

في "نداء العودة" التي وجدتها أمامي في رحلاتي إلى دول الخليج بين أيدي أبناء فلسطين، تعلمت وعشقت تلك المهنة الصعبة.. مهنة الصحافة.. التي ظلت دائما طموحي وحبي.

كان عوني، شديد الحرص على استقلالية المجلة، وحريتها في التعبير عن وجدان اللاجئين، وتطلعاتهم، وإصرارهم على العودة كما كان حريصا على قومية المجلة، وتعبيرها عن إرادة أمة تواقة إلى الوحدة. وكان مؤمنا بعبدالناصر زعيما لهذه الأمة تعقد عليه الآمال في التحرير، والعودة، لذا حرص في كل عدد أن تخصص الصفحات الأولى لمختارات من أقوال عبدالناصر المنادية بتحرير فلسطين، والداعية إلى وحدة الأمة العربية.

وأذكر، أننا دعينا يوما لمقابلة رئيس هيئة الاستعلامات الذي أبدى اهتمامه بالمجلة، وإعجابه بخطها القومي والوطني، ثم دخل بعد ذلك في تفاصيل، النشر والتوزيع، عارضا على رئيس التحرير الأخ عوني، بأن تقوم الاستعلامات بطبع المجلة، على أوسع نطاق، أضعاف، أضعاف ما كانت تصدر من أعداد، مقابل أن تقوم الهيئة بنشر موضوعات محررة من قبلها، وقد رحب عوني بالفكرة، وأبدى استعداده لنشر ما يصله من المصلحة، لأن خط المجلة، لا يتعارض مع خط المصلحة، واشترط عوني، بأن تصله

المواد ويطلع عليها ويجيز نشرها، كمسؤول عن التحرير، ولكـن رئيس المصـلحة، أصر على أن تقوم المصلحة بإضافة الموضوعات التي تراهـا أثنـاء الطبع ودون الرجـوع إلى رئيس التحرير، وذلك ما لم يكن يقبله عوني، ولا يرضاه.. وظل محافظا على استقلال المجلة، وحريـة تعبيرها، حتى آخر أيام صدورها.

(42) الطريق إلى العالم

أتاحت لي فرصة العمل بإدارة الشؤون العامة أن أتعرف إلى مختلف فنون الإعلام، فتعرفت على عشرات من الصحفيين العرب والأجانب. كنت الوجه الأول الذي يلتقون به فور وصولهم إلى القطاع، حيث يتلقون برامج زيارتهم التي أقوم بمرافقتهم أثناء تنفيذها. وكان من ضمن مهامي أن أعد للحاكم العام نبذة عن حياة الزائر، واهتماماته والجهة التي هو موفد منها، أكان صحفيا أو سياسيا. وكثيرا ما كان يستعصي علي الأمر، فأعود إلى الموسوعات أدقق المعلومات وأوثقها.

في غزة إثر تحررها وعودتها للإدارة العربية عام 1957، وصلت وفود فنية لتشارك في احتفالات القطاع، بأعياد النصر 7 مارس، و 14 مارس، كان من بينها، تحية كاريوكا، وفريد شوقي، وهدى سلطان، وعبدالحليم حافظ.

ولا أزال أذكر تلك الطرفة، التي جرت لحظة وقف عبدالحليم حافظ على مسرح سينما السامر، واندمج في الغناء، وأخذ يلبي مطالب الجمهور، وأعلن أنه سيبدأ إحدى أغانيه التي كانت شائعة آنذاك، فما أن بدأ يردد، "نار يا حبيبي نار" حتى فوجئنا باشتعال النار في خشبة المسرح، ورغم خطورة النار ومحاصرتنا لها، وإطفائها فقد أضفت تلك الحادثة جوا من المرح والتصفيق. وإثر انتهاء الحفل أصرت تحية كاريوكا، على أن لا تكتفي بليلتها في سينما السامر، التي اقتصرت على عدد محدود من المشاهدين، فطالبت بإقامة ليلة أخرى في الهواء الطلق، يحضرها من يشاء من عامة الناس، فأقمنا لها مسرحا سريعا في ساحة الملعب الملحق بمدرسة الإمام الشافعي، غص بالآلاف من الناس، الذين سعدوا بها، وتبادلت معهم التحية والقفشات وكان يغضبها تحرش أي من العساكر بالمواطنين.

وصل إلى غزة، بين من وصل من الوفود، فيما بعد، المخرج المصري اللامع، توفيق صالح، مبعوثا من مصلحة الاستعلامات، لتصوير فيلم تسجيلي عن قصة

مبسطة، تصور هجرة الشعب الفلسطيني، ولجوئه إلى الخيام وحياته فيها لتقوم الاستعلامات بتوزيعه على مكاتبها في الخارج.

أيامها أعجزني الصديق "توفيق صالح"، إذ طلب مني أن أقيم له مخيما للاجئين، يصور حياتهم قبل انتقالهم من الخيام إلى المعسكرات، وعندما طرحت الفكرة على الحاكم العام، أبدى عجز الإدارة عن تنفيذ ذلك. فكيف يقيم المخيم، وكيف تجلب له مئات الأسر، ومن يستطيع أن يفعل ذلك، ولكنني ذللت تلك الصعاب ونفذت له فكرته، وأنجزت له ما أراد إذ لجأت إلى الكتيبة الفلسطينية، واستعرت منها عشرات الخيام، وأقمت مخيما شمالي غزة، ونقلت إليه عشرات من الأسر، وسجلنا حياة يوم كامل من حياة اللجوء، بكل ما فيها من عذابات وما فيها من شقاء، وقد كان "توفيق صالح" سعيدا بما وصل إليه مما دفعه بعد ذلك إلى أن يعود مرة أخرى إلى غزة ومعه قصة كاملة لحياة قرية مسيحية من قرى فلسطين، كانت تعيش هانئة مطمئنة، وفي ليلة عرس إذ القرية كلها مجتمعة في الكنيسة احتفالا بمراسم الزواج لعروس من أبنائها بدأت المدفعية المعادية هجومها على القرية، وأخذت داناتها تسقط على الكنيسة، التي أخذت تهتز، ويهتز فيها كل شيء، وتمضي القصة إلى أن يموت قسيس القرية. كل ذلك جرى تصويره دون الاستعانة بأي ممثل محترف، فقد أدى الأدوار مواطنون عاديون فأدى الأب إلياس رشماوي. دور قسيس القرية بصورة طبيعية، وفق التفاصيل الواردة في السيناريو، وأما الجانب الخاص بعرس القرية، فقد غطي بتصوير قران، الشاعرة مي الصايغ الذي تصادف موعده مع موعد تصوير الفلم.

توطدت العلاقة بيني وبين المخرج الفنان توفيق صالح، وهو على قلة ما أخرج من الأفلام كان فنانا ملتزما، به توق شديد لتقديم شيء عن فلسطين. وكنت بعد عام 1957 قد كتبت رواية طويلة بعنوان: "مولد عائد"، سلمته أصلها، ففرح بها، وعرضها على مؤسسة السينما، وكان نجيب محفوظ آنذاك على رأس المؤسسة، فوافق على إنتاجها دون تردد، بل رحب بها وإثر انتهاء توفيق صالح من إنجاز السيناريو عرضه على الفنانة فاتن حمامه، فتحمست للقصة وللدور، ولكن تحفظها

كان على أن بطلة الرواية امرأة حامل في لحظة المخاض، وكانت فاتن حديثة العهد بإنتاج فيلم عن إمرأة حامل في دورها بفلم الحرام، وبدأ توفيق صالح في إعداد الفيلم، وتصادف أثناء ذلك ترك نجيب محفوظ مؤسسة السينما وأختلف توفيق صالح مع المؤسسة، وغادر القاهرة إلى دمشق، وغاب طويلا إلى أن حقق أمنيته بإخراج فيلم عن قصة للأديب الفلسطيني الكبير الشهيد غسان كنفاني، سماه "المخدوعون" عن رواية غسان البارعة "رجال في الشمس"، والشيء الذي أوجعني أنني حتى الآن لم أعثر على نص روايتي "مولد عائد"، ولا ما آلت إليه، إذ لم أكن أحتفظ بنسخة عنها.

لم يقتصر اهتمام الاستعلامات المصرية على إرسال السينمائيين المصريين، فقد بعثت يوما بمخرج إيطالي، كانت لي قصة معه، عندما حضر ـ إلى غزة، سلمني سيناريو الفيلم التسجيلي، الذي كان يود تصويره في غزة، وبعد أن سهرت ليلتي أطالعه وأحدد مواقع التصوير، عدت إليه في "فندق الأندلس" وسألته عن المدة التي حددها لإنجاز التصوير، فرأيت وجهه يكتسي بشيء من الضيق، وهو يقول لي: "أتمنى أن أنجز مهمتي في شهر، إبتداء من اليوم، وعندما أعربت عن استعدادي لإنجاز ما يريد، في أسبوعين على الأكثر، تحفظ قائلا: "أنتم العرب لا تحترمون الوقت، وتجربتي معكم سيئة، فما أكثر ما كنت أحدد الموعد، وأستعد للتنفيذ، فيتأخر المنفذون، مما يضطرني إلى تأجيل التصوير أكثر من مرة".

فوعدته بأن لا يحدث ذلك في غزة، وأنني سأصله في الموعد المضروب دون تقديم دقيقة أو تأخير دقيقة، وقد بدأت بتنفيذ ذلك، حتى كان عند وصولي ينادي رفاقه في طاقم العمل قائلا: "وصل القطار".

وقد أنجز عمله كاملا وعلى أتم وجه في عشرة أيام..

كنت أعتبر دوري في مثل هذا العمل جزءا من التزامي الوطني بقضية بلادي، وكان يفرحني أن تبدأ غزة اجتياز الحدود إلى العالم..

ومن الكبار الذين رافقتهم "نهرو"، إذ اصطحبته من مطار العريش إلى المعسكرات، ومستشفى البريج، ولقائه مع الحاكم، وعدت به حتى ودعته في مطار العريش.

كما رافقت "داج همر شلد"، وأعددت له في معسكر اللاجئين بالبريج إستقبالا حاشدا، ووقفت إلى جواره أحمل قفصا فيه عدد من الحمائم، وناولته إياه، فقام بفتح باب القفص وأطلق الحمائم في سماء البريج، إعلانا عن إيمان شعبنا بالسلام العادل وطموحه إلى الوصول إلى حقوقه المشروعة، التي تقرها الأعراف والشرائع الدولية والإنسانية.

والرجل الذي لاأنساه، الزعيم المسلم الأسود الأمريكي "مالكولم إكس" جاء إلى غزة، وبه رغبة شديدة للتعرف إلى قضية فلسطين، وللقاء مع الفلسطينيين، والوقوف على مأساتهم. كان مسلما حقا، دمعت عيناه أكثر من مرة أمام المشاهد المأساوية لأبناء وطني. كان بوجدانه وتضامنه إنسانيا ومسلما، وقد حرصت على أن يلتقي برجال الدين في قطاع غزة، وذهبت به إلى بيت الشيخ خلوصي بسيسو قاضي غزة الشرعي، الذي كنت أعجب بتفتحه ولباقته وعلمه، وقد فرح به الشيخ خلوصي، وسعد، وأصر على أن يرافقه في بعض جولاته، بل رافقه معي إلى مطار العريش، وعندما صعد إلى الطائرة أخذ يلوح لنا قائلا: "عائدون عائدون".

وكم كان حزني عليه عندما اغتالته يد الغدر في بلاد العم سام. ومن الشخصيات النسائية التي زارت القطاع، الروائية البريطانية "إثل مينون"، التي أبدعت بعدها رواية طويلة عن القضية الفلسطينة، هي "الطريق إلى بئر السبع" التي استوحتها من أحاديث مع الصديق حمدي حرز الله وليال طويلة قضيتها، أحكي لها، وأجمعها بمن ينقلون إليها حكايات الهجرة، ومأساة اللجوء، وقد قامت أكثر من مرة بزيارة معسكرات اللاجئين والتعرف إلى حياتهم عن كثب، وقضاء أيام معهم. فجاءت روايتها الإنسانية، معبرة عن جزء من حياة اللاجئين ومعاناتهم عالم واسع، ومترام ذلك العالم، الذي عشته في تلك الفترة، وأثناء عملي في إدارة الشؤون العامة. كان عملا متفرع الجوانب ومترامي الأبعاد، أكسبني خبرة ودراية، وحقق لي معرفة الكثير من الشخصيات العربية والأجنبية، ممن توطدت علاقاتي معهم، وظلت قائمة إلى أمد طويل.

كان واضحا أن عبدالناصر ينفذ مخططا لإبراز الكيان الفلسطيني، ولدعم الشعب الفلسطيني، والأخذ بيده لتولي شؤونه، ولم يقتصر ذلك على الإجراءات

التي قام بها بإقامة المجلس التشريعي، والاتحاد القومي بل فتح المجال أمام أبناء فلسطين لدى الجامعات المصرية، وقدم العون لهم، للوصول إلى أعلى الدرجات العلمية.

كان عبدالناصر يستنثي، الكثير من أبناء الفلسطينيين من شروط دخول الجامعات، وفي مقدمتها شرط مجموع العلامات، وفي ذات مرة، ذهب إليه أحد أعضاء مجلس الثورة، وطلب منه، استثناء ولده من شرط المجموع لدخول إحدى الكليات، وعندما اعتذر له عبدالناصر، ضاربا له مثلا بنفسه وأنه أدخل ابنته الجامعة الأمريكية عندما أعجزها المجموع عن دخول الكلية التي تريدها في الجامعات المصرية. عندها تساءل عضو مجلس الثورة "ولماذا يستثنى الفلسطينيون؟" أجاب عبدالناصر، أنهم شعب، انتزعت منه كل الأسلحة، وأنا أريده أن يتسلح بالعلم، ليواجه الحياة، عندما يتخلى عنه الجميع.

عمد عبدالناصر إلى أن يرفع عن القطاع ذلك الحظر، الذي كان يقيمه سلاح الحدود، وبدأ القطاع بعد عام 1956 يصبح قطاعا مفتوحا للجميع،

وقد لمست ذلك من خلال عملي كمسؤول في إدارة الشؤون العامة معني بترتيب الرحلات إلى القطاع واستقبال الوفود الشعبية والقومية والسياسية والاجتماعية، التي أخذت تتدفق بصورة منتظمة على القطاع، وكنت أتولى وضع برامج الزيارات لها، بحيث تشمل زيارات الحدود، وزيارات معسكرات اللاجئين، ومستشفى البريج، وقد كانت الزيارات كلها تبدأ بمحاضرة عن القضية الفلسطينية منذ نشأتها حتى عدوان 1956، ألقيها على الزائرين في المركز الثقافي، الذي أقيم إلى جوار ملعب اليرموك، والإعداد للزيارات والمؤتمرات الهامة التي عقدت في القطاع، ومنها زيارة لجنة الشؤون الخارجية للاتحاد القومي بالجمهورية العربية المتحدة في يوليو 1960، حيث التقت اللجنة بأبناء الشعب الفلسطيني في قاعة مدرسة فلسطين الثانوية واستمعت إلى الحاكم العام الفريق أحمد سالم، وإلى منير الريس، رئيس الاتحاد القومي الفلسطيني، وراتب الحسامي والسلطان عبدالكريم، وفائق السمرائي، وفؤاد جلال، واللواء علي الحياري، وفي نهاية الاجتماع صدر عن المؤتمر العديد من

القرارات، التي تؤكد عروبة فلسطين، وتتعهد بالعمل من جل استردادها، وتؤيد الرئيس عبدالناصر، وتناشد الدول الأفريقية والأسيوية بتأكيد حق الشعب الفلسطيني في العودة الكريمة إلى بلاده.

وفي نوفمبر من عام 1960 عقد أول مؤتمر عالمي للطلاب في غزة، بالتعاون بين إتحاد طلبة مصر، واتحاد طلبة فلسطين. حضره ممثلون للاتحادات الطلابية العربية والأجنبية الذين وفدوا من شتى أنحاء العالم، ليقفوا على حقيقة القضية الفلسطينية ومشكلة اللاجئين، وما يعانون من جراء ضياع وطنهم، فاستمع المواطنون إلى كلمات من ممثلين عن إرتريا، والصومال والصين والكويت والاتحاد السوفيتي، والاتحاد العالمي للطلاب، واليابان. وقد خرج المؤتمر بالقرارات المؤيدة للقضية الفلسطينية، والوقوف مع الشعب الفلسطيني، وأكدوا أن الكيان الفلسطيني قائم فعلا، وذلك لوجود شعب فلسطين على أرض فلسطين، وأن استمرار هذا الكيان والمحافظة عليه ضرورة حتمية تستلزمها معركة تحرير فلسطين.

ومع بداية عام 1961 في الثامن والعشرين من شهر يناير، وصل إلى غزة خمسون محاميا عربيا من جميع أنحاء الوطن العربي، لعقد جلسة تاريخية لهم، بناء على قرار المكتب الدائم لمؤتمر المحامين العرب بعقد دورة له في غزة. وفي قاعة مدرسة فلسطين، استمع المواطنون إلى الحاكم العام، ثم إلى عبدالرازق شبيب نقيب المحامين العراقيين، ثم محمد الخضري عن لبنان، ثم مصطفى البرادعي نقيب المحامين بالإقليم الجنوبي، ورئيس المؤتمر السادس للمحامين، ثم ألقى منير الريس رئيس الاتحاد القومي الفلسطيني كلمة الختام.

ولم تقتصر الزيارات لقطاع غزة على الوفود الرسمية والثقافية، بل كانت هناك وفود صحفية عربية وأجنبية لا تتوقف عن الزيارة، بل أكثر من ذلك، كان يحرص عبدالناصر على إرسال المثقفين، وأساتذة الجامعات، وأذكر أنني كنت أرافق أحدأساتذة الجامعات الأمريكية في زيارة إلى الحدود، وعندما عدنا إلى الفندق، سألني عن "جملي" فلم أفهم، وعندما استفسرت منه كشف عن اعتقاده بأننا ما زلنا نتنقل على الجمال، وأننا شعب متخلف عن مسيرة الحضارة الإنسانية، وعندما لم

يلتق بجمل واحد أثناء زيارته من رفح إلى بيت حانون، أخذ يعجب لما يسمع عن الفلسطينيين في الخارج. وخاصة في أمريكا التي يسيطر عليها الإعلام الصهيوني.

الجندي المجهول

كان القطاع لا يستطيع ملاحقة ما يجري فيه من، عمل دؤوب، وبناء مستمر، وكان عبدالناصر يحرص على إرسال مندوبيه للمشاركة في وضع حجر الأساس للمنشآت الجديدة التي أقيمت في القطاع، والمشاركة في المناسبات القومية، حتى أعياد النصر، وذكرى نوفمبر، وذكرى 15 آيار، إذ كان مندوب عبدالناصر دائما يشارك في هذه التجمعات واللقاءات التي شهدت أنور السادات والفريق محمد إبراهيم أكثر من مرة ممثلين للرئيس عبدالناصر، وقد كان دوري القيام بالإعداد لهذه المناسبات وأن أكون عريف الحفل، وأول من يتكلم في كل مناسبة، إما أمام الجندي المجهول، أو عند وضع حجر

الأساس للمشاريع أو في قاعة مدرسة فلسطين، أو سينما النصر ـ أو سينما السامر، ولا أنسى أنني شاركت في تنفيذ قرار المجلس التشريعي لإنشاء الإذاعة الفلسطينية، التي وضع حجر الأساس لمبناها الفريق محمد إبراهيم، وأنشيء المبنى فعلا ليكون دارا للإذاعة الفلسطينية، وهو المبنى الذي يحتله حاليا "سنترال غزة"، وروعيت في إنشائه المواصفات المطلوبة لأي مبنى يقام للإذاعة، وقد أعد بالكامل، الغرف، والاستوديوهات، والأجهزة، وغرف التسجيل، حتى مكاتب الإدارة والمذيعين، واستوديوهات تسجيل الأناشيد والأغاني، كما جلبت سيارة خاصة للإرسال،وأفتتحت الإذاعة التجريبية، ولسبب لا أدريه توقف ذلك بعد أن كان كل شيء معدا للانطلاق.

إستنت الإدارة منذ عام 1957 سنة بأن تقام الاحتفالات القومية والمناسبات الوطنية أمام الجندي المجهول، حيث يشارك فيها الخطباء وتحتشد الجماهير أمام الجندي المجهول، وقد شرفت عبر السنوات الطوال من عام 1957 حتى عام 1967 بأن أكون عريف تلك الاحتفالات والمعد لها وأحد المتكلمين فيها، ومن قولي في الجندي المجهول:

الخطاب في الجماهير أمام الجندي المجهول

ما كان مجهولا وشعب كله	يزهــو بــه، برجالــه ونســائه
قد آثر المـوت الكريم منافحـا	عن مــوطن الأحـرار عـن شــهدائه
قالوا نسميه، ومـا اسـم لــه	تتضــاءل الأسمـاء عـن إيفائـه
لفـوه بــالعلم- الأحـب لأنـه	خـاض المنـون، مجازفـا بفدائـه
فهو الشـهيد وتلـك أرفـع رتبـة	شرفـت بخالـد بذلـه وعطائـه
أجيـال تتبعـه، ترسـم خطـوه	وتجـدد المــوطي مـن أنبائـه

وأمام الجندي المجهول وقف خطباء منهم اللواء حسـن عبداللطيف، والفريق أحمد سالم والفريق يوسف العجرودي، منير الريس، والدكتور حيدر عبدالشافي، والشيخ عبد اللـه أبو ستة، وما أكثر الضيوف الذين كانوا يتوافدون علـى النصب التذكاري للجندي المجهول، يضعون أكاليل الزهور، ويقرأون الفاتحة، ويلقون الكلمات.

عمل دؤوب ومستمر علـى مختلف المحاور، وتعبئة شاملة، يتحول فيهـا القطـاع إلى خلايا للنحل، منذ قيام المجلس التشريعي والاتحاد القومي.

من أيام قطاع غزة الخالدة التي لا تنسى يـوم دعـي الشعب الفلسطيني فـي قطـاع غزة عام 1961 تمشيا مع روح الميثاق الوطني وتنفيذا لنص دستور الاتحاد القومي العربي الفلسطيني لانتخاب أعضاء القواعد الشعبية للاتحاد، تحت إشراف لجان متخصصة، جاءت من القاهرة،

وقد تمت الانتخابات علـى أحسـن وجه، وأفرز الشعب بصدق ممثليه دون أي تدخل، أو ضغط من أية جهة، وبعد ذلك تمت تشكيلات وحدات الاتحاد القـومي لتكون نواة لتمثيل الشعب، وخدمته في كافة أنحاء قطاع غزة.

كان من بشائر التوجـه نحـو المسـتقبل، فرض التـدريب الشعبي علـى كافة أبنـاء الشعب، بحيث لم يكن يستطيع أحد أن يحصل علـى إذن بمغادرة القطاع إلى أي بلـد دون أن يحصل علـى شهادة تـدريب علـى السـلاح، إيمانـا بـأن تحرير فلسطين فرض علـى كـل مواطن.

تقديم زوار القطاع أمام الجندي المجهول

وبدأت نواة جيش فلسطين، وشهد القطاع مناورة منه في استعراضات أعياد النصر، والمناسبات القومية.

تعبئة شاملة لكافة الطاقات وإعداد كامل في مختلف الاتجاهات سياسية وعسكرية واجتماعية وثقافية، لبناء الكيان الفلسطيني وإعداده لمعركة العودة.

(43) إلى غزة.. الأدباء والشعراء

في عام 1958 عند لقائي في الكويت بالأديب العربي الكبير يوسف السباعي، لمست فيه ذلك الرجل الوطني الغيور، المحب للعروبة، والمعني بالقضية الفلسطينية. دار الحديث أيامها حول دور الكاتب في معركة التحرير، ومدى ما قدم، وما يمكن أن يقدم، وضرورة إسهام الأقلام العربية في كل مكان في دعم القضية الفلسطينية بشتى الوسائل، ومختلف وجوه الإبداع. وكان من بين الأفكار التي طرحتها تنظيم رحلات للأدباء والكتاب والشعراء إلى قطاع غزة، وزيارة اللاجئين، والتعرف إلى القضية الفلسطينية عن كثب، ويبدو أن الفكرة راقت له فعاد إلى القاهرة ليبدأ في التنظيم لها، والإعداد لتنفيذها.

كان قطاع غزة قد انتعش اقتصاديا للتوجهات التي تأتي من القاهرة، والتسهيلات التي كانت تنتهجها السلطات تسهيلا لدخول البضائع المستوردة للقطاع، وتدفق المصريين والإقبال عليها، من خلال الرحلات المنظمة، والتي أصبح من ضمن أهدافها العودة بما يشترون من القطاع، حتى أصبح في القاهرة سوق يسمى "سوق غزة"، تباع فيه البضائع التي تأتي من غزة. وساعد ذلك على إنشاء عدد من الفنادق وتطورها، كما انتشرت بيوت الشباب، ودور الضيافة، التي أقامتها الحكومة، والتي كان من ضمن عملي في إدارة الشؤون العامة الإشراف عليها، وتوزيع الضيوف وفق برامج منظمة على الفنادق، وأماكن المبيت الأخرى. وعلى صغر جهاز إدارة الشؤون العامة، كنا نؤدي خدمة كبيرة للقطاع، ونقوم على راحة الوفود، وتنفيذ برامج زيارتها، وتسهيل أمور إقامتها.

كان من أحب الأحلام إلى قلبي والتي أفضيت بها للصديق يوسف السباعي أن ألتقي بالزملاء من الأدباء والشعراء المصريين في قطاع غزة، على أرض وطني،

لذا كانت سعادتي كبيرة، وفرحتي أكبر عندما وصل الفوج الأول إلى قطاع غزة، في أواخر عام 1959، ومع بداية عام 1960، وأذكر أنني ألقيت قصيدة في تلك المناسبة من على منبر قاعة مدرسة فلسطين الثانوية.

قلت فيها:

عنـــد رأس النبـــع، نبـــع الألم ... نلتقـــي نحـــن بأهـــل القلـــم
أعينـــا لمـــا تـــزل هائمـــة ... وجروحـــا بعـــد لم تلتـــئم
وبقايـــا أمـــة ملكومـــة ... شردت عـــبر دورب الســـقم
نحـن، هـل تـدرون مـن نحـن هنـا ... نحـن صـناع الغـد المبتسـم
مـن كهـوف أفـرخ البـؤس بهـا ... دفنـت في عمـق ليـل مظلـم
أسـألوا "يافـا" و"حيفـا" والقـرى ... بفلسـطين مغـاني الكـرم
ألـف أهـلا بكـم في دارنـا ... بعـد أعـوام الأذى والظلـم
أيهـا الأخـوة لا نرجوكمـو ... دمعـة المستأسـف المسـترحم
لا وحـق الثـأر لا نرجوكمـو ... غـير إيمـان بزحـف مـرزم

ومما قاله في ذلك اليوم الشاعر عبدالرحمن صدقي:

يـا أرض غـزة جئنـاك محيينـا ... نسـتاف عـن كثـب ريـا فلسـطينا
فيـا لهـا نسـمة تـذكي بأضـلعنا ... نـارا سنصـلي بهـا يومـا أعادينـا
يـا أرض غـزة أنـت اليـوم نادينـا ... وقـد أتينـاك نسـتوحي فأوحينـا
أهلـوك كلهمـو قـس بـن سـاعدة ... وكلهـم في القـوافي إبـن زيـدونا
وهـم غـزاة إلـيهم غـزة انتسبت ... نعـم الغـزاة صـناديا ميامينـا
يـا غـزة نفـذت في جنـب صـهيونا ... لا زلـت في جنبـه رمحـا وإسـفينا
لا زلـت معـبر يـوم للجهـاد إلى ... أرض ليعـرب أضـحى حبهـا دينـا

يــا بضـعة مـن فلسـطين تنادينـا ردوا عـلى أهلهــا بــاقي فلسـطينا

توالت بعد ذلك وفود الأدباء إلى القطاع، ففي يناير 1961، حضر الفوج الثاني،
وعلى رأسه الدكتور محمد سامي الـدهان عضو المجلـس الأعـلى لرعاية الآداب والفنون،
والدكتور محمد مندور، والـدكتور جـودت الركـابي، والـدكتور جميـل سـلطان، ونخبة مـن
الشعراء والفنانين، يرافقهم عصام الحيني مدير عام المجلس الأعلى لرعاية الآداب والفنون.

وقام الوفد بزيارة الجندي المجهول، ووضع إكليلا مـن الزهـور، ثم التقـى بالحـاكم
العام، وبرئيس الاتحاد القومي، وقام بزيارة بيت حانون، لرؤية الأرض المحتلة، وزيارة
معسكرات اللاجئين، وأقـام ليلـة أدبيـة في قاعـة مدرسـة فلسطين الثانوية، كـما زار أبنـاء
الشهداء، وقلعة برقوق بخان يونس.

ومن الأبيات التي أحتفظ بها مما قيل في تلك الزيارة للشاعر محمود غنيم والتي
ألقاها في مدرسة فلسطين الثانوية:

قـــم حـــي.. حـــي اللاجئــــين	وأذرف هنــا الـدمع السـخين
قـد كنـت مبكـى لليهـود	فصـــرت مبكـى المسـلمين
لهفي عـلى الشـم الأبـاة	مـن الــديار مشرـــدين
سـكنوا الخيـام ودورهـم	منهم عـلى مـرأى العيـون
قـد أوشـكت شرفاتهـا	تـومي إلـــيهم بـاليمين
يرنـو إلــــيهم صخرها	فيـذوب مـن فـرط الحنـين
أبنـاء يعـرب لسـتمو	نسـل الكـماة الفـاتحين
إن لم تخضـب أرض يعـرب	مـــن دمـاء الغاصـبين
لـن يعـرف العـربي	بعـد اليـوم إحنـاء الجبـين
لا لا جئـــين اليــوم	بـل قولـوا لهـم يا عائـدين

كانت فرصة، تعرفت فيها إلى العديد من الأدباء والشعراء والفنانين، محمود غنيم، محمد على أحمد، فايق زغلول، الرسام عبدالسميع، فاطمة الشلق، إبراهيم الكيلاني، وغيرهم.

وفي يوليو 1961 وصل فوج آخر من الأدباء العرب ضم 54 أديبا وشاعرا وفنانا على رأسهم الشاعر سليم الزركلي رئيس الوفد، وكان من بين من أذكر من أعضائه الشعراء: محمد التهامي، وكامل أمين، وعلي أحمد باكثير، وخليل جريس خليل، ومصطفى عبدالرحمن، والدكتور عبده بدوي، والشاعرة ملك عبدالعزيز ومن الأسماء التي ما زالت عالقة في الذاكرة من الفنانين نبيل الألفي، ويحيى شاهين وعاطف سالم.

قال يحيى شاهين في لقائي معه: "إنني أرجو أن يكون دوري في فيلم عائدون دورا أفخر به مدى الحياة، وذلك لما أحمل لفلسطين من إعزاز وتقدير، ولما أحمل ليافا من أجمل الذكريات، لأنها شهدت أجمل أيام صباي". ومما قاله لي الفنان نبيل الألفي:

"إن المسرح العربي ما زال في حاجة ماسة إلى مسرحيات عن فلسطين، وقد شهدت بنفسي عديدا من المسرحيات والأفلام في الخارج، التي تخدم الصهيونية، وتعمل ضدنا، والذي أرجوه أن يتمكن المسرح العربي من أن يقدم ما نعتز به من أجل فلسطين، ولتتآزر كل القوى، المؤلف والممثل والمخرج من أجل هذا".

وقال الشاعر مصطفى عبدالرحمن:

"إن للأغنية دورا في المعركة، وقد استلهمت من أجلها القصيدة الدالية الجميلة التي تغنيها وردة الجزائية، و "من غزة.. ليافا.. لتل أبيب.. راجعين والنصر قريب"، التي يغنيها محمد قنديل، وأنني في الطريق إلى مجموعة من الأغاني عن هذه القضية بعد زيارتي للقطاع".

وأذكر مما قيل في تلك الزيارة بعضا من قصيدة الشاعر محمد التهامي:

إن الــــذي زيفـــوه كلــــه كـــذب … مـــا لليهـــود بـــأرض أهلهـــا عـــرب
ولـــو بنـــوا فوقهـــا الأطـــواد شـــامخة … وأســـكنوا بحماهـــا كـــل مـــن جلبـــوا
ولــــو تعـــــاون في إســـكانهم دول … وقـــدموا لهـــم كــل الـــذي طلبـــوا
ففـــي غـــد نشـــعل النيـــران ضـــاربة … وهـــم، ومـــا شـــيدوه فوقهـــا حطـــب
فلســـطين دار العـــرب مـــا بقيـــت … مـــا فـــارقوا أرضـــها يومـــا ومـــا ذهبـــوا
هـــم يعرفـــون ومـــا هـــذي بخافيـــة … إن الــــذي ســـلبوه لـــيس يســـتلب
هـــل يســـرق النـــاس أوطانـــا برمتهـــا … هـــل كـــل مـــا خلـــف الأجيـــال يغتصـــب
قـــد هـــزهم عنفـــوان الليـــل فانخـــدعوا … وفـــاتهم أن زحـــف الفجـــر يقـــترب
وأن لـــلأرض أهـــلا عنـــد وثبـــتهم … تقبـــل الأرض أقـــدام الألى وثبـــوا
وأنهـــم إن ســـعوا فالـــدار دارهمـــو … والنهـــر والشـــط والمعمـــور والنقـــب
وإن مشـــوا فـــدروب الأرض تعـــرفهم … فكـــم حبـــوا فوقهـــا يومـــا وكـــم لعبـــوا
وفي الـــتراب بقايـــا مـــن جـــدودهمو … تـــرد صـــيحتهم فيهـــا إذا انتســـبوا
هـــم عائـــدون فولـــوا عـــن مـــرابعهم … قـــد آب للـــدار مـــن عنهـــا قـــد اغتربـــوا

وأحفظ للشاعر الدكتور عبده بدوي أبياتا من قصيدته (المتشوقون)، التي ألقاها في مدرسة فلسطين في تلك الزيارة.

في ظـــل يافـــا كـــان لي بيـــت يخبئـــه الشـــجر
قفـــزت بـــه أيـــامي الخضـــراء قـــرب المنحـــدر
جدرانـــه كانـــت مطـــرزة بأقـــدام الزهـــر
وعـــلى نوافـــذه ســـتائر مـــن أغاريـــد الســـحر
أتـــرى ســـيوقظني بـــه ســـرب الطيـــور إذا عـــبر

أتـرى يكـون القمـح في قمصـانه الخضـرا ظهـر
وأحـــر قلبــي للنســـيم يهـــز أعــماق الـذكر

كان واضحا أن السياسـة التي ينتهجهـا عبـدالناصر بعـد عـام 1956، بـدأت تحـدد مسارها نحو قيام كيان فلسطيني صـلب، تدعمـه وتؤيـده في مطالبـه المشروعة، مختلـف شرائح المجتمع التـي أخـذ في إعـدادها وشحنها، لتكـون السـند والظهـير للشـعب العربي الفلسطيني في معركته العادلـة، وقـد أخـذ ذلـك يظهـر بـارزا في كتابـات الكتـاب والأدبـاء والشعراء، وفي توجهات الفنانين والمبدعين مما خلف تراثا ضخما من الإبداع، الـذي يتنـاول القضية الفلسطينية بمختلف أبعادها.

(44) إدارة الشؤون العامة ومطباتها

كان يرأس الشؤون العامة دائما ضابط مصري، وكنت الرجل الثاني في الإدارة، ولكن عمليا كانت الإدارة في عنقي، ذلك أن الضابط كان يقضي مدة سنة أو سنتين ثم يعود إلى وحدته في الجيش، فما يكاد يستوعب عمل الإدارة، حتى يأتي مدير آخر، يأخذ وقتا للتأقلم مع العمل وفهم طبيعته ومدى علاقته بالناس.

كان ذلك يسبب لي حرجا كلما تغير مدير وجاء مدير آخر، ومن الذكريات التي أحملها للشؤون العامة، أنه جاءنا مدير جديد، ضابط برتبة مقدم، اسمه "عبدالرحمن هاشم"، حضر اليوم الأول، وتوجه من بوابة الإدارة إلى غرفته مباشرة دون أن يستدعي أحدا من موظفي الإدارة، أو يحاول التعرف إلينا، ومر على ذلك أسبوع، وفي بداية الأسبوع الثاني طلبني بالتليفون، وأنا في غرفة مجاورة، رحب بي، وترك مكتبه ليأخذ مكانه إلى جواري في كنبة داخل غرفته، وكان يحمل ملفا، وضعه أمامه، ثم دخل في الموضوع مباشرة متسائلا:

: "أتحب العمل معي، أم لك رأي آخر؟"

قلت: لا، أنا لا أعمل معك.

"كيف؟" قالها وقد امتقع وجهه

قلت: أنا وأنت نعمل في الحكومة

قال: ماشي.. نعمل معا في الحكومة

قلت: طبعا أنا أحب عملي ومتمسك به

قال: إذن دعنا نتفاهم على الطريقة التي أحب أن يتم العمل بها.

قلت: لا بأس، كلي آذان صاغية، هات ما عندك،

أخرج من الملف الذي أمامه، ورقة، وبدأ يسرد ملاحظته على طريقتي في إدارة العمل.

قال: أولا: لاحظت أن سائق سيارتك، يترك السيارة أمام الإدارة، ويجلس صباحا يشرب القهوة معك، وواجب السائق أن يبقى في سيارته

ثانيا: لاحظت أن "بكير" أو ما تدعونه "الحاج بكير" ساعي الإدارة، عندما يستمع إلى آذان الظهر يغادر الإدارة ويذهب للصلاة، ويغيب وقتا غير قليل.

ثالثا: لاحظت أن الشباب المكلفون باستقبال الوفود التي تأتي للقطاع لا يحضرون صباحا في مواعيد العمل وأحيانا لا يحضرون نهائيا.

رابعا: لاحظت أن الموظف :"سمير الخطيب"، الذي يعرض علي البريد، الذي تعده للتوقيع، كثيرا ما يضع يديه على المكتب أمامي، ولا يقف موقف التمام.

وصمت قليلا، فقلت له: انتهيت؟

قال: هذه أولى ملاحظاتي، فأنا أرغب في الضبط والربط في الإدارة ولا أوافق على هذا التسيب، الذي تدير به العمل..

قلت له: بالنسبة لأولا، فإن هذا السائق ليس سائقا عاديا، يحضرني إلى المكتب في الثامنة، ويذهب إلى بيته في الثالثة، إنه يعمل معي في كثير من الأحيان حتى منتصف الليل، خاصة عندما تكون هناك وفود أرافقها أو استقبلها، وإنني بالمعاملة الإنسانية التي أعامله بها اجتذبه للعمل وأهون عليه عناءه.

وبالنسبة لثانيا، فإن من بنى المسجد إلى جوار مكاتب الحكومة، لم يبنه زينة، فقد بناه ليؤدي فيه من يشاء فريضة الصلاة، والحاج بكير، رجل كبير السن، ينال منا الاحترام، وهو يؤدي عمله على أحسن وجه، ولا أظن أننا نستطيع منعه من أداء فريضة الصلاة.

وبالنسبة لثالثا، فإنني من سياستي إشعار الشباب العاملين معي في مرافقة الوفود الزائرة للقطاع بأنهم ليسوا موظفين، بل مكلفين بأداء خدمة وطنية غير مرتبطة بدوام محدد، فهم قد يقضون الليل بطوله في استقبال وفود تأخر بها القطار وكثيرا مايتأخر، أو السفر إلى العريش والعودة ليلا، فعملهم ليس مرتبطا بالدوام بقدر ارتباطهم بما أكلفهم به من عمل.

أما رابعا، فلك حق وإنني سأتحدث مع سمير الخطيب، ذلك أنني كنت قد وجهته بأن يجلس على الكرسي الذي أمام مكتبك أثناء عرض البريد، لا أن يقف أمام المكتب. والأهم من ذلك كله أن طبيعة عملنا مختلفة تماما عن مكاتب الحكومة الأخرى، التي تبدأ دوامها في الثامنة وتنهيه في الثانية بعد الظهر عملنا عمل إعلامي، ترفيهي، اجتماعي، وإذا أحببت تفضل معي إلى الغرفة الملحقة بمكتبي، وستجد في وسطها طاولة كبيرة واسعة نستعملها عند عقد الاجتماعات، وستجد أنها مفغورة في الوسط. لأننا عندما ودعنا سلفكم مدير الإدارة، الصاغ عبدالرزاق الدرديري، أقمنا له حفلة صغيرة تعبيرا عن وفائنا ومحبتنا له، وعندما أطربناه صعد إلى المنضدة، ففغر حذاؤه الطاولة وهو يؤدي دبكتنا أي رقصتنا الشعبية، فمديرنا إذا لم يكن كذلك، لن يكون في استطاعته أن يدير الإدارة بعقلية قائد كتيبة من كتائب الجيش.

أذهله كلامي فامتقع وجهه، وتناول عصاه وقبعته، وانتفض تاركا مكتبه متوجها إلى سيارته، التي استمعت إليها وهي تجأر إعلانا عن تركه مبنى الحكومة. وهو في قمة غضبه وعصبيته.

وما هي إلا نصف ساعة أو أكثر بقليل حتى رن جرس الهاتف ليدعوني مدير مكتب الحاكم العام العقيد عبدالمنعم خفاجي للحضور فورا إلى مكتبه، استقبلني مبتسما وأشار إلي بالجلوس، وقال لي الحاكم العام يريدك، ولما دخلت على الفريق يوسف العجرودي في مكتبه، بادرني ضاحكا:

"يا هارون ماذا صنعت بعبدالرحمن هاشم"، قال لي: الرجل غاضب، ويقول إما هو أو أنت، أتريد أن ترقصه.. حرام عليك!

كان يروي ذلك بصوت مرح، يدل على موافقته على إجرائي، قلت له: الذي تراه يكون، يبقى هو وأعود أنا إلى مديرية التعليم، مهنتي الأساسية قال الحاكم: لا، فلن يعود إليك، فقد عينته حاكما لمدينة رفح، وستدير الإدارة إلى أن نأتيك بضابط آخر.

تلك كانت إحدى المآزق التي واجهتني في إدارة الشؤون العامة. ومن المآزق الأخرى، ما حدث عام 1960 عندما تم إقامة وحدات الاتحاد القومي، وأقيم احتفال

بتلك المناسبة في قاعة مدرسة فلسطين، حضره الأعضاء المنتخبون والأعضاء المعينون، وكنت واحدا منهم، يومها تحدث الحاكم العام، وتحدث رئيس الاتحاد القومي منير الريس، وبعض الأخوة الآخرين في اللجنة التنفيذية للاتحاد، وكان ذلك في عهد الفريق أحمد سالم، فوجئت في اليوم الثاني بخبر في الإدارة بأن أوامر نقل وتغيير في إدارة الشؤون العامة قد صدرت من الحاكم العام، طالت مدير الإدارة البكباشي محمود كامل الموجي وزميلين مصريين، والزميل عبدالرؤوف الشوا، والزميل سمير الخطيب. أي أنها طالت العناصر العاملة في الإدارة، وأنني أيضا في مقدمة الذين صدر أمر بنقلهم، وقد أسعدني الخبر، لأنه جاء في بداية العطلة الصيفية للمدارس، وأن أمر نقلي صدر إلى إدارة التربية والتعليم مما يتيح لي التمتع بالعطلة، ولكن جميع المنقولين وصلتهم رسائلهم إلا أنا، لم يصلني ما ينبىء بنقلي، رغم تأكدي بأن اسمي بين المنقولين، فأخذت أفرغ مكتبي من أوراقي الخاصة وأدسها في شنطتي استعدادا لترك الإدارة.

مدير الإدارة البكباشي الموجي باشر عمله في إدارة الشؤون الاجتماعية، وباقي الأخوة غادروا إلى الجهات التي نقلوا إليها، وبقيت أنا وعدد ضئيل من الإخوة في الإدارة، مترقبا وصول أمر نقلي، وتوقفت عن ممارسة عملي، طلبني مدير مكتب الحاكم العام وأبلغني بأنني مكلف بالإعداد للاحتفالات التي ستقام بمناسبة وضع حجر الأساس لعدد من المشاريع الحكومية، وأن الحاكم العام يطلب مني إعداد كتيب عن إنجازات الحكومة بعد عام 1956، والإعداد لاستقبال مندوب الرئيس جمال عبدالناصر، لافتتاح المشاريع، وإعداد برامج هذه الاحتفالات، والأيام التي ستفتتح فيها، وأنني سأكون عريف جميع هذه الاحتفالات، قلت له: إنني منقول من إدارة الشؤون العامة، وليس في استطاعتي أن أمارس عملي.

قال لي: إنك لم تنقل بعد، وإنني أحتفظ بالقرار في مكتبي لحين عودة الحاكم من زيارته إلى بيروت، لحضور اجتماع خاص بإقامة الكيان الفلسطيني. طلبت من مدير مكتب الحاكم أن يصدر تعميما لكافة مديريات الحكومة لموافاتي كل في اختصاصه بما أنجز من مشاريع، على أن تكون متوفرة لدي غدا ظهرا على أقصى حد، لأن الحاكم العام يريد أن يطلع على ما أعده قبل سفره إلى بيروت.

في اليوم الثاني، توفرت لدي المادة المطلوبة، فأخذتها وسهرت عليها ليلة كاملة، ومع تباشير الفجر كان الكتاب المطلوب قد أعد، فاصطحبت في الصباح معي الشاب يوسف صبيح، وكان طابعا جيدا، وبدلا من أن أنجز عملي في إدارة الشؤون العامة، وخشية أن يشغلني شيء عن إنجاز المهمة، توجهت إلى مقر مجلس رعاية الشباب، الذي كنت أحد أعضائه، وقام الأخ يوسف بطباعة المادة على الآلة الكاتبة، فجمعتها وبوبتها بحيث أصبحت على شكل كتيب جميل.

صباح اليوم الثالث، دخلت على الأستاذ عصام حسونه مدير الشؤون القانونية، وأقرب الناس إلى الحاكم العام، وناولته الكتاب، فتصفحه بإعجاب وهو لا يصدق أنه أنجز في هذه المدة القصيرة. كان الحاكم العام على وشك ترك مقر المجلس التشريعي، والتوجه إلى مطار غزة للانتقال إلى بيروت، حيث الاجتماع الذي سيحضره، وبعد أن تصفح الحاكم العام الكتاب، وأبدى موافقته، طلب مني عصام حسونة، أن أختلي في غرفة مجاورة لمكتبه، وأعد كلمة الافتتاح باسم الحاكم العام، ليطلع عليها الحاكم العام قبل سفره.

عاد إلي عصام حسونة، بعد أن وافق الحاكم على الكلمة الافتتاحية، وهو يقول لي: إن الحاكم أمر بأن أتوجه بالكتاب إلى القاهرة وأطبعه هناك، وأعود به قبل موعد وصول مندوب الرئيس جمال عبدالناصر، فأبديت للأستاذ عصام عجزي عن القيام بهذه المهمة، متذرعا بجهلي التام لعملية الطباعة، وعدم معرفتي بأي من المطابع في القاهرة.

وأنني أقترح أن يقوم بهذه المهمة مديري البكباشي محمود كامل الموجي فقال يستحيل أن يوافق الحاكم على ذلك، فقد نحاه عن عمله.

قلت: وأنا لن أستطيع إنجاز المهمة.

وأبلغني يومها الصديق عصام حسونة بأن الحاكم استشاط غاضبا أول الأمر، ولما حدثه عن ضيق الوقت أمامنا، وأن المهمة لا تعني عودة الموجي إلى الإدارة وافق.

حملت الكتاب وذهبت به إلى البكباشي الموجي، فوجدته جالسا في الشمس في حديقة إدارة الشؤون الاجتماعية، يقرأ الصحف.

استقبلني هاشا وأجلسني إلى جواره، وما أن طرحت عليه الموضوع حتى فزع وبادرني قائلا: لقد أتيتنا بمصيبة، فأنا لا أفهم في الطباعة، ولا في المطابع،

قلت له: وأنا أعرف ذلك.

قال: إذن كيف تقترح هذا الإقتراح المعجز.

قلت: أنت لن تطبع الكتاب ولن تشرف عليه، ستقوم من هنا وتتصل بشقيقي علي هاشم رشيد في إذاعة صوت العرب، وهو في القاهرة من سنوات، وعلى معرفة بدور النشر والمطابع، ولديه دراية في إخراج الكتب، فتطلب منه أن يتولى هو الموضوع، وأن تقضي الفترة إجازة عند أهلك، وعندما ينجز الكتاب في موعده تعود به إلى غزة، سر الموجي، وسعد بهذا الوفاء، عندما قلت له أنني عرفت سبب نقله، وأن واجبي أن أرفع الغبن عن زملائي. فقد قيل لي أن البعض قد أوحى للحاكم بأنني تعمدت عدم تسجيل، احتفال الاتحاد القومي وإرساله ليذاع من صوت العرب، بقصد حجب أصواتهم وذلك لتضامني مع آل الشوا، وربما أشياء أخرى أو جهات أخرى، من بينها الأردن، هي وراء موقفي هذا. تلك كانت وشايتهم التي أخذ بها الحاكم دون سؤالي، أو سؤال مدير الشؤون العامة عن أسباب عدم التسجيل وعدم إذاعة الحفل.

في الفترة ما بين ذهاب الحاكم إلى بيروت، ثم إلى القاهرة، وعودته برفقة مندوب الرئيس الفريق محمد إبراهيم، لافتتاح المشاريع، كان أخي علي قد أنجز الكتيب الخاص بما أقامته الإدارة المصرية بعد النصر، وتحرير غزة، وهو أجمل كتيب ظهر عن الإدارة المصرية طوال عهد حكمها للقطاع.

وأقيمت الاحتفالات وجرى وضع حجر الأساس للعديد من المشروعات، وافتتاح ما أنجز، وكان من بينها وضع حجر الأساس لدار الإذاعة الفلسطينية.

بعد أن انتهت الاحتفالات على أحسن وجه، وغادر مندوب الرئيس جمال عبدالناصر القطاع سعيدا بما قام به مثنيا على الحاكم العام ورجاله، مشيدا بما رأى من دقة في تنظيم الاحتفالات وإنجازها، فوجئت بمدير مكتب الحاكم، يدعوني إلى مكتبه

ويسلمني رسالة مغلقة من الحاكم العام، وعندما فضضت الرسالة وجدتها تتضمن عبارات شكر وتقدير بالدور الذي قمت به، مذكرا بما أقوم به دائما من تنظيم للاحتفالات وإنجازها، مرفقا بالرسالة مكافأة مالية، كتعبير رمزي للجهود التي بذلتها،

قلت لمدير المكتب، بأنني أرغب في مقابلة الحاكم العام، وعندما تساءل عن السبب، قلت له: إنني أريد أن أشكره على هذا التقدير، وعندما دخلت على الحاكم، رحب بي باشا مبتسما، والمعروف عنه منذ تولى حكم القطاع حتى غادره، أنه كان رجلا عسكريا، قلما يبتسم، وكان حادا ومنضبطا، نظيف اليد واللسان، أحبه الناس، ولم يعجب به أصحاب رؤوس الأموال، والفئات المتسلقة، المعتادة على رشوة المسؤولين، وتخريب ذممهم.

طلب مني أن أجلس، وقال لي: خيرا إن شاء الله.. قلت والرسالة في يدي: جئت لأقول لسيادتكم لا شكر على واجب. فما أديته واجب علي لخدمة بلدي وشعبي.

ضحك وقال: يا ولدي.. إن الله سبحانه وتعالى يقول في كتابه العزيز: وإن شكرتم لأزيدنكم، وهو لا يحتاج لشكرنا.

قلت له: إنني أعتز بالرسالة، ولكنني أود قبل أن أتقبلها معرفة سبب الإجراء، الذي تم بشأني وبشأن مدير دائرتي وزملائي، ولن أستطيع قبول الرسالة، قبل أن أعرف السبب. أما المكافأة فإنني أردها شاكرا لأنني كما قلت أديت واجبي، وما رأيته هو جهد جماعي لزملائي، ولا أستطيع أن أقبل ما شاركني فيه غيري.

صمت قليلا، واعتدل، وبدت على وجهه مسحة من الأسى، ثم ضغط الجرس وطلب لي فنجانا من القهوة.

وقال: لقد غضبت لأنك أغضبت خطباء حفل الاتحاد القومي، فلم تنقل احتفالهم وخطبهم إلى صوت العرب، وقد اعتادوا على ذلك، وعودتنا أن تنقل جميع احتفالات القطاع، فلماذا لم تنقل إحتفال الاتحاد القومي بالذات، وما هو الذي بينك وبينهم، وهل هناك موقف من أشخاصهم، كما قال لي أحدهم؟

قلت: حاشى، أن أفعل ذلك، وأنت تعرفني، وعرفني قبلكم الحكام السابقون، ويعرفني رجالات الإدارة، بعدم تحزبي أو تعصبي لأحد دون الأخر ولكنني أسأل سيادتكم، وأنت رجل عسكري لو أفترض أن أرسلت مجموعة من الجنود، ليخندقوا عند حدود البلد دون أن تزودهم بالأسلحة والذخيرة، وداهمهم الأعداء بأسلحتهم وقواتهم، وانتصروا عليهم، هل تحاسبهم ام تحاسب من لم يسلحوهم.

قال: أحاسب من لم يسلحوهم.

قلت: لو سألني أحد، أو سأل مدير إدارتي لعرف أنني تركت العمل مع صوت العرب، وقدمت استقالتي منذ عام، وأنني أعدت أجهزة التسجيل إلى القاهرة، ولا أملك وسيلة أسجل بها الاحتفال.

تساءل، حقا؟

قلت: تستطيع أن تطلب أحمد سعيد الآن وتتأكد من صحة ما قلت.

فأسف لي، وقال: علمت من خفاجي أنه لم يسلمك كتاب النقل بعد لذا اعتبر الموضوع منتهيا، وعد إلى عملك أقوى مما كنت، وأكرر أسفي واعتذاري، وسامح الله، من جاءني بنبأ لم أتبينه.

قلت له: سيدي الحاكم، أنا لا أستطيع أن أقبل عفوكم هذا، إذا لم يشمل زملائي جميعا بما فيهم البكباشي محمود كامل الموجي.

قال لي: "يعودون جميعا، أما الموجي فسأعمل على تسليمه عملا آخر لحاجتي إليه، فقد طلبت من القاهرة مديرا للشؤون العامة، وسيصل بين لحظة وأخرى، وسأطيب خاطره، واترك ذلك لي لأنه يتعلق بعمل عسكري، وذلك ليس من شأنك، وسيكون الموجي سعيدا بما سأسلمه من عمل".

عدت إلى عملي، وعاد إليه زملائي، وبقيت فيه حتى طلبني الأستاذ أحمد الشقيري من الحاكم العام، فالتحقت بمنظمة التحرير.

وفي زيارة لي للقاهرة برفقة الصديق عوني أبو رمضان، اتصلنا بالفريق أحمد سالم بعد إحالته إلى التقاعد، فرحب بنا ودعانا إلى الغداء في بيته، وروى لنا يومها ما لم يقله من التهم الظالمة، التي وجهها إلي البعض من ضعاف النفوس عن حادث النقل ذاك، وأنهم لم يكتفوا بإبلاغ الحاكم العام، بل ذهبوا إلى مكتب المخابرات معتقدين أنهم سيلقون بي في السجن، ولكن أحمد سالم، صحح لهم معلوماتهم، ودافع عني وحماني مما كانوا يدبرون، وأربأ على قلمي أن يذكر ما حاول ذلك النفر من إلصاقه بي من انحياز لعائلة على أخرى، بسبب صداقتي الحميمة مع أحد أفرادها وانتمائي للنادي الرياضي.

سببت لي إدارة الشؤون العامة الكثير من المشاكل مع بعض وجهاء غزة، وأعيانها، ذلك أنني كنت أشرف على احتفالات الإدارة، وولائمها، وأوجه الدعوات، وأعد أماكن الجلوس وفق بروتوكول محكم، فكانوا يعترضون على ترتيب أسمائهم، أو إغفالهم لدعوة إلى وليمة من ولائم الحاكم، أو الاحتجاج لأنهم ليسوا جميعا في الصف الأول في أي من المهرجانات، أو الاحتفالات.

ومع الزمن رسخت المفهوم الذي أعتقد أنه الصحيح، وكان الحاكم يوافقني ويدعمني فيما أتوجه إليه، بل كثيرا ما رد المشتكين والمعترضين خائبين.

ومن طريف ما أذكر من أيام العمل في إدارة الشؤون العامة، أنه جاءنا مدير جديد ضابط احتياط، اسمه حمدي سليط برتبة رائد. كان يبدو منغلقا مكتئبا، كأنما شيء ما يشغله، وكان شديد الانضباط، يخاف رؤساءه ويحسب لهم ألف حساب، شأن ضباط الاحتياط أمام العسكريين الآخرين كان يشغله دائما موضوع الدوام، فأعد له دفترا، وأصر على الموظفين بضرورة التوقيع فيه، وكنت قد حاولت كثيرا أن أشرح له طبيعة العمل، واستمع إلى تعليماته دون أن أنفذها أو ينفذها الموظفون، وإذا ما حاول أن ينوش أحدا منهم كنت أتصدى له. كان يعرف علاقتي مع الحاكم العام فيستسلم.

كان من عادة الضابط في إدارة الحاكم أن يقضي الواحد منهم إجازته في القاهرة كل ست أسابيع، وكان سليط حتى ذلك الوقت يمثل كابوسا للموظفين، فلم يحاول

أن يكسر الحاجز بينه وبينهم، وكان وهو المدني العسكري، يحاول أن يغلب العسكرية على المدنية، إحساسا منه بأنها الأقدر على إدارة أمور العمل.

وفي إحدى المرات عرفنا أنه سيقوم بإجازته صباح الخميس، فيتزحزح عن صدورنا، وكان مكتبنا في فيلا قائمة أمام المجلس التشريعي، بعد أن تركنا مكتبنا في سراي الحكومة، فاتفقنا أن نحتفل بمناسبة غيابه يوم الخميس، وبدأنا يوم الأربعاء الترتيبات، ووزعت مهام الاحتفال، بحيث يتوجه كل موظف مكلف بمهمة من بيته إلى الجهة التي حددتها له، لإعداد "القدرة" والكنافة لتناول غداء جماعي في المكتب.

حضرت صباح الخميس، وكانت الإدارة خالية تماما إلا من موظف أو أثنين، وجلسنا في الحديقة تحت شجرة الجميز الضخمة وأمامنا منضدة من الرخام، نشرب الشاي ونثرثر.

وفجأة توقفت سيارة المدير أمام الفيلا، وترجل منها مسرعا، وتوجه إلى مكتبه كعادته، سألني أول ما دخلت عليه عن الموظفين، فأجبت إجابات غير مفهومة. وسألته عن سبب تأجيله لإجازته، فعرفت أن القطار قد فاته. ومع تقدم النهار اكتشف أن الموظفين لم يحضروا إلى العمل رغم وجود تواقيعهم في دفتر الحضور.

قلت له: "إننا نحتفل اليوم بأحد أعيادنا"، فلم يفهم وتساءل عن العيد، قلت: إننا نسميه "يا للي فرقاك عيد" فزاد عجبه، وسألني عن طبيعة العيد.

قلت له: إن الموظفين، وأنا معهم نحتفل بفرحة سفرك، وتمتعنا بشيء من الحرية التي نحرم منها أثناء وجودك.

يومها ولأول مرة بدا حمدي سليط على حقيقته، عرفنا أنه فنان وأن أحد أقربائه شاعر كبير، وأنه يحب مجالس الأنس ويعشق الحياة، ولكن لديه بعض الهموم العائلية على رأسها صبية معاقة، فعرضت عليه أن يتأخر معنا لتناول الغداء في الإدارة، في ظل الجميزة، يومها كان يوما مشهودا، احتفل فيه معنا، وغنى وطرب وأعجب بالقدرة والكنافة وجو الحرية، الذي أحبه وأعشقه، وكسرت القيود، وظل حمدي على طبيعته الحقيقية حتى انتهت مدة عمله وعاد إلى القاهرة.

في بداية قيام المنظمة وقيام جيش التحرير، أشيع أن عددا من الضباط الفلسطينيين، يتمردون على رؤسائهم من الضباط المصريين، وأنهم على وشك القيام بانقلاب داخل الجيش، وكان من بين الأسماء التي ترددت، مصباح صقر، فايز الترك، نزار عواد وحسين الخطيب، فجرت عمليات تنقلات لهم.

في صباح يوم فوجئت أنه قد سبقني إلى الإدارة الضابط مصباح صقر، وأنه عين مديرا لها، فرحت به، قبل أن أدخل عليه، فهو أولا أحد تلاميذي في المدرسة الهاشمية، وأنه كان من مجموعة الطلاب الذين توطدت بيني وبينه مودة أثناء الدراسة.

دخلت إليه، فبادرني بقوله: "أنت المدير، وأنا هنا لمدة قصيرة، هي محاولة لإبعادي عن الجيش".

قلت له: "إنني فرح جدا بأن تتولى الإدارة، ويسعدني أن نعمل معا، ونطور عمل الإدارة ونزيد من فاعليتها، ونجعلها في خدمة منظمة التحرير، وجيش التحرير"، ولكن مدة التحاقه كانت قصيرة، فعاد إلى الجيش. ونجحت مفاوضات الشقيري مع الحاكم، وتم انتقالي للعمل في منظمة التحرير الفلسطينية في الشهر الرابع من عام 1965م.

من المطبات التي واجهتني أثناء عملي كمندوب لإذاعة صوت العرب في قطاع غزة، والتي أفزعتني ووضعتني في موقف صعب، يوم اتصل بي أحمد سعيد مدير إذاعة صوت العرب، وكان ذلك في اليوم السابق لاحتفالات مصر بعيد ثورة 23 يوليو.

طلب مني أحمد سعيد أن أسجل تعليقا للحاكم العام على خطاب الرئيس عبدالناصر، الذي سيلقيه بهذه المناسبة، وكان من عادة الحاكم العام أن يتلقى التهاني، بمناسبة عيد الثورة في المجلس التشريعي، ويستمع هناك إلى خطاب الرئيس مع رجالات الحكومة، وبعض الأخوة الفلسطينيين، اتفقت مع الحاكم على أن أزوره في قصره مساءا وأسجل الحديث لأبعث به مع موفد يحمله إلى القاهرة في القطار المسافر فجر اليوم التالي، بحيث يذيعه أحمدسعيد مساء 24 يوليو.

ذهبت إلى الفريق العجرودي الحاكم العام في قصره، وكان أنيسا محبا للمسامرة، طلق الحديث ثري الذاكرة، فاستقبلني هاشا، وجلسنا لساعات نتحدث في مختلف الشؤون الخاصة والعامة، ثم بعد ذلك وأنا ما زلت مأخوذا بأحاديثه مندمجا معه، مالت يدي إلى المسجل وبدأت التسجيل، وعندما انتهيت، وواصلنا الحديث وتناول القهوة مرات، وفي حدود الساعة الحادية عشرة غادرت القصر وتوجهت إلى مكتبي لأستمع للحديث وأتأكد من صلاحيته، وأكتب الرسالة المرفقة لأحمد سعيد، وكم كانت المفاجأة المذهلة عندما فتحت شنطة المسجل لأكتشف أنني لم أضع شريطا داخلها عند التسجيل، صدمتني المفاجأة وتوقف ذهني عن التفكير، فالقضية تتعلق بثلاثة أقطاب كبار، عبدالناصر، والعجرودي، وأحمد سعيد، وبدأت أشحذ الذهن للبحث عن مخرج لهذا المطب المحرج، والذي كما يقولون "بودي في داهية" لا يعلم إلا الله عقابها، رفعت سماعة التليفون، وطلبت قصر الحاكم، رد علي الخادم، طلبت منه أن يوصلني بالعجرودي فارتعب الرجل وتمنع قائلا: إن الحاكم قد آوى إلى فراشه، ومن المحظور علي إيقاظه لأيما سبب".

هدأت من روعه، وقلت له إنني سأتحمل مسؤولية النتائج، وإنني أريده لأمر هام.

رد علي العجرودي قائلا: "ماذا يا هارون، خير أن شاء الله"،

قلت له: "إنني استمعت للحديث، ولأهمية ما طرح فيه، وخشية أن يحرف أو يؤول أرى أن نقوم بتسجيله مرة أخرى لأن بعض العبارات لم تأت واضحة في التسجيل الأول، ولأهمية ذلك استميحك عذرا بأن آخذ جزءا من وقتك وأعيد التسجيل".

شكرني الحاكم على ملاحظتي واهتمامي وقال: "بالعكس أرحب وأهلا بك، وأنا في انتظارك".

وبذلك خرجت من ذلك المطب الصعب.

(45) دمشق من الوحدة.. إلى الانفصال

كنت في مكتبي بإدارة الشؤون العامة والاستعلامات، اليوم أول من مارس 1960، عندما جاء عبر الهاتف صوت مدير مكتب الحاكم العام،العقيد خفاجي قائلا: تذهب إلى البيت وتحضر شنطة السفر، وتحضر إلى المجلس التشريعي.

وانتهت المكاملة، دون أن أعرف إلى أين، ومتى السفر.

في ساحة المجلس التشريعي، عندما وصلت من منزلي وجدت عددا من أعضاء المجلس التشريعي، وأعضاء اللجنة التنفيذية العليا للاتحاد القومي العربي الفلسطيني، وما من أحد يعرف لماذا نحن هنا ولا إلى أين سنذهب. كان بينهم منير الريس، وجمال الصوراني، ومحمود نجم، وفاروق الحسيني، وعوني أبو رمضان، وعبد الله أبو ستة، وقاسم الفرا، ومحمد مسعود، وراغب العملي، والسيد أبو شرخ، ورأفت البورنو، وإبراهيم أبو ستة. ركبنا أحد أتوبيسات شركة باصات غزة، وانطلقت بنا الحافلة نحو الجنوب، حيث اجتازت رفح ودخلت الأراضي المصرية، وهي تحمل معنا الحاكم العام للقطاع، وعصام الدين حسونة مدير الشؤون القانونية، وعبدالجواد عامر.

أخذت أتطلع إلى الوجوه، وأراجع الأسماء، لماذا أنا بينهم؟، ربما كنت أصغرهم سنا، ولست عضوا في المجلس التشريعي، ولا في اللجنة التنفيذية للاتحاد القومي.دخلت السيارة العريش، ثم أخذت طريقا آخر، فإذا نحن في المطار، حيث، تنتظر طائرتان حربيتان، استقل الحاكم العام وبعض من الرجال إحداها، وركب البعض الآخر وأنا منهم الطائرة الأخرى.

كانت حاملة جنود، من الطائرات الحربية الصغيرة، وكانت مقاعدها متقابلة، بحيث كلما اهتزت لسبب ما، تقاذفنا في أحضان بعض، وكان معنا السيد أبو شرخ، وهو شخصية فكهة، فأخذ مكانه على أرض الطائرة متربعا موحيا بأنه في حالة

شديدة من الرعب، مما دفع أحد معاوني قائد الطائرة إلى الجلوس إلى جواره، ممسكا بيده، محاولا إشاعة الطمأنينة إلى نفسه.

وصلنا إلى مطار دمشق، لا يحمل أحد منا جواز سفره، ولا أي شيء يشير إلى هويته، كان وطننا واحدا، فلا جوازات ولا تأشيرات دخول ولا أي شيء مما يحزنون.

نقلتنا السيارات من المطار إلى قصر الضيافة لتسجيل أسمائنا، وتحيتنا للرئيس عبدالناصر، وما أن انتهينا من الإجراءات تلك، حتى التفت منير الريس إلى الحاكم العام، وقال: "أرى أن يقوم هارون بإبلاغ صوت العرب بوصول الوفد الفلسطيني القادم لمبايعة الرئيس عبدالناصر، وتأييده وتهنئته بالوحدة"، وعندما حاولت إرجاء ذلك لما بعد وصولنا إلى الفندق، أصر أبو ناهض على أنه من الأجدى أن أبلغ الخبر الآن، ليأتي في أول نشرات الأخبار من القاهرة.

قادني أحد موظفي القصر إلى أحد المكاتب وطلب لي القاهرة، وأمليت الخبر، الذي كتبته بسرعة، وقد استغرقت العملية وقتا غير قليل، وعندما أنهيت مهمتي خرجت لألتحق بالوفد، فإذا بي لا أجد أحدا وأبلغت أن الوفد غادر لمكان غير معروف، أسقط في يدي.. فأنا آتي إلى دمشق لأول مرة ولم يسبق لي زيارتها من قبل.

حاولت أن استفسر من المسؤولين عن وجهة الوفد.. فكان ردهم أنه من الضروري جدا أن أغادر القصر فورا، لاقتراب موعد وصول الرئيس، وأن الشوارع حول القصر ستخلى فعلي أن أغادره وابتعد عن المنطقة حتى لا أقع في مأزق آخر.

نزلت إلى الشارع وأنا لا أدري إلى أين أتجه شمالا أو جنوبا، شرقا أو غربا، فاخترت أحد الاتجاهات، أغذ الخطو مبتعدا عن القصر، وقد وجدت الشوارع قد أخليت تماما، وانتشر فيها العسكر، إلى أن وصلت إلى شارع جانبي، فملت إليه وأشرت إلى سيارة أجرة، توقف السائق، شرحت له أمري وقصتي، وقلت له: خذني إلى أي من الفنادق الكبرى.

وأخذت أدور من فندق لآخر، فلم أعثر للوفد على أثر، فطرأت لي فكرة، لماذا لا أذهب إلى دار الإذاعة، فهناك بعثة صوت العرب، منها صديقي أمين

بسيوني، وعند بوابة الإذاعة، وبسؤالي لعامل الاستعلامات قالي لي: "أمين بسيوني يكون موجودا في المساء".

طلبت منه أن يتصل به في منزله، وعندما هاتفته، رحب بي وقال: سأحضر حالا.

رجعت إلى السائق، وعرضت عليه ما أحمل من نقود مصرية، فإذا به يرفض أن يتقاضى أي أجر عن تنقلاتي، معلنا أنني ضيف الوحدة العربية.

جاء أمين بسيوني وصعدنا معا إلى مكتبه، وبدأ يجري اتصالاته، حتى عثر على الوفد، الذي كان قد توجه من القصر لحضور أحد احتفالات الوحدة، وبعدها توجه إلى فندق سميراميس.

بعد أن عثرت على شنطة ملابسي ونزلت غرفة في الفندق، ذهبت إلى الفريق أحمد سالم الحاكم العام في غرفته، أشكو إليه ما جرى لي، فعرفت أنه عندما كان يركب السيارة سأل عني، فقيل له أنني ركبت سيارة الأتوبيس، التي تحركت قبله.

أخذ يعتذر لي عما جرى ويطيب خاطري، كنا في رمضان فتوجهت بعد الإفطار إلى غرفتي لأستريح من عناء اليوم الشاق، فإذا بالصديق فاروق الحسيني يدخل إلي ويستمع لحكايتي، وبعد أن تناول القهوة، قال لي: ما رأيك لو خرجنا هذه المرة عن القاعدة،

قلت: أية قاعدة

قال: أنه لا يتحدث في لقاء عبدالناصر إلا رئيس الوفد

قلت: كيف يمكن ذلك؟

قال: ما رأيك لو ضمنت لك أن تلقي قصيدة أمام الرئيس عبدالناصر.

قلت بلهفة: قصيدة أمام الرئيس عبدالناصر، تلك أمنية عمري.

قال: وإذا ضمنت لك ذلك.

قلت: لا أنام قبل أن أكون قد أعددت قصيدة العمر.

هب، واقفا، وقال لي: سأعود إليك بالخبر اليقين.

وعاد إلي يقـول: إسـتعد، لقـد رحـب عبـدالجواد عـامر، وعصـام حسـونة بـالفكرة، وسأتركك الآن لشيطان شعرك، وأريـدك أن تطـول رقبتنـا، فتسـمع عبـدالناصر مـا يشـعرنا بالفخر.

اللقاء مع الزعيم جمال عبد الناصر في دمشق زمن الوحدة

لم أنـم ليلتهـا، حتـى كتبـت القصيدة. لا أدري أي انفعـال انتـابني ليلتهـا، ولماذا استرجعت الذاكرة المتنبي وهو يستعد للقاء سيف الدولة بقصيدته المشهورة، التـي يقـول فيها:

واحـر قلبـاه ممـن قلبـه شـبم ... ومـن بجسـمي وحـالي عنـده عـدم

مـالي أكـتم حبـا قـد بـرى جسـدي ... وتـدعي حـب سـيف الدولـة الأمـم

كان ذلك اليوم الثالث من مارس 1960، يوما من أيام العمر، لا أنساه ما حييت، إنه باق كأنما هو الآن.. كل ثانية ودقيقة ولحظة منه ماثلة أمامي، أعضاء المجلس التشريعي، وأعضاء اللجنة التنفيذية للاتحاد القومي، وأنا الشاب الشاعر من غزة، في شبه حلقة في قصر الضيافة الرئاسي بدمشق، عاصمة الأمويين، وقوفا نترقب لحظة دخول الزعيم العربي، القائد الفذ، عبدالناصر، أمل الملايين من العرب من المحيط إلى الخليج، وأطل داخلا علينا، كان قريبا جدا منا، فرش ابتسامته الوقورة لنفتح لها قلوبنا، أشاع جوا من الألفة، وهو يسلم على الواقفين واحدا واحدا، توقف لحظات أمام السيد أبو شرخ، استذكر معه أيام المجدل، سأله عن أولاده، ولاحظ بحسه الواعي نظرات من حوله وإحساسهم بالغيرة لوقوفه مع السيد أبو شرخ دونهم، عاود السلام متبسطا مع الآخرين حتى لا يترك شيئا في نفوسهم مما أحسوا به.

ألقى منير الريس كلمته، محييا بطل القومية العربية وزعيمها، ناقلا إليه تحيات الشعب العربي الفلسطيني المرابط في قطاع غزة ومبايعته.

وما أن انتهى من كلمته حتى تطلع الرئيس عبدالناصر إلينا قائلا: أين شاعر شباب فلسطين، نود أن نسمعه.

طوقني الكبير، الكبير لحظتها، بكل الحب، الذي لا أنساه، وكانت مفاجأة للجميع ولرئيس الوفد لم يكن أحد يعلم بذلك سوى فاروق الحسيني، وعبدالجواد عامر، وعصام حسونة.

بدأت إلقاء قصيدتي بكل الشجن وكل الصدق وكل الحب، وما كنت آبه بمن حولي، ولا همني أحد من الحضور، كنت كأنما أنا وحدي أمام الزعيم.

ومما قلت ذلك اليوم:

إضغط زنادك يا جمال، نشد للوطن الرحال
دقت طبول النصر تهدر في الجنوب وفي الشمال
والوحدة الكبرى أطل صباحها والليل زال

وتملمـل العمـلاق، عمـلاق العروبـة والنضـال
يجتـث مـا صـنع الفسـاد والانقسـام والاحـتلال
ويـردد الصـوت الحبيـب الحـر يرعـد بالمقـال
لا قاسـم منـا ولا منـا دعـاة الإنفصـال

ومنها:

إنـا عـلى عهـد الثبـات ولـن نحيـد عـن الثبـات
حـول الحـدود كهوفنـا وخيامنـا المترقبـات
حـول الحـدود تكـاد تحضـننا الحـدود القائمـات
فمخـيمات في الشـمال وفي الجنـوب معسـكرات
أبـدا عـلى عهـد الثبـات مرابطـات مؤمنـات
أبـدا بإسـمك يـا جـمال مـرددات هاتفـات
ترنـو إليـك حبيبهـا ومجيرهـا في النائبـات
فاضـغط زنـادك تلتقـي الرايـات مـن كـل الجهـات

ما أن فرغت من إلقاء القصيدة حتى أشار إلي، فتوجهت إليه، أصافحه وأعانقه، وخرجت مزهوا سعيدا، كأنما ملكت الدنيا كلها، وزادني زهوا صديقي فاروق الحسيني، وهو يقول لي: لقد أبكيت عبدالناصر، تمكنت أن تهزه، حتى اغرورقت عينا الرجل الكبير بالدمع.

الشيء المثير في ذلك اللقاء أن الزعيم الصادق يومها، كان صريحا، ونحن تعقد عليه الآمال ونتطلع إليه قائدا ومنقذا، إنه لم يشأ أن يخدعنا ويطيب خواطرنا بكلمات تذهب أدراج الرياح، فقد قال في كلمته، التي ألقاها علينا: "الحقيقة يا إخواني، أنني لا أملك حتى اليوم خطة لتحرير فلسطين".

مما أثار قلقا ولغطا لدينا، وأخذ كل منا يفسر كلمة الرئيس حسب اجتهاده،

يروي الصديق عصام حسونة، ذكرياته عن ذلك اليوم وتداعياته في كتابه: "23 يوليو.. وعبد الناصر شهادتي" صفحة 90-91،

يقول: "دعيت إلى تناول الغذاء على مائدة الرئيس في قصر الضيافة.. كان الحضور على الغداء.. لا يزيدون على أصابع اليد الواحدة.. قادة يوليو المصاحبين للرئيس.. عبدالحكيم عامر.. عبداللطيف بغدادي.. كمال حسين. في أقصى المائدة جلس علي صبري.. وشخص لم أكن أعرفه من قبل.. أجلسني الرئيس إلى يمينه.. وحين بدأ السفرجي يقدم أطباق الغداء تبادل معه الرئيس حديثا مرحا ودودا.. قال له الرئيس: "عامل إيه.. مع طباخ المشير". أجاب السفرجي وهو يبتسم: "حوشوه عني، عاوز يطبخ كل يوم كشك. أصله جايب كمية كبيرة من أسطال".

قال الرئيس للمشير: "إرحمنا يا حكيم من الكشك".

أثناء الغداء تناول الرئيس غداء خاصا، وبدا لي أنه يلتزم بنوع من الرجيم، التفت لي الرئيس وقال: "عملوا إيه أهل غزة معكم أثناء وقوعكم في الأسر؟"

أجبت: أنا بطبعي أحب الناس وقد أحببت أهل غزة منذ ندبت للعمل معهم 1953.

قال: أنا مثلك، أحب الفلسطينيين، إن لي مع بعضهم صداقات منذ حرب 1948، ما يزال بعضهم وبعض مخاتيرهم يزورونني كلما جاؤوا إلى القاهرة.

ثم سألني: ألا يزال طلبتهم يذاكرون دروسهم على إسفلت الطريق تحت أنوار المصابيح المعلقة على عمدان الإنارة.

قلت: لا يزالون، والغريب أن نسبة التعليم في قطاع غزة ونسبة التفوق تزيد على أي نسبة في البلاد العربية.

سألني: ماذا كان موقف الأمم المتحدة منكم أثناء الأسر؟

قلت: "إنهم يا ريس منحازون، بطبعهم إلى إسرائيل". اعترض على كلمة بطبعهم، وقال: "لا تقل بطبعهم، بل قل إننا نحن العرب مقصرون في إعلامنا، بينما نجح الإعلام الإسرائيلي في مخاطبة الضمير الأوروبي وكسب مشاعره الإنسانية، بينما نجحنا في كسب عداوتهم".

قلت للرئيس: هل صحيح أن مصر لا تملك اليوم، بعد ثماني سنوات على ثورة يوليو، و 12 سنة على حرب 1948 خطة لتحرير فلسطين؟

أجاب الرئيس: هذه هي الحقيقة.

قلت للرئيس: "ألم يئن الأوان لتضع دولة الوحدة خطة للتعامل مع القضية الفلسطينية في الحاضر وفي المستقبل، على أساس حقائق الواقع، في الحاضر والمستقبل. إن كانت المعركة مستحيلة في جيلنا، عرفنا ذلك، إن كان الإعداد للمعركة يستلزم جيلا أو جيلين عرفنا ذلك، حتى لا نقع في شراك ردود الفعل غير المحسوبة".

وافقني الرئيس وعهد إلي بإعداد قرار جمهوري بتشكيل لجنة عليا لإعداد تخطيط شامل لتحرير فلسطين. وأعددت مشروع القرار ووقعه الرئيس بعد أن عاد إلى القاهرة، شكلت اللجنة برئاسة المشير عبدالحكيم عامر، وعضوية صفوة القيادة السورية، المصرية في دولة الوحدة.

بيد أن اللجنة لم يكتب لها أن تجتمع جلسة واحدة..

لم تقتصر تلك الزيارة إلى دمشق على الاهتمام الرسمي والحفاوة الرسمية، ففي الوقت الذي خصص فيه سليم اليافي مدير مؤسسة اللاجئين الفلسطينيين سيارة للحاكم العام، وسيارة أتوبيس لتنقلات الوفد، أمر بتخصيص سيارة لي، رافقني فيها المجاهد الفلسطيني نمر المصري، الذي طالما قرأت عنه في بواكير الصبى ومطلع الشباب، وهو داخل الحركة الوطنية الفلسطينية، والذي لم التق به منذ تلك الليلة التي لا تنسى وهو يهدر على مسرح سينما السامر مع حمدي الحسيني بغزة عام 1946، كان في دمشق يعمل مساعدا لليافي في مؤسسة اللاجئين، وقد وضع لي برنامجا حافلا، بدأه بأول زيارة لي إلى مخيم اليرموك، التقيت فيه باللاجئين، الذين سبقني شعري إليهم عبر نشرة "الثأر"، التي كانت تصدر في بيروت، وعبر إذاعة صوت العرب والإذاعات العربية الأخرى، وفي مقدمتها إذاعة دمشق.

وقفت في إحدى مدارس مخيم اليرموك طفلة من أسرة الدباغ من يافا، تلقي إحدى قصائدي إلقاءا هزني، وهو يخرج منها حزينا شجيا موجعا:

"لماذا نحن يا أبتي .. لماذا نحن أغراب".

تجولت في دمشق برفقة نمر المصري، الذي شملني بحنو لا أنساه، وقدمني إلى الكثير من الأخوة الفلسطينيين، ودار بي في سوق الحميدية، وصلينا معا في الجامع الأموي.

كانت الزيارة تلك إلى دمشق واحدة من الزيارات، التي تثلج الصدر، وتشرق بالأمل، فقد جاءت في الوقت الذي تحتفل فيه دمشق بعيد الوحدة، وباعثها جمال عبدالناصر، ذلك البطل الأسمر، الذي رد إلى الأمة العربية اعتبارها، وأعادها إلى صدارة الاهتمام في العالم، وذكرها وهو وسط الآلاف التي لا تحصى ـ وهي تحتضنه بأسمى آيات الحب والاعتزاز، بذلك البطل الباقي أبدا في تاريخ الأمة، صلاح الدين الأيوبي، هازم الصليبيين، قبل ثمانمائة عام، ومحرر القدس ومعيدها إلى أحضان العروبة والإسلام.

من عاش تلك الأيام، ومن شهد الزحوف الهائلة من البشر ـ وهي تتدافع كأمواج البحر، لمشاهدة طلة الرئيس الأمل إيمانا بالوحدة، ونزوعا إليها، يعرف إلى أي مدى يؤمن الشعب العربي بالوحدة، ويعمل على قيامها، ويضحي من أجلها.

كانت الوحدة، منذ قيام جامعة الدول العربية عام 1945 هاجس الجماهير العربية وأملها، وعندما حلت نكبة 1948، أصبحت الوحدة عقيدة الجماهير بأنها طريق العودة إلى فلسطين.

مرة أخرى، دعيت إلى دمشق عام 1961 لحضور مهرجان الشعر العربي، ومؤتمر الأدباء العرب. تملكتني الأحاسيس وأنا في طريقي إلى مطار القاهرة، لأنتقل من الإقليم الجنوبي إلى الإقليم الشمالي. كانت صورة الدولة الكبرى، التي ولدت في الشرق الأوسط ملء عيني، دولة عربية، نواة الوحدة العربية، وحدة شاملة من المحيط إلى الخليج.

كانت الابتسامات المشرقة ترتسم على وجوه الزملاء من شعراء الإقليم الجنوبي، شعراء مصر، والزملاء شعراء الجزائر واليمن والمغرب، وليبيا، كلنا كنا نعيش لحظات سعيدة لأننا ذاهبون إلى دمشق عاصمة الأمويين، وكما يقول شوقي: "ومجد الشرق أوله دمشق".

كانت قلوبنا مفتوحة للقاءات مع إخوة أحبة من أبناء الوطن الواحد في الإقليم الشمالي.

استقبلتنا دمشق.. لقينا الأحباء من إخواننا هناك، التقينا بالعناق والقبلات، كان الفرح هو طابع ذلك اللقاء، الذي عشناه على أرض الإقليم الشمالي لدولة الوحدة في دمشق.

وبدأ مهرجان الشعر، والتقينا وجها لوجه مع دمشق العروبة، وارتفع الهتاف منذ اللحظة الأولى لجمال عبدالناصر في قاعة المهرجان، التي كانت تغص بالألوف من الرجال والنساء والشباب والشابات.

كان هتافا صادقا، وتحية ليست فقط لأبناء مصر ونخبتها وطليعتها من الشعراء والأدباء، بل كان لكل العرب في شخص الزعيم، الأمل، جمال عبدالناصر.

مرت أيام المؤتمر، وعشنا أجمل لحظات العمر، وزرنا شتى المناطق، ووقفنا على هضبة الجولان وعيوننا تمتد إلى هناك إلى أرضنا المغتصبة، المنتظرة ليوم النصر.

توافد إلي العديد ممن أعرف من الشباب القومي العربي، ودعيت إلى لقاء معهم، رتبته الأخت بوران الخضراء، التي كنت قد تعرفت إليها في إحدى زياراتي للقاهرة، تلك الفتاة الفلسطينية النقية، التي تشتعل حماسا ووطنية.

كان اللقاء الحميمي مساء يوم الأربعاء، بعد أن ألقيت قصيدتي في المهرجان والتي قلت فيها:

يقولون ماذا ستسلهم ... وماذا تقول وما تنظم
وأنت شريد فلا موطن ... يلوح ولا أمل يبسم
وأهلك في عصفات الرياح ... شظايا تطاير لا ترحم
وأيار في كل عام يجيء ... ويحمل للنفس ما يؤلم
وأنت تغني.. تغني الحياة ... وتشدو كأنك لا تعلم
عجيب ألست من اللاجئين؟ ... ألست تحس ألا تفهم؟

ألست ترى قومك الضائعين؟ على كل منحدر حوموا
ففيم غناؤك فيم نشيدك فيم تفاؤلك الملهم؟
ألست من اللاجئين الألى هنا.. وهناك لهم مأتم
بلى.. إنني لاجيء مثلهم بلى إنني واحد منهمو
وقومي أولاء كبار النفوس عظام القلوب فخاري همو
مشوا في الطريق وفوق الصخور وعبر الخطوب وما حطموا
وما استسلموا قط للنائبات ولا تحت لطماتها استرحموا
لقد هزموا الموت دكوا الفناء وقام كيانهم المحكم
كيان فلسطين رغم، الذين له قاوموا وله قسموا

في ليلة الخميس بدأ احتفالنا بالشاعر العربي الكبير "البحتري" وعدنا إلى الفندق، آملين أن نتابع احتفالنا بالبحتري. كان الجو متوترا بعد استقالة عبدالحميد السراج، وكان الحديث الهامس، الذي استمعنا إليه يتردد في أوساط دمشق بأن شيئا ما سيحدث، وأن تلك الاستقالة لن تمر بسلام.

دخلت إلى غرفتي، التي كان يشاركني فيها الشاعر المصري محمد التهامي، والذي توطدت بيني وبينه الصداقة منذ زار غزة في وفود الأدباء والشعراء المصريين.

لا أدري لماذا كان يداخلني شيء من التوجس والقلق تلك الليلة السوداء، فما أن أوينا إلى فراشنا أواخر الليل، حتى صحونا على أصوات طلقات نارية في أنحاء بعيدة من المدينة، وخيم الصمت، وعاد الهدوء.

قلت: إنها رصاصات طائشات، ولكن القلق عاودني.

وجاء صباح الخميس، صباحا كالحا حزينا رهيبا، فقد صحت دمشق على بيانات الحركة الانفصالية الطائشة.

أذهلتنا الصدمة، وهزت كياننا، وكان صاحبي لا يزال نائما، عندما سمعت

هتافات حول الفندق، ولغطا وأصواتا تقول:

"عبدالناصر منتش منا، خود ارجالك وارحل عنا".

أزحت ستارة النافذة، فرأيت شاحنات تلقي بمجموعات من الغوغاء التي تردد الهتافات، المعادية ضد الوحدة.

استيقظ صاحبي محمد التهامي فزعا، وبدا عليه الرعب، وهو يتساءل عن مصيرنا، وأخذ يحدثني عما فعل العراقيون بنزلاء الفنادق في بغداد، عندما قاموا بانقلابهم، وأن أي مكان في الفندق لن يحمينا من غضب الجماهير وبطشها، نزلنا إلى صالة الفندق حيث تجمهر العديد من زملائنا الشعراء والأدباء، وقد أصيبوا بحالة من الذهول والانكسار والغضب، وأخذنا نستمع إلى البيانات وهي تتوالى، وأصوات الجماهير المحاصرة للفندق تدق آذننا، وبدأت الدبابات تجوب الشوارع، وخرجت الخفافيش من أوكارها، تضم الموتورين والمأجورين وأعداء الوحدة، بينما تظاهرت أخرى جاءت أصواتها من بعيد تنادي بالوحدة، وحياة عبدالناصر، أتى بعد ذلك بيان آخر أعاد لنا شيئا من الطمأنينة، وبدأنا نشعر بالراحة، وخرج عدد من الزملاء إلى الشارع لاستطلاع ما يجري، وكان من بينهم الشاعر الصديق أحمد رامي، وما هي إلاساعات حتى عاد الموقف إلى ما كان عليه.

سيطر الانفصاليون على دار الإذاعة، وبدأت بياناتهم المعادية تتوالى، وأختفت التظاهرة الكبيرة، التي خرجت تؤيد الوحدة، وأعلن حظر التجول.

تجمعنا في الصالة الكبيرة داخل الفندق، يتصدرنا الأستاذ يوسف السباعي، الذي أخذ يطمئن علينا واحدا واحدا، إلى أن لفت نظره عدم وجود الشاعر أحمد رامي بيننا، ومر الوقت وحضر الجميع، وتغيب أحمد رامي، وبدأ القلق يساور السباعي، ويساورنا جميعا.

أين ذهب، وماذا جرى له، هل طالته أيدي الغوغاء، وكلما زاد تقدم النهار بنا زاد قلقنا على أحمد رامي، ووصلت حالة التوتر بيوسف السباعي أقصاها، وبدأ يفكر بطريقة يسأل بها أو يستقصي عن فقدان أحمد رامي، فإذا به يطل علينا

داخلا من بوابة الفندق ، يتهادى بهدوء، فهب الجميع وهم يستطلعون ما جرى له، وما أن جلس إلى جوار السباعي وسط الحلقة الكبيرة، وفرش ابتسامته، وضحك، بادرنا بقوله: "خرجت أشم الهواء، فصادفتني التظاهرة، التي خرجت لتأييد الوحدة، انضممت إليها، فالتقتني إحدى المعجبات من سيدات دمشق المثقفات، وسارت معي، ودعتني إلى بيتها حيث جلسنا إلى جوار فسقية يترقرق فيها الماء منغما، وشربنا العرق الزحلاوي، ونحن لا ندري ما يدور في الخارج، وقرأت لها ما قرأت من الشعر، وها أنا بينكم، وقد أعادتني تلك السيدة الفاضلة سالما آمنا.

قال له أحدهم: "أما كنت تخشى أن يقبض عليك، وتقع في مأزق لا تحمد عقباه؟". ضحك رامي، وبخفة ظله قال: "كنت سأقول لمن يقبض علي، أنا رامي أم كلثوم، وكنت ضامنا بأن جمهور أم كلثوم لن يلحق بي أي أذى".

وضحك، وضحكنا.

بدا مصيرنا مجهولا، عندما أبلغ الجميع بأن الجهات المسؤولة لا توافق على مغادرتنا دمشق، وكان معنا في الفندق عدد من الوزراء المصريين، وكان بين ضيوف المؤتمر وردة الجزائرية، التي أحيت إحدى ليالات المؤتمر.

قلت لصاحبي الشاعر الجزائري صالح الخرفي: "عسى أن تستطيع وردة الشفاعة لك ولي، وإخراجنا من هذا المأزق".

بعد مفاوضات أجراها يوسف السباعي مع مندوبين من سلطات الانفصال، وافقوا على رحيل وفد مصر، وطلبوا من السباعي التقدم بأسمائهم للسماح لهم بالرحيل.. أسقط في يدي، ماذا سيفعل بي الانفصاليون إذا بقيت في دمشق. وإلى أين سأذهب، إذا ذهب وفد مصر وتركني، أفضيت بتوجسي إلى الصديق عصام الحيني مساعد يوسف السباعي، فقال لي:

"إن الأستاذ يوسف، قد ضم اسمك إلى قائمة أسماء وفد مصر، وإنك سترحل معنا في صباح اليوم التالي".

أخذت مقعدي في سيارة أتوبيس إلى جوار الشاعر أحمد رامي، كان الأتوبيس من النوع القديم، الذي كنت أعرف أمثاله في بلادنا فلسطين، وتحركت السيارة مخفورة بحراسة تتقدمها، وحراسة تسير خلفها. وكانت السيارة وهي في طريقها إلى لبنان تتعثر، وتتوقف من حين لآخر، فمال إلي أحمد رامي يتساءل:" أتعتقد أن هذه السيارة ستوصلنا إلى بيروت، أم أنها ستنقلب بنا، فيتخلص الانفصاليون منا"".

وظل رامي طوال الطريق، بخفة ظله يواصل أحاديثه الطريفة.

وصلنا مع المساء إلى نقطة الحدود "المصنع" وتوقفت سيارتنا والسيارات التي كانت تقل وزراء الوحدة، الذين رحلوا معنا، ونزلنا لنتقدم بما لدينا من وثائق إلى نقطة الجوازات، الأخوة المصريون، كانوا يحملون معهم البطاقات التي صدرت بعد الوحدة للإقليمين الشمالي والجنوبي، وعندما سلمت وثيقة السفر التي أحملها، تناولها الضابط، ونظر إليها باشمئزاز، وقذف بها خلفه، وأشار إلي أن ابتعد وأجلس في طرف الغرفة كأنني أجرب. وما أن انتهى من الجميع حتى التفت إلي قائلا: أما أنت فسترجع إلى دمشق".

قلت له: كيف؟

قال: أنت لا تحمل تأشيرة دخول إلى لبنان.

ولم يقبل مني أي مناقشة، وأصدر أوامره لعساكره باحتجازي، وعلا صوتي، فأقبل عصام الحيني، يستوضح الأمر، وأخذ يناقش الضابط، الذي لم يقبل منه أي تفسير، فخرج الحيني من الغرفة، وشرح الموقف ليوسف السباعي، الذي أقبل مسرعا ليناقش الضابط، ويحاول إقناعه بالسماح لي بالسفر.

قال للضابط: لن يتحرك أحد قبل السماح لهارون بالتحرك معنا.

كان موقفا كريما، لا أنساه للسباعي، وأقبل عدد من الإخوة الشعراء والأدباء، وتدخل "عبدالحميد غالب" سفير الجمهورية العربية في بيروت الذي كان قد قدم من بيروت لتسهيل مرورنا، وطلب من الضابط أن يوصله بوزير الداخلية اللبناني، وبعد أن انتهت محادثته الهاتفية ناول التليفون للضابط، فأخذ الضابط

يردد: "أمرك سيدي، حاضر سيدي"، وبعد أن أعاد الضابط سماعة التليفون إلى مكانها، التفت إلي قائلا:

"أهلا بيك في بيروت، شو تريد أسبوع، أسبوعين، شهر، شهرين"، نظرت إليه بأسى وقلت: "آسف أنا لا أريد أن أمكث في بيروت، أكثر من مدة العبور إلى القاهرة، وأنا مضطر لهذا الدخول غير المرحب به، والمضطر كما يقولون، يركب الصعب".

تناول الضابط وثيقة السفر، ودق خاتمه، وهو يقول: "أهلا وسهلا في بيروت".

قضينا في بيروت يوما واحدا، حيث وصلت من القاهرة طائرة خاصة أقلتنا جميعا، الشعراء والأدباء لتحط بنا على أرض مصر.. مصر عبدالناصر، التي كانت آنذاك ترحب بنا وتحضننا بدفء حنانها، دون أية مشاكل أو منغصات، ننزلها تماما كما ننزل غزة، لنقضي بها الوقت الذي نريد، بلا إقلاق من الشرطة أو الجوازات.

التقيت في القاهرة بالصديق عوني أبو رمضان، لأشارك في إصدار عدد من مجلتنا "نداء العودة"، الذي صدر في 30 سبتمبر - أيلول 1961، يحمل على غلاقه عبارة "أعداء الوحدة أعداء فلسطين".

وفي ذلك الشهر، عمت موجة السخط جميع أنحاء العالم العربي، ضد الحركة الانفصالية في دمشق، فقد قامت التظاهرات الصاخبة تعلن سخطها على الانفصالية، وتلعنها، وتعلن تأييدها للزعيم جمال عبدالناصر، وسياسته نحو تحقيق الوحدة العربية، والمحافظة على كيانها وتقديس أهدافها. ففي القاهرة وبيروت، ودمشق والخرطوم والكويت وغزة، خرجت الجماهير الغاضبة المكلومة تعلن عن موقفها الثابت نحو الوحدة وأهدافها.

في غزة نظم الاتحاد القومي العربي الفلسطيني تظاهرات شعبية، لم يشهد لها القطاع مثيلا، حيث خرج أبناء القطاع عن بكرة أبيهم، وساروا لعدة أيام مؤيدين لعبد الناصر، غاضبين على الإنفصاليين، حاملين اللافتات المعبرة عن ذلك وتدفقت

الجماهير من غزة وخان يونس ورفح ودير البلح ومعسكرات اللاجئين، بحيث زاد عدد المتظاهرين على مائة ألف مواطن، يحملون صور الرئيس، وأعلام الجمهورية العربية المتحدة، وأعلام فلسطين، وتجمعوا أمام المجلس التشريعي، حيث استقبلهم الفريق يوسف العجرودي الحاكم العام قائلا: "أيها الفلسطينيون الأحرار، لقد هزتنا جميعا تلك الأحداث المؤلمة، التي قامت في دمشق، وإننا نؤمن بأن الرئيس جمال عبدالناصر يعمل ليلا نهارا من أجل رفع راية القومية العربية خفاقة، ومن أجل جمع كلمة العرب. وقد أصدر يومها المتجمهرون عدة قرارات منها:

أولا: يعلن الشعب العربي الفلسطيني تأييده المطلق وتعزيز بيعته للرئيس جمال عبدالناصر، في سبيل العودة.

ثانيا: يؤكد الشعب العربي الفلسطيني إيمانه بأن الجمهورية العربية المتحدة هي الآية الناطقة لتحقيق الوحدة العربية وتحرير فلسطين وجميع الشعوب العربية، ونناشد كل عربي مخلص التمسك بوحدته وعروبته.

ثالثا: يستنكر الشعب العربي الفلسطيني الحركة الانفصالية الرجعية في دمشق.

رابعا: يعلن الشعب الفلسطيني سخطه على العملاء الذين باعوا أنفسهم تلبية لرغبة الاستعمار والصهيونية، ويناشد أشقاءه العرب المبادرة لدعم الوحدة.

خامسا: يحيي عرب فلسطين أشقاءهم عرب الإقليم السوري طليعة الكفاح، ويناشدونهم المضي قدما للحفاظ على الوحدة العربية.

وتوجه بعد ذلك وفد من رجالات غزة، وقابلوا المشير عبدالحكيم عامر، وأعربوا عن تجديد بيعة الشعب الفلسطيني للرئيس جمال عبدالناصر، واستعداده للبذل والتضحية في معركة القومية العربية والوحدة الشاملة، وعن أملهم في العودة الكريمة إلى الوطن السليب.

قال يومها المشير عبدالحكيم عامر عند استقباله للوفد:

"إننا وأهل فلسطين نمثل الخط الأمامي للدفاع عن القومية العربية، ولابد أن نستميت لحماية كياننا، وما حدث في سورية ليس نهاية لأي شيء، بل بداية مرحلة

جديدة، وقد تعودنا أن ننهض بقوة بعد أي مؤامرة يحاول الاستعمار أن ينال بها مآربه"، والتفت إلى العجرودي قائلا:

"إن الأخ العجرودي بينكم يعاونكم على تحقيق مطالبكم لأداء دوركم كاملا في الخط الأمامي، في قطاع غزة".

لقيت الزعيم جمال عبدالناصر بعد ذلك، لقاءات عابرة، ضمن وفود الأدباء العرب، والأدباء الأفارقة، وكان يسعدني أنه ظل يذكر وجهي ويذكر كلماتي.

كنت أثق أنه الرجل المخلص، الذي يعيش مأساة شعبي وقضيته، وكم كانت فجيعتي به عام 1970 عندما سقط شهيد فلسطين، وشهيد العروبة، وهو يحاول أن يرأب الصدع، الذي جرى آنذاك، ويحاول تضميد الجراح، وقد عبرت عن ألمي، وأنا أقف على منبر الاتحاد الاشتراكي في القاهرة يوم 7 نوفمبر، وألقي باسم فلسطين قصيدتي مشاركا ومن بعض ما قلت ذلك اليوم:

كنا على موعد للنصر ميمون ... لراية الحق تعلو في فلسطين
وأنت تمضي بنا يا حب أمتنا ... لشاطىء رائع الآمال مأمون
وأنت فارسنا المرجو رائدنا ... لجولة الحق في وجه الشياطين
هي العروبة من عينيك نابعة ... يا صرحها.. وهي نبض في الشرايين
هي العروبة رايات مخضبة ... تواقة للقاء في الميادين
ما طأطأت.. أو حنت للريح هامتها ... يوما ولا استسلمت للذل والهون
ولا تهاوت على أقدام طاغية ... ولا أبيحت ولا ذلت لنيرون
نمتك عملاقها من عمق نكبتها ... فجئتها بسنا كالسيف مسنون
يضيء دربا دجى واسود واشتجرت ... فيه الذئاب.. وأشتات الثعابين
جمال أطفالنا في كل مغترب ... غنوك أحلى ترانيم الحساسين
أبا رحيما وقلبا واسعا لهم ... قد كنت في عالم قاس ومجنون

جمـال عهـدك في قلبـي وفي شـفتي   وفي عروقــي، وفي نبضي يغــذيني
جمـال اسـمك رايـاتي التـي ارتفعـت   في لجـة الهـول.. أعطيهـا وتعطينـي
جمـال عهـد علـى شـعبي أسـجله   جمـال قـال: فيـا أرواحنـا هـوني
جمـال قـال: إلى الأقصى نحـرره   عهـدا علينـا علـى الشـمم الميـامين

(46) من إدارة الحاكم العام
إلى منظمة التحرير الفلسطينية

عندما أقبل الشقيري إلى غزة عام 1964 بعد أن كلفه مؤتمر القمـة العربي بالعمـل على إعادة بناء الكيان الفلسطيني، وعندما قدمته في المهرجان الكبير، الذي أقيم في ملعب اليرموك، واستمعت إليه، واستمع إليه الشعب بكافة فئاته، وعندما دوى صوت الجماهـير: "يا شقيري شعبك قال هات سلاح وخود رجال"، كنت أحس لحظتها أنني أولد من جديد، وأن كل الذي كان يصدر عني كلاما وشعرا، في طريقه إلى أن يكون حقيقة واقعة.

تقديم الشقيري لجماهير غزة
"يا شقيري شعبك قال هات سلاح وخود رجال"

لا أدري لماذا تذكرت لحظتها، في شريط سريع كل الخطوات، التي بـدأت في القطـاع منذ لحظة وصول الحاكم، المبعوث من عبدالناصر، وشعرت أن الخطة ما زالت تتابع، وأن ما يريده عبدالناصر في طريقه إلى الإنجاز الكامل، تحقـق البنـاء السيـاسي بإقامـة المجلس التشريعي، والاتحاد القومي، والبناء العسكري، بكتائبه الفلسطينية والتـدريب الشعبي، وقواعد الاتحاد القومي، وبقي أن يخرج المشروع من غزة إلى كافة التجمعات الفلسطينية في المنافي.

عقد المجلس الوطني الفلسطيني، وأقيمت منظمة التحرير الفلسطينية وأفتتح لهـا مكتب، أختير له الصديق مجدي أبو رمضان.

وولد الجيش الفلسطيني، وأعلن التجنيد الإجبـاري. خطـوات سريعـة متلاحقـة، لم تعترف بالزمن، فقد كانت أكثر تسارعا منه، لأن الأرضية في القطاع كانـت معـدة تمامـا لاستقبال هذا المولود الجديد.

بدأت المفاوضات معي للانتقال من العمل بـإدارة الشـؤون العامـة، التـي أحببتهـا، وكنت أعتبرها مملكتي، للعمل في منظمة التحرير الفلسطينية.

جرى نقاش بين الأستاذ أحمد الشقيري والحاكم العام الفريق يوسف العجرودي، الذي كانت تربطني به صداقة حميمة، ومحبة واحترام، معتزا بدوره، الذي قام به، عنـدما كان على رأس الكتيبة الفلسطينية مـدافعـا عـن خـان يـونس عـام 1956 متصديا للهجـوم الصهيوني. كنت كثيرا ما أسهر معه، وكثيرا ما استمتع بجلساته، التي لا تمل، وكثيـرا مـا كان يحكي لي طرفا مما كان يصادفه، عندما كان رئيسا للحرس الملكي في عهد فاروق. روى لي أنه في ذات مرة طلب منه أن يكون برجاله في استقبال الملـك، عنـد افتتـاح أحـد المسـاجد في القاهرة، وأنه عنـدما دخل بعسـاكره إلى المسـجد بعـد أن خلعـوا أحـذيتهم، وأثنـاء قيامـه بالتفتيش عليهم، اكتشف أن جورب أحد الجنود كان مقطوعا تمامـا، وأن أصابعه بارزة منه بوضوح، فخشي أن يلحظ الملـك ذلـك، فطلب مـن الجنـدي أن يبقى في غرفة في مدخل المسـجد، ربما كانت معدة لإدارته، أدخله فيها، وأغلق عليه الباب ووضع المفتاح في جيبه، وعندما حضر الملك، وجرت مراسم الافتتاح، وأثناء خروج الملك، وكان شديد الملاحظة. كما

روى العجرودي، طلب منه أن يدخل هذه الغرفة ويتعرف على طبيعة لزومها، وكانت المفاجأة، وكان الوقت صيفا، فقد تمدد الجندي، واستطاب الخلوة والظلمة ورطوبة الجو فغلبه النعاس، ونام، وما أن فوجىء بالداخلين عليه حتى هب مذعورا، وأرتج على العجرودي، عندما سأله الملك، وهو ينظر إلى الجندي الفزع: ما هذا يا عجرودي؟

فرد عليه العجرودي قائلا: عسكري يا باشا.

فضحك الملك.

وقال له: إنت الباشا.. يا باشا.

الشقيري في زيارة لمكتب منظمة التحرير الفلسطينية في غزة

تحدث الشقيري مع العجرودي حول انتقالي إلى العمل مع المنظمة، فرحب الحاكم بذلك، ولكنه اشترط أن أواصل محاضراتي عن القضية للوفود التي تصل إلى القطاع، وإسهامي بما يطلب مني عند الحاجة، فوافق الشقيري على ذلك.

التحقت بمكتب منظمة التحرير الفلسطينية في الشهر الرابع من عام 1965، لأتولى شؤون إعلام المنظمة في القطاع، وشؤون إعلام جيش التحرير الفلسطيني، وأتخذت لمكتبي شقة مجاورة للشقة، التي كان يحتلها مكتب المنظمة في عمارة أبو رحمة، بشارع عمر المختار، وقد أسند إلي إضافة إلى ذلك تمثيل إذاعة صوت فلسطين، صوت منظمة التحرير الفلسطينية، التي كانت تبث من القاهرة، والتي دعي إليها شقيقي علي هاشم رشيد، للاستفادة من خبرته السابقة، يوم كان مشرفا على ركن فلسطين بإذاعة صوت العرب.

رافقت مولد جيش التحرير، وكنت أجلس الساعات إلى جوار الهيئة المكلفة بمقابلة الوافدين ممن انضموا لتنفيذ قانون التجنيد الإجباري، وعلقت في ذاكرتي قصتان: الأولى، حدثت في ساحة التجنيد، التي أطلق عليها اسم أرض الكتيبة، بجوار جامعة الأزهر. كنت أجلس في الكشك المعد لقائد التجنيد "اللواء زاهر"، وكنا نرقب من نافذة أمامنا، ما يجري في ساحة التجنيد، وفوجئنا ذلك اليوم، بامرأة تسفي التراب في وجه الضابط المكلف باستقبال الجنود، مما أحدث هرجا وضجة لفتت نظر القائد، فغادر موقعه، وأنا معه، لنجد المرأة وقد استشاطت غضبا، وعلا صراخها، فأقبل اللواء قائد التجنيد عليها مهدئا، محاولا معرفة أسباب غضبها.

قال الضابط، إن المرأة تصر على تجنيد ولدها، وأنها غاضبة لأنه لم ينل هذا الشرف، وعندما سأل اللواء الضابط عما يحول دون قبول الشاب، أجاب، بأن قانون التجنيد لا يبيح تجنيد وحيد والديه، أو ابن الشهيد، وأن الشاب وحيد أمه وابن شهيد، استشهد في خان يونس عام 1956م.

التفت اللواء زاهر إلى السيدة، وحاول أن يفسر لها القانون، وأن يهدىء من روعها، ويشكرها على حماسها، فاشتعل غضبها وانفعالها، وقالت له: "مين الحمار الذي سن هذا القانون، فمن ينتقم للشهيد غير ولده، إنني لن أترك المكان دون أن يجند ولدي، فيتاح له حمل السلاح، حتى لا يتكرر موته أعزل، كما مات والده وظهره إلى الحائط عاجزا".

التفت اللواء زاهر إلى الضابط وهو يطيب خاطر السيدة الفاضلة، وطلب منه

قبول الشاب وتجنيده، في حارتنا، حارة الزيتون تكررت القصة، فقد أصرت سيدة أخرى على تجنيد ولدها الوحيد، الذي بقي لها من كل ما خلفت من أولاد، لأنها كانت كلما ولد لها مولود، مات لسبب لا تدريه، فاقترح عليها البعض أن تسمي ولدها اسما من أسماء الوحوش، يطرد عنه الموت، فسمته "الواوي" أي ابن آوى، وشاءت الأقدار أن يعيش الواوي، وقد كان حديث الزواج، وامرأته حامل، ومع ذلك أصرت أمه على تجنيده، وجند، واستشهد الواوي عام 1967، دفاعا عن تل المنطار.

بهذه الروح العالية، أقبل أبناء قطاع غزة على التجنيد، وأقاموا جيش التحرير الفلسطيني ليكون طليعة التحرير، ودرعه ورافد كل حركات المقاومة، ووقود كافة المعارك، التي واجهت المغتصبين في فترة وجيزة.

أصبح لشعب فلسطين جيش قوي مزود بكافة الأسلحة والمعدات، وأصبح عدد أفراد هذا الجيش ثلاثين ألفا.

ما زلت أذكر الاستعراض الكبير، الذي تم لكافة أسلحة الجيش الفلسطيني، أمام الجندي المجهول في غزة، وأمام أعضاء المجلس الوطني الفلسطيني، ورئيس منظمة التحرير أحمد الشقيري عام 1966، وقد كنت يومها مكلفا بإذاعة وصف للقوات، التي كانت تتدفق من الغرب إلى الشرق عبر شارع عمر المختار.

يومها كانت تتقدم قوات المشاة فرقة الموسيقى العسكرية، فإذا بي، ومن الميكروفون ومن سيارة الإذاعة أصدر أمرا، أطالب فيه بوقف الموسيقى، قائلا: "إن خطوات الجنود الثابتة القوية المتوجهة من الغرب إلى الشرق، نحو الوطن المستلب، وعيونها على بئر السبع أجمل من كل ما تعزف الموسيقى"، وتوقفت الموسيقى وبقيت أصوات دقات خطى الجنود، التي استقبلت من الجماهير بالتصفيق والدموع، وأخذت أخاطب تمثال الجندي المجهول، الذي كانت يده تشير إلى الشرق، إلى الوطن المحتل، هاتفا به:

"هؤلاء هم حملة الأمانة، الثابتون على العهد، هؤلاء هم رفاقك في طريقهم نحو الوطن".

ورددت قول الشاعر سليمان العيسى:

شمس العروبة أن تطيقي الليل بعد اليوم غيبي

غيبي سنصنع للدنى شمسا تضيء بلا مغيب

وما كان يخيل لي أن يأتي يوم تطال هذا النصب الخالد، القائم على ذلك الرفات الطاهر يد الغدر، فتنسفه بذلك الغل الأسود الحاقد. وأن لا يقام مرة أخرى نظمت أيامها العديد من الأناشيد، وكتبت العديد من القصائد تمجيدا للجيش الفلسطيني، كما كتبت نشيدا للحرس الوطني الفلسطيني:

أنا جئتك جئتك يا وطني
جنديا في الحرس الوطني

إعصارا يعصف بالمحن
أنا جئتك جئتك يا وطني

أنا جئت يناديني ثاري
ولهيب الشوق إلى داري
سأعيد بلادي وديار

تسمو وتتيه على الزمن
أنا جئتك جئتك يا وطني

الحرس الوطني ناداني
فأتيت إليه بإيماني
أتقحم وهج النيران

شوقا للأرض وللمدن
أنا جئتك جئتك يا وطني

يـا وطنـي يـا وطـن العـرب
لبيـك فيـالق مـن لهـب
قـد ثرنـا نهـدر بالغضـب

نهـديك الـروح بـلا ثمـن
أنـا جئتـك جئتـك يـا وطنـي

حولت شقتي في مبنى أبو رحمة إلى مركز إعلامي شامل، وإضافة إلى ما كلفت به من أمور إعلام المنظمة، وجعلت منه مكتبا لإعلام جيش التحرير الفلسطيني، وفيه أطلقت العديد من قصائد وأناشيد وأبريتات مواكبة للمرحلة لتلحن في بيروت، وتبث من القاهرة.

إضافة إلى عملي الإعلامي، أسند إلي جانب من التنظيم الشعبي، ذلك الجانب الخاص بالمرأة الفلسطينية في القطاع، وبدأت أعقد اجتماعات متوالية في مكتبي، للجان التنظيم الشعبي النسائية، وأزورها في مراكزها بخان يونس، والمعسكرات ورفح، وبدأ التنظيم النسائي الشعبي يتولى مهامه، وأخذت المرأة دورها المتقدم في النهوض بالكيان الفلسطيني، وقد كتبت أوبريتا طويلا. لحن في بيروت، وأذيع من القاهرة، وأقترحت أن نقيم احتفالا كبيرا، تدعى إليه المرأة الفلسطنينية، يعقد في سينما السامر، نشرح فيه دور التنظيم النسائي، ونقدم أوبريت فلسطين، وكان ذلك الاحتفال يوما مشهودا في تاريخ المرأة الفلسطينية، التي ظلت دائما العنصر الأساسي والفاعل في بناء الكيان الفلسطيني، وفي الإسهام في جميع مجالات النضال.

وأذكر من ذلك الأوبريت:

إحنا جيين ومشتاقين
ليافا.. وحيفا والمجدل
واللد، وعكا والقسطل

جيين جيين ومشتاقين
يا فلسطين
من شبر لشبر
من دار لدار
جدلين النصر
حملين الغار
جيين جيين
يا فلسطين

فرقة الفنون الشعبية الصينية في زيارة إحدى المدارس في غزة

وانطلاقا من المرحلة، ومواكبة لها، صدر عن دار الآداب ببيروت ديواني الخامس "حتى يعود شعبنا". وحضرت إلى غزة فرقة الفنون الشعبية الصينية وكانت المفاجأة على مسرح سينما السامر بغزة إنشادها نشيدي نشيد عائدون بلغته العربية ولحن محمود الشريف.

فرقة الفنون الشعبية الصينية عام 1966
في زيارة إحدى المدارس في غزة تنشد نشيد عائدون باللغة العربية

عقدت المنظمة مؤتمرا للمرأة في القدس عاصمة فلسطين، وكنت على رأس الوفد النسائي، الذي شارك في ذلك المؤتمر، وقد أسهمت الأخوات في ذلك المؤتمر إسهاما بارزا،

ومن ذكريات تلك الزيارة أن السيدة سميحة خليل، المناضلة الفلسطينية البارزة، وجهت لي دعوة لزيارتها في رام الله، ودعت إلى بيتها عددا كبيرا من الأخوات الفلسطينيات في رام الله والخليل ونابلس والقدس، كما دعت الشاعرة الفلسطينية الكبيرة فدوى طوقان، وكانت ليلة لا تنسى، استمعت فيها إلى شاعرتنا

الكبيرة فدوى، واستمعت إلي واستمعت الحاضرات إلينا وكانت ذكرى من أعز الذكريات الباقيات التي لا تمحوها الأيام.

طورت ما استطعت، بإمكانات قليلة عمل المنظمة الإعلامي في القطاع، وكنت أشرف على الإعداد والإسهام في استقبال الوفود وترتيب زياراتهم، ولا أنسى زيارة الفرقة الشعبية الصينية، التي وقفت على مسرح السامر تنشد باللغة العربية نشيد "عائدون"، وقدمت عروضها، المعبرة على مسرح سينما السامر، وفي بعض معسكرات القطاع، إذ كانت الصين في زمن "شوان لاي" الداعم الأول لنضال الشعب الفلسطيني، من أجل الوصول إلى حقوقه المشروعة واسترداد وطنه المغتصب.

دخلت منظمة التحرير الفلسطينية، والتحقت بالعمل بها، تاركا مركزي المتميز في إدارة الحاكم العام باعتبار أن العمل في المنظمة تكليف وطني وواجب قومي، ومن اللحظة الأولى التي التحقت فيها بالمنظمة وضعت نصب عيني، أنني جندي في جيش العمل الوطني، فلم أكن في لحظة أومن بأنني موظف في هيئة أو مؤسسة، ذلك أنني لا أذكر على مدى ثلاثين عاما، مدة عملي في المنظمة أنني كنت ألتفت إلى تدرج في الوظيفة أو الدرجة، أو قمت بالإجازة المقررة، أو المطالبة بها، أو الالتزام بتوقيت محدد، بل كنت أواصل الليل بالنهار، كلما استلزم العمل ذلك.

لم يكن اعتباطا ولا من قبيل الصدفة، أن تولد منظمة التحرير الفلسطينية، ويولد جيش التحرير الفلسطيني في غزة، ذلك أن غزة، كانت الأرضية الجاهزة المستعدة لتمثل هذا الميلاد، بل سبقت منظمة التحرير في وضع بذور النضال، وقيام الكيان الفلسطيني.

كانت الكتائب الفلسطينية قد نشأت، وكان التنظيم الشعبي في ظل الاتحاد القومي قد قام، وكان المجلس التشريعي قد أمسك بزمام الأمور، وأصبح له رئيس فلسطيني، داعيا وسياسيا ونضاليا هو الدكتور حيدر عبدالشافي، وقد كان يسعدني أن أواكب كل هذه النشاطات، وأكون في بؤرة عملها ونحلة في خلاياها.

أذكر أن الكتائب الفلسطينية، وقوات الحرس الوطني الفلسطيني غادرت

قطاع غزة في عام 1964، لتشارك في الاحتفال بالعيد الثاني عشر لثورة يوليو، واستطاعت هذه القوات أن تنال الإعجاب وأن تحظى بالاهتمام من جماهير الشعب في مصر ومن ضيوفها من الأفارقة وغيرهم من أنصار الثورة المصرية، وقد أثار الانتباه، واجتذب العيون، طفل لا يتجاوز الثامنة من عمره بلباسه العسكري، يتقدم طابور العرض الفلسطيني، أمام المنصة الرئيسية، كان ذلك الطفل إبنا لأحد جنود الحرس الوطني، وقد اصطحبه معه. وعندما التقاه قائد اللواء 19 البكباشي خالد شرف أعجب به، ووافق على إشراكه في احتفالات أعياد الثورة، ومنحه رتبة ملازم أول.

وأمام المنصة التي كان يقف فيها الرئيس جمال عبدالناصر، كان الملازم الصغير ماهر فوزي كحيل يشق طريقه في مقدمة الطلائع الفلسطينية مؤديا التحية العسكرية، وقد تعالت الهتافات لفلسطين، وجيل العودة، عندما التفت ماهر إلى المنصة هاتفا "الى اليمين أنظر".

وقد حظي الطفل الرمز باهتمام الرئيس جمال عبدالناصر، ورؤساء الدول، الذين كانوا يشاركون في الاحتفال، فاستدعاه الرئيس، واستمع إليه، وهو يقول: "نريد دبابات، ومدفعية ثقيلة، نريد السلاح لاسترداد الوطن المغتصب، وإعادة يافا، وحيفا، والقدس، واللد، والرملة".

تلك كانت غزة، كل من فيها صغيرا، وكبيرا، عندما ولدت منظمة التحرير الفلسطينية، كان القطاع جاهزا ومستعدا، وكان هتافه الوحيد "يا شقيري شعبك قال هات سلاح وخود رجال".

لهذا فاجأ الشقيري الدول العربية عام 1965 بقيام جيش التحرير الفلسطيني، وعندما زار غزة في نوفمبر 1965، وفور وصوله، توجه إلى الجامع العمري الكبير، وألقى خطابا ركز فيه على حق الشعب الفلسطيني في حمل السلاح، وإقامة جيشه القومي، ومما قاله: "ها هنا في هذا اليوم، وفي هذا القطاع المرابط، الذي يقف أبناؤنا فيه جميعا، نساؤه وعماله، وطلابه مرابطين توطيدا للعهد، وتجديدا له.. لقد قطعتم هذا العهد على أنفسكم، منذ زمن بعيد،

والكفاح ليس بجديد عليكم".

"هذا القطاع، هو القطاع المجاهد بأبنائه جميعا، وصدقتم ما عاهدتم عليه هنا، وأنتم مقبلون على التجنيد الإجباري بكل همة وبكل إيمان، فالتجنيد قام على أساس متين".

يومها كان لي شرف مرافقة أحمد الشقيري، وتقديمه لضباط وجنود جيش التحرير، إذ وقف يومها يقول وسط ضباطه وجنوده:

"أيها الضباط الشجعان، أيها الجنود البواسل، جئت أحييكم هذا اليوم تحية الكفاح والنضال، وأنتم طليعة الكفاح والنضال. شعب فلسطين يحييكم، والأمة العربية كذلك تحييكم"،

"وأنتم تمثلون جيش التحرير في هذا القطاع المرابط، أرى أملا كبيرا كان يراودنا من زمن بعيد، فقد كان طلب شعب فلسطين في كل مكان أن يكون تحت السلاح والتنظيم"،

"أنتم تركتم منازلكم، وأهلكم، وأبناءكم وبناتكم، لتكونوا في هذه الثكنات، ولعلكم تعيشون ظروفا صعبة وقاسية، ولكنها لأنها في بداية الطريق، فلا بد من صعوبات".

كان من أسعد لحظات حياتي، تلك الزيارات التي أقوم بها لكتائب جيش التحرير، ولتلك العلاقات الودودة التي نشأت بيني، وبين العديد من ضباطه وجنوده، التي ظلت إلى مدى طويل من أعز ما التقيت من صداقات.

لماذا كل هذا الحب، وهذا الافتتان بجيش التحرير، ما الذي شدني إليه، واجتذبني، ولماذا ظلت صورة الجندي في لباسه الكاكي أجمل الصور التي تراود خيالي، كيف حملتها كل هذا العمر، وآمنت بها، وجعلتها أسمى ما أتطلع إليه، صغيرا كنت، عندما كانت عيناي تأخذان صورة الجندي البريطاني قويا قادرا، يذل شعبي ويهزمه، وصبيا كنت، عندما كنت أراهم يسوقون أهلي وقومي، ويدفعون بهم في الشاحنات، ويسخرونهم للعمل، ويضربونهم، كانت البدلة العسكرية أقوى، وكانت أقدر. ظلت الصورة في عيني وظللت العمر أفتن بها، وما أن ولد

جيش التحرير الفلسطيني، حتى شعرت بالزهو والاعتزاز، لا حرية بدون حراسة، ولا وطن بلا جيش ولا أمان بلا حارس، والجيش جيش التحرير الفلسطيني، هو حامي الحرية وحارسها، لو كان لنا جيش، لو كانت لنا قدرة، لما ضاع الوطن، وشرد الأهل واستلبت الديار.

ومما قلته في جيش التحرير.. على منابر غزة، وسط حشودها:

إيه جيـش التحريـر يـا رايـة النصر-	مطـلا عـلى جبيـن الخلـود
إيه جيـش التحريـر كـم كنت حلمـا	في ليـالي الضيـاع والتشريـد
في عيـون الأيتـام تبحـث عـن	ثـأر أبيهـا المقاتـل الصنديـد
في الخيـام المهلهـلات إحتمـال	واصطبار، وهمـة مـن حديـد
كنت تحت الرماد هجس حريـق	ونـذيرا بدمـدمات الرعـود
كنت حلم المطـاردين مهـب الريـح	مغـداهم، ووهـج البيـد
كنت يـا جيشنـا على كـل ثغـر	وعـلى كـل جبهة وفي كـل جيد

آمنت بالحرية إيمانا مطلقا، الحرية في كل شيء وضد أي قيد مهما كان، وأيا كانت الجهة التي تصنعه، الحرية في القراءة، اقرأ كل شيء دون قيد أو شرط، أسهر كما أشاء، وأتوجه إلى أي مكان أشاء، كنت أكره الأسوار والسدود، وأثور عليها ولا أحبها، حتى الوظيفة، التي كانت تناط بي ما أسرتني يوما، بل أسرتها، كنت أطوعها لإرادتي وتوجهي، ما كان يهمني قط مسؤولا أو رئيسا، وما كنت أتزلفه أو أتملقه، وكنت أدري إنعكاس ذلك على تدرجي في سلم الترقي، فما أخذت حقي منه قط عبر مراحل الحياة، ما كان يهمني منصب ولا ذكرته قط، كان اللقب الوحيد، الذي أفاخر به، وأسعد لقب "الشاعر"، شاعر الوطن. الشيء الوحيد الذي كنت أحرص عليه البيت الفلسطيني في غزة في المدينة في القرية في المعسكر، أشرق فيه نجم جديد، لمعت في سمائه أنوار كاسحة،

سحقت الظلمة، ومحت الأسى، وأطلقت عصافير الفرح ترفرف في سماواته.. في كل بيت مجند، أو متطوع،

أطلقت أنشودتي: عبر إذاعة "صوت العرب":

حمـــــدان إطـــــوع حمـــــدان   طـــــاير طـــــاير للميـــــدان

في كل بيت سيدة وراء كل فارس تسنده وتدعمه وتحبه وتفخر به.. أمه، زوجه، أخته. كانت فرحتي أكبر لحظة إرتداء الزي الكاكي، وتسلم السلاح، هذا الـذي حرمنـا منـه طويلا،

الأيام تركض بسرعة، القطاع كله جذوة من اللهب، الناس يقبلون على التطـوع مـن مختلف الأعمار، والاستعداد على قدم وساق، ما من أحد كان يفكر في شيء سـوى اشـتعال المعركة، التي ترقبوها طويلا.

هذه المرة لنا جيش وقوات، ونحن مسلحون ومعبـأون، نترقـب وننتظـر، نـرابط ولا نمل المرابطة.

(47) من بيت الكراء إلى بيت الشراء

عندما كنت طفلا آوي إلى صدر أمي، كلما جن الليل، أرخـي لهـا أذنـي، أتلقـى منهـا ذلك الدفق من البوح الحميمي، وهي تروي حكاياها التي لا نهاية لها،

كان من بين ما علق في رأسي ونقش في ذاكرتي، وصفها الدقيق في حكاياهـا، لانتقـال أبطال قصصها من البيت المؤجر إلى البيت الملك. إذ تقول النسوة بتباه وزهو متلفتـات إلى أجوارهن: "عقبالكم يا جيراننا، يجري لكم اللي جرى لنا، تنتقلوا من بيـت الكـراء وتسكنوا بيت الشراء".

الشروع في بناء البيت

لم أكن في صغري أعـي معنـى لـذلك، أو أتبـين الفـرق بـين دار الكـراء ودار الشـراء، فالبيوت كلها عندي سواء، إلى أن كبرت، واضطررنا أن ننتقل من بيتنا

القديم في حارة الزيتون إلى بيت اكتريناه في حارة الدرج، وكان بيتا جميلا، يقع في الدور الثاني، ولعلوه وموقعه المرتفع سمي "بالطيارة"، كثيرا ما كنت أصعد إلى سطحه لأرى غزة كلها منبسطة أمامي وأرى الأرض المستلبة من وطني.

كان بيتنا القديم قد هرم، وفقد رونقه، وخاصة عندما اقتطعت منه "حاكورته" وغابت أشجارها، واختفت وردوها، وحل مكانها بيت أخي علي.

أصبح البيت ضيقا علينا، بعد أن كبرت الأخوات والأخوة، وكان لا بد لنا من البحث عن بيت آخر يتسع لحياتنا، ويضمن لنا أقل القليل من الهدوء والراحة. وبدلا من أن نخرج من بيت كراء إلى بيت شراء، كما روايات أمي، عكست الآية، فإذا بنا ننتقل من بيت الشراء إلى بيت الكراء، فأعرف من لحظتها ذلك الفارق الكبير بين بيت نملكه وبيت نستأجره. في بيتك الملك تشعر بالحرية، تفعل فيه ما تشاء، تغير وتبدل، تنقل وتتنقل بلا رقيب أو حسب.

نزلنا البيت الجديد، ووجدت فيه بغيتي في تخصيص غرفة لكتبي ومكتبتي، أخلو فيها للمطالعة والكتابة، كلما أتيح لي وقت لذلك، وكان اختياره مناسبا، لقربه من "مدرسة صلاح الدين" التي كنت انتقلت إليها من خان يونس، والتي لم تطل مدة عملي فيها كمدرس، إذا انتقلت بعد أشهر قلائل للعمل في إدارة الشؤون العامة، وكان ذلك آخر عهدي بالتدريس عام 1954م.

لم تطل إقامتي في البيت المؤجر، إذ داهمنا عدوان 1956 فاضطررنا لترك البيت والعودة إلى حارة الزيتون.

اخترت أن أستقل في سكناي، فسكنت منزلا قديما مهجورا بالقرب من "العمدان"، كان في البيت غرفة واحدة، أو سمها إذا شئت "بايكة"، تلك التي كان الفلاحون يقيمونها واسعة، ومقسمة إلى أقسام، جزء للنوم، يعلو عن أرضية الغرفة كالمسطبة، يفصلها عن بقية الغرفة حائط قصير، وباقي الغرفة للتخزين والاستحمام والدواب.

حاولت أن أجمل تلك الغرفة، بحيث أجعلها صالحة للسكنى في أدنى

حدودها، وحاولت أن أرمم البيت بقدر المستطاع، ثم ابتنيت غرفة حديثة، بالطوب والأسمنت، وجعلت لها نوافذ، وابتنيت أمامها شرفة، كما الديوان، وأدخلت إليها الكهرباء، والماء، والتلفون، في محاولة للاستجابة لمتطلبات المعيشة، في حدود أحسن مما كان عليه البيت، وذلك لرفضي العودة إلى بيت الكراء على أن تكون نقلتي من هذا البيت إلى بيت أملكه.

كان كل أملي وحلمي أن أستطيع بناء بيت لي على قسيمة الأرض، التي اشتريتها من الحكومة، من بين القسائم التي خصصتها للموظفين في منطقة الرمال، غربي مدينة غزة، وقريبا من البحر.

أفضيت بحلمي ذاك إلى الحاج "ديب جراده" أحد معارفي من المقاولين، فأبدى استعداده لتنفيذ رغبتي. وكنت آنذاك في أوج نشاطي، عام 1965 واندفاعي نحو العمل مع منظمة التحرير الفلسطينية.

كنت أملك في ذلك الوقت سيارتين للأجرة، تعملان على خط البحر، فبعت إحداهما، ودفعت بكل ما أدخره للمقاول، وسلمته خارطة البيت الذي أحلم به. وذهبنا إلى موقع الأرض، كانت القطعة تقع على نشز مرتفع، يأتي على امتداد الشارع، الذي يقام قربه مستشفى الحميات. كانت مفاجأة المقاول أن قطعة الأرض المزمع إقامة البيت عليها، لم تعبد طريقها بعد، ولم يصل إليها أي مرفق من مرافق البنى التحتية للعمار، ولكنني أصررت على أن نبدأ العمل، فعبدت الطريق، حتى موقع منزلي واشتريت أعمدة الكهرباء، لأنها لم تكن متوفرة لدى إدارة الأشغال، أما بالنسبة للماء، فقد قمت باستخراجه بواسطة طلمبة قوية، اشتريتها لتلك الغاية.

كان لدي إصرار عجيب لأن أقيم منزلي وبأية وسيلة، وبأقصى سرعة، وكنت استحث المقاول، الذي كان شديد البطء لكثرة ما لديه من أعمال أخرى، وقد استغرق بناء البيت أكثر من عام.

جاء البيت كما أحب، فيه غرفتان للنوم، وغرفة للطعام، وغرفة لاستقبال الضيوف، وصالة كبيرة ومطبخ وحمام، وقد حرصت أن تكون له عدة شرفات واسعة ومريحة، ومرتفعة بحيث أستطيع منها أن أرى البحر منبسطا أمامي، وأن أتمتع

بطلوع الشمس وغروبها، كما حرصت على العودة إلى بناء مكتبتي من جديد، وإعداد صومعة إلهامي، كانت الحديقة هي الأكثر أهمية عندي، طموحا لاستعادة أيام "حاكورة" الزيتون، وأيام الطفولة، واجتذاب أسراب العصافير، التي كنت شديد الغرام بها.

يوم صب سقف البيت

وددت أن أعود إلى ما حرمت منه، فاستعيد رفقة أحبابي المغردين المنشدين من البلابل والحساسين، لذا أوليت الحديقة جل اهتمامي.

نقلت شجرة ياسمين مزهرة بترابها وجذورها في برميل حفظها إلى أن أودعتها تربة بيتي، كما نقلت أشجار البرتقال المثمرة والزيتون الناضجة، مما اجتذب ذلك أنظار أجواري، إذ كانوا ينامون فيصحون مفاجئين بأغصان وفروع ما أزرع، تتجاوز سور منزلي، كما الأحلام. أهتممت بأن تمتلىء حديقة المنزل بالقرنفل، الملون وأشكاله المختلفة، وكنت أقوم بنفسي بتحديد ممرات الحديقة والأحواض، وكنت أغرم بأن أزرع في الممرات أشجار عباد الشمس، التي تتطاول وتتعالى وتستدير

أزهارها الجميلة مع الشمس عند الصباح والمساء، وكنت أحرص على أن أسمد الأرض وأنقيها من الأعشاب الضارة، وقد ظلت الحديقة وصورتها عالقة في خيالي ترافقني في مغترباتي، بكل ما فيها كأعز شيء صنعته في عمري.

كان حلم أحلامي أن يكون البيت، الذي ابتنيته وامتلكته مأواي أقضي ـ فيه عمري كما كل البشر آمنا مطمئنا، أوشوشه وأتناغم معه، وليستمع إلى صوتي، وصداه، أبدع فيه شعري، طويلا من العمر انتظرته، فإذا بي تفاجئني ريح السموم وتهب عاتية حرب 1967، لتقذف بي في مهاوي الاغتراب وتنتزعني من أحضانه قبل أن أتم فيه عاما واحدا من العمر.

(48) مهرجان الشعر العربي السابع في غزة

كان من أعز أحلامي، وأقصى طموحاتي، عندما كنت أدعى إلى مهرجانات الشعر العربي في عواصم الوطن الكبير، أن يحظى وطني فلسطين بمثل هذه المهرجانات، وأن تكون مدينتي غزة ملتقى لهؤلاء المبدعين، يعيشون القضية الفلسطينية، ويلمسونها عن قرب، ويشهدون آثار جريمة القرن العشرين، التي أرتكبت ضد الشعب الفلسطيني، ويتمتعون بجمال هذا الجزء الباقي من الوطن، الشاطىء الذي لا أحلى ولا أجمل بيارات البرتقال وهي تحمل عناقيد الزمرد، كما صورها الشاعر الغزي تحسين البكري، وهو يصف برتقال بيارته:

حقل كأن من الجنان ربوعه ... وكأن من سلسالها ينبوعه
وكأنما سكب الزمرد لونه في ... لونه وأحال فيه سطوعه

أفضيت بهاجس حلمي هذا إلى الصديق يوسف السباعي بعد نجاح زيارات الأدباء المصريين، وأبديت له استعداد غزة لاستضافة واحتضان مهرجان الشعر العربي، ومؤتمر الأدباء العرب، كأي من العواصم العربية التي احتضنته، القاهرة، بيروت، ودمشق، والكويت، وما سيكون لذلك من المعاني السامية، وأي أثر سيتركه المهرجان في نفوس الشعب الفلسطيني.

لم يخب ظني في الصديق العزيز يوسف السباعي، فقد فوجئت بالحاكم العام، يطلبني ليطلعني على رسالة يوسف السباعي، التي تتضمن قرار اتحاد الكتاب العرب، بإقامة مؤتمر الأدباء ومهرجان الشعر السابع في غزة.

كانت فرحتي بذلك الخبر عظيمة، أثلجت صدري وهزت مشاعري، فها هو الحلم الذي طالما تقت إليه يتحقق، ومن اللحظة تلك بدأت أتحرك في كل إتجاه، لتكون مدينتي على مستوى العواصم، التي احتضنت المهرجانات السابقة، فاستعنت

بالإخوة المثقفين في بلدي، وجندت كافة إمكانات إدارة الحاكم وإمكانات مكتب منظمة التحرير الفلسطينية.

كان أول ما بادرت بعمله تأمين إقامة الأدباء والشعراء، فاتفقت مع "الحاج ديب جرادة" صاحب فندق الأمل، الذي كان حديث الإنشاء، على أن يحجز بالكامل للضيوف، وأن يعد إعدادا يليق بهم، وأن تهيأ الصالة العليا، لتكون ملتقى لهم، ولجلساتهم ومسامراتهم كما اتفقت مع إدارة مدرسة فلسطين بأن يكون مسرحها مهيئا لجلسة الافتتاح وليلات الشعر وجلسة الختام.

ومن حسن الطالع أن يصل الأدباء والشعراء غزة يوم الخميس 21 نيسان - إبريل 1966، مع تفتح الربيع الفلسطيني، فيبدو القطاع كأنه حديقة مخضرة، متفتحة الزهور، فواحة الأريج، يعايشون الشعب الفلسطيني، وقد حط قدمه على الطريق السوي، وبدأ يمسك بزمام قضيته. فهذه منظمة التحرير الفلسطينية بجيشها، جيش التحرير الفلسطيني، وهذا تنظيمها الشعبي بمكاتبه المنتشرة في كل مكان، وهذا حرسه الوطني الجاهز المستعد، وليشهدوا أن الشعب الذي تضافرت قوى الشر منذ عام 1948 على إفنائه وإذابته وتشريده يتجمع ويتحد، وتتلاقى سواعد أبنائه على درب التحرير والعودة.

نزل الضيوف في فندق "الأمل"، وما زلت أذكر يوم جاءني الحاج ديب جرادة قادما من السعودية، بعد أن عمل بها طويلا، يفكر في إقامة مشروع، يخدم به بلده، ورغبته لإقامة فندق يكون على مستوى جيد، يتسع لعدد كبير من الأسرة، وكنت آنذاك أعمل في إدارة الشؤون العامة، التي تستقبل الوفود، وتؤمن إسكانهم.

قلت له: إن غزة في حاجة إلى مثل هذا الفندق.

واقترحت عليه أن يسميه فندق الأمل، تيمنا بالعودة إلى الوطن.

ترك الحاج ديب جرادة لي حرية التصرف في الفندق، وخصص لي مكتبا أشرف منه بنفسي على راحة الأدباء والشعراء.

وفي صباح يوم 22 إبريل توجه وفد من الأدباء والشعراء إلى النصب التذكاري للجندي المجهول، حيث وضعوا إكليلا من الزهور. إجلالا، وإكبارا للشهداء، وفي

المساء، غص مسرح مدرسة فلسطين برجالات القطاع وشبابه وشاباته، الذين حرصوا على رؤية الأسماء الكبيرة، التي طالما تاقوا لرؤيتها والاستماع إليها، وكانت جلسة الافتتاح عرسا من الأعراس الفلسطينية.

تكلم في بداية جلسة الافتتاح الحاكم العام الفريق يوسف العجرودي، فرحب بالأدباء والشعراء، وأشاد بدور الكلمة كسلاح فاعل في معارك التحرير. ومما قاله ذلك اليوم:

"سيبقى الوطن العربي صامدا، يقاتل المعتدين والآثمين، وستبقى ذكرى شهدائه منارا يفتح الطريق، وزادا يملء النفس والعقل جميعا،

إن لهذا المهرجان أهمية خاصة تبرز في الزمان والمكان، فالمكان هو غزة، معقد الأمل والرجاء، ومجتمع الحشد العربي، ونقطة الانطلاق لصنع المعجزة، التي تحقق إعادة الوطن السليب، فمن هذا المكان نملأ عواطفنا وأحاسيسنا لنجدد العهد، ونخرج عواطفنا للناس أحاسيس محرقة للصهاينة والمستعمرين".

توالى يومها الخطباء، فتحدث الشاعر الكبير عزيز أباظة، مقرر لجنة الشعر، عن أهمية إقامة مهرجان الشعر على أرض فلسطين، والمعنى الكبير وراء ذلك، ثم ألقى الشعراء العرب قصائدهم، راشد السنوسي من ليبيا، وإبراهيم الحضراني من اليمن، وعبد الله سنان من الكويت، وعبدالجبار المطلبي من العراق، وألقيت قصيدة فلسطين، منها ما يلي:

في مهرجان الشعر ماذا أكتب	وبأي ألوان البيان أرحب
من أين ابتدىء الحديث وموطني	مزق تناوشه الذئاب وتنهب
وأنا المشرد أمتي مكلومة	ثكلى وشعبي ضائع متغرب
والأغنيات الشاردات على فمي	مشدوهة الكلمات لا تستعذب
حتى أحاسيسي تحجر نبعها	واسود في عيني، ضاق الكوكب
من أين آتي بالكلام وموطني	خلف الحدود .. دماؤه تتصبب

وصغاري الأطفال ألف تساؤل   أيــن الــبلاد. فأستذل وأغلــب

أنــا لا أريــد لهــم حيــاة تشــرد   مــثلي، ولا أرجـــو لهـــم أن يغلبــوا

إلى أن أقول مناجيا الحبيبة الغالية يافا:

أحبيبــتي يافــا مغنيــك التقــى   بمواكــب ترجــو اللقــاء وتطلــب

بمواكب الشــعراء وهــي رعيلنــا   ولواؤنــا المتقــدم المتوثـــب

مــاذا أقــول لهــم طريقــك أغلقـت   والــدرب مســدود وسـهلك مجـدب؟

مــاذا أقــول لهـــم.. أقـول كريمـة   والــباب مســدود، وأهلــك غيــب؟

أأقــول يافــا قــد أبــيح ذمارهـا   وترابهــا بــدم الفــداء مخضـب؟

والعــار فــوق جبينهــا وسـيوفنا   في غمـدها مشـلولة لا تغضـب

أأقولهــا؟ عــار علــي لــو أننــي   يومــا نطقـت بهـا وإثـم يكتـب

إلى آخر ما فاض به القلب في ذلك اليوم العظيم.

وفي صباح يوم الأحد 24 إبريل، أفتتح الـدكتور زكي نجيب محمـود مؤتمر الأدباء العرب ببحث عن الشاعر الفلسطيني إبراهيم طوقـان، ثم قـدم الشاعر العـوضي الوكيـل بحثا عن الشعر، ودوره في المعركة، ثم بدأ الشعراء في إلقاء قصائدهم علـى التوالي، عزيـز أباظة، حسن خليل حسين، أحمد رامي، عبدالمعطي حجازي، جليلة رضا، أدورد حنا سعد، صالح جودت، صلاح عبدالصبور، عبده بدوي، عبدالكريم السبعاوي، روحية القليني، عامر البحيري.

وكان مما قاله صالح جودت:

أنــا في غــزة أرنـو مــن ربـاهـا الطـاهره

مــن خــلال الســلك والشــوك ولمـح الهـاجره

إننــي أسـمع مـن خلـف الخطـوط الكـافره

نبــأ عنـك تهـادي مـن شـجوني الحـائره

أنـت جـرح في حنايـا كبريـائي الثـائره
إن فجـر الزحـف آت مـن سـماء القـاهره

ومن قصيدة الشاعر عبده بدوي:

يـا حقـل جـدي يـا أغـان للصـغير ملحنـه
يـا دعـوة مـن عاشـق وتمنعـا مـن محصـنه
يـا ضربـة مـن فأسـنا الملويـة المخشوشـنه
يـا راحـة الحصـاد تلـوي في الغصـون المحسـنه
مـرت بنـا الأحـزان مـن سـنة تشـير إلى سـنه

وفي يـوم الاثنـين قـام الشـعراء بزيـارتهم الميدانيـة للحـدود عنـد بيـت حـانون ومعسكرات اللاجئين، ومستشفى البريج للصدر، وقلعة "برقوق" في خان يونس.

ويوم الثلاثاء 26 إبريل قدم الدكتور أحمد الحوفي بحثه عن الشعر العربي وتطوره، ثم قدم الشاعر صالح جودت بحثه عن الشاعر المرحوم كامل الشناوي، ثـم ألقـى الشـاعر الفلسطيني عبدالكريم الكرمي (أبو سلمى) قصيدته "الحروف الحمر".

وتلته الشاعرة شريفـة فتحـي، ثـم رمزيـة الخطيـب، وعبـد اللـه شـمس الـدين، وعبدالحليم القباني، وعفيفي محمود، والدكتورة طلعت الرفاعي، وعلي أحمد باكثير، وعمر الجارم، وفي اليوم الأخير للمؤتمر قدم الدكتور عبدالعزيز الأهواني بحثه عـن الشـعر العـربي ومحنة فلسطين، ثم تبعه الدكتور أحمد فؤاد ببحث عن عبقريات العقاد.

ألقت الشاعرة عزيزة كاتو قصيدتها، وتبعتها الشاعرة فلورة عبدالملك لتقول:

سـأعود للبيـت الحبيـب لكرمتـي ... لجنـي ربيعـي في سـفوح ربايـا
ويعـود مـن خلـف الغيـوب وشـجوها ... ولـدي لحضـن أمـومتي وهـدايا
ويظلـل السـلم الحنـون ديارنـا ... وهنـاك أسـعد في ربـوع صـبايا

وتوالى الشعراء، محمدطاهر الجبلاوي، ومحمد عبدالرحيم إدريس، محمد عبدالغني حسن، ومحمود حسن إسماعيل، وملك عبدالعزيز، ومحمود غنيم، وإبراهيم الحضراني، الشاعر اليمني، ومما قال:

هـاك يـا نسـمة الربيـع فـؤادي

فانثريـه عـلى سـفوح الـروابي

مـن مغـاني الخليج حتـى ربـوع الشام

حتـى محيطنـا الصـخاب

لا تـنم أيهـا اليهـودي إني

سـوف أبقـى عـلى المـدى يقظانـا

سـوف آتيـك في الصـباح شـواظا

مـن جحيـم وفي الـدجى شيطانـا

وأبي في الـثري يهـب غضـوبا

لاويـا حولـك الـثرى أفعوانـا

ثم، مما قاله الشاعر الكويتي عبد الله ستان:

فلسـطين الجريحـة خبرينـي	فجرحـي لا يـزال عليـك ينـدى
متـى يجـد الشرـيد إليـك دربـا	فيسـلكه ويحمـد فيـك عـودا
متـى يتقـدم الأحـرار جيـش	تـدرب للنضـال وقـد أعـدا
شـباب كلـه حـزم وعـزم	قـوي يرعـب الخصـم الألـدا

ثم الشاعر الليبي راشد الزبير السنوسي:

يـا أخـوة الأرض السـليبة هـل لكـم

صـوت يهـز الأرض في اسـتنفار

هبــــوا بأحقـــاد الحيـــاة كتائبــا
كـــتلاطم الأمـــواج في الأنهـــــار

وجلجل بعد ذلك الشاعر الكاتب المسرحي علي أحمد باكثير بقصيدته المعبرة، وفي ختام المهرجان، الأربعاء 27 إبريل 1996، ألقى الـدكتور عبدالجبار المطلبي، المستشار الثقافي بالسفارة العراقية بالقاهرة، وممثل العراق في المهرجان كلمة حيا فيها الحاكم العام وأبناء غزة.

رغم المسؤولية الإدارية التي كلفت بها، من حيث ترتيب برامج المؤتمر، والإشراف على تنفيذها، والمسؤولية التنظيمية والسهر على راحة الأدباء والشعراء، ورغم ازدحام برامجهم بالحفلات والولائم، التي كان يقيمها لهم رجالات القطاع، فقد كانت أسعد اللحظات التي حظيت بها، تلك التي أتاحت لي التعرف عن قرب إلى أعلام من الشعراء الذين كانوا يوما هاجسي.

كنا نقضي بعد أن نفرغ من البرامج والحفلات، جلسات رائعة في صالة الفندق العلوية، ونتسامر ونتطارح الشعر حتى آخر الليل، وأحيانا حتى مطلع الفجر، ومن طريف ما جرى ذات ليلة، أن إحدى الشاعرات، حاولت أن تغتنم الفرصة بالإفضاء بما لديها من الشعر أمام النخبة العالية من الشعراء، عزيز أباظة، أحمد رامي، محمود حسن إسماعيل، عبدالغني حسن، وآخرين، مما حال بيننا وبين الاستماع إليهم، وعندما ضاقوا بها ذرعا، أقترح عزيز أباظة عليها أن نتصور أنها ماتت، وأنهم سيقومون برثائها، وطلبوا منها أن تتمدد على منضدة كبيرة، كانت وسط الصالة، وتحلقوا حولها وبدأوا يرتجلون مراثيهم، وبذلك أسكتوها وحالوا بينها وبين مواصلة إلقاء قصائدها.

وذات يوم جاءني صالح جودت، وكان من عادته في أي مؤتمر يحضره أن يشارك أحمد رامي في غرفته، لأن رامي كان يأنس بمصاحبته ويرتاح إليه. قال لي صالح جودت: أتحب أن ترى صاحبك رامي في لحظة إلهام.

قلت: الآن؟

قال: نعم، لقد تركته في الغرفة يكتب قصيدة من وحي غزة.

وبهدوء، ودون أن يشعر، فتح صالح الباب، فإذا بي أرى رامي ممدا على أرض الغرفة، وأمامه أوراق مطبقة على شكل مستطيل، وهو في حالة شجن، تصدر منه همهمة وجيعة، ويده تتحرك على الورق، دون أن أرى فيها قلما.

وعندما سألت صالح جودت، قال لي، أنه يأتي بقلم الرصاص ويقطعه بحيث يختفي بين أصابعه، ويبدأ في الكتابة، وأحيانا يتوارى تحت السرير عند الكتابة. وعندما تأخذه الحالة تنسكب دموعه ويعلو نشيجه.

أغلقنا الباب بلطف، وعدنا إلى الصالة نواصل أحاديثنا عن رامي وطرفه.

جاءني يوسف غراب، وصالح جودت ذات يوم وقالا لي:

صديقك محمود حسن إسماعيل، الذي يهدر بقصائده الراعدة المليئة بالشجاعة، في حالة عالية من الذعر.

قلت: لماذا؟

قالوا: نحن نعرف نقطة الضعف فيه، وخوفه من الموت، وتخيله الدائم لعزرائيل.

قلنا له إن الإسرائيليين، قد هاجموا رفح، وقطعوا علينا طريق العودة، وهو يبحث عنك ليتحقق من الخبر، فإذا جاءك، حذار أن تخبره بالحقيقة، أتركه، ربما خرجت منه قصيدة من نوع آخر.

التقيت محمود حسن إسماعيل، فرأيته في حالة يرثى لها من الذعر، وبدا وجهه شاحبا، وعيناه قلقتاه، وشعره منكوش، وفي صوته إضطراب ورعب، ولم أستطع أن أواصل معه اللعبة فصارحته بالحقيقة.

وكان حساسا، شفافا رقيقا، فيه الكثير من الطفولة، فما كان منه إلا أن قاطع أصدقاءه ولم يتحدث إليهم بقية أيام المؤتمر.

وفي ليلة خلت الصالة تماما، وآوى الشعراء والأدباء إلى غرفهم، ولم يبق سوى رامي، وغراب وأنا، نجلس في ركن قصي في الصالة، وكان رامي قد ثمل،

وبدا مرحا منطلقـا، يـردد روائـع شـعره، وبعضـا مـن كلـمات أغانيـه، فـراح غـراب يستدرجه للحديث عن أم كلثوم، ورامي منطلق في الحديث بدون تحفظ.. وكان بين الحين والآخر يسألني إذا كان غراب، قد جرجره إلى حديث لا يحبه أو صدر منه كلام لا يرتضيه.. فأضحك قائلا: حاشى أن يصدر عنك شيء من هذا وعندما تعب، وأخذ النعاس منه مأخذه، توجه إلى غرفته، وطلبت من غراب الاستمتاع أكثر بحديث رامي. فطلب غراب مـن خـادم الفندق أن يأتيه بمسجل، دفع فيه بأحد أشرطة أم كلثوم. وما أن انطلق صوتها حتى رأيت رامي يعود إلينا، وهو ما يزال يشد حزام روبه، ويتلفت باحثا عن مصـدر الصـوت، ليعـود مرة أخرى يواصل متلذذا حديثه عن أم كلثوم.

(49) اتحاد كتاب فلسطين

في الشهر الأخير من عام 1966 وبعد قيام منظمة التحرير الفلسطينية، وبعد إقامة جيش التحرير الفلسطيني، والحرس الوطني الفلسطيني، وانتشار القوات الفلسطينية على الحدود في قطاع غزة، والشعور بالاعتزاز والكرامة، فكرت المنظمة بإقامة إتحاد كتاب فلسطين، فشكلت لجنة تحضيرية من أحد عشر ـ عضوا، للإعداد لمؤتمر لكتاب فلسطين. يعقد في غزة، يدعى له النخبة من الكتاب والأدباء والشعراء الفلسطينيين، وكنت من بين أعضاء هذه اللجنة، التي كان من أعضائها، خيري حماد، وغسان كنفاني، ومحمد زهدي النشاشيبي، وعبدالكريم الكرمي.

حددت اللجنة التحضيرية منطلقات أولية لأهداف اتحاد الكتاب الفلسطينيين، منها بعث التراث الفلسطيني وتنميته كجزء من إعادة بناء الكيان الفلسطيني، وكجزء من معركة التحرير المصيرية مع العدو الصهيوني المغتصب للوطن الفلسطيني، والعمل على إبراز الشخصية الفلسطينية، وإجراء الدراسات والبحوث عن ماضي الشعب الفلسطيني، وقضاياه الفكرية، وتشجيع الكتاب الفلسطينيين بنشر أبحاثهم ودراساتهم وتنظيم التعاون في المجالات الإعلامية والفكرية، وتمثيل فلسطين في المؤتمرات الدولية، والاهتمام بأدب المقاومة، دعوة الأدباء والمفكرين الأجانب وتعريفهم بالقضية الفلسطينية، والإسهام في نشر ما يكتبون عنها، والمساهمة في أي نشاط فكري وأدبي.

توالت الاجتماعات في القاهرة، ووجهت الدعوات إلى عقد المؤتمر في غزة، وكان يقع على عاتقي الجزء الخاص بالإعداد للمؤتمر، لوجودي في غزة، ولموقعي الإعلامي في مكتب منظمة التحرير، ولعلاقتي المستمرة مع إدارة الشؤون العامة، والحاكم العام، وقد قمت بالتعاون مع إدارة الحاكم، ومكتب المنظمة بالإعداد للمؤتمر، من حيث الإقامة، وقاعة الافتتاح، وقاعات الاجتماعات، والسهر على راحة الضيوف.

افتتح المؤتمر يوم الأربعاء في الأسبوع الأول من ديسمبر 1966 بقاعة سينما النصر. وبدئ بقراءة برقيتين، الأولى من رئيس إتحاد الأدباء والفنانين في الصين الشعبية، موجهة إلى رئيس المنظمة يعلن فيها الاتحاد عن تأييده الكامل لشعب فلسطين في نضاله من أجل تحرير وطنه، وعن عزيمته التامة للإسهام في هذه الحركة. والبرقية الثانية من المؤتمر الدائم لكتاب آسيا وأفريقيا، يؤيدون الفلسطينيين في مؤتمرهم الأول، ويعربون عن استعدادهم لدعمهم، ومساندتهم من أجل تحقيق أهداف الشعب الفلسطيني العادلة.

ثم ألقى الحاكم العام كلمة رحب فيها بالمؤتمرين كطليعة للحشد الثوري تحت راية منظمة التحرير الفلسطينية لتحرير الأرض المقدسة، وطالب الكتاب بأخذ أماكنهم في مسيرة التحرر، مطالبا إياهم بالإلتزام بالقضية الفلسطينية في كتاباتهم وتكريس جهودهم لإيجاد الأدب الثوري الفلسطيني.

بعد ذلك أعلن رئيس المنظمة أحمد الشقيري عن افتتاح المؤتمر، وألقى خطابا جامعا، وهاما وتاريخيا، تناول فيه القضية الفلسطينية من مختلف أبعادها، والمخاطر التي تهددها، ودعا الشعب الفلسطيني إلى التكاتف والتلاحم والعمل صفا واحدا، بعيدا عن التشرذم والتعنت والعصبيات القبلية والحزبية أيا كان شكلها ولونها، ليكون الشعب الفلسطيني كله جبهة واحدة في وجه الأعداء ومن أجل التحرير، كما ألقى الشاعر الكبير محمود حسن إسماعيل كلمة اتحاد الأدباء العرب، أعلن فيها تضامن وتكافل إتحاد الكتاب العرب مع اتحاد كتاب فلسطين من أجل الغاية السامية، وهي تحرير فلسطين وإعادتها إلى أهلها الشرعيين.

كما ألقى الشاعر الفلسطيني الكبير عبدالكريم الكرمي "أبو سلمى" كلمة اللجنة التحضيرية لاتحاد كتاب فلسطين مؤكدا الثوابت والأهداف، التي يقوم عليها الاتحاد، والغاية التي من أجلها أقيم، وسبل العمل التي سيسلكها من أجل القضية المقدسة، قضية فلسطين.

وقد ألقيت في ختام حفل الافتتاح قصيدة طويلة منها:

بالرصـــاص الرصـــاص لا بالقصـــيد وبزحـــف الجنـــود لابـــالوعود
بالســـرايا وبالكتائـــب بـــالجيش تـــرد الـــديار لابـــالوفود
بهـــدير مـــن المـــدافع أعـــلى مـــن هـــدير الكـــلام والتهديـــد
بالأيـــادي تشـــابكت وتلاقـــت بزنـــود تماســـكت بزنـــود
بـــالخطى تعـــرف الطريـــق حثيثـــا وســـريعا لمكتـــب التجنيـــد
إنـــه دربنـــا وفـــرض علينـــا واجـــب الـــدفع، واجـــب التســـديد

وتذكرت "يافا" التي تسكنني دائما:

إيـــه يافـــا حبيبتـــي أي حلـــم هـــو أغـــلى مـــن شـــطك الممـــدود
أنـــا مـــن شـــطك الحبيـــب رمـــال حملتهـــا الريـــاح عـــبر الوجـــود
حملتهـــا تـــدور باســـمك في الـــدنيا نشـــيدا أعـــزز بـــه مـــن نشـــيد
أنـــا في غربتـــي أدور مـــع الـــريح لحـــوني يافـــا وحبـــي وعيـــدي
صـــلواتي لهـــا وكـــل أحاسيســـ ـــي وشـــوقي وشـــقوتي وشرودي
أنـــا منهـــا، مـــا قيمتـــي مـــا حيـــاتي مـــا كيـــاني مـــن غيرهـــا مـــا وجـــودي
هـــزني الشـــوق أي شـــوق بـــلا نـــار ونـــاري مشـــبوبة في وريـــدي
أيـــن عمـــري ضـــيعته في انتظـــار وارتقـــاب وفرقـــة وصـــدود
فـــالإم الفـــراق فـــيم التنـــائي ولمـــاذا؟ وأي حكـــم عنيـــد

صباح يوم الخميس بدأت أعمال المؤتمر في قاعة المركز الثقافي بغزة لمناقشة الموضوعات التي أدرجت على جدول الأعمال، ووضع النظام الأساسي للاتحاد ووزعت الأعمال على اللجان وكانت اللجنة الثقافية تتألف من غسان كنفاني، وسميرة أبو غزالة، وكامل السوافيري، ودرويش عبدالنبي، عبدالهادي كامل، يوسف جاد الحق، محمد عبد الله يعقوب، خيري حماد، الياس سحاب، عبدالرحمن عوض الله، عودة بطرس عودة، وحسن خليل، ومحمد حسيب القاضي.

ولجنة الشؤون التنظيمية تتألف من نواف أبو الهيجا، ومحمود الحوت، وعبدالكريم الكرمي، ومحمد الخياط، ومحمد زهدي النشاشيبي، وبيان نويهض. وقد ناقشت اللجنتان ما تقدمت به لجنتنا التحضيرية من منطلقات وأهداف وخطط العمل، وتواصلت أعمال اللجنتين يومي الخميس والجمعة، ويوم السبت عرضت تقارير اللجان على الهيئة العمومية وأقرتها.

وفي نهاية المؤتمر انتخبت أول أمانة عامة لاتحاد كتاب فلسطين، كان من أعضائها خيري حماد، ومحمد زهدي النشاشيبي، وعبدالكريم الكرمي، وصبحي ياسين، وهارون هاشم رشيد، وعودة بطرس عودة.

بدأ اتحاد كتاب فلسطين عمله دون أن تكون له أية مخصصات من منظمة التحرير، بل اعتمد على اشتراكات الأعضاء وإسهاماتهم، وما يمكن أن يتوفر له من دعم عربي، وقد تمكن الاتحاد في فترة وجيزة أن يتبوأ مكانه المتقدم بين اتحادات الكتاب العرب والعالم، إلى أن حلت نكسة 1967 ليدخل في مرحلة جديدة ومنعطف صعب، مثله مثل العمل الفلسطيني في كافة ميادينه.

(50) مع جان بول سارتر، وسيمون دي بوفوار

في مطلع شهر فبراير 1967، أبلغني الحاكم العام لقطاع غزة بأن سارتر، الذي يـزور القاهرة بدعوة من جريدة الأهرام، سيقوم بزيارة لغزة، وأن علينا أن نعد له برنامجا ليـوم واحد، نستطيع فيه إطلاعه على المأساة الفلسطينية على الطبيعة، كما جاء في قول الحـاكم العام.

جان بول سارتر وسيمون دي بوفوار في غزة

وفي اليوم العاشر من فبراير، توجهت لاستقبال سارتر في مطار العريش. وصل صباح ذلك اليوم ترافقه سيمون دي بوفوار وكلـود لانسـمان، والكاتـب اليسـاري لطفي الخـولي، وعدد آخر من الصحفيين المصريين، وأثناء انطلاقنـا إلى غـزة، أطلعـت لطفي الخـولي علـى برنامج الزيارة، الذي كان يتضمن مرورنا على معسكرات

اللاجئين، ومستشفى البريج، حيث المأساة المجسدة لما يعانيه اللاجئون، فاعترض لطفي الخولي، بشدة قائلا: "إن سارتر رجل مسن، وإن هذه الزيارة تقتصر على لقائه مع المثقفين، وأنه حريص على صحته"، ولكنني تمسكت بتنفيذ البرنامج المعد، معربا له عن رأيي في الحرص على تحقيق هدفنا الأساسي من الزيارة، وهو الوصول إلى قلب المفكر العالمي، بحيث يشهد بنفسه ويلتقي بضميره بجذور القضية وأسبابها، وأننا رتبنا له لقاءا مسائيا مع المثقفين في غزة، وأعربت للأخ لطفي، بأننا لا يمكن أن نضيع هذه الفرصة للوصول إلى قلب الرجل، الذي يحتله اليهود من زمن بعيد، كما جاء في كتاباته ورواياته، وأن رجلا يقف مع الجزائريين في نضالهم ضد الاستعمار الفرنسي، قد نستطيع بزيارته هذه أن نجتذبه ولو قليلا إلى جانبنا، أو على الأقل نكتسب حياده، بدلا من انحيازه المطلق لليهود.

دخلنا معسكر البريج، وهو من أكبر معسكرات القطاع، تتجسد فيه المأساة بكل أبعادها وآلامها، وبدأنا ندخل البيوت بطريقة غير مرتبة، لنكتسب مصداقية لدى الرجل المنحاز، ولكنني رغم ذلك لمست رغبته لأن يميل هو إلى البيت، الذي يريد دوننا، ويسأل الشخص الذي يريد بكل الحرية لاعتقاده بأننا ربما نكون قد نظمنا له ما نريد فتركناه يتوجه كما يشاء لدخول البيت الذي يختاره، ويتحدث إلى الشخص الذي يرغب في محادثته.

دارت بين سارتر وأطفال المعسكر أحاديث متفرقة لأعمار مختلفة، جاءت كلها تؤكد على طلب العودة إلى المدن والقرى المستلبة، وعندما سأل أحد الأطفال عن بلدته، فسمى له إحدى قرى الجنوب بدا على سارتر الاستغراب وتساءل قائلا: "أنت صغير ومن مواليد البريج"، جاءت إجابة الطفل الذي لا يتجاوز الثامنة من عمره صارمة وصادقة لسارتر، وهو يعلن تمسكه ببلده الأصلي وتمسكه بشعار العودة، وأنه يعرف الكثير عن قريته وبيته، حتى عدد الجميزات القائمة حول دارهم، وعدد غرف بيتهم ومساحة الحوش، وعدد البقرات التي كان يقتنيها والده.

في مستشفى الأمراض الصدرية دار سارتر وسيمون بين الأسرة في ذلك الجو البائس والمحزن، الذي يمزق الأكباد و "سيمون" مغرورقة العينين، تأسى لأطفال في عمر الزهور، ينخر المرض في صدورهم ويهدد حياتهم، وجدوا أسرا كاملة، الأب

والأم والأطفال يعانون من ذلك المرض العضال.

صفر الوجوه كأن الموت عفرهم بحفنة من تراب القبر صفراء

قلت لسارتر يوما إن هذا المرض من الأمراض التي لم تكن تعرفهافلسطين إلا نادرا، لنقاء هوائها، وجميل طقسها ورخاء الحياة فيها. وأن هذا المرض أحد ثمار مأساة فلسطين، ونتيجة حتمية لسوء التغذية في معسكرات اللاجئين.

بعد الانتهاء من زيارة المعسكرات، توجهنا إلى غزة حيث نزل الضيوف في استراحة "مدام نصار"، التي تكاد تكون منزلا عائليا، وكنت قد رتبت ضمن برنامج الزيارة لقاءا له مع بعض السيدات المثقفات من زوجات الشهداء، اوأقاربهم، وكان بينهم السيدة مديحة البطة، التي استشهد لها شقيقان أمامها، وأمام والدها الشيخ حافظ البطة، والسيدة عفاف الإدريسي التي فقدت زوجها، وغيرهن، فرحب بهن. وقدمت له أثناء اللقاء ألبوما من الصور لبعض المجازر التي ارتكبها الجيش الإسرائيلي ضد المدنيين في غزة وخان يونس والمعسكرات، أعده المصور هيرنت.

استمع سارتر وسيمون باهتمام بالغ، وانشداد وذهول لما كانت ترويه الأخوات الفلسطينيات بالصوت الشجن المنفعل، الذي استرجع صورة المأساة، وهز المشاعر وجرح القلوب، شعرت لحظتها بأثر ذلك وقد بدأت الدموع تتدفق من عيون سارتر وسيمون، وهو يقلب صفحات ألبوم الصور، ويستمع إلى السيدات المكلومات، ولكن الشيء المناقض الذي أثارني موقف مدير تحرير مجلة العصور الحديثة "كلود لانسمان" اليهودي، إمتقع وجهه وتغير لونه، وبرقت في عينيه ملامح العداوة، وهو يسفه ما قدمته السيدات، ويقلل من قيمة ومصداقية ما قدمت من الصور قائلا:

"هذا يحدث في كل الحروب"، عندما أسقط في يده، ولم يجد ما يقول أمام الحوادث التي تقدم بوثائقها، وكل ما فيها من ألم، ولكن السيدات وأنا رددنا عليه بأن كل الذي يسمع ويشاهد في الصور حدث بعد إنتهاء المعارك الحربية تماما، واستسلام المدن والقرى والمعسكرات، وأنها جاءت مخالفة لاتفاقيات جنيف، التي تنص على حماية المدنيين تحت الاحتلال. وكادت أن تقوم بيننا مشادة عنيفة لولا أن

سارتر وسيمون أبديا تعاطفا مع ما استمعا إليه، وما شاهداه، ووعدا بالوقوف إلى جانب هذه القضية الإنسانية.

وفي المساء في فندق هويدي على شاطىء البحر، التقى سارتر بنخبة من مثقفي القطاع الذين شرحوا له أبعاد قضيتهم، وجذور مأساتهم وتمسكهم بحقوقهم المشروعة في العودة إلى وطنهم وتقرير مصيرهم، وإقامة دولتهم. ورد عليهم يومها قائلا:

"شكرا لكم، فبفضل معونتكم استطعت أن أرى الواقع الفلسطيني، وأن أفهم جيدا ما يمكن أن يشعر به الرجال والنساء والأطفال، الذين يعيشون في معسكرات بعيدين عن أرضهم، وأن أفهم أيضا رغبتهم في العودة إليها، وأنا أعرف أنكم تنظمون أنفسكم للوصول إلى هذا الهدف، وعلى ذلك وبسبب فهمي هذا فإن عواطفي معكم".

وقال أيضا:

"إنكم تطلبون مني خلال زيارتي لإسرائيل، أو كما تعبرون عنها فلسطين المحتلة، أن أزور هناك بعض القرى العربية مثل كفر قاسم، وأن أرى وأتحدث مع العرب هناك، وهذا أمر لا أنساه، بل إنني منذ البداية أبديت رغبتي الواضحة الصريحة في مقابلة العرب، وأعدكم أنني سوف أفعل هذا، وأزور جميع الأماكن التي طلبتم مني زيارتها، والتحدث إلى العرب هناك وتحقيق حالتهم ووضعهم، وسوف أنشر ـ في عدد مجلتي (العصور الحديثة)، الذي سوف أصدره عن القضية من وجهة النظر العربية والإسرائيلية، وثيقة خاصة بالمنظمة العربية داخل إسرائيل، المعروفة باسم الأرض. وإنني لأشكركم على هذه الصراحة في الحديث معي، وأستطيع أن أوكد لكم أنني سوف أنقل وجهة نظركم لفرنسا وزملائي الفرنسيين، وأستطيع أن أقرر لكم أنني أعترف دون تحفظ بالحق القومي لجميع اللاجئين الفلسطينيين في العودة إلى بلادهم".

تحت سماء غزة.. سماء فلسطين، ووسط أبناء فلسطين، أطلق الفيلسوف الكبير رأيه، الذي أسعد الكثيرين لقيمة الرجل ومكانته، التي كانت معروفة للمثقفين الفلسطينيين، فهو صاحب موقف واضح ضد الاضطهاد والقمع، تبلور في الكثير من مواقفه من حركات التحرير العالمية، وخاصة الثورة الجزائرية والثورة الفيتنامية.

كنا إذ نسمعه وهو يبدي هذه المشاعر، متعاطفا معنا، ننتظر من الفيلسوف والكاتب والروائي والإنسان، أن يحتكم إلى ضميره، وينظر إلى قضية فلسطين بالنظرة الإنسانية، التي ينظرها إلى قضايا التحرر، وأن يبدأ في التحول عن نظرة الانحياز التي ينظرها لإسرائيل باعتبارها كما يرى "الحمل الوديع المحاط بذئاب جائعة"، أو عن ما قاله في كتابه عن "المسألة اليهودية"، الذي أوضح فيه موقفه: "اللاسامي ينظر إلى اليهودي كإنسان ذي خصائص شكلية وأخلاقية محددة،، والديمقراطي من جانب آخر يدافع عن وجهة النظر الدمجية، أي أن اليهودي إنسان كالآخرين، وليس له خصائص مميزة، ورأى سارتر أن الاثنين مخطئان، فهو يرى أن إنصاف اليهودي لن يكون إلا بالاعتراف بحقه، ليس فقط في العيش في بلد نشأته أو اختياره، وإنما بحقه في التميز والاحتفاظ بخصائصه وشخصيته".

وينهي سارتر كتابه بعبارته الشهيرة:

"طالما وجد يهودي لا يمارس كافة حقوقه، فلن يكون هناك إنسان حر في فرنسا، ولن يكون هناك فرنسي آمن إذا وجد في فرنسا أو في العالم يهودي يخشى على حياته".

كان سارتر، الذي يزور الفلسطينيين لأول مرة، ويلمس مأساتهم عن قرب، أبرز المدافعين عن اليهود، وأشدهم حساسية بالنسبة لعالمية المشكلة اليهودية، التي يعتبرها مشكلته كفرنسي وأوروبي. كان ظن من دعوا سارتر من اليسار أن شيئا مات في ضميره يتحرك، عندما يرى القضية بنفس العين التي يرى بها قضايا التحرر والقضايا الإنسانية، التي كان يهتم بالدفاع عنها، ولكنه للأسف في الليلة التالية، وتحت سماء فلسطين، وعلى شاطئها، هناك في الأرض المغتصبة، دخلها وهو يحمل في رأسه صورة أولئك اليهود الذين أحبهم وكافح عنهم وتبنى قضاياهم.

وقف في مؤتمر صحفي عقده في تل أبيب ليقول: "إن إسرائيل هي البلد الوحيد في العالم، الذي نستطيع نعت الإنسان فيه بأنه يهودي، دون أن نكون لا ساميين، عندما يقال عن أستاذ جامعي عندنا أنه يهودي، لا أستطيع إلا أن أفكر أن القائل ضد اليهود، أما هنا فإننا نقابل يهودا بشرا، وفي إسرائيل لم يجر تحريركم فقط، وإنما تحريرنا أيضا، وإذا استطاع الرجل الإسرائيلي الجديد، اليهودي الجديد، أن يتطور في

سلام، ويعي كافة متناقضاته ويتحملها ويتجاوزها بعمله، فسيكون، وهو الآن من أغنى الرجال في التاريخ"قال ذلك دون أن يخطر في باله للحظة أن هذا اليهودي، الذي يتحدث عنه أغتصب أرضا وشرد شعبا.

كان غريبا ما قاله سارتر وهو يتحدث إلى الإسرائيليين في تل أبيب، وهو الذي قطع في الليلة السابقة وعدا للفلسطينيين بأن يتعاطف معهم، وهو الذي قال في جامعة القاهرة "إن الفلسطينيين لهم حق قومي في العودة إلى الأرض التي غادروها في حرب 1947 - 1948".

ذلك الفيلسوف المعروف بآرائه وأفكاره، يجيء متناقضا في طروحاته للقضية الفلسطينية بانحيازه التام لإسرائيل، وهو هذا الفيلسوف الذي زار المنطقة واستمع إلى مثقفيها في القاهرة، وغزة، وهم يشرحون له أبعاد قضيتهم.

من المؤسف والمذهل وقضية فلسطين من أشد القضايا حضورا في العالم أن يكون حتى ذلك العمر جاهلا بها، غير واقف على أبعادها وأسبابها، أو متجاهلا لما يسمع، أصم أذنيه وأغلق عينيه عن الحقائق الدامغة، ومن العجيب أن يوقع سارتر قبل حرب 1967 بأيام على عريضة لصالح إسرائيل بأنها "الدولة الصغيرة المسالمة المحاطة بمئة مليون حاقد متعطش للدم".

رغم ما جاءت به الحرب من فواجع، ومآسي وما حملته الأخبار لسارتر عما فعله اليهود باحتلالهم بقية فلسطين، وتشريد بقية أهلها، أخلد الفيلسوف إلى الصمت، وأوى خليله مدير تحرير مجلته اليهودي "كلود لاسمان" دون أن ينبس ببنت شفة من أجل من رآهم وشاهد مأساتهم، وسالت دموعه حزنا عليهم.

لقد احتفينا في عالمنا العربي بسارتر، واحتفلنا به واستقبلنا أفكاره وراوياته، وأبحرنا فيها بأشرعة نظيفة تقدر الفن، وتحترم الصدق، وتؤمن بحرية التعبير، ورغم ما كنا نجد بين طيات صفحاته، ونستشف ما خلف توجهاته من انحياز ظاهر، كنا نغض الطرف، ونعتز بعلو صوته من أجل حق الجزائر في الاستقلال، وحق إنسانها في الحياة، كنا ننظر إليه كأديب إنساني تهزه المآسي الإنسانية وتؤذي شفافيته، وتحرك وجدانه.

وكنا نعزو صمته عن قضيتنا إلى عجزنا وعجز إعلامنا عن الوصول إلى قلب الرجل الرقيق الشفاف الإنساني، الذي هاله ما روي عن مأساة اليهود، التي نسبت إلى ألمانيا، وجعلتها تدفع ثمنا لها أضعاف أضعاف ما روي عنها، إلى أن زارنا واستمعنا إليه، واستمع إلينا، ودار في كهوف الموت والمرض، والسغب، ورأى بأم عينيه أولئك البشر- الذين كانوا آمنين في أوطانهم، لهم دورهم ومزارعهم ومصانعهم ومعاهدهم كما كل البشر- يطردهم آخرون جاؤوا من أقاصي الدنيا وبأدعاء فرية تاريخية لا وجود لها إلا في عقولهم المريضة.

تركناه جوابا جوالا، يستقصي بنفسه دون تدخل أو توجيه، يلمس الحقيقة، ويقف عليها، عساه يحقق ما أملنا فيه بأن يكون الحكم العادل الذي يستوحي توجهاته من ضميره، لا من ضمير القتلة والغزاة.

خاب ظننا في سارتر، وبدا عاريا مجردا من كل ما زعم من إنحياز للحق والعدل والإنسانية، ففتحنا مغاليق الذاكرة وكنساه منها، لأنه فقد المصداقية وسقط في بؤرة الانحياز الأعمى والانغلاق الذليل.

(51) الأيام الساخنة

من الخامس عشر من آيار (مايو) إلى الخامس من حزيران (يونيو) 1967

أقبل أيار- مايو 1967 غيره في الأعوام السابقة، منذ 15 آيار - مايو 1948، فقـد بـدأ الكيان الفلسطيني يتكامل، وأخذت منظمـة التحريـر الفلسطينية في مـدة وجيزة تمـارس عملهـا الـوطني، فأقامـت التنظيـم الشعبي بمختلـف قواعـده في قطـاع غـزة، ومواطن التجمعات الفلسطينية، كما أقامت جيش التحريـر بكتائبه وأسـلحته المختلفة، وأنشـأت مركز الأبحاث، والصندوق القومي الفلسطيني، ونشرت مكاتبها في البلاد العربيـة، وأنحـاء العالم. كما بدأت إذاعة "صوت فلسطين- صوت منظمة التحرير الفلسطينية" بثها الواسـع، الذي استقطب المستمعين الفلسطينيين والعرب في شـتى أنحـاء الـوطن العربي، ببرامجها الوطنية المتميزة، وأناشيدها الحماسية واستقطابها المبدعين الفلسطينيين من كتاب وأدبـاء وشعراء وفنانين، يسهمون في رسالة التحرير والعودة وبعث التراث الفلسطيني.

أمام هذا الوهج المبشر، الواعد، ظهرت غيوم تتكاثف في سماء الوطن العربي، فقـد تحدثت الأخبار عن حشود إسرائيلية ضخمة تتجمع على الحدود السورية وفق معلومات من موسكو إلى القاهرة، وتواصلت الأخبار تشير إلى أن القوات الإسرائيلية بلغت أحد عشر- لواء، مما جعل السوفييت يبدون قلقا وانزعاجا لاحتمال قيام إسرائيل بهجوم على سورية، وأوحوا إلى عبدالناصر بضرورة حشد قواته في سيناء لمنع الإسرائيليين من شن هجـوم عـلى سورية، خاصة وأن مصر كانت قد وقعت في الربع من نوفمبر 1966 اتفاقية دفاع مشترك مع سورية، تلزمها بالوقوف إلى جانب سورية في حالة مواجهتها لأي عدوان خارجي.

كان الزعيم أحمد الشقيري في زيارة لغزة، وكنا بمناسبة اقتراب ذكرى الخامس عشر- من آيار نعد ونستعد لإقامة الذكرى بغير ما كنا نقيمها في الأعوام السابقة، وكان

أبرز ما ركزنا عليه، إقامة عرض عسكري كبير أمام الجندي المجهول ليسعد الشعب بقواته المسلحة، ويرى أبناءه، وهم يحطون أقدامهم على أول الطريق نحو تحرير الوطن واستعادة الحق المغتصب، وقد بدأ جيشهم يتكامل بأسلحته المختلفة.

صباح الخامس عشر من آيار، مبكرا كنت أمام الجندي المجهول أعد وأستعد، ألقيت سلامي وأديت تحيتي لذلك الذي شهدت اليوم، الذي واريناه في التراب، كما حضرت لحظة إزاحة الستارة عن النصب التذكاري، ومن يومها ما مر يوم الخامس عشر ـ من مايو آيار أو يوم الثاني من نوفمبر دون أن أكون أول من يتكلم وآخر من يختتم الاحتفال، كانت تلك إحدى مهام عملي التي واظبت على أدائها، وما تخلفت عنها مرة واحدة، وقد كنت أحرص على إلقاء قصيدة جديدة في كل لقاء.

اليوم تتملكني مشاعر مغايرة عن تلك المشاعر التي كنت أستقبل بها هذا اليوم.. بي ترقب وانتظار وتحفز، أعددت له العدة لاستقبال قوات جيش التحرير الفلسطيني، والزعيم الفلسطيني أحمد الشقيري.

أعددت منصة الخطابة، وثبت أجهزة الإذاعة وميكروفوناتها وسماعاتها. حرصت مبكرا أن يكون كل شيء جاهزا، كأحسن ما يكون، وحولي الزملاء من إدارة الشؤون العامة، ومكتب منظمة التحرير الفلسطينية.

توقفت أمام النصب التذكاري، سيارة جيب عسكرية من سيارات جيش التحرير، نزل منها ضابط وناولني رسالة مغلقة لونها البني أشعرني بأنها رسالة رسمية، فضضت الرسالة، فإذا هي من قيادة جيش التحرير، تخطرني بإلغاء الاحتفال والعرض العسكري، لإعلان حالة الطوارىء.

ركبت سيارتي وتوجهت بالرسالة إلى مقر إقامة أحمد الشقيري في قصر الحاكم العام عند شاطىء غزة، تناولها الرجل وقرأها، فتغير لون وجهه، وإكتسىـ بذلك الجو المتأمل، ودفع بها إلى مظروفها، وناولني إياها وهو يقول: "سامحك الله يا عبدالناصر، و الله ما هذا وقته ولا نحن مستعدون بعد" ثم إلتفت إلي قائلا: "دورنا الآن أن نعبىء الجماهير، ونكون وراء الزعيم القائد، و الله معنا".

إبلاغ الشقيري بإعلان حالة الطوارىء

لم تكن الجماهير أقل من الشقيري حماسا واندفاعا ولا تلهفا إلى لحظة الانطلاق، وإشارة البدء، وبعد جولاته في المعسكرات وكتائب جيش التحرير، تركنا إلى القاهرة، لنواصل الرسالة التي بدأ، ونواصل الإعداد والاستعداد.

القطاع كله، وفي أيام قلائل تحول إلى ثكنة عسكرية، قوات جيش التحرير، الحرس الوطني، قوات الدفاع المدني، التنظيم الشعبي، التنظيم النسائي، كلها تلاحمت لتكون جبهة واحدة، في مواجهة العدو، واستعدادا لتحرير الوطن.

كنت على اتصال يومي مع إذاعة صوت فلسطين- صوت منظمة التحرير الفلسطينية، أزودها أولا بأول بأخبار القطاع الملتهب، ومن مكتبي على مدى الأربع والعشرين ساعة تنطلق الأناشيد الوطنية والمارشات العسكرية.

الشقيري يخطب في غزة قبل عدوان 1967

رغم الحماس الملتهب، والجو المشحون بالأمل والمعنويات العالية، فإن كلمات الشقيري ظلت تطن في أذني: "إننا لم نستعد بعد". بدأت أشعر بذلك عند احتكاكي المباشر، ومشاهداتي اليومية للطريقة التي تجري بها الاستعدادات للمواجهة، كانت الفوضى ضاربة أطنابها، والتحرك العشوائي لتسليح المواطنين، بنادق وعدد من الطلقات، ثم اضطراب القيادة، وتضاربها، لم أكن عسكريا حتى أحدد مدى صحة ما يجري، ولكنني كنت أسمع عن قرب بعض الخلافات بينها، والتضارب في أفكارها وخططها، فأتوجس خيفة مما تخبيء الأقدار لبلدي.

كانت الأحداث قد توالت منذ ذلك اليوم الخامس عشر ـ من آيار مايو 1967، فقد شوهدت قوات كبيرة من الجيش المصري تتحرك عبر القاهرة في طريقها إلى قناة السويس، وقد أحاطت أجهزة الإعلام المصرية "الصحافة،

والإذاعـة، والتلفزيـون"، هـذه التحركـات بدعايـة ضخمـة، مـما ألهـب حـماس الجماهير في القطاع.

الشقيري يعبيء جيش التحرير الفلسطيني استعدادا للمواجهة

في الساعة العاشرة من مساء 16 آيار مايو بعـث الفريـق أول محمـد فـوزي رئـيس أركان حرب القوات المسلحة في جمهورية مصر العربية ببرقية إلى الجنرال "ركي" قائد قوات الطوارىء الدولية جاء فيها:

"أحـيطكم علـما بـأنني أصـدرت أوامـري إلى القـوات المسـلحة في جمهوريـة مصر-العربية، أن تكون مستعدة لأي عمل ضد إسرائيل، في نفس اللحظة التـي يرتكـب فيهـا أي عمل عدواني ضد أي دولة عربية، وطبقا لهذه الأوامر فـإن قواتنـا محتشـدة الآن في سـيناء على حدودنا الشرقية، وحرصا منا على سلامة القوات الدولية، التي

تتخذ مواقعها على حدودنا الشرقية، فإنني أطلب منك أن تصدر أوامرك بسحب هذه القوات من مراكزها على الفور وقد أصدرت أوامري إلى قيادة الجبهة الشرقية حول هذا الموضوع، وطلبت إليها أن تبلغني بتنفيذ هذا الأمر".

خان يونس مايو (أيار) 1967

وعلى الفور أبلغ الجنرال "ركي" هذا الطلب إلى "يوثانت" سكرتير عام هيئة الأمم المتحدة، وفي صباح اليوم التالي أوضحت إذاعات القاهرة أن الجنرال "ركي" قد طلب إليه سحب قواته الدولية من الحدود وتجميعها في قطاع غزة، ولكن لسبب أو لآخر "كان مفاجئا حتى لعبدالناصر" قام يوثانت بعد أن تلقى برقية الفريق أول محمد فوزي باستدعاء محمود عوض القوني مندوب مصر في الأمم التحدة، وأبلغه أن الانسحاب الجزئي للقوات الدولية غير ممكن، وعلى هذا الأساس فقد تم إبلاغ الرئيس عبدالناصر بأنه إما أن يطلب سحب قوة الطوارىء الدولية سحبا كاملا من الأراضي المصرية، أو أن يسمح لها بالبقاء في مراكزها الموجودة بالفعل.

كانت قوات الطوارىء الدولية هي التي تتولى حراسة مناطق الحدود المصرية الإسرائيلية منذ عام 1956، ودون أن ينتظر المصريون رد يوثانت الرسمي، تحركت قواتهم في الساعة الثامنة من صباح 17 آيار مايو واستولت على مراكز قوة الطوارىء الدولية على طول الحدود.

كما استدعى السيد محمود رياض وزير الخارجية سفراء الدول السبع التي تساهم في قوة الطوارىء الدولية، وطلب إليها سحب هذه القوات، وتلقى الموافقة الفورية على طلبه من كل مـن الهند ويوغسلافيا، الموجـودة في شرم الشيخ والبـالغ عـددها 32 رجلا بالانسحاب خلال 15 دقيقة.

وفي صباح يوم 19 آيار مايو، تم إنزال علم الأمم المتحدة عن مقر قيادة قوة الطوارىء الدولية في غزة، ولم يعد هناك شيء إسمه قوة الطوارىء الدولية بعد ذلك.

الشقيري يخطب في جماهير غزة

كنا في غزة نتابع ذلك كله بحماس منقطع النظير، وكنا نتنسم نسائم الوطن العائد إلينا، وكانت الجماهير تتدفق إلى مراكز التطوع والتجنيد وتسلم السلاح.

وفي 22 آيار مايو، دخلت الأزمة مرحلة جديدة عندما أعلنت مصر ـ غلق مضايق تيران في وجه الإسرائيليين والسفن الأخرى التي تحمل مواد إسرائيلية، إلى إسرائيل، وأعلن عبدالناصر أن العلم الإسرائيلي لن يمر بعد الآن من خليج العقبة، وأن سيادتنا على الخليج لا ينازعنا فيها أحد، وإذا هددتنا إسرائيل بالحرب فإن جوابنا على ذلك سيكون "مرحبا بالحرب".

وفي يوم الثلاثاء 23 آيار مايو، حذر ليفي أشكول رئيس وزراء إسرائيل آنذاك، من أن التدخل ضد الملاحة الإسرائيلية في مضايق تيران سيعتبر عملا من أعمال الحرب، كما أعلن في نفس الوقت الرئيس جونسون رئيس الولايات المتحدة الأمريكية المتحدة أن إغلاق خليج العقبة في وجه الملاحة الإسرائيلية عمل غير شرعي، وأن الولايات المتحدة ملتزمة بالمحافظة على سلامة جميع دول منطقة الشرق الأوسط، وبعث برسالة إلى كوسجين يطلب إليه فيها أن يعمل الاتحاد السوفيتي مع الولايات المتحدة لحث العرب وإسرائيل على ضبط النفس.

كانت الأحداث تتلاحق بسرعة، فقد أعلن الرئيس جمال عبدالناصر في خطاب أمام العمال العرب. أنه إذا نشبت الحرب فإنها ستكون شاملة، وسيكون هدفها تدمير إسرائيل، ونحن واثقون من النصر، كما أننا مستعدون الآن للحرب مع إسرائيل، وفي هذه المرة لن تكون الحرب مثل حرب 1956، لأننا لم نكن نحارب إسرائيل في ذلك الحين، وإنما نحارب بريطانيا وفرنسا، ووصف الرئيس عبدالناصر الولايات المتحدة بأنها العدو الرئيسي، ووصف بريطانيا بأنها ذيل لأمريكا.

وفي ذلك اليوم بعث الرئيس جونسون بمذكرة إلى السفير المصري في واشنطن طلب فيها من المصريين ضبط النفس، وعدم البدء بإطلاق النار، وفي تلك الليلة أوقظ الرئيس عبدالناصر في الساعة الثالثة صباحا ليستمع إلى رسالة عاجلة من السفير السوفيتي في القاهرة، لإبلاغ الرئيس عبدالناصر بأن موسكو تناشده بقوة ألا تبدأ مصر بالقتال.

وفي 30 مايو آيار حدث تطور هام هز المشاعر وألهب الحماس عندما وصل الملك حسين إلى القاهرة بصورة غير متوقعة، وقد مكث الملك الأردني في القاهرة

ست ساعات وقع خلالها اتفاقية دفاع مشترك مع الرئيس عبدالناصر، وكان لهذا التطور المفاجىء من الأحداث وقع المفاجأة علينا وعلى المصريين، لما كان من خلاف بين عبدالناصر والملك حسين في الماضي، وقد اصطحب الملك حسين معه في طريق عودته زعيم منظمة التحرير الفلسطينية أحمد الشقيري إشارة إلى التلاحم والتلاقي والتضامن لتحقيق الهدف الأهم، وهو الانتصار على العدو الإسرائيلي.

وفي 31 مايو آيار، جرت أحداث متوالية على الجانب الآخر من إسرائيل، فقد أعلن عن دخول "ديان" الوزارة الإسرائيلية، مما يشير إلى نية الحرب والتصميم عليها.

وفي الوقت ذاته كان الفريق عبدالمنعم رياض قد وصل إلى عمان لإقامة موقع متقدم للقيادة، وأن القوات الأردنية قد وضعت تحت قيادته إضافة إلى فرقة المشاة العراقية التي تعززها (150) دبابة في طريقها إلى عبور نهر الأردن، لتأخذ أماكنها في الضفة الغربية.

كل ذلك جعلنا في قطاع غزة ندخل شهر حزيران يونيو بروح عالية من الحماس والتوقد والإيمان بالنصر، تشحذ هممنا الأناشيد التي كانت تنطلق من القاهرة وصوت العرب وإذاعة صوت فلسطين.

تولى موسى ديان وزارة الدفاع ليلة الخميس أول يونيو.

مساء يوم السبت 3 يونو، عقد موسى ديان مؤتمرا صحفيا صرح فيه لمراسلي الصحف العالمية بأن الوقت قد تأخر كثيرا للقيام برد فعل عسكري انتقامي ضد الحصار الذي فرضته مصر على مضايق تيران، وأن الوقت لا يزال مبكرا للغاية لاستخلاص أية آراء عن النتيجة المحتملة للعمل الدبلوماسي، وأضاف أن الحكومة كانت قبل أن يصبح عضوا من أعضائها تسير في الطريق الدبلوماسي، ولا بد أن يتيح لها الفرصة.

وفي اليوم التالي أي اليوم الذي سبق نشوب الحرب مباشرة، تلقت مكاتب الصحف في أنحاء العالم صورا فوتوغرافية لأفراد القوات الإسرائيلية وهم يقضون عطلتهم استرخاء على الشواطىء، وقد سمح لعدة آلاف من الجنود الإسرائيليين بقضاء إجازة نهاية الأسبوع.

كانت عملية خداعية اتبعتها ونفذتها القيادة العسكرية الإسرائيلية وحسبتها بدقة استعدادا لضربتها المرتقبة.

(52) هواجس اليوم الغريب

شيء يجرح القلب ويثيره أن تحاول إستعادة ذلك اليوم، الرابع من يونيو 1967، أن تكون محلقا في السماء، تفرش جناحيك للريح في العلو اللانهائي حاشدا كل أحلام سنوات القضية، مستعيدا كل أيام الوطن الحلوة.

مرة واحدة كانت حولك الزغاريد تتحاشد متسربة إلى القلب، لم تعرف النوم لليال متوالية، منذ الخامس عشر من آيار. أهي الأحلام والأماني والذكريات، التي استيقظت مرة أخرى لتدق بابك، تلك التي يوما أنبتت لك جناحين فحلقت، وأبحرت، وسافرت يوم هلت طلائع الجيوش العربية عام 1948، تحدوها النخوة، وتدفعها الأصالة.. تذكر، ولا تنسى كم حلقت.. وكم حلمت، وأملت، ولكنك ما فتئت أن هويت من تحليقك، وقد تناثر ريش جناحيك مع تناثر أحلامك وأمانيك.

أهي الصورة مرة أخرى، تتصدر هواجسك، فترفضها قائلا: اليوم غير الأمس، القيود تحطمت، والشعوب تحررت، والاستعمار حمل عصاه ورحل، فلا أسلَحة فاسدة، ولا قيادة أجيرة، ولا تشرذم وتفكك، وضياع عربي. قناة السويس لا ينتصب على ضفافها جنود بريطانيا، فيم أنت هكذا مشتت الفكر، كليل الخاطر، يسكنك الخوف، الذي لا تدريه، أطلق جناحيك هذه المرة أكثر، أبعد في أحلامك، وأبحر مع آمالك.

ويدق جرس الهاتف في شقتي الإعلامية في عمارة أبو رحمة على ذراع شارع عمر المختار، أما هو فأل أخر، وبشير آخر أن يكون مكتبك على ذراع ذلك الفارس، الذي طرد المحتلين الطليان من دياره ومن وطنه.

عام 1948، ماذا كنت تحمل، مسدسا صغيرا، لا يسمن ولا يغني من جوع، هذا أنت في حلتك العسكرية الكاملة، كما كان شعبك، وهذا أنت أمامك، وعلى مكتبك بندقيتك المعمرة، ولك جيش قوامه ثلاثون ألف مقاتل، ووراءك جيش، هو

أكبر الجيوش، بـل أكبر قـوة ضـاربة في الشرق الأوسـط، كـما قـال قائـده المشـير عبدالحكيم عامر.

ويواصل جرس الهاتف رنينه، وأنت غائب عنه، مشغول بأحلامك وأمانيك، لم يستطيع الضجيج الذي حولك لعشرات الصبايا المتحمسات العاكفات على إعداد لفائف الإسعافات الأولية، تعمل أيديهن في عشرات من أثواب القماش التي تبرع بها الموطنون.

مكتبك المزور حتى البوابة الرئيسية بهن، يعملن، ويثرثرن، ورنين الهـاتف يـوالي صراخه، فيختلط مع الصخب حولك، غرفتك وأنت خلـف مكتبك لا تكاد تبين وسطهن، أمامك، ومن حولك، وخارج مكتبك، وملء الصالة الكبيرة، أهـي غيبوبة الفرحـة، أم رهبـة اللحظة، لا تكاد تصدق. أن ما حلمت به، وناديت من أجله، وكرست كل حرف له وأطلقته عبر دواوين خمسة، وعشرات الأناشيد، ومئات ساعات العمل، تنادي بالجولة الثانيـة، إنهـا فراستك أن تكون الأحلام حقيقة واقعة.

وتنتشلني إحداهن من غيبوبة الذهول، وهي تناولني التلفون "القاهرة تطلبك"، ويأتي الصوت ليخرجني مما أنـا فيـه، ويهـزني مـن كتفـي، أن أصحـو، فإنـك لا تحلم، إنها الحقيقة.

"أين أنت: لماذا لا ترد على التليفون؟"

كان ذلك صوت أخي علي، من مكتبه بإذاعة صوت فلسطين بالقاهرة.

"أبشر، ماذا لديك من أخبار؟"

ضجيج الأناشيد الوطنية المنبعثة مـن المـذياع يهـدر، بالروائـع التـي مـا خـرج مـن المبدعين أصدق منها تتدفق "راجعين بقوة السلاح"، "و الله زمـا ن يـا سلاحي".

وأملي رسالتي، أنقل الصورة المشرفة لشعب أحب الـوطن، وآمـن بالأرض، وانتهج الجهاد، وآثر التضحية على أهبة الاستعداد لتلبية النداء.

تحدثت مع أحمد سعيد، ومع الأخوة البسلاء في صوت العرب، ومع أخي علي، الذي أختتم قوله قبل أن يغلق سماعة التليفون "اللقاء في حيفا".

إلى هذا الحد كان الطموح، وإلى هذه الدرجة كانت الثقة، ونفرت دمعة ساخنة لتتحدر على خدي، كأنما هي قادمة من أتون النار.

لماذا حيفا؟ لا أدري!

ذلك اليوم.. يظل ما فيه من شجن، وحماس، وعواطف جياشة، يحضرني الآن كأنني ما زلت غارقا فيه رنين آخر.. متواصل، إنه العميد خفاجي، قائد المقاومة الشعبية، يدعوني سريعا إلى مكتبه.. ليكلفني بأن أحضر سيارة الإذاعة، تلك السيارة التي كنا في الشؤون العامة قد طلبنا صنعها في بريطانيا، وفق مواصفات حددناها، فهي أستوديو كامل للإذاعة، والبث، وشئنا لها شأنا ضخما متميزا، عرفها الناس وألفوها، وأحبوها فهي معهم في احتفالاتهم ومهرجاناتهم، تبث أناشيد عبدالحليم، وأم كلثوم، و الله أكبر، وعائدون، ولن ينام الثأر، إنها ضميرهم اليقظ الذي لم ينس الوطن ولا فرط فيه. تلك السيارة التي ألفتها طويلا، وكانت رفيقتي أبدا، يلعلع منها صوتي، كما ألفها وأحبها وعشقها ذلك الشاب، الذي زاملني ورافقني السنين الطويلة، "نهاد كارلو قطان".. كان سائق السيارة وراعي أجهزتها، ومحرك آلاتها، والمشرف عليها.

قال خفاجي: "أنك مكلف بأن تقوم من توك، بأن تذهب إلى محلات الغزالي للحلويات، تملأ سيارتك بعلب الحلوى، لتكون غدا صباحا في رفح، تستقبل طلائع الجيش العراقي، وتتحدث إليهم بما عهدنا عنك، مرحبا ومحمسا، تمثل المقاومة الشعبية، وتكون صوتها.

ولا أدري، لماذا سألت: "الجيش العراقي! كيف يأتي من رفح ومما أغضب خفاجي، واستثاره سؤالي، وشعر أنني أتحدث في أمر عسكري، لا علاقة لي به، وقال: ننفذ الأوامر، دون سؤال.

فإذا بي أقول له: حاضر.

خرجت من مكتب خفاجي لألتقي بالإذاعي الكبير حمدي قنديل. كان يقف في شرفة المجلس التشريعي، مثله مثل الآخرين الذين تجمعوا في الشرفة، يترقبون انطلاق صوت الأمان ليعلن انتهاء الغارة الوهمية، أو التجريبية، التي أعلنت من لحظات.

كان حمدي قنديل يومها قادما في زيارة للجبهة في سيناء، حيث يحتشد آلاف الجنود والضباط، منذ الخامس عشر من آيار مايو، شعرت يومها بانطباع حزين، قرأته في وجهه، وهو يتساءل إلى متى يترك هؤلاء الجنود للشمس، يترقبون وهم في حالة استنفار، تلعلع حولهم من أجهزة الترانزيستور الأناشيد ويتساءل، أهي الحرب، أم الضغط السياسي، وهو يوجس خيفة من طول الترقب والانتظار.

عدت إلى مكتبي ذلك المساء لأتصل بكارلو قطان، واصطحبه بسيارة الإذاعة إلى محلات الغزالي، أملأ السيارة بعلب الحلوى، وأضرب له موعدا للقاء في الصباح، يمر ببيتي، ويصطحبني إلى رفح.

يا لهذه الآلة العجيبة!

رنين الهاتف، مرة أخرى، العميد خفاجي، تعليمات جديدة:

"الساعة الحادية عشر ـ صباحا تحضر ـ إلى المجلس التشريعي، لتشارك في اجتماع لقيادة المقاومة الشعبية، وتكلف من يقوم مقامك في استقبال الطلائع العراقية في رفح".

أسقط في يدي، في هذه الساعة المتأخرة من الليل، أتصل بمن ليقوم مقامي، وأخذت أقلب الذاكرة.. إنه أحد الزملاء الإعلاميين من الأخوة المصريين العاملين في مكتب الاستعلامات بغزة.. أتصل به، فيفرح بالمهمة، ويرحب بها.

وأوي إلى فراشي منهكا، وفي أذني هدير الأناشيد، وفي عيني صور الجماهير المتدفقة إلى مبنى دار بلدية غزة لتتسلم الأسلحة، وتعانق الأمل.

(53) 5 يونيو (حزيران) 1967

كنت أقف صباح الخامس مـن يونيو - حزيران في شرفة منزلي الجديد في حي الرمال، وفي يدي فنجان القهوة، أرتشفه وعيناي سارحتان، تجوبـان في مقر الكتيبة، خيام جيش التحرير، وأصوات وهمهمات الجنود تأتيني كما نسائم البحـر الوافدة، تمـلأ الصـدر وتنعشه.

يا للهاتف هذا، إنه لا يتوقف عن الرنين منذ الخامس عشر- مـن مـايو - أيار، وأنا أركض إليه، وأرفع السماعة إلى أذني من يا ترى، وما الجديد، أنه صـوت "نهاد" مـن أين تتكلم؟

" من غزة، من مستشفى النصر".

ويهوي قلبي.. ولكن دوي مدافع هادرة قريبة جدا يفاجئني أترك سماعة التليفون معلقة في الهواء، وأخرج إلى الشرفة النار مشتعلة في طائرة إسرائيلية، إصطادتها مدفعيـة شباب جيش التحرير.

"الـله أكبر" كانت الكلمـة التي انطلقت منـي، ومـن بعيد، مـن حشـود الجيش المعسكر في الكتيبة، ومن بيوت الجيران..

أعود إلى سماعة التليفون ليروي لي "نهاد" قصته:

في موعده انطلق بصاحبه وسيارته إلى رفح، وعنـد مـدخل خـان يـونس، قريبـا مـن "القرارة" فاجأته دبابة كامنة في أحد الكروم، وما أن بدت سيارته مقبلة حتى حرك الجندي الإسرائيلي مدفعه نحوها، فبادره نهاد بإطلاق زخة من رصاص بندقيته، وأوقف السـيارة، وشد رفيقه مندفعا خارجها في محاولة منـه لتفادي الرصاص الإسرائيلي، تعثـر صاحبه فأصابته رصاصة أطارت أرنبة أذنه. جره نهاد ليختفيا داخل الكروم، وتلاحقت قذائف الدبابة المعادية، لتصيب سيارة الإذاعة، فتشتعل فيها النـار، ويـدوي انفجارهـا، وتحـترق تماما.

ويزحف نهاد ورفيقه بعيدا، ويتعلقان بإحدى السيارات المتجهة إلى غزة، ثم إلى مستشفى النصر، كانت إصابة نهاد طفيفة وإصابة صاحبه لم تكن بالغة، ولكنه فقـد أرنبـة أذنه.

توجهت إلى المكتب بعد أن اتضحت الصور، وبـدأت البيانـات العسكرية تتلاحـق، لقد بدأت الحرب، حاولت جاهدا أن أفسر ما جرى.. كيف وصلت الدبابة إلى مشارف خان يونس، وكيف اخترقت دفاعات جيش التحرير.. ولم يطل بي الوقت لأعـرف أن التعليمات التي صدرت لي للتوجه إلى رفح، كانت قد وصلت إلى رفح وإلى الفاعليـات الشعبية هناك لتكون في استقبال الجيش العراقي، وأن الجميع قد لبـوا النـداء مبكرين، واصطفوا علـى جانبي الطريق يصفقون ويهللون للدبابات المتقدمة، تحمل شارات الجيش العراقي، حتـى فاجأهم صوت أحد المواطنين النابهين وهو يصرخ في الناس "إنهم اليهود".

وفي لحظة كانت الدبابات قد أدارت رشاشاتها لتحصد الناس المرحبين، والمترقبين.

وأتساءل وأنا في حالة من الأسى والحزن، من الذي أبلغ خفاجي بأن الجيش العراقي سيصل إلى رفح، هل حقا أن شيئا من ذلك كان سيحدث، أم أن أحدا مـا كـان قـد أخترق خطوط الهاتف، أو سرقت شفرة المخاطبة، ام أن شيئا من ذلك كان سيحدث وتأخر، لقد ظل ذلك غامضا ومجهولا.

اشتعلت المعركة.. المدفعية تضرب غزة من الجو والبحر والبر، لعلعت السـماعات المعلقة بشرفة مكتب المنظمة في شارع عمر المختـار، دوت أناشـيدها المذياع إلى جوارنـا يوالي قراءة البيانات العسكرية، عشرات الطائرات التي تتساقط للعـدو، كمـا يقـول أحمـد سعيد، وانتصارات في جميع الجبهات.

الساعة (9.11) أذاع راديو عمان أن الأردن يتعرض للهجوم.

الساعة (9.27) أعلن الملك حسين من الإذاعة أن ساعة الانتقام قد حانت.

الساعة (10.30) أذاع راديو القاهرة أن القوات الأردنيـة، قـد استولت علـى مبنـى البلدية.

الساعة (12.11) طلبت الأمم المتحدة وقف إطلاق النار.

الساعة (12.45) أذاع راديو عمان أن جبل المكبر قد تم الاستيلاء عليه.

وعلت التكابير في الشوارع، ومن البيوت، وعاود الناس الأمل، رغم ما كانت تبثه الإذاعة الإسرائيلية من أخبار، حول ضربة الطيران، وتغلغل الجيش الإسرائيلي في سيناء، ورغم ضراوة الحرب الشرسة التي كانت تدور في القطاع، ورغم القصف المتواصل من المدفعية، وأطنان القذائف التي تلقي بها الطائرات المغيرة، فما زالت شحنة الحماس متوقدة، وما زال الأمل يراود الجميع.

ولكن أخبارا أخرى بدأت تبثها إسرائيل، وإذاعة لندن عن ضربة قاصمة للطيران المصري،وتغلغل الجيش الإسرائيلي في سيناء، شيء ما تسرب في أعماقي، هاجس غريب، نوافير من الوجد بدأت تتلاحق في صدري.

فجأة رأيت غزة تنتصب أمامي، حسناء ما أجمل وما أحلى هذه المدينة المسكونة بالعشق.. أ إلى هذا الحد من الجاذبية هي حتى تتلاحق إليها الغزوات عبر العصور، فيم هي مستهدفة أبدا للطامعين، وشياطين الحرب. تنكسر ـ وتنهض، تذبح وتعاودها الروح، تقتلع فينبت لها ألف جذر،

وهؤلاء الذين تغص بهم شوارعها، وأزقتها، وحاراتها. هؤلاء الذين ينتفضون اليوم، يحملون أرواحهم على أيديهم لافتدائها، أمكتوب عليهم دائما الرباط، وإلى يوم الدين.

كم مرة نهضوا في وجه الريح وصدوها.

المدافع ما زالت تدوي، القصف يشتد، الهدير الزاحف يقترب، وهم أولاء العشاق عن الحبيبة يدافعون.

كانت القلوب والعيون متجهة إلى المدينة المستعصية، التي ظلت لقرون تحميها وتدافع عنها الكتائب العربية، ومن أجلها يسقط آلاف الشهداء، وفي الوقت ذاته، كانت تدور معركة ضارية بين الكتيبة الفلسطينية المرابطة في خان يونس، وبين لواء كامل من الجيش الإسرائيلي، يحاول اقتحام مدينة الشهداء، كان واضحا أن شيئا ما

حدث للطيران المصري، وأن الأخبار التي أخذت تبثها إذاعة إسرائيل، وإذاعة لندن حول تدمير القوة الجوية المصرية بدأت تهز المشاعر، وتحدث التوجس والريبة.

واجه اللواء الإسرائيلي المتقدم نحو خان يونس قصف مدفعية جيش التحرير الفلسطيني المضادة للدبابات، فتم تدمير ست دبابات إسرائيلية، ولكن المدفعية القوية التي كانت تسند القوات الإسرائيلية، والحشد الهائل من المعدات أخذ يتقدم إلى الأمام، حتى وصل مشارف خان يونس، حيث عاودت إعتراضه قوات جيش التحرير الفلسطيني، فأوقعت فيه خسائر فادحة، إذ قتل 35 من قادة الدبابات، وكان أحدهم برتبة قائدة كتيبة.

لم يكتف الإسرائيليون بذلك، بل دفعوا بلواء آخر من الدبابات، ليتقدم نحو الجنوب متفاديا القوات الفلسطينية من ناحية، وللألتفاف حول الاستحكامات الدفاعية حول حقول الألغام الممتدة جنوب رفح، من ناحية أخرى، ولكنهم في تقدمهم فاجأتهم القوات الفلسطينية، فاشتبكت معهم، وأوقعت فيهم خمسين قتيلا، وأصابت عددا كبيرا آخر.

حاول الإسرائيليون نقلهم بطائرة هليوكبتر، ولكن الفلسطينيين واجهوا بقصف شديد، حال دون ذلك، وقد عرف الإسرائيليون أنهم رغم ما حشدوا من قوات وما دفعوا من معدات لم يستطيعوا أن يقضوا على الكتيبة الفلسطينية التي ما زالت متماسكة في استحكاماتها القوية، وخيم الليل، واستمر القتال لساعات تحت جنح الظلام. حارب فيها الفلسطينيون بضراوة وبسالة.

تواصل القتال تلك الليلة، والكتيبة الفلسطينية المرابطة في مدخل خان يونس، من جيش التحرير الفلسطيني ظلت صامدة، تدافع عن المدينة ببسالة وضراوة، وتوقع في العدو خسائر فادحة، في رجاله ومعداته، رغم تفوق العدو الذي كان يتقدم بلوائين من الدبابات، تساندها المدفعية والطيران الإسرائيلي، وكما حدث عام 1956، وفي المدينة نفسها "خان يونس"، صمدت القوات الفلسطينية ودافعت عن المدينة، ببسالة وشجاعة، رغم أن الأخبار كانت تصلها عن تغلغل الجيش الإسرائيلي في سيناء ورغم اختفاء الغطاء الجوي الذي حققته طائرات السلاح الجوي

الإسرائيلي خلال الساعات الثلاث الأولى من الحرب هو العامل الوحيد الذي ضمن تقدم القوات الإسرائيلية بسرعة، من رفح إلى العريش.

تل المنطار هذا، الذي كم من الغزاة دفنوا عند سفحه، يتعرض اليوم لأطنان من القنابل، تتساقط من طلعات الطائرات المتوالية، والمدفعية الإسرائيلية تواصل قصفه، والبواسل من أبناء فلسطين وبأدنى تسليح لديهم يدافعون، ويصمدون.

جاء الليل، وها هي الطائرات تحوم في سماء غزة.. وعشوائيا تتساقط قذائفها، ومدفعية جيش التحرير تحاول صدها، وكما شعلة اللهب تحول السماء، سماء غزة..

إلى أين نذهب؟

قال صاحبي مجدي، رجل منظمة التحرير الأول في غزة، ومدير مكتبها، الذي كان قد رحل أسرته إلى القاهرة منذ أيام.

أجبت: إلى حيث تشاء، وإني معك.

درنا على غير هدى تحت جنح الليل الغامض، الساعات على طولها تتلاحق، والدوي لا يتوقف، لماذا سكتت مدافع المنطار لا شك أن رجالنا ردوهم.

هو كذلك. ويخيم الصمت ثم ينكسر "الطائرات تعاود قصف المنطار".

أرأيت أنهم ما زالوا هناك صامدين "حماهم الله".

مال بي مجدي إلى بيت أحد أقاربه في حي الرمال، الرجال كلهم متكومون في غرفة الضيوف عند مدخل البيت، تلقونا صامتين الأخبار تتلاحق، وتتضارب.

شيء من الشك بدأ يتسرب إلى القلوب، العيون التي حولنا تتساءل ماذا جرى.. هل حقا ما يذاع من إسرائيل:

إنها حرب الكلام، نحاول أن نزحزح الشك، ونحن أكثر منهم شكا وريبة فيما نسمع.

الطائرات تعاود طلعاتها والقصف يقترب أكثر، الإنفجارات في كل مكان.. أي ليلة عصيبة هذه! لماذا لا يطلع النهار، عسانا نتبين شيئا، والحلكة تشتد وتشتد، إنه اقتراب الفجر. أجل إنه الفجر. ها هي خيوطه بدأت تشق الظلمة وجاء صوت أحمد سعيد، "أمريكا يا عرب" لحظتها قطعت الشك باليقين، إنها الهزيمة، ورب الكعبة.. بسرعة تراجع

الظلام، وأخذت بشائر النهار تتدفق إلينا مع أصوات سابلة، وغوغاء في الشارع.

خرج مجدي يستطلع، عرفه أحد العابرين، إنه أحد جنود جيش التحرير. "سقطت حامية المنطار، اليهود بحاولون دخول المدينة" صرخ فيه مجدي "أنت جبان هارب".

رد عليه: "سامحك الله".

بدأنا نرى غيره، آخرين وآخرين، وبدأت الحقيقة تتضح. تلفت الحاضرون حولهم، خرج بعضهم من الغرفة إلى الشرفة، وصلنا طرف من حديثهم "ماذا يفعل هؤلاء هنا.. ليبحثوا عن مكان آخر، إنهم رجال المنظمة، لو ضبطوا بيننا، نسف اليهود البيت على من فيه، البيت مملوء بالأطفال والنسوة، لماذا لا يذهبون".

انطلقنا، مجدي وأنا ندب في الشارع، تركنا المنزل قبل أن يعودوا إلينا، ركبنا السيارة، وانطلقنا على غير هدى والنهار يتقدم.

ذهبنا إلى أقرب مقر منا، ودخلنا معهد الأزهر وجدناه خاويا خاليا، ليس فيه أثر لأحد، لماذا لا نذهب إلى مقر الحاكم العام. توجهنا إلى قصره عند الشاطىء، وما أن أقتربنا حتى نفر أمامنا مجموعة من الجنود السودانيين، من حرس الحدود. صوبوا بنادفهم نحونا، سألنا عن الحاكم، فلم يجيبوا، وإنما ردونا بعنف. كان واضحا أن القصر قد أخلي من سكانه.

حاولنا أن ننبه الرجال ونحذرهم من الخطر القادم، المعركة تدور في شارع عمر المختار، والدبابات تتقدم فيه. نهرونا فتراجعنا نحو المدينة. صادفتنا أول سيارة جيب عسكرية، استبشرنا عندما توقفت أمامنا، فإذا هو العميد خفاجي، قائد المقاومة الشعبية، وقبل أن نوجه إليه أي سؤال، بادرني بقوله: "أنت هنا.. ودورك هناك مع رجال المقاومة".

سألت: "أية مقاومة، والدبابات قد اقتحمت المدينة، وبماذا نواجهها، بالبنادق، بالرصاصات القليلة".

دفع سيارته، وانطلق، وقد أخذت عيناي عددا من الحقائب الجلدية في مؤخرة الجيب. كان في طريقه إلى اللنش ليبحر به إلى بور سعيد.

قال مجدي: لنذهب إلى خان يونس، ونتحرى الأمر من هناك. وعبرنا الطريق

إلى حارة الزيتون من الطرق الخلفية، وصلنا إلى العمدان وأخذنا الطريق إلى خان يونس. وقريبا من بيارة الصايغ لمحني أحد معارفي من الحارة، داخل السيارة، فأوقف حماره، وأخذ يصرخ مناديا بأعلى صوته.. تراجعنا بالسيارة.. قال لي أين أنتم ذاهبون اليهود اشتبكوا بقوات كبيرة مع نقطة البوليس الحربي، وقضوا عليها، وهم في الطريق إلى غزة.. أرجعوا.

رجعنا وفي عودتنا، ملنا إلى بيت إبراهيم أبو ستة القريب من بيتي.

دار حديث سريع، الموقف واضح، الدبابات سريعا تتقدم في شارع عمر المختار، أعاقتها بعض الدفاعات من رجال المقاومة الشعبية، ولكنها تتقدم.

افترقنا، ثم ذهب مجدي إلى الشمال، وتوجهنا إبراهيم وأنا نحو الشاطىء نحو دير البلح، ربما نكون في مأمن إلى أن تتضح الأمور.

كثيرة هي الخنادق، وكثيرون هم الجنود، حاول إبراهيم وهو يقترب من أحد المواقع أن ينبه أحد الضباط للخطر. قال له إن اليهود على وشك الوصول إليهم، وأن هذه الخنادق وهذه الأسلحة لا تصد الدبابات الضخمة المتقدمة.

استفز الضابط قول إبراهيم، وشحب وجهه، ونفر فيه طالبا منه الابتعاد قبل أن يسمعه الجنود، ومضينا، ولكننا بدأنا نرى الجنود وهم يتوجهون نحو الجنوب، تجاوزنا الشيخ عجلين، غير إبراهيم رأيه، وفضل العودة إلى بيته، وافترقنا، وواصلت طريقي مصمما أن لا أقع في أيديهم.

كان ذلك قراري مهما كلفني الأمر، ومهما كانت المصاعب، اتخذت طريقي نحو كرومات حارة الزيتون، هذه الحاضنة الحنون، التي ما خانتني قط، ولا فرطت بي، إلى دفء أحضانها لجأت عام 1956، وها أنذا أعود للإلتجاء إليها، لتخبئني في صدرها، وتحت جدائلها.. وتبدأ رحلة الاختباء من جديد. الأماكن أعرفها شبرا شبرا، وزاوية زاوية.

حزيران 1967 ليس كنوفمبر 1956، أينما وقعت قدمي أستطيع أن أتمدد وأنام، وأجد الماء والغذاء.

سقطت المدينة وأعلن حظر التجول، ولكن الجنود الكثيرين هذه المرة،

المتشردين مثلي تحت أشجار الزيتون والتين والجميز، الذين ما زالوا بكامل ملابسهم وأسلحتهم يرفضون الهزيمة، ويصرون على أن المعركة لم تنته، وأن القوة الضاربة الكبرى لن تستسلم ، إنهم يتكدسون تحت ظلال الأشجار وهم بكامل زيهم العسكري وأسلحتهم، وعلى آذانهم سماعات الترانزستور، وأيديهم تجوب، بعقاربها من محطة إلى محطة، بحثا عن خبر ينعش الصدر، ويعيد الأمل عشرات من الفدائيين والجنود الذين تسللوا إلى الأرض المحتلة، ودمروا خطوط العدو الخلفية، وأنهوا مهماتهم، يتوافدون إلى الكروم في ذهول لا يصدقون شيئا مما يسمعون، لقد أنجزوا كل ما كلفوا به، وأوقعوا بالعدو خسائر فادحة، وعادوا فرحين بما أنجزوا ليصدمهم الواقع المر.

ماذا جرى.. شيء كالخيال، لا يصدقه العقل، وتعاودني كلمات الشقيري "إننا لم نستعد بعد" هل هي الحقيقة، هل جررنا إلى المعركة حتى لا نستكمل بناء القوة المطلوبة، ولماذا الحرب؟

عام 1956 أفتعلت الحرب وتعددت أسبابها، ولكن السبب الرئيسي كان ضرب مواقع الفدائيين، وشل حركتهم والقضاء عليهم وكبح جماح القومية العربية.

عام 1967 افتعلت الحرب لنوقف ذلك المد الهائل لنهوض الكيان الفلسطيني، لقد أرعب العدو ما كان يجري في قطاع غزة، وما أمتد ليصل إلى مناطق الشتات في سورية ولبنان والأردن والعراق، الشعب الفلسطيني صاحب الأرض ومالك الوطن، ينهض من جديد بكيان متكامل، جيش تحرير فلسطين، مجلس تشريعي، آلاف من المثقفين والأكاديميين، إذاعة مدوية باسمهم، اقتحام للأسوار العازلة وانطلاق للعالم، بمكاتب وإعلام، الوليد الجديد الذي حمل اسم منظمة التحرير الفلسطينية، الناهض على هذا الجزء من فلسطين، يحمل أسمها، ويرفع علمها وينشد نشيدها، لا بد أن يوءد في المهد، قبل أن يكبر، وتقوى أنيابه وتطول أظافره، ويطالب بحقه ويسترد وطنه.

لهذا وليس لغيره، جازفت إسرائيل بالحرب، وافتعلت أسبابها، وليس لأي سبب آخر، مهما تذرعت به، وحاولت الاختباء وراءه.

ماذا لو دخل الجنود الإسرائيليون مكتبي، مئات من الوثائق والأسماء والقضايا والتسجيلات، لو وقعت في أيديهم، لطال الضرر الجميع. كيف الوصول إليها، تسللت إلى بيتنا في حارة الزيتون، والتقيت أهلي لأول مرة منذ بداية الحرب، بعد ثلاثة أيام من التجوال والتنقل، أرسلت من يستطلع أخبار مكتبي، لم يدخله اليهود بعد. تطوعت إحدى شقيقاتي بأن تحضر لي كل ما أريد من المكتب، لفت رأسها بغطرة الحارة، وأصطحبت معها أحد الأقرباء، وعادت إلي بشوال كبير، قضيت نهارا وأنا أراجعه وأحرق وثائقه، حتى ارتحت، وداخلني شيء من الطمأنينة.

حاولت أن أصل إلى بيتي في حي الرمال للاطمئنان على من فيه، فمررت بأرض الكتيبة، فإذا هي خاوية، فارغة مقفرة، لفت نظري دفاتر كبيرة ملقاة على الأرض تلعب بها الريح، ذهلت عندما وجدتها تحتوي على آلاف أسماء جنود جيش التحرير والمتطوعين. حملت هذه السجلات معي، وأحرقتها في بيتي بالرمال.

سلمت بندقيتي لناطور بدوي، كان يقيم خيمته قريبا من بيتي، خبأها بعيدا حتى لا تجلب لنا أو له الأذى، وعندما جن الليل، عدت مرة أخرى إلى كرومات حارتنا لأواصل الاختباء وأتسقط الأخبار. لم يكن من الصعب علي التأقلم مع حياة التنقل والاختباء، فما زلت بعد عشر سنوات، ها أنا أعود لأمارسها مرة ثانية، وأتذكر ذلك الصحفي المصري، الذي حاول استدراجي في التحدث عن حكايتي مع الإفلات من العدو، يومها قلت له: سأحتفظ بما عندي سرا، ربما احتجت العودة إليه يوما ما.

وصلني في مخبئي أن سلطات الاحتلال قد أنهت الطوق، الذي فرضته على جزء من حي الرمال، يقع فيه بيت "محمد الزهارنه"، ابن خالتي وزوجته ابنة خالي، وكان الاقتراح بأن انتقالي إلى هناك أكثر أمانا لأن الجنود الإسرائيليين ما زالوا يجوبون الكرومات، وربما وقعت في يديهم فيطالني ما طال غيري، ويقتلونني.

لم يخطىء حدسهم فقد جاءتني الأخبار بأن قوات هائلة من الجنود، بدأت تمشط البساتين والبيارات والكرومات في حارتنا، فأخذت طريقي متوجها إلى حي الرمال عابرا بمنطقة الدغامشة، فإذا أنا قريب من بيتي.

خطر لي أن أميل إليه وأطمئن على أهلي وأواصل سيري، وقبل أن آخذ

قراري رأيت من بعيد سيارات مصفحة تقترب من البيت، ثم تتوقف أمامه، ويندفع منها عشرات الجنود وينتشرون حوله، وعلى أسطحه، إنهم لا شك يبحثون عني. اختبأت عند أحد سكان الحي، حتى انتهى الجنود من تفتيش منزلي وتركوه، فعدلت عن فكرتي وواصلت طريقي إلى منزل ابن خالتي.

رحبوا بي واستقبلوني بلهفة، وهيأوا لي مكانا في الطابق العلوي لأستريح فيه، بعد ليلات المعاناة والتشرد، وجلسنا نتحدث حتى الليل، فإذا "بغازي الزهارنة" "قريبي"، قد وفد إلى بيت عمه لتوقعه إجراء طوق حول المنطقة التي يقع فيها منزله، وإحساس بأن اليهود لن يعودوا مرة أخرى إلى المناطق التي فتشوها، فلجأ إلى بيت عمه، عساه أن يكون أكثر أمنا وأمانا.

طويلا تحدثنا أنا وغازي تلك الليلة حتى غلبنا النعاس فنمنا.

في ليلات الاحتلال تخلق للإنسان حاسة جديدة، تجعله حتى في منامه شديد الحرص، سريع الانتباه، خاصة إذا كان قد عانى يوما ليالي الهرب والتنقل والمطاردة، استيقظت كأنما يد هزتني لإحساس بأن سيارات ما تتجمع في المنطقة، دفعت صاحبي غازي، استيقظ فزعا.

قلت: "إنهم يحكمون الطوق".

قال لي، وهو في حالة من الذهول: "فال الله ولا فالك، نم يا رجل".

وقبل أن يكمل عبارته أو يواصل كلامه، جاء مكبر الصوت ليعلن:

"إن على جميع الرجال من سن الخامسة عشر حتى الخمسين، أن يتجمعوا في المدرسة المجاورة للبيت، الذي نزلته".

قلت لصاحبي: إحلق ذقنك، فإنهم يأخذون من يشكون في تشرده.

وبدأنا نستعد. صعد إلينا ابن خالتي أبو ناجي، وهو يقول لنا: لا تغادروا المنزل، فما زالت لافتة الأمم المتحدة في مدخل المنزل ذلك أنه كان مؤجرا لها.

أصررت على ضرورة الخروج، لأنني شاهدتهم من النافذة، وهم يقتحمون البيوت ويدفعون بالرجال ويضربونهم، وقبل أن نكمل حوارنا كانوا قد اقتحموا البيت،

فنزلنا ركضا لنعلن لهم أننا خارجون، ولم نسلم من لكز بناقدهم وضربات أرجلهم.

في ساحة المدرسة تجمع المئات من الرجال والشباب والصبية، وبدأ عدد من ضباط العدو يجوبون بيننا، ويتفرسون وجوهنا، وبإشارة من أيديهم يختارون من يشآون دون تمييز، وهم يرددون بين الحين والآخر: "على جنود ناصر وجنود الشقيري أن يقفوا".

ولا يرد عليهم أحد، وكانت كلما امتلأت شاحنة بالرجال غادرت المكان وهم يواصلون جولاتهم.

قلت لغازي: في ظني أنهم سيأخذونك في المرة القادمة،فإذا حاولوا لا تصعد إلى السيارة، وقل لهم أنك تاجر، ولك محل في شارع عمر المختار، وأثبت لهم ذلك. والذي قدرته كان، وسيق غازي أمام الجنود، وهو يعاند ويعترض، وعندما وصل السيارة طلب منه الضابط هويته، ولما أبرزها، وتفحصها سأله عن اسم متجره، فقال له متجر الوحدة العربية قال له "كمان".

قال: مستعد أن أغيره.

فتركه الضابط يعود إلينا، بعد أن سقطت منا قلوبنا.

بدأت الحلقات تضيق علي، وأصبح التنقل من مكان إلى مكان، ومن مخبأ إلى مخبأ يشكل مشكلة مزعجة لي، ولمن ألجأ إليهم، وبدأت أفكر في ترك القطاع، لمواصلة النضال بالكلمة من أجل وطني.

حاولت أول الأمر، باتصالات مع معارفنا من "الشمالخة" أن أجد وسيلة بحرية تنقلني إلى بور سعيد، ثم إلى القاهرة، فوجدت استحالة ذلك، لما يملأ البحر من بوارج العدو ولنشاته.

عرض علي بعض الأخوة أن أتنكر وانتقل عن طريق الأتوبيس الذي كان يقف في ساحة التاكسات "ساحة فلسطين"، فينقل الركاب إلى الخليل، ولكنني توجست خيفة من أن يتعرف إلي أحد عيون العدو، لأنني كنت معروفا للناس لكثرة، ما كنت أظهر خطيبا في المناسبات الوطنية.

عادت إلي فكرة عام 1956، لماذا لا أسعى إلى وجود إسرائيلي، ينقلني إلى

نابلس مرورا بـالأرض المحتلـة، حيـث يقـل فيهـا التحقـق مـن شخصيـات الركاب، لوجودهم داخل الأراضي والمدن الإسرائيلية.

كانت الأخبار قد وصلتني بأن المخابرات الإسرائيلية قد استدعت فاروق الحسيني، وحققت معه ثم تركته، وبعد ذلك علمت أنها استدعت مجدي أبو رمضان مـدير مكتـب المنظمة وشريكي في العمـل بها، وأنها حققت معه وتركته. يومهـا كنـت بعيـدا في أحـد كرومات حارة الزيتون، وما أن بلغني الخبر حتى اتخذت قرارا بضرورة لقائه، ومعرفة مـا جرى معه.

انتظرت حتى حل حظر التجول في المساء، وبدأت رحلة التسلل مـن حـارة الزيتـون إلى حي الرمال، حيث بيت مجدي أبو رمضان.

كانت مخاطرة غير مأمونة العواقب ولكن الله سلم.

أمام بيت أبو سليم، بدأت أدق الباب مرات ومـرات دون أن يـرد أحـد، مـما جعـل أحد الجيران يخرج إلي ويخبرني بأن مجدي، موجود في بيت أنسبائه من آل خيال، غير بعيد عن المنزل.

استمعت إلى حديث صديقي وزميلي أبو سليم، وهو يروي لي كيف استدعي، ومن قابل، وما دار بينه وبين المحقق الإسرائيلي حول طبيعة عمله، وأسماء زملائه في المكتب.

قال لي مجدي يومها، بأن المحقق ركز كثيرا في التساؤل عني، وعن طبيعة عملي، وأنه قرر أن يستدعيني في اليوم التالي، وأن لديه ملفا كبيرا عني، وأن رسـالة مـا موجهـة إلى قيـادة جيش التحرير قد وقعت في يده، وأن عملي يتجاوز ما أورده مجدي، وأننـي أعمـل في الإطار العسكري لجيش التحرير، وأنهم يصرون على لقائي عاجلا.

لحظتها اتخذت قراري بأن لا أقع في أيديهم، مهما كلف الأمـر، وأن أبـدأ في التفكير بترك غزة.

وقد وفق الأخ مجدي في الاتفاق مع أحد سائقي سيارات التاكسي مـن الإسرائيليـين، الذين يأتون بالزائرين من اليهود، إلى غزة، ودفع له المبلغ الذي أراده،

واتفاقنا على موعد اللقاء بعيدا عن أعين الناس. على أن يتكفل بنقلنا إلى نابلس حيث، نجد هناك عند وليد الشكعة نسيب زميلنا في الرحلة زكي خيال "أبو زياد" المطلوب من الإسرائيليين، لما كان له من دور في تجنيد الشباب للعمل الفدائي، في عهد مصطفى حافظ.

(54) من غزة إلى عمان.. إلى القاهرة

انطلقت بنا السيارة الإسرائيلية من غزة، توقفت عند نقطة الحدود المصطنعة عند بيت حانون، شمالي غزة، دار حوار بين السائق اليهودي والعساكر الإسرائيليين لدقائق قليلة، كادت أنفاسنا فيها أن تتوقف، وفتحت البوابة، وواصلنا المسير.

أخذت عيناي تشربان بلهف "هذه أرضي أنا" إنها تعرفني، مئات المرات عبرتها إلى المجدل، وإلى يافا، وترن في أذني كلماتي التي تشدو بها فيروز، والتي ملأت سماوات العرب:

أبي قـل بي بحـق اللـه
هـل نـأتي إلى يافـا؟
فـإن خيالهـا المحبـوب
في عينـي قـد طافـا
أنـدخلها أعـزاء
بـرغم الـدهر أشرافـا
أأدخـل غرفتـي، قـل لي
أأدخلهـا بـأحلامي
وألقاهـا.. وتلقـاني
وتسـمع وقـع أقـدامي

وأتذكر لحظات كتابة هذه الكلمات، وكم سنة مرت عليها، وهي تزرع الأمل، وتنادي الوطن، ما كنت يوما أتصور أنني أعبر الطريق إليها، هكذا وفي مثل هذه الظروف، ران الصمت.. عيوننا تأخذ الطريق، لا شيء تغير، الأشجار التي كنا

نعرفها ما زالت قائمة على جانبي الطريق، تطاولت حولها الأعشاب، وغمرتها الكآبة. إنها تبدو شديدة الحزن، معفرة، فارقتها طويلا الأيدي التي زرعتها وروتها، وأعطتها الجهد والعرق.

هذه مستعمرة "دير سنيد"، التي طالما إنطلق منها الرصاص الغادر، ينوش الآمنين، ويغتال العزل، هنا دارت المعركة عام 1948، وسقط الشهداء من جيش مصر ـ الأبي، وانتصروا.. ثم ضاع النصر.

واقتربنا من بربرة، فيتصاعد في أذني صوت ابن يافا العزيز "غازي الشرقاوي" وهو يردد أغنيتي بصوته العذب:

يـــــا بربـــــراوي يـــــا عنـــــب
يـــــا أبـــــو العناقيـــــد الـــــدهب

من يقتطف عناقيده ذلك العنب البربراوي، الذي زرعناه، ومن يعتصر ـ دمه، ويرتوي بعطائه.. وكم أسرة كانت له، ذرتها الرياح وأخذتها عواصف التيه.

عند أبواب "المجدل"، أين هي العيون الحلوة، التي سبتني وعلمتني الحب؟، ولماذا أبواب المجدل التي استقبلتني يافعا تغلق اليوم دوني؟ لماذا تستيقظ كل تلك الذكريات فتنكأ الجراح.. وأين أنت يا "حمامة"، أردناك حمامة للسلام.. وأرادوك وكرا للصوص.. والقتلة.

لماذا مرة واحدة يعود إلي وجهها، تلك الحبيبة التي علمتني الحب في مطلع الصبا، ورونق الشباب، أين هي الآن بعد أن ضاعت المجدل، ووقعت في الأسر.

واغمض عيني، هل غفوت، هل أخذتني سنة من النوم، أم أبحرت في سفائن الأحلام، ليهزني زكي خيال "أبو زياد" أتصحو، وصلنا بيت دجن".

إذن ما أقربنا اللحظة من يافا.. وآه يا يافا. وتظل الكلمة تطن في أذني لأكتب أول قصيدة لي بعد الخروج، ينشرها صديقي رجاء النقاش في مجلة الكواكب، التي كان يرأس تحريرها آنذاك عام 1967، ومنها:

قالوا:

"ألا تصحو..

وصلنا .. (بيت دجن)

دوارها هذا..

ألا تذكره..؟

مفارق الطريق للوطن

وأهتز كل ما في،

غرقت في دوامة الشجن

أين أنا؟

يا ريح..

يا أقدار..

يا تاريخ..

يا زمن...!!

عشرون عاما،

أقرض الصوان

أشرب الحزن

أجوع..

أعرى...،

أحمل الآلام...،

أجتر المحن..

عشرون عاما

في انتظار لحظة اللقاء

يا وطن...!!

لماذا توقف هذا السائق اليهودي؟ لماذا لم يتحرك، بعد أن زود سيارته بالوقود؟ لقد غاب لحظات كأنها الدهر، وعيوننا، تأخذ حولنا هؤلاء، الأغراب الذين يدبون على أرضنا، ويحتلون دورنا، ويأكلون من ثمراتنا، إنهم يملأون الساحة حولنا.. ما أكثر ما مررت بك يا دوار "بيت جن" كان هنا أناس آخرون، بأزياء مختلفة، ووجوه مختلفة كانوا أهلي وعشيرتي،.. كما الخنجر المسموم تندق نظرات الأغراب في صدري.. لماذا تأخر هذا الملعون؟ أين ذهب؟ وماذا يدبر لنا؟ هل وقعنا في الفخ؟ تساءل مجدي.. "إنه قادم"، قلت لهم..

أقبل علينا، مقطب الجبين، شيء ما قد غيره، وشيء ما يدور في رأسه، دون أن يدخل السيارة، قال كأنما يطلق دفعة من الرصاص في رؤوسنا، "لن أستطيع مواصلة الطريق إلى نابلس، لأننا قد نصلها، وقد حل وقت حظر التجول، تبيتون عندي الليلة، وغدا نواصل الطريق".

إذا فهي المساومة.. لكزت مجدي، مشيرا إليه بأن ينفحه بمبلغ جديد "أدخل السيارة لنتفاهم" قال له مجدي، وما أن أستقر وراء مقعد السيارة، حتى بادره مجدي بقوله: "ما زال لدينا وقت كاف للوصول إلى نابلس"، وأخرج من حافظته مبلغا من المال، وناوله إياه، وهو يقول له "خذ هذا المبلغ واشتر لك، ولأهلك، شيئا من نابلس.. خذ.. خذ".

تناول اليهودي المبلغ، ودسه في جيبه ودون أن يعلق بكلمة واحدة، إنطلق بنا..

عندما دخلت نابلس، هذه المرة عاودتني ذكرى زيارتي الأولى لها عام 1947 في أواخر عهد الإنتداب البريطاني، يوم وفدت إليها لأحضر زفاف الصديق فتحي زيد الكيلاني، فأجدها كأجمل ما رأيت، بجبالها الشاهقة، وبيوتها التاريخية الناطقة، وأهلها الكرماء.

أسعدتني في تلك الزيارة رفقة فؤاد زيد الكيلاني.

كانت مدينة آمنة مطمئنة، حلوة بحلاوة كنافتها النابلسية المتفردة في مذاقها.

ها أنا أدخلها اليوم مطاردا، ورائي شياطين العدو، وأمامي المجهول الغامض، الذي لا أدريه. ورأيتها شاحبة معفرة، منكوشة الشعر، باهتة العيون، تشيع فيها كآبة

الاحتلال وقهره، يجوب فيها جنود غبر، يعكرون صفوها وأمانها، ويشيعون في أجوائها ذلك الغبش المغبر، الذي يقبض الصدور ويخنق الأنفاس.

أين هو ذلك المقهى في الجبل، الذي جلسنا إليه تلك الليلة من ليالي العمر، تتلألأ نابلس أمامنا، مجلوة كالعروسة، ونحن نضحك، ونثرثر، ونقرأ الشعر، فؤاد زيد الكيلاني، ونبيل عبدالهادي، وأنا.

استضافنا في نابلس لأيام "وليد الشكعة" ذلك الرجل الطيب أخذنا في دفء حنانه، مما أشعرنا بالطمأنينة، وبدأ يخطط لخروجنا، ويهيء لنا الوسيلة الآمنة، وعبرنا الجسر-لنجد على الجانب الآخر إبنه ينتظرنا، وينقلنا إلى أحد فنادق عمان.

جلست ليلتها أكتب إثر عبوري نهر الأردن:

أنا لا أملك إلا قلمي	أيها النهر وإلا ألمي
أنا لا أملك إلا نكبتي	وحي إلهامي ونجوى نغمي
أنا لا أملك إلا ثورة	تتلظى في عروقي ودمي
أنا غنيت، وأنياب الأذى	في عيوني واللظى في مبسمي
أنا أعطيت سخاء أمتي	لاهب الشعر وحر الكلم
أيها الأردن يا جبهتنا	يا شراع الأمل المبتسم
عربي أنت مثلي، مالنا	نتهاوى تحت نير السأم
عربي أيها النهر فلا	كان خطو الناهب المقتسم
أيها النهر وهذي وقفتي	وقفة الناسك والمستلهم
وقفة الشاعر، مشدوه الرؤى	حائر القلب جريح الشمم
واقف يا نهر، مالي حيلة	في الذي أحمله من صمم

في صباح اليوم الثاني من وصولنا إلى عمان، التقيت بأستاذي وزميلي عبدالخالق يغمور عضو اللجنة التنفيذية لمنظمة التحرير الفلسطينية الذي اتخذته منذ

الصغر القدوة والمثل للمناضل النقي الصافي المؤمن بقضيته، الثابت على عهوده المتمسك بحقوقه، المدافع عنها، والمستميت في سبيلها.

كانت فرحة أستاذي بوصولي سالما إلى عمان لا تكاد توصف، التقاني كأنما يلتقي إبنا غائبا، وعزيزا مفقودا.

كان أول ما تبادر لذهني أن التقي بصاحبي وصديق الصبا والشباب فؤاد زيد الكيلاني. كان الضابط الطبيب في الجيش الأردني، آنذاك استضافتني أسرته في الزرقاء، ففرحت بها وأنست إليها، وأسعدني حنان الوالدة، الذي غمرني عمرا طويلا، في غزة.

كما التقيت لأول مرة في عمان بأبناء عمي رشدي، الذين لجأوا إليها من بئر السبع عام 1948، ولم أكن قد لقيتهم منذ النكبة، كان لقاءا حارا وحزينا ودامعا نكأ الجراح، وأيقظ الآلام.

رحبت بي السفارة المصرية في عمان، وأصدرت لي وثيقة سفر جديدة، وهيأت لي وسيلة السفر إلى القاهرة، لأحط في مطارها، كأنما أحط في غزة.

في مطار القاهرة استقبلني أخي علي. كان آنذاك المدير العام لإذاعة صوت فلسطين، صوت منظمة التحرير الفلسطينية.

في الطريق والسيارة متوجهة من المطار إلى حي المهندسين، حيث بيته، صدر مني تساؤل عن المدة التي يمكن أن أقضيها في القاهرة، وفق تطلعاته، وما لديه من معلومات حول التحركات السياسية، التي كانت جارية، ذلك الزمن. جاء صوته الحزين: "أخشى- أن تكون إقامة دائمة". فزعت لحظتها، وأنا المشحون بالأمل، المتطلع إلى عودة سريعة إلى غزة..ما كنت أدري.. أنني أبدا مرحلة جديدة من العمر، وأدخل منعطفا آخر في مسار النضال من أجل فلسطين، وقضيتها المقدسة.

ينطلق مذياع السيارة، ويأتي صوت "غازي الشرقاوي" وهو ينشد قصيدتي:

أنـا لــن أعيـش مشـردا	أنـا لــن أظـل مقيـدا
أنـا لي غـد وغـدا	سـأزحف ثـائرا متمـردا

أنـا لـن أخاف مـن العواصـف وهـي تجتاح المـدى

ومـن الأعاصـير التـي ترمـي دمـارا أسـودا

أنـا لاجـيء داري هنـاك وكرمتـي والمنتـدى

هذه القصيدة التي حملتني على أجنحتها لأسكن آلاف القلوب في الوطن العربي الكبير، إذ هي لسنوات طوال، طوال، مقررة على الطلبة في أقطاره.

هذه هي القاهرة..

وهذا أنا في عامي الأربعين من العمر، أبدأ مرة أخرى من الصفر.

أبدأ من جديد مسارا آخر على طريق العمر.

من أجل الوطن الذي أحب..

من أجل فلسطين..

Printed in the United States
By Bookmasters

Printed in the United States
By Bookmasters